雲笈七籤
（三）

〔宋〕張君房 編
李永晟 點校

荆楚文庫編纂出版委員會
湖北人民出版社

雲笈七籤卷之四十七

祕要訣法

安魂魄呪 出《北帝經》

紂絕標帝晨，諒事構重阿。炎如霄中煙，教若景耀華。武城帶神鋒，恬照[1]吞青阿[2]。閶闔臨丹井，雲門鬱崟峩。七非通奇蓋，連宛亦敷魔，六天横北道，此是鬼神家。急急如律令！

著衣呪

旦起，叩齒著衣，呪曰："左青童玄靈，右青童玉英，冠帶我身，輔祐我形。百邪奔散，鬼賊摧精。敢有犯我，天地滅形。急急如律令！"

櫛髮呪

凡欲櫛髮，先叩齒三通，呪曰："上清朱雀，不得動作。勿離吾身，勿受邪惡。六丁七星，邪魔分形。敢有當我，北帝不停。急急如律令！"畢，閉目存想髮神蒼華字太元如嬰兒之形，在己髮上，然後解櫛之，當令三五百遍爲佳，然經中唯須一千五百遍。畢成髻，兩手握固於膝上，閉目微呪曰："泥丸玄華，保精長存。左爲隱月，右爲日根。六合清練，百神受恩。急急如律令！"

《三洞奉道科》曰："凡梳頭先洗手面，然後梳之，皆不得使人見，增壽八百二十。"

又凡梳頭髮及爪皆埋之，勿投水火，正爾抛擲。一則敬父母之遺體；二則有鳥曰鶬鷞，夜入人家，取其爪髮則傷魂。若能勤行，增筭六百二十。訖即入靖或殿堂[3]朝禮，便於寢卧之處，焚香左右，叩齒二十四通，存思如圖。下床躡履之際，三稱"大吉得所願"。微言，言不可使人聞。却當存斗星在頭上，斗合於頂，指於前。閑和其心，使虛靜恬然，心動必思立功濟物也。

將卧之際，焚香東面長跪，叩齒三十六通，誦《衛靈神呪》曰："東方九氣青天，明星大神，煥照東方，洞映九門。轉燭揚光，掃穢除氛。開明童子，備衛我軒。收魔束妖，上對帝君[4]。奉承正道，《赤書玉文》。九天符命，攝龍驛傳。普天安鎮，我得飛仙。

南方丹天，三氣流光[5]。熒星轉燭，洞照太陽。上有赤精，開明靈童[6]。總御火兵，備守三宮。斬邪束妖，剪截魔王。北帝所承，風火八衝。流鈴交煥，靡有不從。正道流行，我享上功。保天長存，億劫無終。

西方七炁之天，太白流精。光耀金門，洞朗太冥。中有素皇，號曰帝靈。保神安鎮，衛我身形。斷絕邪源，王道正明。宮殿整肅，三景齊并。道合自然，飛昇紫庭。《靈寶符命》，普惠萬生[7]。功加一切，天地咸寧。

北方玄天，五氣徘徊。辰星煥爛，光耀太微。黑靈尊神，飛玄羽衣[8]。備衛五門，檢精捕非。敢有干試，豁落斬摧。玉符所告，神真《八威》。邪門閉塞，正道明開。映照我身，三光同輝[9]。策空駕浮，舉形仙飛。

中央黃中理氣[10]，總統玄真。鎮星吐輝，流煥九天。開光童子，一十二人。元氣陽精，焰上朱煙。洞照天下，及得我身[11]。百邪摧落，殺鬼萬千。《中山神呪》，普天使然。五靈安鎮，身飛上仙。"

此呪攝五方五星真氣入人五藏中，每經恐畏之處及欲臥時，面向東正立拱手，叩齒三十六通，誦之一徧。欲臥時，又存斗星依前橫在頭。

洗手面神呪

凡道士浴身及洗手面時，先臨水叩齒三通，呪曰："四大開朗，天地爲常。玄水澡穢，辟除不祥。雙皇守門，七真衛房[12]。靈津灌練，萬氣混康。內外利貞，保茲黃裳。"畢又叩齒三通，乃洗手面浴身，此名《澡穢除凶七房呪法》。常能行之，目明血淨，辟諸凶氣。

耳鳴祝

《道士聞耳鳴祝》。出《大有妙經》中卷。凡聞耳鳴者，錯手掩耳祝曰："赤子在宮，九真在房。請聽神命，永[13]察不祥。太一流光[14]，以滅萬殃[15]。"以手指捻耳門一七過[16]。畢，當覺面熱，即佳候也。若覺頭頸間索索寒者，惡氣入也。當急臥，臨目存玄丹宮太一真人以流火之鈴煥而擲之，令惡氣即出身外，光亦隨之在後，炯炯然以照己身，良久平復矣！

審耳鳴吉凶法

凡耳中忽聞灘[17]水雷電鼓鳴聲者，是身中勞損，心藏極弊[18]，不能味真注生，而淫放喪亂，使六府失攝，魂哀魄號，蓋將結疾致死亡之兆矣！是以泥丸流縱[19]，九宮失常，悲憂錯亂，鳴鼓亂行，將欲捨[20]其居館以棄一身也。聞之者當精念不怠，還專其心，若罪未深者，自聽改也。所以耳聾[21]者，神亡之故也。耳中忽聞金聲玉音者，真氣來[22]入，道欲成也。忽聞絃歌之聲者，六丁玉女來衛子道也[23]。當隱靜專修所行，勤至之心，愈彌強[24]也。真人因是遂有形見之漸也。自非爾師，且勿言於他人也。耳中聞簫角之音，吉貴象至也[25]；聞號呼之聲者，凶敗之象也[26]。聞惡氣者，必有殗穢之事，急更沐浴燒香，掃除寢室，此是帝君戒勸於人也。若聞血氣者及无故見聚血者，兵凶也。急遁人間，急守三元帝君求救，自藏齋三月，禍方止也。此皆是帝君先告人吉凶，以令懼畏，戒其禍耳。

夫見凶惡，當行陰德，營施惠救，爲人所不能爲[27]，免乎必死之兆也。子勗之勿犯，守常而已[28]。修道得真，天差玉女來護也。於人有記，記即道者鼻頭以玉爲記也，其鼻上如黍米一顆，白如玉也。

未食呪

凡道士臨於盛饌，皆正心存一，目想一先飲食，然後兆乃食。食之畢，心微呪曰："百穀入胃，與神合氣。填補血液，尸邪亡墜。飛登金闕，長生天地。役使六丁，靈童奉衛。真氣來前，邪氣遠退。"

道士三時食飯呪 出《北帝經》

"瓊漿玉液，北帝降來。王母親示，玉童捧盃。五藏受正真之氣，雙眸朗耀一顧，百神變作塵埃。敢有當我，太上滅摧。急急如律令！"

齋見不祥之物解法 出《四十四方經》

道士齋入室有不祥之物者，常行《北帝呪》。南向叩齒三十六下，呪曰："二象迴傾，玄一之精，七靈護命，上詣三清。雙皇驅除，赫奕羅兵。三十萬人，侍衛神營。巨獸百萬，威攝千精。揮劍逐邪，鹹落魔靈。神伯所咒，千祅滅形。"畢，又叩齒三十六通。

行道見死屍法 出《精要經》[29]

《紫書訣》云："凡上學之士遊行，忽見死屍穢物氣干身者，兆當行二十四步止，北向叩齒九通，男屍思玉童三人，女屍思玉女七人，來請兆身玉谷之中皇芝素水，以灌死屍之上。斯須存死人屍化成生人，便陰呪曰：'已枯復榮，已滅復生。得生上天，更稟太靈。九天之劫，反復胎嬰。穢累盪滅，白屍返生。'以手拭目二七過止。如此穢氣即解，死人更受化後爲靈人。兆遇二十四過，行鍊咒畢，功滿得加，名標上清。二十四年，克乘雲輪[30]，飛行九玄也。"

道士既見死屍上經解殗法 出《四十四方經》

凡道士見死屍血穢之物，當以硃砂一銖散内水中，以洗目漱口洗手足。畢，入室正寢，交手心上，叩齒二十四通，呪曰："三元上道，太一護形。司命公子，五神黃寧。血尸散滅，穢炁流零[31]。七液纏注，五藏華生。令我神仙，長亨利貞。"畢，閉目逆氣，良久，覺熱爲候。竟，又叩齒二七通，咽液三七過，此《三元解穢内法》。

練祝死屍法 出《青要紫書金根衆經》

《紫書訣》云："凡修上清之道，兆身父母伯叔兄弟於世上死亡，兆身未得絕跡，故在人中身履死殗者，三日當取清水一盆，真朱一兩投水中。兆於中庭南向，臨水上叩齒九通，呪曰：'氣化成神，尸變入玄，三化五練，昇入九天。九天之劫，更度甲身。甲身更化，得爲真人。'男屍思玉童三人，女屍思玉女七人，盆盛水以灌死人。取水自洗手面，仰天噴嘿，又陰呪曰：'天氣已清，人化已生。得生上天，九變受形。五苦三塗，斷落死名。超度窮魂，還向帝庭。'如此亡人更受化生於九天之上，九年得昇玉清之宫。其法妙於大洞度七祖之法，玉帝所祕，不傳非真。有金名帝圖，録字紫文，得見此文，勿輕施用。妄傳於人，七祖父母，長閉鬼官，三塗五苦，萬劫不原。《四極明科》，七百年有真者聽傳。"

修行呪詛訣

夫身者神之宅，神者身之器。若不安宅以全道，修身以養神，則精氣爲物，遊魂爲變，以成萬類，宜常拘呪矣，故須存乎[32]。守一神器，研精道心，則衆神備矣！邪氣去矣！《太上寶神經》曰：每日早起，早起，每至雞鳴時也。平坐東向王，或春夏東南，秋冬西北，任所宜。先以兩手摩拭面目，次將兩手第二第三指於眼下橫手摩三七遍，次將左手中指從眉逆拓上至髮際三七遍，此名爲手朝三元。次將兩手二指三指各摩眼後䫒中三七遍，此名爲真人榮瑩府。又將左手第二第三指入鼻孔中摩三七過，名爲開山源。又將兩手捋耳，畢，叩齒三十六通，微呪曰："太上四明，九門發精。耳目玄徹，通真達靈。天中之[33]臺，流氣調平。驕女雲儀，眼瞳英明。華聰晃朗[34]，百度眇清。保和上元，徘徊九城[35]。五藏植根，耳目自生。天臺鬱素，梁柱不傾。七魄澡錬，三魂安寧。赤子攜景，遥與我并。有敢掩我耳目，太上當摧以流鈴。萬兇消滅，所願必成。日月守門，心藏五星。真皇所咒，羣嚮敬聽。"此名《真人常居之道》[36]。故《真誥》曰：子欲夜寫書，先當修《常居》也。修天真，旦暮咽液三九過，以手舉急按天真、天真在眉内角者也。山源、在鼻下人中人[37]谷裏也。華庭、在兩眉下凹中是也。各三九過，按而呪曰："開通天庭，使我長生。徹視萬里，魂魄返嬰。滅鬼却魔，來致千靈。上昇太上，與日合并。得補真人，列象玄名。"此道令人致靈徹視，杜遏萬衷。如此亦可以次按，亦可一時俱按行呪之。

道士被天魔所試即誦拂魔呪 出《消魔經》

先存思頭上圓光如日，左朱鳳，右玄武，紫霞之蓋，光明身形。仙童玉女，執五色之節，從三界萬神，前嘯九鳳，後鳴八鸞，白帝啓道，太極參軒，叩左齒三十六通，叩右齒二十四通，叩天鼓十二通，微呪曰："羅天毒獸，備巨四門。吞流割膽，山醜萬羣。張喉獲天，猛衛高聲[38]。毒龍奮爪，金頭橫吞。威兵巨萬，受符接山[39]。六天不恂，合玉[40]成羣。妖魔波洋，穢氣紛紛。謠歌空洞，禮帝障雲。水鬼賈形[41]，當人生門。神王所告，無幽不聞。上攝六氣，下檢河源。五嶽四瀆，善惡速分。萬萬千千，來對我前。五帝校錄，有功者原。凶魔千羣，束形帝君。敢不從命，所誅無蠋。屠割刳腹，斬首滅根。北鑊漬湯，南陵水焚。金真錄氣，流鈴捕魂。妖爽無遺，極盡形元。身佩天書，宣行正文。滌蕩九氣，清明三元。玄舉天真，上合自然。莫有干試，改動上聞。"引氣十二咽止。

玉帝衛靈呪鬼上法 出《消魔經》

《玉帝呪》曰："九天有命，上告玉清。促召千真，俱會帝庭。太一下觀，雙皇翼形。監察萬邪，理氣攝生。若有不祥，干試神明。清[42]帝之道，整勑神兵。七神秉鉞，天鋒右征。揮劍前驅，煥擲火鈴。檄命甲騶，武卒天丁。風火齊戰，伐邪狡[43]精。上威六天，下攝魔靈。既威既攝，萬凶滅形。神戈電掃，姦祅無生。仙皇秉節，有命敢停。拒節違令，是誅汝形。各驚各慎，保茲皇寧。九天告命，萬神敬聽。急急如律令！"

若夜恐怖夢想，魔鬼試人，干犯真氣欲病者，急念此呪，心存至道，求請[44]於帝。乃向北叩齒三十六通，閉氣密念前呪。呪畢，又叩齒三十六通，咽液十過。於是百惡魔邪伏滅，七神纏綿，太一監攝，萬靈衛真。亦可日日誦，卧寢念之，以塞百邪也。

治急病法

凡受三五法，在存識三天真名、三師真名。有急災困病，三大喚天名，密呼三師名，即災病皆消。

上清微天真名防中，中禹餘天真名元，下大赤天真名德丘。

右三天真名也。

左無上真名燊，右玄老真名众，中央太上真名㙓。

右三師名。

反舌塞喉法

凡守一者，身神常安。若體中不寧，當反舌塞喉，嗽漏醴泉，滿口嚥之。訖又如前，嚥液無數，覺寧乃止。止而未寧，重復爲之，須臾之間，不寧之痾，即應廓散，自然除也。當時有効，覺體中寬軟都平，便以逍遥復常。太極衆真、太虛真人，南嶽赤君、妙行真人，莫不修此以成聖真矣。

金仙內法

《金仙內法》感降靈興，常以月五日夜半子時，存日烏從兆口入，住在心中，使光照一心，一心之內，與日同光，共相合會[45]，赫赫炯炯，當覺心暖，霞暉映曖，良久有驗。乃密祝曰："大明育精，內練丹心，光暉合映，神真來尋。"畢，嚥液九過，叩齒九通止。到十五日二十五日二十九日，復作如前。一月之中，四度如上，使人開明聰察，百關解通，萬神洞徹，面有玉光，體有金澤。行之十五年，太一遣寶車來迎，上登太霄，遊宴紫極。行之務欲數，不必一月四辰也。

【校記】

〔1〕"恬照"，《酉陽雜俎·玉格》作"怙照"。

〔2〕"青阿"，上書及《登真隱訣》卷中、《上清三真旨要玉訣》、《太上北極伏魔神呪殺鬼籙》均作"清河"，《真誥》卷十五作"青河"。

〔3〕"堂"，《道藏輯要》本、《四部叢刊》本作"當"。

〔4〕以上十六字，《太上三洞神呪》卷十二《五方衛靈呪》作"開明童子，號曰玄卿。備衛我軒，上對帝君。收魔束妖，討捕兇羣"。

〔5〕"南方丹天，三氣流光"，上書作"三氣丹天，煥景流光"。

〔6〕"上有赤精，開明靈童"，上書作"上有赤精，合契虛皇。開明童子，號曰華芳"。

〔7〕"惠"，上書作"衛"，且此句下有"元皇正命，來合我身"八字。

〔8〕"飛玄羽衣"，上書作"號曰曾威，統冠飛天，仙裾羽衣"。

〔9〕以上十六字，上書作"邪門閉塞，正道流輝。三光映照，我身無衰"。

〔10〕"中央黃中理氣"，上書作"黃氣中央，調理乾坤。陶鎔陰陽"。

〔11〕以上二十四字，上書作"開明童子，號曰天璘。陽氣餤上，朱煥炎精。洞照內外，運我身形"。

〔12〕"七真衛房"，《上清太上黃素四十四方經》作"七靈安房"。

〔13〕"永"原作"示"，據本書卷五十《三一九宮法》及《洞真太上道君元丹上經》與《洞真太上素靈洞元大有妙經·太上道君守元丹上經》（下稱《大有妙經》）改。

〔14〕"光"，上三書中前一書作"鈴"，後二書作"火"。

〔15〕"殃"原作"凶"，據上三書改。

〔16〕"以手指捻耳門一七過"，上三書作"以手拍耳門二七遍"。

〔17〕"灘"，《洞真太上道君元丹上經》及《大有妙經》作"瀨"。

〔18〕"弊"字原無，據上二書增。

〔19〕"流縱"，上二書作"縱法"。

〔20〕"捨"原作"寫"，據上二書改。

〔21〕"聾"原作"鳴"，據《大有妙經》改。

〔22〕"來"字原無，據上書增。

〔23〕"道也"，上書作"皆道欲成也"。

〔24〕"强"，上書作"於往"。

〔25〕"吉貴象至也"，上書作"吉象貴至也"。

〔26〕"凶敗之象也"，上書作"凶象賤至也"。

〔27〕此句後，上書有"行人所不能行者"。

〔28〕"子勗之勿犯，守常而已"，上書作"子其勗之，勿守常而已"。

〔29〕此法見《洞真上清青要紫書金根衆經》，"精要經"疑當作"青要經"。

〔30〕"克乘雲輪"原作"克昇素虛輪"，據上書改。

〔31〕"穢炁流零"，《上清太上黃素四十四方經》及本書卷四六《三元隱謝解穢内法第四》均作"凶穢沈零"。

〔32〕"乎"，《道藏輯要》本、《四部叢刊》本作"思"。

〔33〕"之"，《真誥》卷九作"玄"。

〔34〕"晃朗"，《紫庭内祕訣修行法》作"朗徹"。

〔35〕"城"原作"成"，據上書及《真誥》卷九改。

〔36〕"真人常居之道"，《真誥》卷九及《上清太極真人神仙經》均作"真人坐起之上道，一名曰真人常居内經"。

〔37〕"入"原作"人"，據《真誥》卷九及《洞真西王母寶神起居經》改。

〔38〕"猛衛高聲"，《上清修行經訣》作"猛馬高奔"。

〔39〕"接山"，上書作"校仙"。

〔40〕"不恂，合玉"，上書作"不拘，合凶"。

〔41〕"禮帝障雲。水鬼賈形"，上書作"亂音陣雲。小鬼現形"。

〔42〕"清"，《上清高上滅魔玉帝神慧玉清隱書·玉帝呪鬼衛靈上法》作"請"。

〔43〕"狡"，上書作"校"。

〔44〕"請"，上書作"濟"。

〔45〕以上二十八字，《真誥》卷九及《洞真西王母寶神起居經》、《登真隱訣》卷中作"存日象在心中，日從口入也。使照一心之内，與日共光相合會"。

雲笈七籤卷之四十八

祕要訣法行持旨要

老君明照法敘事誓法附

老君曰："金水内景，以陰發陽。能爲此道，分身散形。以一爲萬，立成六軍。千億里外，呼吸往還。乘雲履水，出入無間。天神地祇，邪鬼老魃，隱蔽之類，皆可見也。審其精思，逆見方來。子能守之，爲仙王也。"

老君曰："欲行明鏡，勿入喪家産乳之中。精澄萬慮[1]，沐浴五香。當飲蘭桂之液，无食葷辛之物。絶棄腥臊，无近婦人。於密靖之地，幽室之中，不聞車馬之聲、金鼓之音、鳥獸嚾噪，乃可爲之。此道之忌，莫甚於驚，一往不復反，一敗不復成也。當其時，心不欲復有所存，耳不欲復有所聽，注心正目，彷彿想念，至精不怠，乃可成矣。"

老君曰："當得明鏡九寸，無令面有偏缺毀漬疵瑕，務欲清明周正，不失人容色者善。昔我先師以尺二寸鏡，前後左右一焉，名曰四規。行此道者，甚難速成，易得驚敗，驚則有大殃，少能成也。又容成[2]皆以一尺鏡一枚，正置其前，亦以見[3]神，而不能長生也。"

老子[4]云："以九寸鏡各一枚俠其左右，名曰日月，亦以延年矣。若欲分身散形，坐在立亡，上昇黄庭，長生不死，役使百靈，入水入火，入金入石，入木入土，飛行在意者，當用吾四規之道。若但欲逆知吉凶，日月足矣[5]。"

老君曰："立規之法，皆去己一尺五寸，令與眉齊。各垂紫青線，下有華水，務令平也。晝夜不閉目，以得爲効。不可閉目者，恐當閉目之時，神明忽見，而不即見之，或失神以去，或卒開目，見之不[6]漸，致驚懼而敗也。"

　　老君曰："四規之道，必見尊神，非上士至真，勿以此示之。吾道至密，世無其人，寧見道門！"

　　老君曰："欲行四規者，皆令去己一尺五寸，高三尺。"

　　老君曰："東規當見仙二人，冠丹纚之冠，面貌狹小，耳高其頭，身皆生黑毛，見之勿驚。"

　　老君曰："西規當見西王母，玉女侍之。"

　　老君曰："南規當見中和无極元君，一身十一頭，冠自然之冠，衣赤色。"

　　老君曰："北規當見天皇君十三頭，衣冠之色如其時也。"

　　老君曰："或見一人衣黃衣冠黃冠，白鬚者即延壽君也，少者受命君也。"

　　老君曰："或見一人赤衣赤幘，年少者禀命君也，老者司命君也。"

　　老君曰："或見二人羽衣黃色玄冠，察行君也。"

　　老君曰："或見三人羽衣赤色青冠，聽響君也。"

　　老君曰："或見一人大冠朱衣執筆札者，司過君也。"

　　老君曰："或見一人黃衣冠掩面者，增年君也。"

　　老君曰："或見二人赤裳者，視形君也。"

　　老君曰："或見玉女青衣者，名曰惠精玉女。"

　　老君曰："或見玉女黑衣者，名曰太玄玉女。"

　　老君曰："或見玉女赤衣者，名曰赤圭玉女。"

　　老君曰："或見玉女黃衣者，名曰常陽玉女。"

　　老君曰："或見童子三人青衣紫下裳俱來者，一名常在，一名絶洞，一名五德。"

老君曰："或見九玉女衣服五綵俱來者，一名上，一名虎，一名扶，一名靈闕，一名孔林，一名憑，一名住，一名多，一名[7]。"

老君曰："或見一人目下徑三寸黃衣青下裳者，同目君也。"

老君曰："或見嬰兒長二三尺向人笑者，是九都童子也[8]。"

老君曰："或見童子長五六尺立而笑，其左上有自然蓋者，日中童子也；右上有自然蓋者，月中童子也。"

老君曰："或見人頭鳥身五色玄黃者，上上太一君道父也。"

老君曰："或見九人皆衣青而白首者，无極太元君也。"

老君曰："或見一人長六尺五寸，冠角冠白衣赤領或虎文鳳章者，姓李名耳字伯陽，見之常以平旦。"

老君曰："或見一人長六尺七寸，冠重華冠白衣青褖[9]者，名李聃字伯陽，見之常以日出時。"

老君曰："或見一人長六尺九寸，冠重華冠五色衣者，名李[10]字伯光，見之常以食時。"

老君曰："或見一人長七尺二寸，冠辟邪冠衣羅袿，形像龍蛇者，名李石字孟公，見之常在禺中。"

老君曰："或見一人長七尺三寸，冠飛龍冠衣朱衣者，名李重泉字子文，見之常以日中。"

老君曰："或見一人長七尺五寸，冠三傑冠朱玉衣者，名李定字元陽，見之常以日昳。"

老君曰："或見一人長八尺，冠皮毛冠衣黑衣者，名李元字伯始，見之常以日晡。"

老君曰："或見一人長八[11]尺五寸，冠自然冠衣龍蛇者，名李顧字元生，見之常以日入。"

老君曰："或見一人長九尺五寸，冠自然冠衣青紫者，名李德字伯文，見之常以黃昏。"

老君曰："凡爲明鏡之道，上士爲之七日，中士一旬，下士一月，成矣。"

老君曰："紫青爲裹合之九寸規者，一尺二寸鏡也。"

老君曰："上士爲之，先見己形，次見宅中鬼神，次見天神也。"

老君曰："見神或見有一身，不能見之多，不過六神七神來也。但熟視規中物，熟所見即見神也。亦勿語，亦勿拜，急自定，無驚恐。"

老君曰："爲此道者，春無伐木，夏無水灌滅火，四季之月無掘[12]土，秋無鑠金，冬無遏水抒井。"

老君曰："爲此道者，春無食肝，夏無食心，四季之月無食脾，秋無食肺，冬無食腎。五藏神怒，則令人不明不壽。"

老君曰："爲此道者，長不息。七日得者，七十日一施之，必如初日見也。"

老君曰："此道可以還年却老也。"

老君曰："見神之後更施之，可問以長生之要，則具以告人耳。"

老君曰："爲此四規之道既成，可握一規之道施之，不復用四也。"

老君曰："幽闕二童，齊著綠幘，上入北極，下入玄宮，以鏡其事。"

老君曰："爲此道，常當上朱鳥高三尺，下玄武高五尺，左青龍高九尺，右白虎高七尺，又當履日月耳。"

老君曰："不唯己也，又當令朱鳥銜九寸鏡，玄武背員尺二鏡，青龍銜日，白虎銜月，己形象龍蛇，須能分形，坐見四海之外乃止者，真物來也。"

老君曰："夜則以燭燈麻油爲火，大善。"

老君曰："欲理病人及入大山，恐山神及百鬼試人者，以一規著戶上，一器盛華水著下，用刀劍橫水上，以刃外向，百鬼不敢前。老彪直[13]入戶者，亦不得過水，即死，血在水中。祕之勿示俗人。"

老君曰："欲辟五兵百邪者，以三寸規一枚，鑄《圓天符》著其背懷之[14]，陰日右，陽日左，入大眾，所以[15]爲勝人，人皆畏之，吾道祕矣。"

誓法：某州某縣某鄉某里某宫觀道士某，以《老君四規明鏡要訣》授學者某州某縣某鄉某里某人，以白絹四十尺、米一斗、薪一束、鹽五升爲盟，某不得不告要言。兆若不奉行，身入黄泉，一同先師科律盟誓。專勤一志，某與兆共畫一爲信，三年有功乃得傳，不得傳非其人，身謝天地水三官，永不得仙，及不得有背本之言。

明照法

照鏡欲見形之法，當小開户，居闇向明，暫閉目思，想見面形。初時若[16]殊無所見，中宿之後，漸漸洞遠，自見面目巾幘，心中了然開明。平旦及日入，此時最好。若日盛明，當小開户，在灼灼中闚鏡，無所見也。若火下照鏡，當以火自遠，勿得逼近火。欲開目照鏡，自視形體，當在灼灼明中，無苦[17]。若欲閉目思見面形，當居闇向明，然後形耳。照鏡大要，當安卧，思想精誠。未卧之間，使身體條條，須臾之頃，當有赤黄從額上出，照耀一室中。於是彷彿恍恍，如覺如卧，便自見面形在光中，對共相視，如頃即便消滅。卧覺之後，輒復照鏡，欲卧便卧[18]，思之如前法，當夕夕自見也。或卧覺兩面相對見，或己形兩人相併坐，或卧寐之間見好神童玉女年十五六，好衣服，頭額正，見輒再拜。或耳邊聞語聲，天下吉凶萬事皆預知之。或在壁東見壁西，或暮卧夢照鏡，或還光内視五藏。照鏡[19]，當以申[20]始。

明鏡君官屬將吏百二十人，住開陽宫，主人兩目童子。童子精光相視，見景知吉凶。明鏡有三童九女侍之，三童長六尺，九女長五尺。

三童[21]：

九女：青腰青衣，當聞[22]紫衣，内子青衣，素女白衣，皇女黄衣，帳上衣緗，道女黄衣，女嬰衣紅，曾女衣絳。

寶照法

夜半存神訖，存道一竟，仍起坐爲之，未可別行餘一事。起向王平坐，握固臨目。又存兩目中有白氣如雞子大，在面目前。存目中忽出白氣，懸在目前，乃如雞子大。須臾變成兩明鏡，徑九寸，以前後照我一體上二十四神，使洞鑒分明。良久，鏡形既成，仍存左鏡當前，照見神前面。右鏡後[23]，照見神後。其鑒二十四神，各安其所，雖不呼名，而存形色長短，歷然示於鏡中。乃心祝曰："大明寶鏡，分形散化。鑒朗元神，制御萬魔。飛行上清，披雲巾羅。役使千靈，封山召河。"畢，鏡忽然光變小，還入眉目中，奄然而滅，仍以卧之。常能行之，災害不生，而位登仙。

摩照法

昔有摩鏡道士遊行民間，賃爲百姓摩鏡，鏡無大小，財責[24]六七錢耳。不以他物摩也，唯以藥塗而拭之，而鏡光明不常。有好事袁仲陽者知其有道，乃要留使宿，爲好設主人禮，乃拜而請問之。道士告仲陽曰：明鏡之道，可以分形變化，以一爲萬。又能令人聰明，逆知方來之事。又令人與天上諸真相見，行其道德法則，天上諸神仙皆來至，道士自見己身，則長生不老，還[25]成少童。又道士入山[26]，山精老魅多來試之，或作人形，故道士在石室之中，常當懸明鏡九寸於背後，以辟衆惡。又百鬼老物雖能變形，而不能使鏡中形影變也，見其形在鏡中，則便消亡退走，不敢爲害也。是以道士有摩鏡之藥，藥方出於帛子[27]。方用錫四兩，燒釜猛下火，令釜正赤與火同色，乃内錫末，又[28]胡粉三兩合内其中，以生白楊刻作人，令長一尺，廣二寸，厚一寸，其後柄長短在人耳！以此攪之，手無消息，盡此人七寸。又復内真丹四兩，胡粉一兩，復攪之，人餘二寸，内摩照錫四兩，攪令相得。欲用時，末如胡豆，以唾和之，得膄脂爲善。又以如米大者，於前齒上噓之，復以唾傅拂其上，以自拂之，即明如日月。欲作藥，先齋戒七日乃爲之，用清静密室，勿令人見之也。其火欲猛。祕之，勿妄傳非其人。

拂童法

拂童之道，徹見二十四神之法，常以甲子旬庚午日日中時，取清水一升，東流水爲佳，亦用古井。以一銖真丹極精末細者。投水中攪之，左行三七過，當以上物向月建左旋攪一周爲過也。微祝曰："玄元水精[29]，生光八明。身神衆列，並來見形。徹視萬里，中達九靈。"祝畢，向東以左手洒目二七過。祝則隨月建，洒目常東向，流餘水仍留以洒目，不復更祝也。

神枕法并叙

叙曰：昔太山下老翁者，失其名字。漢武東巡，見老翁鋤於道，背上有白光高數尺。帝怪而問之："有道術否？"老翁對曰："臣昔年八十五時，衰老垂死，頭白齒落，有道士者教臣服棗，飲水絶穀，并作神枕。枕中[30]有三十二物，其三十二物中二十四物善，以當二十四氣，其八物毒，以應八風。臣行之轉少，白髮返黑，墮齒復生，日行三百里。臣今年一百八十矣！不能棄世入山，顧戀孫子，復還食穀，又已二十餘年，猶得神枕之力，住[31]不復老。"武帝視老翁顏狀當如五十許人，驗問其隣，皆云信然。帝乃從受其方作枕，而不能隨其絶穀飲水也。

方用五月五日、七月七日，取山林柏[32]以爲枕，長一尺二寸，高四寸，空中容一斗二升，以柏心赤者爲蓋，厚二分[33]，蓋致之令密，又當使可開閉也。又鑽蓋上爲三行，行四十孔，凡一百二十孔，令容粟米大。其用藥：

芎藭　當歸　白芷　辛荑　杜衡　白术　藁本　木蘭　蜀椒　桂　乾薑　防風　人參　桔梗　白薇　荆實一云壯荆實。　肉蓯蓉　飛廉　柏實　薏苡子　欵冬花　白蘅　秦椒　麋蕪凡二十四物，以應二十四氣，加毒者

八物，以應八風。　烏頭　附子　藜蘆　皂莢　茵草[34]　礜石[35]　半夏　細辛

　　右三十二物各一兩，皆咬咀，以毒藥上安之滿枕中，用布囊以衣枕。百日面有光澤，一年體中所疾及有風疾一一皆愈差，而身盡香。四年白髮變黑，齒落更生，耳目聰明。神方驗祕，不傳非其人也。藁本是老芎藭母也。武帝以問東方朔，答云："昔女廉以此方傳玉青，玉青以傳廣成子，廣成子以傳黃帝，近者穀城道士淳于公枕此藥枕，年百餘歲而頭髮不白。夫病之來，皆從陽脈起。今枕藥枕，風邪不得侵人矣！又雖以布囊衣枕，猶當復以幃囊重包之，須欲臥枕時乃脫去之耳。"詔賜老翁疋帛，老翁不受曰："臣之於君，猶子之於父也。子知道以上之於父，義不受賞，又臣非賣道者，以陛下好善，故進此耳。"帝止，而更賜以諸藥。

神杖法

　　神杖用九節[36]向陽竹，取擇具別有法。凡用之，齋戒沐浴，焚香再拜訖，叩齒三十六通，思五帝直符吏各一人，衣隨方色，有五色之光，流煥杖上，五帝玉女各一人，合衛杖左右。微祝曰："太上之仙[37]，元始上精。開天張地，甘竹通靈。直符守吏，部御神兵。五色流煥，朱衣金鈴。輔翼上真，出幽入冥。招天天恭，攝地地迎。指鬼鬼滅，袄魔束形。靈符神杖，威制百方。與我俱滅[38]，與我俱生。萬劫之後，以代我形。景爲吾解，神昇上清。承符告命，靡不敬聽。"畢，引五方氣二十五咽[39]止。以杖指天，天神設禮；以杖指地，地祇司迎；以杖指東北，萬鬼束形。

帝君明燈內觀求仙上法

　　南極上元君受[40]於帝君。帝君居朗玄之宮金房紫戶之內，明玄燈

以自映，通霞光於照窻，念太真於五形，披三願於帝房。靈上降以紫蓋，元皇給以金童。自然號我位，總掌於玄宮，太品生乎始，妙道在微芒。今以相告，子勤奉焉。告南極上元君曰："子學神真之道，處靈宮之上，瓊房之內，而不知明燈以自映，通玄光於五藏，五藏之內因得明矣，形體之神因得歸也。子若能暮明燈於本命，朝明燈於行年，常明燈於太歲，上三處願念，即體澄氣真，光明內照，萬神朗清。"元君奉受法度，施行三年，即致夜光童子二十四人，玄光自然而明，不須明燈而通光也。然此上真之妙法，亦不傳於下世。若其[41]金名玉字玄格者，得吾此道。行之九年，身體光明，徹視萬里，朗觀自然。夜光童子降子之房，授以真書，白日登晨。

法曰：常明燈於所住靜室本命之上，暮入室向燈長跪，叩齒十二通，祝曰："玄光映太陰，八達且朗明[42]。澄神曲室裏，仰徹曜上清。五暉發朗臺，玉芝自然生。洞照通太真，萬神監我形。削滅九陰氣，記上東華名。保我無終劫，體與日月并。拔度七玄難，南宮更受[43]榮。明光啓玉皇，上受《內觀經》。天降飛霄輦，騰空御綠軿。得謁太帝[44]館，進拜玉皇庭。"畢再拜，向本命仰頭咽液七過止。

又常明燈於行年之上，朝燈叩齒十二通，呪曰："明燈照行年，散光煥八方。嬰嬰色象澄，內觀朗空洞。披釋朗神衿，子與玉真通。仰宗高[45]上道，渺邈無行蹤。思[46]得玄雲降，整轡御飛龍。却我百年期，還返嬰兒容。賜我西華女，給我金晨童。侍香履年命，稽首玉帝房。神泰道亦暢，懽適香烟中。整心注太玄，精感洞虛无。室招神霄降，冥目矚仙公。拔過七祖難，度形還南宮。"畢再拜，向燈嚥氣二七過止。

常於太歲上明燈以通神，禮願以求真，滿三年則玄光內映，神真下降，授子不死之方，當時自有感應也。當朝夕燒香，叩齒十二通，向燈祝曰："燈火映太真，明光徹玄虛。披朗无上道，心注玉帝廬。洞達空洞內，神覩形自舒。積感致靈降，心恬理潛居。朝禮太帝堂，夕誦金真書。逍遥玄都裏，萬歲返嬰孩。天符紫霄霞，帝給玄瓊舉。浮遊五嶽巔，適意[47]得所如。七祖免三塗，福慶有盈餘。"畢再拜，嚥液二七過止。

若能常於三處明燈不滅，七玄九祖，即得去離十苦，上昇南極[48]。一身神明澄正，目視萬里，耳聰遠聽，心智逆知未然。神眞來降，夜光童[49]子當教子求仙之道。九年如此，靈光自表通於裏也。

按天庭法

天眞[50]是兩眉之間，眉之角也。眉內角兩頭骨凹處。山源是鼻下人中之本側，在鼻下小入谷中也。鼻中隔之中內際宛凹處。華庭在兩眉之下。眉下虛骨凹處。旦中暮向其方平坐，臨目嚥液三九，急以手陰按之三九。以兩手中指急按其處，急謂痛按之，非急速之急也。按而祝曰："開通天庭，使我長生。徹視萬里，魂魄返嬰。滅鬼却魔，來致千靈。上昇太上，與日合并。得補眞人，列象玄名。"此爲常人致靈徹視杜遏萬邪之道也。

服霧法

常以平旦於寢靜之中，坐卧任己，先閉目內視，髣髴如見五藏。畢，因口呼出氣二十四過，臨目爲之，使目見五色之氣相繞纏在面上鬱然。因又口內此五色氣五十過。畢，嚥唾六十過，乃微祝曰："太霞發暉，靈霧[51]四遷。結氣宛屈，五色洞天。神煙合啓，金石華眞。藹鬱紫空，鍊形保全。出景藏幽，五靈化分。合明扇虛，時乘六雲。和攝我身，上昇九天。"畢，又叩齒七通，嚥液七過，乃開目，事訖。此道神妙，又神洲玄都多有得此術者，爾可行此法耶！久行之，常乘雲霧而遊。

【校記】

〔1〕"精澄萬慮"，《太上明鑑眞經》作"精衣香薰"。

〔2〕"又容成"，上書作"文子豪成"。

〔3〕"以見"原作"見以"，據上書改。
〔4〕"老子"原作"商子"，據上書改。
〔5〕"日月足矣"原作"日月即用此矣"，據上書刪改。
〔6〕"不"，上書作"而"。
〔7〕"一名"後，上書有一空格，疑闕一字。
〔8〕以上二十五字，上書作"其上有自然蓋者，日中童子也；上無自然蓋者，月中童子也"。
〔9〕"祿"，上書作"綵"。
〔10〕"李"後原空二字。
〔11〕"八"原作"一"，據《太上明鑑真經》改。
〔12〕"掘"原作"握"，據上書改。
〔13〕"老彪直"，上書作"有老彪至"。
〔14〕"著其背懷之"，上書作"著其懷"。
〔15〕"以"字，上書無。
〔16〕"若"，《上清明鑑要經》作"漠漠"。
〔17〕"苦"原作"若"，據上書改。
〔18〕"便臥"二字原無，據上書增。
〔19〕"照鏡"二字原無，據上書增。
〔20〕"申"，上書作"甲"。
〔21〕"三童"二字，上書無。
〔22〕"聞"，上書作"間"。
〔23〕"右鏡後"，上書作"右鏡當後"。
〔24〕"責"，上書作"費"。
〔25〕"還"原作"遠"，據上書改。
〔26〕"山"後，上書有"精思"二字。
〔27〕"帛子"，上書作"帛子高"。
〔28〕"末又"，上書作"又末"。
〔29〕"玄元水精"，本書卷三一《二十四神回元經》作"玄流朱精"。

〔30〕"枕中"原作"法中"，據《上清明鑑要經》改。

〔31〕"住"原作"往"，據上書改。

〔32〕"栢"上書作"栢木板"。

〔33〕"二分"，上書作"四分"。

〔34〕"茵草"，上書作"莽草"。

〔35〕"礜石"，上書作"礬石"。

〔36〕"九節"，《太上洞玄靈寶赤書玉訣妙經》及《元始五老赤書玉篇真文天書經》作"七節"。

〔37〕"太上之仙"，《太上洞玄靈寶赤書玉訣妙經》作"太陽之山"。

〔38〕"滅"，上書作"成"。

〔39〕"二十五咽"，原無"五"字，據上書增。

〔40〕"受"原作"授"，據《洞真上清開天三圖七星移度經》改。

〔41〕"其"，上書作"有"。

〔42〕"且朗明"，上書作"朗且明"。

〔43〕"難南宮更受"五字原無，據上書增。

〔44〕"帝"原作"皇"，據上書改。

〔45〕"宗高"原作"高宗"，據上書改。

〔46〕"思"原作"恩"，據上書改。

〔47〕"適意"原作"適一"，據上書改。

〔48〕"極"原作"仙"，據上書改。

〔49〕"童"原作"重"，據上書改。

〔50〕"天真"原作"天庭"，據《真誥》卷九及《洞真西王母寶神起居經》改。

〔51〕"霧"原作"霞"，據《真誥》卷十三改。

雲笈七籤卷之四十九

祕要訣法三一

守一—在人心，鎮定三處。

《太上智慧消魔真經》云："一無形象，無欲无爲。求之難得，守之易失。失由識閽，不能進明。貪欲滯心，致招衰老。得喜失嗔，致招疾病。迷著[1]不改，致招死殁。衰患及老，三一所延[2]。治救保全，惟先守一。非一不救，非一不成。守一恬惔，夷心寂寞。損欲折嗔[3]，返迷入正。廓然无爲，與一爲一。此乃上上之人，先身積德所致也。中中已上，先善未積。積而未極，皆由漸昇。當存三元，諦識神炁狀貌，出入有无，生[4]鎮三宮，三尸必落。尸毒既去，鍊暗成明，智慧神通，長生不死。真聖神仙，隨因受果。"

《太平經》云："何以爲初？思守一也[5]。一者，數之始也；一者，道之生[6]也，元氣所起也，天[7]之綱紀也。"

又《五符經》云："知一者，无一之不知也。不知一者，无一能知也。一者，至貴無偶之號也。"

《上清三天君列紀經》云："栢成欻生請問《雲房之道三真之訣》。二玉皇曰：'三真者，兆一身之帝君，百神之[8]始真也。若使輔弼審正，三皇內寧，太一保胎，五老扶精。一居丹田，司命護生；一居絳宮，紫氣灌形；一居洞房，三炁[9]合明。於是變化離合，與真洞靈。明堂雲宮，紫戶玉門，黃闕金室，丹城朱牕，皆帝一之内宅，三真之寶室也。於是雲房一景，混合神人，上通崑崙，下臨清淵。雲蓋嵯峨，竹林蔥蒨，七靈廻轉，五色纏綿。層樓萬重，三氣成煙。玉闕虛靜，七門幽深。金扉玉櫃，符籍五篇。公子內伏，外牽白元。渾一成形，呼陽招陰。上帝司命，各保所生。微哉難言！非仙不傳。"

三一訣

《昇玄經》曰：仙人寶子明問云："向聞法師咨請真一太一，未聞《三一之訣》，當復云何？既爲一而復言三，爲一有三耶？爲三有一耶？昔雖奉行，未能曉了，願爲究盡，使後來末學得知真要。"法師曰："三一者，正一而已。三處授名，故名三一。所以一名三一者，一此而三彼也。雖三常一，故名三一。三一者，向道初門，未入真境，得見一分，未能捨三全一，是未離三。雖未離三，少能見一，故名三一。分言三不離一，故名三一。"子明曰："此一者何所有也？"答曰："無所有而有。"問曰："無所有而有，何名爲有？"答曰："以無爲有。"又問："無何而有？"答曰："得无爲有。"又問："得而無爲者何所義？"答曰："形聲虛僞故〔10〕。"又問："何爲虛僞？"答曰："不住故。"又問："云何不住？"答曰："速變異故。"又問："雖速變異，非無所有。既云變異，果是有物可變，安得云無邪？"答曰："向曰變異者，亦不言都無如虛空故，但言一切皆有僞非真。生者必死，有者必無，成者必壞，盛者必衰，少者必老，向有今無，寒暑推變，恍惚無常也。"

玄門大論三一訣 并叙

夫三一者，蓋乃智照無方，神功不測。恍兮爲像，金容玉質之姿；窈兮有精，混一會三之致。因爲觀境，則開衆妙之門；果用成德，乃極重玄之道。《道經》云："三者不可致詰，故混而爲一。"《洞神經·三環訣》云："精、神、炁也。"

《釋名》云："三一者，精、神、炁混三爲一也。精者，虛妙智照之功；神者，無方絕累之用；氣者，方所形相之法也。亦曰希微夷。希，踈也；微，細也；夷，平也。夷即是精，希即是神，微即是氣。精言夷者，以知萬境，均爲一照也；神言希者，以神於無方，雖徧得之甚踈也；氣言微者，以氣於妙本，義有非麤也。精對眼者，眼故見明，義同也；耳對神者，耳空故聞無，義同也；鼻對氣，觸於體，義相扶也。"

孟法師云："言三言一，不四不二者，以言言一，即成三也。今謂明義各自有宜，少多非爲定准，如六通四達，豈止三耶！若教之所興，無乖此説。然三義雖異，不可定分；亦一體雖同，不容定混。混亦不混，故義別成三；分不定分，故體混爲一。混三爲一，三則不三；分一爲三，一則不一。不三而三，不一而一，斯則三是不三[11]之三，一是不一之一。不三之三，非直非三，亦非非三；不一之一，非止非一，亦非非一。此合重玄之致也。"

出體之義，略有四家：

一者、大孟法師解云："三一之法，以妙有爲體。有而未形，故謂爲妙；在理以動，故言爲一。"引《經》言："道生一。"又云："布氣生長，貸[12]成麋素，兼三爲用，即一爲本。今不同此，果法若起，故非未形之妙。經云：生豈是常在之本。

二者、宋法師解云："有總有別：總體三一，即精、神、氣也。別體者，精有三智，謂道、實、權；神有三宮，謂上、中、下；氣有三別，謂玄、元、始。"今謂此判三一之殊，非定三一之體。

三者、徐素法師云："是妙極之理，大智慧源，圓神不測，布氣生長，裁成麋素，兼三爲義，即一爲體。"此解雖勝，語猶混通，未的示體。如極理之與大智，此即是境智之名；慧源之與裁成，即是本迹之目，故未盡爲定也。

四者、玄靖法師解云："夫妙一之本，絕乎言相。非質非空，且應且寂。"今觀此釋，則以圓智爲體。以圓智非本非迹，能本能迹，不質不空，而質而空故也。今依此解，更詳斯意者，既非本非迹，非一非三，而一而三，非一之一。三一既圓，亦非本之本，非迹之迹。迹圓者明迹不離本，故雖迹而本；本[13]不離迹，故雖本而迹。雖本而迹，故非迹不迹；雖迹而本，故非本不本。本迹皆圓，故同以三一爲體也。三一圓者，非直精圓，神、氣亦圓。何者？精之絕累即是神，精之妙體即是氣，神之智即是精[14]，氣之智即是精，氣之絕累即是神也。斯則體用圓一，義共圓三。圓三之三，三不乖一；圓一之一，一不離三。一不離三，故雖一而三；三不乖一，故雖三而一。雖三而一，故非一不一[15]；雖一而三，故非三不三。三一既圓，故同以精、智爲體；三義並圓而取精者，名殊勝也。

　　義有九條，用有五迹。義九條者，三一名三，合成九義：精有三，正、實、權也；神有三，空、洞、无也；氣有三，始、元、玄也。精三者，具如境智科解；神三者，無是豁然之名，洞是通同之目，空是虛容之理也；氣三者，《正一經》云：“太無變化，三氣明焉，黃氣爲玄，白氣爲元，青氣爲始也。”論其相生者，正智生實智，實智生權智。無生於洞，洞生於空，空生於始，始生於元，元生於玄也。然自一之三，從三至九，千應萬變，同歸本一。不殊而殊，殊而不殊也。用五迹者，《洞神經》云：“大道無極，極乎自然。變化無極，其中要妙三五八九。”三者，精、神、氣也。五者，精有二君，精氣也；神有二君，神炁也；精有二君，赤氣名曰太陽，化爲元陽子丹，變爲道君，是二君也；神有二君，赤氣變黃，名曰中和，變爲老子，又爲黃神，是二君也；氣有一君，黃氣變白，名曰太陽，變爲太和，是一君也。以五當法，體義不分。二分三一之變，有此五君。以三就五爲八，三內有一成九也。斯亦一途，應用示此五身。然化迹多端，塵沙莫辯。

　　孟法師云：“用則分三，本則常一。”今解論其正意，體一義三，本迹而言，四句變九。四句者：一者本一迹三，二者本三迹一，三者本迹俱三，四者本迹俱一。本一迹三者，妙本圓一，分應開三。迹一本三者，應氣爲一，本體俱三。第三第四兩句者，望前兩句不知本迹不殊，故同三同一，其義具顯前章也。九變者，三一之化，號精、神、氣。精神氣中，又各相生，三三相續，遂爲九變。故從一之九，從九反一。《上元眞書》云："一曰源一，二曰元一，三曰太一，四曰玄一，五曰眞一，六曰雌一，七曰雄一，八曰三一，九曰正一。源者，至道之根，衆妙之本；元者，衆善之長，萬法之先也；太者，極大之名，包含爲德；玄者，不滯爲用，妙絶高虛也；眞者，去假除惑，卽色皆空也；雌者，安靜柔和，觀空照實也；雄者，剛動能化，方便善權也；三者，精、神、氣也；正者，治邪滅惡，去闇就明也。此明至道垂迹，有此九條，攝會歸本，同爲一致。"故《三天正法》云："從九返一，乃入道眞。"辯教曰第一，出衆經不同。

孟法師云："涉學所宗，三[16]一爲本。故七部九經[17]，皆有圖術。今列如左：

第一、《洞眞三一》，上元泥丸宮天帝、帝卿、中元絳宮丹皇君、輔皇卿，下元丹田宮黃庭元王、保鎭弼卿。出《三元眞一經》。

第二、《洞玄三一》，治三丹田，元先子丹元陽子也。出《太上眞一經》。

第三、《洞神三一》，南極老人，中極道元，北極玄妙。出《洞神太上三一經》。

第四、《皇人三一》，始青、元白、玄黃。出《皇人祕旨》。

第五、《太清三一》，赤子、眞人、嬰兒。出《太清上[18]中經》上卷。

第六、《太平三一》，意神、志神、念神。出第一卷《自占盛衰法》。

第七、《太玄三一》，夷、希、微。出《太存圖》及《道德經》。

第八、《正一三一》，閒、闢、閩，卽治三元。

第九、《自然三一》。虛赤光、元黃光、空白光。

合有九經，所明三一，並治三宮。其條守體儀，具如彼經所辯。然《洞神》所出三一之變，亦云精、神、氣，虛、無、空等，具如彼經第十三卷所明也。今三一者，神、氣、精，希、微、夷，虛、無、空。所以知此爲三一者，以其明義圓極故也。昔《正一三一》等，是以其明義淺迹故也。"

《昇玄經》太上告道陵云："汝昔所行，名爲眞一道者，是則陰陽之妙道，服御之至術耳！非吾所問真一，此昔教也。"下文云："汝以堪受吾《至真平等要訣[19]無上妙經》乃至第四《辯不一之一》，此之[20]教也。"其外六經所辯三一，既不彰言辯空，而但爲氣觀之境，可屬於昔。故涓子修上清，近得地仙而已。若言三氣、三色，並是界外之事；三洞三一，本意皆爲入空，此則攝屬於今也。能倫聖教，本不有無，何曾今昔！故[21]九經所辯，皆不有無，並非今昔。但逐物情不了，滯教爲昔；物情若悟，曉教成今也。更二義往分今昔：一就大小乘分，二就因果義分。大小乘分，凡有三義：一約定有分，二約偏並分，三約待絕分。定有者，昔小乘以三一爲定境，義極於有；今大乘以三一爲智慧，義在於空。何者？昔小乘入定，則捨於有，故在空之時，無復三一也。今大乘爲觀，羣色是空，故雖於空，不失三一也。故《洞神經·釋守三一》云："知守虛無空者爲大乘也，守神鍊形爲中乘，守氣含[22]和爲小乘也。"二偏並者，昔小乘學偏，今大乘能並。小乘捨色入空，故不能並；大乘即色辯空，故能並也。三待絕者，昔因三一，以入於無，得無之時，謂爲真一。此之無一猶對於有之無，是爲挾二，故爲待也。今之三一，即體非有，亦復非無，非有非無，故無所挾。既無所挾，故爲絕也。二就因果義分，亦有三義：一約近遠別，二約方便究竟別，三約常無常別。一約近遠者，昔以三爲氣觀，果則近極三有；今以一爲神觀，果則遠極道場，故極果圓智，成今三一，義如前也。二約方便究竟者，昔開方便，果極三界；今開究竟，故果極常一。故《昇玄經》云："是爲究竟。"究竟者，功業成，罪行畢，則常一也。三約常無常者，昔三有之果，爲災所成，故是無常，今一常之果，嶷然不動，故爲常也。

金闕帝君五斗三元真一經口訣

涓子受之東海青童君。至春分日夜半時，起坐東向冥目，存身中三宮三一三卿及我合七人，我在中央也，俱乘紫氣之煙，共登北斗陽明星。陽明星者，北斗之東神也。於是存入星中共坐，吞紫氣三十過，行之久久，自見陽明星東元太上宮，宮中有青玄小童授子真光也。先當存北斗星紫炁大如弦，從上直流我前，然後乃存三一也。

周君口訣云："存七真人並巾[23]斗七星而共登陽明蹯行，我居中央也。巾七星者，以魁覆頭，杓柄前指也。我存吞紫氣三十過而嚥之也，又思三一、三卿並同吞之也。吞畢，更存七真人緣向者[24]紫氣空中來下，還兆三宮中，良久心祝曰：'三尊上真，太玄高神。陽明主春，萬童開門。丹元主夏，朱紫含[25]煙。陰精主秋，天威六陳。北極主冬，萬邪塞奸。五土乘王[26]，戊己天關。所指[27]皆滅，所向莫干。鍊我七魄，和我三魂。生我五藏，使我得真。登飛上清，浮景七元。長生順往，嘯吟[28]千神。'畢，亦可眠存之，四節共此一呪爾。"

夏至之日夜半時，起坐南向冥目，存我身中三宮三一、三卿及我合七人，我在中央也，俱乘紫氣之煙，共登北斗丹元星。丹元星者，北斗之南神也。於是存入星中共坐，吞紫炁三十過，行之久久，自見丹元星南極太上宮，宮中有朱陽靈妃授子絳書寶文[29]也。

秋分日夜半時，起坐西向冥目，存我身中三宮三一、三卿及我合七人，我在中央也，俱乘紫炁之煙，共登北斗陰精星。陰精星者，北斗之西神也。於是存入星中共坐，吞紫炁三十過，行之久久，自見陰精星西元太上宮，宮中有白素少女授子玉章虎書也。

冬至之日夜半時，起坐北向冥目，存我身中三宮三一、三卿及我合七人，我在中央也，俱乘紫炁之煙，共登北斗北極星。北極星者，北斗之北神也。於是存入星中共坐，吞紫炁三十過，行之久久，自見北極星[30]北元太上宮，宮中有玄精真人授子《金書祕字三五順行》。

六月一日或十五日，令與秋分夏至日相避也，夜半時，坐西南向冥目，存身中三宮三一、三卿及我合七人，我居中央也，俱乘絳紫青黃四炁之煙，共登北斗天關星。天關星者，北斗之中神也。於是存入星中共坐，並臨目各吞四色氣各十過，先吞絳氣，以次行之，久久自見天關星中元太上宮，宮中有太上威真大王[31]授子《滅魔符》、钁邪鉞、《黃衣兵錄》。

八節日各守八日耳。以節日夜半爲始，餘日[32]唯存在三宮中安坐而已。極精想，使有至髣髴耳。

守五斗真一經口訣

道士志學，山林隱靜，久遁岫室，遠迹人間，爲之者益精，而神速至也。或多不知推筭度[33]分數，作曆日也。如不知曆日之道，則二十四氣八節之日，不可得知。又復不能年年出入世間[34]尋問求寫，亦是學人之疑也。今謹按《北帝自然之經》云："法用正月三日當立春，二月十五日當春分，四月一日當立夏，五月十六日當夏至，七月七日當立秋，八月二十二日當秋分，十月五日當立冬，十一月十一日當冬至節，山林道士當用此法。若曉外曆日之八節，自宜按之。曆之[35]八節，蓋璇璣之正度，萬真靈仙神明朝宴之日也。"《北帝自然法[36]》："月數之中日，二景氣相隨[37]之日，亦大吉時也，宜以修道建思[38]。"併而論之，吾從唯一。

外國以月一日爲建，二日爲除，以次數之。今窮山無曆日，此乃可用。

匈奴國以正月一日爲甲寅朔，六甲周而復始。正月小，二月大，三月小，四月大，五月小，六月大，七月小，八月大，九月小，十月大，十一月小，十二月大。若窮景深林，外迹冥[39]絶者，亦當按此可[40]也。每至建日或月一日平旦，存三一從己三宮中出坐己前，乃心起再拜，若如見之，髣髴在目[41]，心呪曰："天尊三帝，守我命門。出遊虛中，六氣互[42]分。養我五神，正我三魂。五藏自生，長生飛仙。"畢，又存從虛中還三宮，良久咽液三十過，十過爲良[43]，夜當見三一及三卿也。或夢見白鳥、白鵠、白虎、金玉之物，皆三一之化景示象也。如此守之勿殆，則相見之象也，對面之漸也。每至除日夜半時，密起北向，仰視北斗七星之内象，見三一從輔星中下來，入己三宮中。畢，還寢精思，存之髣髴似見，乃微呪曰："太上天輔，三帝所遊。三卿扶持[44]，與真合俱。下入我身，安寂坐無。吐精灌形，魂魄和濡。使我飛仙，雲車行浮。"畢，嚥液二十七過，月取一除日爾。每至開日夜半時，起坐東向去巾，亦可散髮更梳櫛結之，結令通，良久畢，祝曰："上元三真，真中嬰兒。散髮開煙，上通天台。泥丸堅凝，與天同時。使我飛仙，交行洞臺。"畢，咽液十九過。畢，乃巾而寢，精思存三一、三卿各安其宮，帝與卿相對而坐，存三一呼氣宮中三十過，已存時亦自呼氣三十過也。呼者，開口吐氣之謂也。其時亦當覺一體熱，則和神凝魂之驗也。存三一，皆當臨兩目內視神宮也。

　　存一之道，使太上三素氣見三宮中。三素者，紫青絳三沓色炁也，紫在上也。則存守三一在其中，因[45]想見北極紫房玉宮，使天官序列，思我將在帝前對坐所乞所求，乃心拜焉。太上是上清之帝[46]，極貴者也。北極紫房，帝之房耳。亦存己三一與帝論[47]飛真生生之道。凡臨盛饌，皆正心存一，因[48]想一先飲食，然後兆乃食之也。常如此，則邪氣遠退，真氣來前。飲食畢，心祝曰："百穀入胃，與神合氣。填補血液，尸邪亡墜。長生天地，飛登金闕。役使六丁，靈童奉衛。"守一之法：以甲午、甲辰、甲寅日夜半，掃除靜寢之庭，方圓一丈，布席燒香，北向再拜，亦可心拜而已。因仰視北斗七星，使紫炁從斗中出，入兆身中三宮之內，北向接手兩膝上，心存三一、三卿與兆俱乘紫氣上登太極。太極，北極星也。存令忘身失體，恍焉如昇天之狀，如此則仙道近矣！仙人謂之大靜也。陰雨[49]可於寢牀上爲之，亦可預作壇於盛[50]處，使方圓一丈，籬四面使高數尺，至日常當修之，此大靜之道也。

　　守一之道[51]，當伺月初出時，向月再拜畢，心祝曰："太陰玄精，明月夫人。初生流光，照我三宮。神仙上飛，高遊八方。所向所願，皆與福會。"守一之道，常存七星覆頭上，柄指前。如此，百邪之不干，凶氣之滅亡，要訣也。

　　守一人忌食五辛猪犬肉，履產婦家。甲子日思存，又忌大醉人[52]及諸殗臭，皆避而慎之，遣之勿疑矣！又勿抱嬰兒，大不可耳[53]！不與人共衣履同床席而存一也。思真静神，念道招靈，皆欲别處，非徒此事而已。

後聖金闕帝君昔受《三元真一經》《太極帝君真符》《五斗真一經》《太一帝君寶章》，凡此四訣，以傳仙人涓子。涓子釣河川，獲鯉魚，剖得青玉函，發視獲二符二經法是也。此太上内隱法，地真之上道，亦得朝宴上清，遊盼太極飛遨崆峒，寢息崑崙矣。

【校記】

〔1〕"迷著"，《洞真太上說智慧消魔真經》卷四《證聖品》作"迷者"。

〔2〕"衰患及老，三一所延"，上書作"殞瞑及老，三尸所延"。按文意，"三一"宜作"三尸"。

〔3〕"夷心寂寞。損欲折嗔"，上書"寞"作"求"，"折嗔"作"抑德"。

〔4〕"生"，上書作"主"。

〔5〕"何以爲初？思守一也"，《太平經》卷三七《五事承負法》作"以何爲初？以思守一。何也"。

〔6〕"道之生"，上書作"生之道"。

〔7〕"天"前，上書有"一者"二字。

〔8〕"之"後原有"内"字，據本書卷一〇一《三天君列紀》刪。

〔9〕"炁"，上書作"素"。

〔10〕"故"字，《道藏輯要》本、《四部叢刊》本無，後二"故"字同。

〔11〕"不三"原作"不二"，據上二本改。

〔12〕"貸"，上二本作"裁"。

〔13〕"本"原作"亦"，據上二本改。

〔14〕疑下脱"神之妙體即是氣"。

〔15〕"一"後原有"亦"字，據《道藏輯要》本、《四部叢刊》本删。

〔16〕"三"字原爲空格，據上二本補。

〔17〕"經"原作"結"，據下文"合有九經"改。

〔18〕"上"字疑衍。

〔19〕"訣"原作"設",據《道藏輯要》本、《四部叢刊》本改。

〔20〕"之",據上下文義疑當作"今"。

〔21〕"故"後原有"可"字,據《道藏輯要》本、《四部叢刊》本删。

〔22〕"含"原作"舍",據上二本改。

〔23〕"巾"原作"北",據《上清金闕帝君五斗三一圖訣》(下稱《三一圖訣》)及《元始天尊説玄微妙經》(下稱《微妙經》)改。

〔24〕"向者"原作"向從",據《三一圖訣》改。

〔25〕"紫含",上書作"炁合",《微妙經》作"紫合"。

〔26〕"乘王",上二書分别作"庚壬""秉壬"。

〔27〕"指",上二書作"摧"。

〔28〕"吟",上二書作"命"。

〔29〕"文"原作"衣",據上二書改。

〔30〕"星"前原有"元"字,據《三一圖訣》删。

〔31〕"大王"原作"人",據上書改。

〔32〕"日"字原無,據上書增。

〔33〕"度",上書作"曆度"。

〔34〕"出入世間",上書作"出人間"。

〔35〕"之"字原無,據上書及《微妙經》增。

〔36〕"法"原作"發",據上二書改。

〔37〕"二景氣相隨",《微妙經》作"三景氣相適。"

〔38〕"修道建思",《三一圖訣》《微妙經》分别作"建修道德""建修思道"。

〔39〕"冥"原作"名",據上二書改。

〔40〕"可"字,上二書無。

〔41〕"在目",上二書作"因"。

〔42〕"互",上二書作"玄"。

〔43〕"十過爲良",上二書分别作"爲之""作十過爲之"。

〔44〕"持",上二書分别作"胥""骨"。

〔45〕"因"原作"目",據上二書改。

〔46〕"太上是上清之帝",上二書作"太上是上清也,上清之帝"。

〔47〕"論"原作"諭",據上二書改。

〔48〕"因"原作"目",據上二書改。

〔49〕"雨"原作"兩",據上二書改。

〔50〕"盛",上二書分別作"净""静"。

〔51〕"道"前原有"法"字,據上二書删。

〔52〕"人"字原無,據上二書增。

〔53〕"大不可耳",上二書分別作"及近鳥獸蟲類""己兒乃可"。

雲笈七籤卷之五十

祕要訣法三一

三一九宮法

夫三一者，乃一身之靈宗，百神之命根，津液之山源，魂精之玉室。是以胃池體方以受物，腦宮員虛而適真，萬毛植立，千孔生煙，德備天地，混同太玄，故名曰泥丸。泥丸者，形軀之上神所居也[1]。兆唯知吞炁咽津，鳴齒納液，不知此所因者，乃泥丸之末流，腦家之邊枝爾！今將告子《三一之訣》，上真之妙法也。閉口奉修，慎勿宣傳，負違盟誓，身没鬼官，考延七祖，長閉河源。

兩眉間却入一寸爲明堂宮，却入二寸爲洞房，却入三寸爲丹田，丹田直上辟方一寸爲玄丹，腦精泥丸魂宮也。

明堂宮左有明童真君，右有明女真官，中有明鏡神君。明童真君諱玄陽字少青，明女真官諱微陰字少元，明鏡神君諱照[2]精字四明，此三君共治明堂宮，並著緑錦衣，腰錦裙[3]，帶四玉鈴，口銜玉鏡，鏡鈴並如赤玉也。頭如嬰兒，形亦如之，對坐俱向外面或相向也。此明堂之道也。若道士恐畏，存三神使鳴玉鈴，聲聞太極，使口吐玉鏡赤光令萬丈，存之俱畢，因三呼三君名字，叩齒九通，則千妖伏息，萬鬼滅形也。若道士飢渴，亦存三君，並口吐赤炁，使灌己口中，因吸而咽之，須臾而飽也。若道士夜行，闇不見路，又存三君，使口出火光照前，須臾路自朗明也。若行凶處厄難之中，有刀兵之地，急存三君，使鳴玉鈴，精而想之，敵人自然心駭意懼，不復生害心也。若道士欲求延年不死，及疾病臨困求救而生者，當正心安寢，存明堂三君並向外長跪，口吐赤炁，使光貫我身，令帀我口傍，咽赤炁無數，當閉目微咽之也。須臾赤炁繞身，都變成火，火因燒身，身[4]與火共作一體，內外洞光，良久乃止[5]，名曰日月鍊形，死而更生者也。又暮卧常當爲之，則必長生不死也。又數存咽赤炁，使人顏色返少，色如童女，此不死之道，《明堂之要訣》畢也。且起皆咽唾三十過，以手拭面摩目以爲常，存唾色作赤津液。

洞房中有三眞，左爲無英公子，右爲白元君，中爲黃老君，三人共治洞房中，此爲飛眞之道。別自有經，事在《金華經》中。

丹田宮有上元眞一帝君、帝君之卿合三人，共治丹田宮，守三元眞一之道是也。此地眞[6]之要路，控乘龍車之經也。天眞多官位，樂欲爲地眞人。地眞人隱遁於官位，不勞損於朝宴，故從容任適，隨時而遊。坐七輿以上[7]造，步四炁於太旡[8]也。至於天眞地眞[9]，雖差階小異，俱一眞矣。地眞人亦各安其所之，不願爲雲中官也。

流珠宮有泥丸太一眞人，在[10]丹田後却入一寸爲流珠宮，流珠眞神自別有經，司命之所行也。其道妙大，發誓用珠帛結盟，乃能付之。此經三百年一傳，滿五授止，不得復出，此太極公卿司命之道也。

玄丹宮在丹田之上，正方一寸，紫房綠室，朱煙滿內。其中有泥丸太一眞君，治玄丹之宮。太一眞君貌如嬰兒始生之狀，坐在金牀玉帳之中，著紫繡錦衣，腰帶流火之鈴。流火之鈴者，無質而赤光，動之聲聞十萬里，蓋上清中黃[11]太一眞人之寶鈴也。左手把北斗七星之柄，右手把北辰之綱。北辰者，北極不動之星，謂之爲辰綱也。正坐玄丹宮向外，左右無侍者，所以名之爲太一眞君也。旦夕守諸三一訖，獨後乃末存之。末存之者，先造其輕，後行其重也。

夫頭有九宮，請先説之。兩眉間上，其裏有黃闕紫戶、絳臺青房，共搆立守寸之中左右耳。守寸左面有絳臺，右面有黃闕。其九宮眞人出入，皆從黃闕、絳臺中間爲道。故以道之左右置臺闕者，以伺非常之炁，伺迎真人往來也。紫戶大神名平靜字法王，青房大神名正心字初方，形並如嬰孩，各服衣如其方房戶之色[12]，手執流金火鈴。守寸者，卻入三分名爲守寸也。暮臥及旦存思之時，先存二大神，髣髴存見，仍呼其神名字畢，微呪曰："紫戶青房，有二大神。手把流鈴，身生風雲。俠衛真道，不聽外前。使我思感，達利靈關。出入利貞，上登九門。即見九真，太上之尊。"祝畢，乃可存思三一洞房九真諸要道也。守寸二大神，唯聽九宮中真官在九宮內者出入耳目，上帝信命及玉童靈真往來諸帝軒，二大神聽以進，其餘非真，此二大神皆不聽進也。此中黃太一法度也。於是赤子帝君乃命兩耳神嬌女雲儀使引進之，故人覺耳鳴者，外使入也。雲儀時扣磬鍾以聞九宮，使知外人來入，令警備也。磬鍾者，是今耳鳴之聲音也。其聞之者，錯手掩耳而祝曰："赤子在宮，九真在房。請聽神命，永察不祥。太一流鈴[13]，以滅萬殃。"祝畢，以手拍耳門二七遍，畢當覺面熱，即佳候也。若覺頭項頸間索索寒者，惡氣入也。當急臥臨目，內存玄丹宮太一真君，以流火之鈴煥而擲之，惡氣即出身外，火光亦隨之在後，炯炯然以照己一身，良久平復也。

其《明堂》《洞房》《丹田》《流珠》《四宮之經》，皆神仙爲真人之道，傳於世。其《玄丹宮經》亦真仙司命之要言，四宮之領宗矣。此一經須太極帝君告可與乃與之也，亦時出授爾！凡合五宮之道行乎世上，有真名者遭值之矣！自非骨相挺命，不聞此言也。

又有玉帝宮，玉清神母居之；又有天庭宮，上清真女居之；又有極真宮，太極帝妃居之；又有太皇宮，太上君后居之。此四宮皆雌真一也，道高於雄真一也。並有寶經，以傳已成真人者。未得成真，非所聞也。雌真一之要，亦自不授之矣。太上所以出極八景，入驂瓊軒，玉女三千，侍真扶轅，靈妃俠唱，神后執巾者，寔守雌一之道，用以高會玄晨也。此太上之宗根，虛皇之所傳也。此四宮人皆有之，但不修此道者，宮中空耳！夫不盡修於九宮[14]者，宮中亦空爾！非但雌家四宮[15]而已。至於丹田宮中常有帝君，守寸常有大神，不復問之，須修乃見在宮中爾！修之者神仙，不修者以壽死矣。雌雄一神者[16]，男女並可兼修之，無不在也。唯決精苦之至，乃獲益矣。

　　守玄丹太一真君之道，暮夕静寢，去諸思念，卧坐任意。先存北極辰星紫炁來下[17]，入己玄丹宫中，須臾滿宫，溢出耳[18]外，使币身通洞，内外與紫炁合體。畢，又存日來入玄丹宫中，日滿宫内，在紫炁中央望視，如闇中視火珠之狀。畢，乃存上清中黄太一真君從北極紫炁中來，下入玄丹宫日中坐，君諱規英字化玄，衣貌色服如上。又存己一身忽然昇上，入玄丹宫日中，在太一真君前對坐，服色任意。因心起再拜，稽首膝前，問道求神仙長生，隨意言之。因存乃[19]吞紫炁三十過，次咽液三十過。畢，又存北斗七星内有一赤炁大如弦，徑下直入玄丹宫中。於是太一真君及己俱乘日入行赤炁道中，直上詣北斗魁中，寢息良久。自因此寢也，亦即有真應。十四年行之，則與太一同遊，俱到七元綱也。十八年詣上清宫，受書佩符，役使玉童玉女各十八人。一夕一存之，唯數而已，勿令脱夕。亦可專修此道，不必須守三一也。兼之益精，致感速爾！月一日三日七日十一日十五日夜半之時，存玄丹宫太一真君正坐向外，口吐青炁，下入我口中，我隨咽之，凡五十過。畢，乃咽液五十過。畢，微祝曰："太一真皇，中黄[20]紫君。厥諱規英，字曰化玄。金牀玉帳，繡帔錦裙。腰帶火鈴，斬邪滅奸。手把星精，項生日真。正坐吐炁，使我咽吞。與我共語，同宴玄丹。鍊灌七魄，和柔三魂。神靈奉衛，使我飛仙。五藏自生，還白童顔。受書上清，司命帝君。所願所欲，百福唯新。"又存己上入宫中，在太一前寢息，因以取眠，亦當夢感妙應矣！日爲此而數精至[21]，即相見之階漸也。

四宫雌真[22]一内神寶名玉訣

　　凡學上真之道，而不知雌真一之[23]内名，亦萬不得仙也。學者受師口訣，然後奉行。每以正旦月朔太歲本生之日，入室東向，思存玉清神母姓廉名衒字荒彦，長九寸九分，著玄黄素靈之綬，頭戴七稱珠玉之髻，冠無極進賢之冠，居無上之上太極珠宫七寶府五靈鄉玄元里，下治兆身玉帝宮中。

上清真女姓厥名廻字粥[24]類長六寸六分，著青寶神光錦繡霜羅九色之綬，頭戴玉寶飛雲之髻，冠玄黃進賢之冠，居無上之上崑崙太幽宮中[25]明堂府九光鄉大化里，下治兆身天庭宮中。

太極帝妃姓玄名虛生字伯無，長七寸七分，著玄羅流光五色鳳文之綬，頭戴七寶玄雲之髻，冠無極進賢之冠，居元景之上太清極玄宮中玉房府三丹鄉丹元里，下治兆身極真宮中。

太上君后姓遷名含孩字合延生，長三寸三分，著七寶飛精玄光雲錦霜羅九色之綬，頭戴九玄玉精頹雲之髻，冠玄黃無極三寶玉冠，居太清九玄之洞無極真宮丹精府雲光鄉玄玄里，下治兆身太皇宮中。

行《玄丹之道》，守《三一之訣》，當常存四宮雌真一之神衣服、形影、名諱、鄉居所在。此寶經之上篇，以傳見成真人者，始學不得參問其要。素靈所祕，不行於世。凡受上真之法三寶神經，雖通靈究幽，不知雌真一之法，亦萬無成矣！故太上標其重禁格於輕洩，不載於紙墨，有者宜審實內心，然後受焉。每以正旦月朔及太歲本生日沐浴清齋燒香，入室東向，存思四宮雌真一之神鄉居、姓名、服色、長短如上法。畢，當叩齒十六通，祝曰："太陰真神，號曰女靈。含景九玄，乘真隱冥。日吉天朗，告齋上清。心念目矚，洞鑒神形。還守宮宅，玉華芳盈。五色變化，流黃紫青。運致飛霞，上造帝庭。"畢，咽氣三十六過止。如此，則九年面生玉華，金真映光，神見軀形，與兆共言。子既見神，心知而已。慎勿妄傳也。

此四宮雌真一之神，是天元始生之陰官，受號帝妃也。始其元氣未立，五政未開[26]，光景未通，氣[27]極虛无。無上無下，無外無內，無左無右，無前無後。太上之元精，玄始之妙真，虛極之先，結氣而凝，混化萬物，天地得存，皆由於四真也。能有至心存思者，千齡不知老，九天之中，萬神同壽也。

金闕帝君三元真一經訣[28]

涓子受之東海青童君[29]。太上曰：真人所以貴一爲真一[30]者，上一而已。一之所契，太无感化。一之變通，天地冥合。是以上一爲一身之天帝，中一爲絳宮之丹皇，下一爲黃庭之元王，並監統身中二十四炁。炁以受生，生立一身，上應太微，二十四真。真炁徊和，品彙成形。玄神混分，紫房杳冥。夫氣者，結虛煙而成神也。神者，托三一以自生也。變化者，三一之所造。得化者，皆由神之[31]自隱。混黃相成，得玄之極，故三一元君，各有真炁。真炁結成，自[32]爲千乘萬騎，雲車羽蓋。常以內入紫宮，以登玉清，列錄元圖，化[33]胞保胎。三一養身，得爲真人，飛行九霄，受事高上。所以一之所濟者，乃生乎天地，非但飛行[34]蠕動小事而已。子若能守之彌固，則精應感暢，精應感暢則三元可見，三元可見則白氣鬱變，白氣鬱變則混分自生，混分自生則千乘萬騎忽然至矣！於是羽蓋可御，雲車可乘，白日昇天，上造太微，實三一之玄功，精感之所會也。太微中有二十四氣，混黃雜聚，結炁變化，有時忽爾而分，覺然而生也。化炁中有二十四真人，結虛生成，不由胞胎，皆三一帝皇之炁所致[35]，分道變化，託玄立景矣。既能守身中三一，則天上太微中[36]三一帝皇之真君而降見於外，與子面言矣！身中復有二十四真人，亦身精光爽炁所分化[37]，而變萬化。若雲車來迎，合炁晨景，以登太微。太微[38]二十四真人俱與身中神明合宴於混黃之中，共景於紫房之內。託形炁於千塗，迴老艾以返嬰，改死籍於北酆，壽長存乎帝鄉。出入玉清，寢止太微。又當[39]兼行帝一太一五神及三五七九之事。兼行之者，一神之感易致也。紫房須守一爲根本，守一須[40]紫房爲華蓋，故三一、三素相須也，而紫房、六合相待也。雖其居不同，而致一之用俱濟也。子善思而存之，則三一之事畢矣！若單得受一道者，則三元不備。但注心於一，亦可長生不死，得入太清而已，不得遊宴太極[41]，北登上清之宮也。

上一，真帝之極也；中一，真皇之至也；下一，真王之妙也。天皇得極，故上成皇極；地皇得至，故上成正一；人皇得妙，故上成衆妙之君。三皇體真以守一，故一無藏形；仙人尋真以求一，故三一俱明。一無藏形，其真極也；三一俱明，得一而明[42]已。其真既極，三一既明，得一而生也。夫真守一者，當令心寂神凝，體專求感，所以百念不尋，精意不散。但三月內視，注心一神，則靈光化生，纏綿五藏。若其注念不散，專炁致和，由朴[43]之至也，得一之速[44]也。若華僞借起，競心亂生，故一不卒見，神不即應。非不卒見即應，由存之者不專，思之者不審，是故積年之功，罔有髣髴也。若能心濟遠感，縱心無勞，亦必三月之精思，與一混合者也。

太上告曰：三元者，九天之玉真，太上[45]之正道也。胎根之所生，六合之所存。故正一大道，以出真帝；正道玄真，以生大神；離合五化[46]，萬化忽成；三元解變，則一之所生也。故變氣布結，神得以靈，衆真歸一，而玄功成焉！此正道之宗祖，元氣之根始也。散之於無，則白氣杳合；養之於形，則長生永久。夫三一之法觀，道備於三元，其道奇妙，總括靈篇。天人仙皇，握寶神經。第一之訣，《大洞真經三十九章》；第二之訣，《雌一合變大有妙經》；第三之訣，《洞真玄經》三五七九號《太上素靈》。是故上一帝君寶《大洞真經》[47]，中一丹皇寶《雌一大有妙經》，下一元王[48]寶《太上素靈洞玄大有妙經》。此之三文，真道之至精，一神之玉章，並是天真之禁訣也[49]，高上之祕篇。兆守三一，得吾三經，即能乘雲，上昇太清，洞觀無窮，遊宴紫庭。微哉深矣！難可文宣。守一所生，三一見矣！既見三一，可求此《經》，當必授《守三一之法》，《皇天上清金闕帝君真書》之首篇，衆真之妙訣。子而守一，一亦守子；子而見一，一亦見子。一須身而立，身須一而生[50]。子身進退，千端萬事，常當念一。飲食念一，喜樂念一，哀戚念一，疾病念一，危難念一，履水火念一，乘車馬念一，有急念一。人之念一，舉止矚目，念亦多矣！思念必專，不專無冀矣！患人有志不固，固不能久。知一名字而不能守，守不能堅志，志不能苦，思念無極，多有誇心，不能常守，故三一去，則正氣離失。失正氣者，故氣前。故氣前，死日近也。俗人學道，多尋浮華，不信真一爲貴，初有其志，後必變敗，由用志不一，邪氣來入故也。守一之戒，戒於不專，專復不久，久不能精，精不能固，固而不常，則三一去矣！身[51]爲空宅爾。空宅無主，其身[52]安久矣！

太上告曰："氣結爲精，精感爲神，神化爲嬰兒，嬰兒上爲真人，真人昇爲赤子，此真一[53]也。"天有三玄[54]，謂日月星也，亦爲三精，是用長生。人有三寶，三丹田也，亦爲三真，是用永存。《靈寶經》曰："天精地真，六寶[55]常存。"此之謂也。

兩眉間上，却入一寸爲明堂，却入二寸爲洞房，却入三寸爲丹田泥丸宮。却入者，却就項後之背向也。丹田泥丸宮正四方，面各一寸，紫氣衝天[56]，外映照九萬里。北斗七星以魁爲蓋，以杓柄前指外向也。變化大小，飛形恍惚，在意存之。上元赤子居中，在斗蓋之下，赤子諱凝天字元先[57]，位爲泥丸天帝君。其右有帝卿一人坐相對，是齒舌腦之精神化而生也，上入爲帝卿君，諱肇精字玄生[58]，此二人共治泥丸中。並著赤繡華衣，貌如嬰孩始生之形。天帝君執《上清神虎符》，帝卿執《大洞真經》，坐俱外向或相向也。内以鎮守泥丸面目齒舌兩耳鼻髮之境，外以振威六天萬鬼凶惡魔也。三魂七魄，五日一來朝而受事焉！

心爲中丹田，號爲絳宮，鎮心之中央，正四方面各一寸，朱煙參天[59]，外映照三萬里。變化恍惚，在意存之。中元真人居其中，諱神珠字子丹[60]，位爲絳宮丹皇君。其右輔皇卿一人，是五藏精神之結化也，入絳宮爲輔卿，諱光堅字四靈[61]。此二人共治絳宮中，並著朱錦衣[62]，貌如嬰兒始生之形。丹皇君左手把《太清經》，輔卿君執《大有妙經八景章》，坐俱外向或相向也。内則[63]鎮守筋骨五藏血肉之境，外以震折[64]萬邪之不祥，養炁安神，長生久視，飛仙太霄[65]。三魂七魄，三日一來朝而受事焉！

臍下三寸，號命門丹田宮，下元嬰兒居其宮，四方各一寸[66]，白氣衝天，外映照七萬里。變化大小，飛形恍惚，在意存之。下元嬰兒諱胎精字元陽[67]，位爲黃庭元王。其右有寶鎮弼卿一人，是精氣津液之神結煙昇化也[68]，入在丹田宮，弼卿諱歸明字谷玄[69]。此二人共治丹田下元宮，並著黃繡羅衣，貌如嬰孩始生之狀。黃庭元王左手把太白星，右手執《玉晨金真經》，弼卿執《太上素靈經·九庭生景符》，坐俱向外或相向也。内以鎮守四肢[70]津血腸胃膀胱之府，外以消災散禍辟却萬邪。三魂七魄一日三來朝，而受事於王矣。

守一之法：立春之日夜半之時，正坐東向，服氣九過，咽液三十五過畢[71]，乃存北斗七星冉冉來下我頂上，却向天以杓柄正向前指東也。存陰精真人二星親泊頭頂上，陽明玄冥二星却在上也。陽明陰精二星在後面，玄冥真人二星[72]在前面，於是髣髴存念位定。又思三一之尊君忽乃[73]變生，共出在斗魁之中，須臾三卿君復生[74]如三尊，須臾見六人俱登玄冥綱行，東去達天關而止，俱向我口。又存見上元手扶上卿，中元手扶中卿，下元手扶下卿也。我乃咽氣一通，良久，上元二人從氣中來入我口，上昇還泥丸宮；次咽氣一通，良久，中元二人從氣中來入我口中，歸絳宮；次咽氣一通，良久，下元二人從氣中來入我口中，咽入下丹田中。存天關星令去口七尺，星在口前。三元入我三宮中都畢，乃精念真一各安所在，坐臥思之在心。心有所願，事事心啓之。所求者亦心啓求之。存思唯令靜寂，若寢室内[75]，晝日亦可存思。

立春存三一東向，如立冬精思；

立夏存三一南向，如立春精思；

立秋存三一西向，如立夏精思；

立冬存三一北向，如立秋精思[76]。

存思三一各安其宮畢，乃微祝曰："五方命斗，神致七星。三尊凝化，上招紫靈。六神徘徊，三宮丹城。玄通大帝，下洞黃寧。天真保衛，召引六丁。神仙同浮，乘煙三清。四體堅鍊，五藏自生。"

【校記】

〔1〕"形軀之上神所居也"，《洞真太上素靈洞元大有妙經·太上道君守元

丹上經》（下稱《守元丹上經》）及《太上大洞守一內經法》均作"軀形之上神也"，《洞真太上道君元丹上經》（下稱《元丹上經》）"軀形"作"體形"。

〔2〕"照"原作"招"，據《守元丹上經》及《元丹上經》改。

〔3〕"錦裙"二字，上二書無。

〔4〕"身"字原無，據上二書增。

〔5〕"止"原作"上"，據上二書改。

〔6〕"地真"原作"真地"，據上二書改。

〔7〕"上"字原無，據上二書增。

〔8〕"於太无"三字原無，據上二書增。"四炁"，《元丹上經》作"一炁"。

〔9〕"地真"二字原無，據上二書增。

〔10〕"流珠宫有泥丸太一真人，在"，上二書作"玄丹宫有泥丸太一真君"。

〔11〕"黄"字原無，據上二書增。

〔12〕"色"原作"神"，據上二書改。

〔13〕"流鈴"，上二書作"流火"。

〔14〕"九宫"二字原重，據上二書刪。

〔15〕"四宫"二字原無，據上二書增。

〔16〕"者"原作"有"，據上二書改。

〔17〕"下"字原無，據上二書增。

〔18〕"耳"，上二書作"身"。

〔19〕"存乃"，上二書作"乃存"。

〔20〕"黄"原作"皇"，據上二書改。

〔21〕"精至"，上二書作"積"。

〔22〕"真"字原無，據《洞真太上素靈洞元大有妙經·四宫雌真一内神寶名玉訣》增。

〔23〕"一之"原作"之一"，據上書改。

〔24〕"粥"，上書作"弱"。

〔25〕"宮中"原作"中宮",據上書改。

〔26〕"五政未開",上書作"五正未聞"。

〔27〕"氣",上書作"无"。

〔28〕"金闕帝君三元真一經訣",《洞真太上素靈洞元大有妙經》中作"太上大洞守一內經法"(下稱《守一內經法》)。

〔29〕以上九字,《守一內經法》無。

〔30〕"真一"原無"一"字,據上書增。

〔31〕"之",上書作"以"。

〔32〕"自"原作"目",據上書改。

〔33〕"化",上書作"伐"。

〔34〕"飛行"原作"行飛",據上書改。

〔35〕"之炁所致"原作"之神炁所以致",據上書刪。

〔36〕"天上太微中",上書作"太微天中"。

〔37〕"化"字,《道藏輯要》本、《四部叢刊》本無。

〔38〕"太微"二字原無,據《守一內經法》增。

〔39〕"當"字原無,據上書增。

〔40〕"須"後原有"守"字,據上書刪。

〔41〕"遊宴太極",上書作"遊景太微之天"。

〔42〕"明"字,上書無。

〔43〕"朴",上書作"固"。

〔44〕"速",上書作"効"。

〔45〕"太上",上書作"上真"。

〔46〕"化",上書作"老"。

〔47〕"大洞真經"原無"大"字,據上書增。

〔48〕"下一元王"原作"下元一王",據上書改。

〔49〕"並是天真之禁訣也",上書作"並玉清之禁訣"。

〔50〕"生",上書作"行"。

〔51〕"身"字原無,據上書增。

〔52〕"身"，上書作"禍"。

〔53〕"真一"原作"一真之"，據上書改。

〔54〕"玄"，上書作"光"。

〔55〕"六寶"，上書作"三寶"。

〔56〕"天"後，上書有"紫氣中有日象圓九寸"九字。

〔57〕"赤子諱凝天字元先"，上書作"泥丸天帝上一赤子諱玄凝天字三元先"。

〔58〕"諱肇精字玄生"，上書作"諱肇勒精字仲玄生"。

〔59〕"天"後，上書有"朱煙中有日象徑七寸"九字。

〔60〕"諱神珠字子丹"，上書作"諱神運珠字子南丹"。

〔61〕"諱光堅字四靈"，上書作"諱中光堅字四化靈"。

〔62〕"並著朱錦衣"，上書作"並裸形无衣"。

〔63〕"則"，上書作"以"。

〔64〕"折"，上書作"消"。

〔65〕"霄"，上書作"清"。

〔66〕"居其宮，四方各一寸"，上書作"居其中，宮正四方，面各一寸"。

〔67〕"諱胎精字元陽"，上書作"諱始明精字元陽昌"。

〔68〕"是精氣津液之神結煙昇化也"，上書作"是陰莖精炁白珠津液之守神，乃結精廻烟昇化而生"。"精氣"原作"津氣"，據改。

〔69〕"諱歸明字谷玄"，上書作"諱歸上明字谷下玄"。

〔70〕"四肢"原作"四胎"，據上書改。

〔71〕"咽液三十五過畢"，上書作"咽唾五過畢"。

〔72〕"二星"二字原無，據上書增。

〔73〕"乃"原作"見"，據上書改。

〔74〕"生"原作"坐"，據上書改。

〔75〕"若寢室內"，上書作"靜寂巖室"。

〔76〕以上四行下"如"字句共二十字，上書無，於此作"並如立春精思"。

雲笈七籤卷之五十一

祕要訣法行持事要

八道命籍

《八道命籍》一名《八間》，一名《八達》，又名《八解纏綿[1]釋結謝罪延福妙經》，太素三元君受於自然之章，封於太上靈都紫房之內，金章玉華，三百人侍衛典香。東海小童四極真人西城王君封於峨嵋之山西室之中，萬劫一傳。有玄名帝簡紫字青宮玉藏之人，千年之內，聽得三傳。上學之子，不得此文，虛困山林，終不得道。所謂八道者，日月四時八節所行也。日行赤道，月行[2]黃道，黃赤二道，陰陽之所恒行。至於立春、春分、月行青道二；出黃道東。立夏、夏至，月行赤道二；出黃道南。立秋、秋分，月行白道二；出黃道西。立冬、冬至，月行黑道二；出黃道北[3]。此八道也。月行八道之日，各有變化。翾飛蠕動，含炁之流，草木飛沉，隨緣感應，改故易新。輕者或[4]更重，重者或更輕，善惡廻換，炁象之運，自然而然。上學真人，因變行化，習吉除凶，進善黜惡，申明棄闇，入正治邪，練偽成真，厲愚[5]登聖。其法高妙，茲道玄通，故曰《八達》，至極無窮矣！

《一道命籍》：立春清朝，北望有紫綠白雲者，是太上三元君三素飛雲也。正存之，叩頭搏頰各九，心禮四拜，再密呪曰：曾孫名今日幸遇三元君出行，願得長生，侍給輪轂。餘所言隨人意也。某病乞差，某厄乞度，某災乞消，某事乞果。三見雲輩，白日昇仙。不須復存思千百所施爲，行此必有仙録，是故謂之《八道命籍》也。

《二道命籍》：春分夜半子時，東北望有玄青黃雲，是太微天帝君三素雲也。存思密呪，皆如上法。

《三道命籍》：立夏清旦，西北[6]望有紫青黃雲者，是太極上真君三元内宫真人三素雲也。存思密呪，皆如上法。

《四道命籍》：夏至清旦，東南[7]望有赤白青雲者，是扶桑大帝君三素雲也。存禮密呪，皆如上法。

《五道命籍》：立秋清旦，正西望有白赤紫雲者，是太素真人天皇白帝君三素雲也。存禮密呪，皆如上法。

《六道命籍》：秋分清旦，南望有素赤黃雲者，是南極真人上皇赤帝三素雲也。存禮密呪，皆如上法。

《七道命籍》：立冬清旦，西南望有緑紫青雲者，是上清真人帝君皇祖三素雲也。存禮密呪，皆如上法。

《八道命籍》：冬至清旦，正東望有朱碧黃雲者，是太霄玉妃太虚上真人三素雲也。存禮密呪，皆如上法。

右《八道命籍》之日，月未至一二日，先沐浴燒香以待。至日依時出望，一食頃還室，陰雨則不望。非其日忽見此雲，禮呪如上，三倍[8]勝於其日也。凡先身今身，前世今世，罪結不除，謾謝不的。原恕賒遲，功行難進，魔試不知，多致退落。衰老易至，求昇難期，一去長夜，幽苦未央。上學之士，悟此驚心，誓志仰慕，感玄徹靈。能得命籍，的斷罪根，解釋惡結，滋長善源。羣邪不敢干，得真必速，諦念密修，即有驗矣！

八道祕言

閑心静室，寥朗虛真，逸想妙觀，騰躍[9]玄人。苟誠感上會，精悟輝晨，亦將得見丹景之炁，三素飛雲。八輿朱輦，紫霞瓊輪。上清淨眇，徊轡三元。高皇秉節，靈童攀轅。太素擁蓋，南極臨軒。於是冥光外映，濛蔚龍顏，象燭太虛，流逸七觀也。子能見之，則白日昇晨，不煩凝霜濯華，玄映金丹也。

《一道祕言》曰：以八節日[10]清朝北望，有紫緑白雲者，是爲三元君三素飛雲也。其時三元君乘八輪之轝，上詣天帝。子候見之，當再拜自陳，乞得侍給輪轂之祝矣。三見元君轝者，則白日昇仙。

《二道祕言》曰：以八節日[11]夜半東北望，有玄青黃雲者，是爲太微天帝君三素雲也。其時太微天帝君乘八景之轝上詣高上玉皇也。四見天帝之轝者，則白日有龍轝見迎而昇天也。

《三道祕言》曰：以甲子上旬戊辰己巳之日[12]清旦西北望，有紫青黃雲者，是爲太極上真君三元内宮真人[13]三素雲也。其時太極上真三元真人[14]乘玄景緑轝上詣紫微宮。九見太極轝者，則白日昇仙。

《四道祕言》曰：以甲戌上旬戊寅己卯之日清旦東南[15]望，有赤白青雲者，是爲扶桑大帝君三素雲也。其時扶桑公大帝君乘光明八道之轝上詣太微宮。七見[16]之者則白日有雲龍見迎而昇天也。

《五道祕言》曰：以甲申上旬戊子己丑之日清旦正西望，見白赤紫雲者，是爲太素上真白帝君三素雲也。其時太素上真人白帝君乘翛條玉輦上詣玉天玄皇高真也。十四[17]過見之，則白日昇仙。

《六道祕言》曰：以甲午上旬戊戌己亥之日清旦正南望，有素赤黃雲者，是爲南極上真赤帝君三素雲也。是時南極上真赤帝君乘絳琳碧輦上詣閶風臺。十過見之，則白日昇仙。

《七道祕言》曰：以甲辰上旬戊申己酉之日清旦西南望，見緑紫青雲者，是爲上清真人[18]三素雲也。其時上清真人乘玄景八光丹輦上詣高上九天帝君。四見之者，則太一來迎，白日昇仙。

《八道祕言》曰：以甲寅上旬戊午己未之日清旦正東望，有朱碧黃雲者，是爲太虛上真人[19]三素雲也。其時太虛上真人乘徘徊玉輦上詣太微天帝君。十五[20]見之者，則白日昇仙。

右《八道祕言》，見者當再拜自陳如上法。三素雲各自有色，色氣上下相沓積如所次説也。假令八節日[21]見三元三素雲者，則紫雲在上，綠雲次之，白雲在下，共相沓也。子謹視之。上旬者，謂甲子之日，初入月上十日之內有甲子日是也。非其時日而見此雲者，亦當拜祝，則三倍於其日見也。他日効於甲子矣！

行九真司八道之事者，則天人衛護其形軀也〔22〕，真皇守其命骨矣！夫非有仙名玉籍者，亦不能遇此經。見之者皆玄書宿名，應爲仙人故也。七百年內，聽得三傳。施行此道者，勿令人犯其履屐，弄其巾褐也。七魄變成龍虎，守人地關，伏於屐履之下。三魂化成靈光之雲，映其巾中。若有犯之者則心震，意惕惕然自失。所以神虧魂散，精光翳滯也，常慎之。侍書有玉童玉女各七人，言白有經者之功過，攝萬邪之不祥。若子視文，皆燒香於左右面也。傳授之時，對齋四日，立誓委盟爲不漏不宣之約，須得其人，然後乃可付耳。違科負盟，七祖父母受拷於玄都地獄，身死下鬼，如《四極明科》。

太虛真人南嶽赤松子曰："此經或名《九素上書》，或名《太極中真玉文》，或名《八道金策》。按《四極明科》，受書皆立誓約，盟不傳泄，以代歃血割髮之信驗也。其受《九真太上真文》，賫白素九十尺；其受《八道祕言黃老隱法》，賫素絲八兩；其受《太上鎮生五藏雲腴之法》，賫金縱容珠二枚，以爲閉密藏之誓。若有違盟泄露，如《神州四極法》。晉永和七年，歲在辛亥，十月四日丁巳夜，受劉君《九真中經》《八道祕言》，齋盟如法。"

太上曲素五行祕符 太極左仙公撰

太上告後聖金闕帝君曰："元氣分判，天地開張。陰陽貫位，三五成官〔23〕。玄置六甲，化生五行。金木水火土，總御中元。以炁相生，混合成真。後學求仙，不知道源。徒勞存思，損疲形神。積涉無感，望道泯泯。夫欲尋本，當歸其根。失根求生，萬不得全。今故〔24〕抄集上皇玉文，出以相告，子擇賢而傳。其法寶祕，望不在言，可依明科，承而奉焉。"

《太上五行祕文》[25]與天地同生，混仙萬真，總御神靈。天無五行，則三光不明；地無五行，則山崩嶽傾；人無五行，則身朽零。故五行混合，相須而生。若有志心，當尋真名。既受其法，天地同根。呼魂招魄，保命役神。修之九年，克登上仙。夫受《曲素訣辭》，學上真之道，當知五行父母真君内諱。存以招魂，召以制魄，魂魄長存。真神總歸宮宅，備守形身，便得反於自然[26]。若此克遂[27]，遊宴玉清，與炁合真矣！

凡修此道，當以甲乙之日入室燒香，東向存思甲父乙母二真之神。父諱青嬰，冠九玄碧寶玄冠，衣翠羽章衣，手執《青精保命祕符》；母諱浩先，頭作頹雲之髻，著飛青錦帬，手執《化生丹霞符》，二人以玄符授我身，便叩齒九通，呪曰："真君父母，化生二靈。三五反真，與元合冥。外攝遊魂，内固魄精。長居宮宅，無離我形。長與三元，同保玉清。"畢服符，又叩齒九通，嚥液三過止。修此九年，洞覩無窮，徹視遠聞，逆知吉凶。

丙丁之日入室燒香，南向存思丙父丁母二真之神。父諱樞戶，冠朱陽通天寶冠，衣絳章之衣，手執《朱明保身長存祕符》；母諱納靈，頭作飛雲之髻，衣丹羅飛帬，手執《中原黃精祕符》，來授我身，便三呼二真内諱，呪曰："陰陽變化，二景生真。玉靈反魂，拘魄鎮神。三五混合，無離我身。得保日月，三景齊晨。"畢服符，又叩齒九通，嚥炁三過止。修此八年，真靈降見，雲轝來迎。

戊己之日入室燒香，向西南存思戊父己母二真之神。父諱長御[28]，冠黃華三寶玄冠，衣黃章單衣，手執《中元度命祕符》；母諱來生，頭作[29]二角頹雲髻，著黃錦飛帬，手執《金兕[30]自然祕符》，來授我身，便三呼二真内諱，呪曰："中元玄紀，攝御四方。化生五炁，混合帝房。拘魂御魄，與形合同。長保天地，歷劫無窮。"服符畢，又叩齒九通，嚥液三過止。修此十二年，徹見八方，身化金光，乘虛太空。

庚辛之日入室燒香，西向存思庚父辛母二真之神。父諱啟明，冠九元碧寶玄冠，衣素羽衣，手執《素靈召神保命祕符》；母諱德神，頭作飛雲之髻，衣素錦飛帬，手執《玄陰生形上化祕符》，來授我身，便三呼二真内諱，呪曰："金精玄注，結炁九靈。流真混合，灌養身形。使我魂魄，安鎮黃寧。飢食三元，渴飲玉精。乘虛駕浮，遊宴紫庭。"仍服符畢，又叩齒九通，嚥炁三過止。修此六年，得駕景霄晨，出入紫房。

壬癸之日入室燒香，北向存思壬父癸母二真之神。父諱朔靈，冠玄晨之冠，衣皁紈單衣，手執《通靈長命祕符》；母諱法勞，頭作頹雲髻，衣玄錦飛帬，手執《飛仙騰化祕符》，來授我身，便三呼二真内諱，祝曰："上有九元，化生陰陽。五行參差，金剛反強。三晨寶耀，冠我衣裳。五色流黃，天關開張。上昇玉清，出入帝房。"乃服符畢，又叩齒九通，嚥炁九過止。修行五年，洞視無涯，逆知吉凶，乘虛駕浮，上昇霄晨。

玉珮金璫[31] 黃衣童附

上靈元年正月一日，六元合慶，甲子直辰，元始天王與太帝君共乘碧霞流飇紫輦，上登九玄之崖無色之端，徘徊洞天，逍遙極元，流眄縱體，適意浮輪。有青鳥來翔，口銜紫書，集於玉軒。奉受記文[32]曰《玉珮金璫太極金書玄真洞飛二景寶經》。二君以金青盟天，禀受上真。鑄金為簡，刻書靈文，使龜母按筆，太一拂筵。盛以雲錦之囊，祕於鬱森之笈，封以玉清三元之章，付仙都老[33]公侍仙羽郎，藏太素瑤臺玄雲羽室。

玉珮者[34]，九天魂精，九天之上名晨燈，一曰《太上隱玄洞飛寶章》，處於玉清之館，太霄之中，結青陽之炁靈照九天。青光沌沌，洞照三元之臺，色如青玉，形如月圓。内有空玄玉臺紫殿，則魂精帝君處在中央。《太霄隱書玉珮》[35]，玄臺南軒之文。經曰："欲求長生，宜先取諸身。月華月精，日霞日精。左廻玉珮，右把金璫。二景纏綿，雙神安康。上行太極，下造十方。堅存玄真，寶固靈根。玄谷華嬰，灌映沉珍。漱月咀日，以入天門。金璫仰注，玉珮執關。青白分明，適我泥丸。寶液閉精，鍊柔身形[36]。三君備衛，丹絳之裙。珠繡華帔，飛錦青裙。帶月銜日，首建紫冠。安坐明堂，陰以七元。黃庭戊己，塞鎮邪源。恭司二子，無英白元，桃康三老，當我生門。通徹五府，十二之綸。吐納六宮，魂魄歡欣。却此百痾，辟熱除寒。二景纏絡，萬神內歡。有明其文，飛昇南軒。把金佩玉，八[37]景玄光。九天同靈，玄母齊房。陰哺陽導，明色鮮容。位刻丹室，名題帝宮。三周九度，與運混同。"此《玉佩[38]寶文太極玄真之經》也。能修之者，皆飛行太虛，逸遨[39]九清，白簡結錄，東華書名。西王母令刻書此於崑崙之山玄圃之室，自非清虛之質，不得窺參。

夫欲騰九清，宴南軒[40]，廻玉珮於明堂，引金璫於泥丸，降魂真於晨燈，招飛景於帝君，凡行此道，常以暮卧，兩手撫心，閉目在景[41]，存玉珮青陽之氣，光色沌沌，如月之圓，靈映兆身，洞達一形。魂精帝君姓開元諱閜明[42]，形長九寸，頭建紫冠，披珠繡華披，衣飛錦青帬，帶月銜日，乘御青烏[43]，在青光之中，下降兆身，安鎮泥丸。兆當叩齒九通，嚥液二十七過，陰呪曰："玄元太靈，九天魂精。晨燈朗映，結炁光青。號曰玉珮，洞耀太明。帶月銜日，建符執鈴。華光流煥，普天鬱冥。乘空[44]控翮，丹轅紫軿。先晏三元，廻降我形。鎮在泥丸，下流黃庭。檢魂束魄，萬神[45]安寧。五藏結絡，九穴華榮。八景騰飛，升入玉清。"畢，以手相摩令熱，拭目二七過，嚥炁三過止，便卧。如此則魂安魄寧，萬神鎮宮。內固靈氣，外塞邪源。八景變化，鍊真變仙。行之九年，尅能洞覩幽冥，逆究未然，坐在立亡，與神對顏。一十八年，道成真降，飛行上清。學無此法，則三魂不守，七魄不寧。三尸飛翔，九蟲奔驚。攻伐形內，來邪通精。神炁散遊，體不潔清。徒勞嚥液，損炁喪靈。有得此道，克成長生。寶慎密修，命胡可傾！

金璫以[46]九天魄靈，九天之上名曰虹映，一曰上清華蓋陰景之內真，處上清之舘，太霄之中，結白煙之炁靈映九天。白光奕奕，洞觀上清，色如白雲，形如玉山。上有瓊林之宮，則魄靈帝君所處。《太霄隱書金瑯之經》於玄臺北軒之內，文曰："欲求飛仙，當鍊魄靈。魄靈魂精，九天俱生。二景纏綿，雙神洞明。右廻金瑯，左旋玉鈴。流光紫虛，耀真上清。飛行太極，下造八冥。堅存玄真，保固華嬰。日月交溉，玄谷益盈。玉珮金瑯，青白分明。鎮我明堂，魂安魄寧。是謂華蓋，九天帝靈。紫繡珠帔，飛羅丹幬。帶日銜月，首建華精。安坐明堂，陰以七星。上降陵梵，務猷黃寧。三老帝尊，固我長生。通徹胃管，六府五庭。虹映纏絡，萬神衛形。有得其文，飛昇上清。"此《金瑯寶文》，上清陰景之內真，能修之者，皆上步霄霞，邀遊太極，寢宴九空，遊行紫虛也。西王母令刻書此文於崑崙山積石之陰，自無玄圖帝簡，錄字丹臺，此文不可得而披也。夫欲騰景九霞之上，運身上清之中，廻金瑯於泥丸，引玉珮於明堂，降華蓋於虹映，招飛景於帝君者，常以雞鳴天光未分之時，叩齒二十四通，思金瑯白雲之氣，光色奕奕如玉山，映靈兆身，洞達一形。魄靈帝君姓暉諱閜元[47]，形長九寸，頭建華冠，披紫繡珠帔飛羅丹幬，帶日銜月，乘白翩之鸞，在白光之中，下降兆身，入明堂之中，便引炁二十四嚥，陰呪曰："九天魄靈，元始上真。虹映峨峨，白光玉山。號曰金瑯，天帝之神。帶日銜月，迅響白鸞。上宴玉清，出入三元。廻降我形，安鎮靈關。拘魂御魄，萬神自歡。五內生華，靈秀玉顏。策雲飛行，上昇帝晨。"畢，摩兩掌令熱，拭額二七過，捻兩目後二七過，嚥液二七過止。此則金瑯下映，帝君安鎮，萬神總歸，身生光明，行之九年之內，飛行上清矣！

又當以月一日及甲子太歲本命之日，清齋入室，白書《九天魄靈太霄陰符》於青紙上。夜半向東方[48]叩齒二十四通，誦《金瑯之經》一遍，存金瑯白氣之光，當奕奕洞明如玉山，靈映兆身，洞匝一形。兆引白光二十四嚥止，服《太霄陰符》，微呪曰："玄陰七雲，九天魄精。玉山奕奕，虹映上清。金瑯玉珮，與天同生。二景纏綿，下降我形。列奏丹臺，刻書紫名。得乘飛輿，流黃鬱冥。飛空騰虛，昇入洞庭。上享無極，與天齊靈。"畢，摩兩掌拭額三九過，手按[49]目外眥一七過，又嚥氣三七過止。

黄衣童

《華陽諸洞記》曰："黄衣童者，即《玉珮金璫》之官耳。凡坐上常有一人共坐眆眒[50]者，即太極真人也，時或往來，蓋受行《玉珮金璫經》者，自然致太極真人耳。暗云，服九靈日月之華，得降我太極之家。此之謂也。"凡修太霄之道，存廻《金璫玉珮之法》，當兼日月之精，以鍊五胎之神。招日中五帝月中五夫人，二景玄映，下降我形，使面有玉澤，體發奇光，內外洞朗，心聰目明。於是玉珮可挹[51]，金璫可旋也。魂魄帝尊將懇子之房，晨燈虹映之光將可立昇也。

流金火鈴 振威大祝附

《流金火鈴》以太上大道君遊宴之圓[52]光，上激九天之威，下滅六天之凶。玄光靈映道君之項，流照八極四[53]十萬里。三天立正之初，罷除六天之始，以傳太微天帝君。神文藏於瓊宮玉房之內，靈光自明，煥赫上清。飛龍毒獸翼其側，紫雲玄暉蓋其巔，玉華之女金真之童各三百人，典衛靈文，散香虛庭。積七千年化生五符，光徹八方，因有五方營衛之官。太微天帝君以傳金闕後聖道君，後聖道君以付上相青童君，使授諸爲真人者，佩遊上清。學真之夫而無《流金火鈴》，項生圓光，皆不得上登三光。若有金骨玉質，玄名青宮，得受此文。佩之而行，諸天諸地，四海五嶽，率天衆聖仙官，莫不稽首來迎。神光[54]駭動，所制不輕，三元立遣玉女玉童三十六人侍衛其身。佩之九年，得乘八景玉轝，飛行太空。《流金火鈴》者，九星之精，一名《圓光太上之威章[55]》。生於九天之先，結氣成文，光明煥赫，徹照十方。懸精垂映太上之項，積七千年化生《五鈴神符》，玄降太微天帝君，威攝極天之魔，神布九霞之庭[56]，率天以下，莫不總統。太上大道君寶祕此道，告下普天主司真仙,糺察輕洩。有真仙之才,得佩此符。不依玄科而輕付非真,穢慢靈文,皆七祖受殃,考及先師,同充鬼官。以紫繒二尺二寸朱書,戴之頭上。若有金名玉骨,得佩此文,皆宿命應仙。佩符之身,出入遊行,恒當存想己身項上有圓光,映照四十萬里之外。九年之中,勤心念真,清齋篤志,克得真靈下降,圓光自明,乘空而行,坐在立亡。

五鈴登空步[57]虛保仙上符在本經

流金火鈴內存振威大祝

修佩《流金火鈴》,出入遠近,經履危險,寇病之中,厄害之下,當存真光以自衛,開道萬里之路,發行之始,正向其方,叩左齒二七通,咽炁三十六過,思所在之處形象,山林草木,人民禽獸,神靈分明朗然,皆來朝拜我身。思北斗七星覆我頭上。仍存我左目爲奔星,右目爲迅電,其光煥赫。奔星九萬里外,所見之道路,隨光開通,山林草木,人民屋宅,兵寇鬼炁,盡令消滅,無復孑遺,四道豁然。因祝曰:"前開後閉,天平地昂。神公出遊,四道開張。當令天地,通我橋梁。前後左右,洞達八方。左[58]擲奔星,右迅電光。流火萬里,何妖敢當?太一將送,萬神來迎。有所之向,靡不吉良。乘雲駕虛,上昇太空。"畢,引二目之精各還其宮,左取七炁、右取七炁嚥之畢。如此可以冒嶮涉艱,攻鬼伐兵,炁無不應,應響溘然[59]。其法至妙,不得妄傳,口口相授而已,明慎之焉!

《五帝流鈴五符》,威制極天之魔,召攝五方神靈。上應五晨,參落七元;下應人身,九孔七明。周天竟地,靡有不關。無幽不測,無細不鑒。有符則光見,擲符則振威。子若佩之,口受師言。若在人間遇惡鬼之地,當作《振威大祝》。北向閉炁十二息,思五方炁覆冠一身,內外晻冥,覩無所見[60]。因叩齒三十六通,嚥五方炁,方各三嚥,炁徐盡入兆身。存我兩目童子，光如流星，煥落五方，便祝曰："天元七精，《五帝流鈴》。煥擲電光，如天奔星。光耀十方，照鬼真形。有何小妖，當我生門？太上有命，誅戮無親。屠肝刳腹，絕鬼滅精。千千皆摧，萬萬皆傾。神威吐祝，攝錄無停。"便嚥炁三十六過止。如此一祝，則五方神官皆保甲，命卒攝錄所在有靈之炁，束縛詣庭。三祝則鬼王滅種。若入五嶽，周遊山川，冒嶮履峻，皆當未及其處五步，叩左齒三十六通，若之東嶽，便存東方青帝希林珠官屬九千人衛我前後左右，以青霞之炁覆冠我身；若之南嶽，當存赤帝丹玄子官屬八千人衛我前後，以絳雲之炁覆冠我身；若之西嶽，當存西方白帝少皓靈官屬六千人衛我前後，以素霞之炁覆冠我身；若之北嶽，當存黑帝玄冥皓官屬五千人衛我前後，以皂雲之炁覆冠我身；若之中嶽，當思黃帝執中元官屬萬二千人衛我前後，以黃雲之炁覆冠我身。畢，祝曰："乾元耀靈，七星玄精。五斗華蓋，繞絡我形。五色飛霞，混合交并。身佩七元，《流金火鈴》。煥擲無方，極天鬱冥。五帝神官，驅策天兵。爲我攝制，山川土地，千鬼萬靈。皆來束首，自送真形。前誅後戮，所捕無停。"畢，如此一祝，天魔滅迹，萬鬼來朝，遊行五嶽，履涉山川，無復試觀之患，五嶽仙官自奉送五芝玉英來給子身。若在軍寇之中，懸白刃之下，厄難之處，當叩右齒十二通，存七星覆我，玄光洞映，周匝一體。存肝爲木星，出在左；肺爲太白星，出在右；心爲熒惑[61]星，出在前；腎爲辰星，出在後；脾爲鎮星，出在胃上。令五星精炁，纏繞前後，我身居斗魁之中，五星之下。又思五帝神官衛我左右，祝曰："天爲我屋，地爲我床。五嶽山河，爲我橋梁。玄斗元精，爲我衣裳。藏身七元之內，流火之鄉。度我者太一務猷，過我者白元無英。災不能干，兵不能傷，當令我身，上詣金闕，九老之京。"畢，如此在屈厄之中，垂終之命，便得解脫矣！

【校記】

〔1〕"纏綿"，《洞真太上八道命籍經》作"解纏"。

〔2〕"月行"原作"日月行"，據上書删。下四句"月行"同。

〔3〕"北"原作"比"，據上書改。

〔4〕"或"字上書無，下"或"字同。

〔5〕"愚"原作"思"，據上書改。

〔6〕"西北"原作"北"，據上書增。

〔7〕"東南"原作"南"，據上書增。

〔8〕"倍"原作"陪"，據上書改。

〔9〕"躍"，《上清太上帝君九真中經》卷上《中央黄老君八道祕言章》作"濯"。

〔10〕"八節日"，上書作"立春日正月甲乙日"。

〔11〕"八節日"，上書作"春分之日及寅卯日"。

〔12〕"甲子上旬戊辰己巳之日"，上書作"立夏之日及甲子上旬戊辰己巳之日"。

〔13〕"太極上真君三元内宫真人"原作"太極真君真人"，據上書改。

〔14〕"太極上真三元真人"原作"太極真君太極真人"，據上書改。

〔15〕"東南"原作"東北"，據上書改。"甲戌上旬"，上書作"夏至日甲戌旬"。

〔16〕"七見"，上書作"四見"。

〔17〕"十四"，上書作"若五"。

〔18〕"上清真人"，上書作"上清真人帝君皇祖"。

〔19〕"太虚上真人"，上書作"太霄玉妃太虚上真人"。

〔20〕"十五"，上書作"若三"。

〔21〕"八節日"，上書作"立春日"。

〔22〕"其形軀也"四字原無，據上書增。

〔23〕"成官"，《上清高上玉晨鳳臺曲素上經・太上曲素五行祕符》作"戍官"。

〔24〕"故"原作"欲"，據上書改。

〔25〕"太上五行祕文"，上書作"太上曰：五行祕文"。

〔26〕"然"原作"知",據上書改。

〔27〕"克遂",上書作"剋日"。

〔28〕"長御",上書作"長卿"。

〔29〕"作"原作"生",據上書改。

〔30〕"咒",上書作"光"。

〔31〕"瑞"原作"鐺",據《太上玉珮金璫太極金書上經》(下稱《金書上經》)改。下同。

〔32〕"奉受記文",上書作"奉制真文記"。

〔33〕"老",上書作"左"。

〔34〕"者",上書作"以"。

〔35〕"太霄隱書玉珮"原作"太霄隱書云玉珮",據《金書上經·玉珮太霄隱書洞飛寶經》(下稱《洞飛寶經》)刪。

〔36〕"形",上書作"神"。

〔37〕"把金佩玉"原作"把金鐺玉珮",據上書刪改。"八"原作"入",據《道藏輯要》本、《四部叢刊》本改。

〔38〕"佩",《洞飛寶經》作"珮"。

〔39〕"遨"原作"放",據上書改。

〔40〕"騰九清,宴南軒",上書作"騰身九清,宴景南軒"。

〔41〕"在景",上書作"內思"。

〔42〕"姓開元諱閶明"原作"姓開明",據上書增。

〔43〕"烏",上書作"鳥"。

〔44〕"空",上書作"青"。

〔45〕"神"原作"鬼",據上書改。

〔46〕"以"《四庫》本、《輯要》本作"者"。

〔47〕"姓暉諱閶元",《洞飛寶經》作"姓陰暉諱閶元",《上清衆經諸真聖祕》卷二作"姓陰暉諱閶元"。

〔48〕"向東方",《金書上經·金璫太霄隱書洞飛寶經》作"北向"。

〔49〕"按"原作"接",據上書改。

〔50〕"眆眜"原作"眆眛",據《道藏輯要》本及《四部叢刊》本改。

〔51〕"挹",《金書上經‧玄真洞飛二景寶經》作"把"。

〔52〕"圓",《洞真太上紫度炎光神元變經‧流金火鈴》作"玄"。

〔53〕"四",上書作"三",下同。

〔54〕"神光"原作"净光",據上書改。

〔55〕"章"原作"幸",據上書改。

〔56〕"威攝極天之魔,神布九霞之庭"原作"威攝八極天之魔神布之霞庭",據上書改。

〔57〕"步"字原無,據上書增。

〔58〕"左"上原有"我"字,據上書刪。

〔59〕"炁無不應,應響盪然",上書作"無不應響盪然"。

〔60〕"内外晻冥,覩無所見",上書"晻冥"作"朗明","覩"作"都"。

〔61〕"惑"原作"烕",據上書改。

雲笈七籤卷之五十二

雜要圖訣法

九真行事訣

　　三月三日、五月五日，以東流水沐浴燒香於左右畢，向王氣再拜[1]，心祝曰："太上高真，九靈之精。使某飛仙，登於紫庭。沐浴華池，身神澄清。精通太虛，五藏自生。"

　　第一真法：平旦接手[2]兩膝上，閉氣瞑目內視，存天精君著朱衣，巾丹冠，坐在心中，口出紫炁以遶心外九重。因叩齒九通，嚥液九過，祝曰："天精大君，來見心中。身披朱衣，頭巾丹冠。左佩神符，右帶虎文。口吐紫華，養心凝神。赤藏自生，得爲飛仙。"

　　第二真法[3]：辰時接手如法，存堅玉君著素衣，巾白冠，入坐諸骨中，恍惚兮形存之，無的所行也。口出白氣以遶骨九重，乃叩齒九通，嚥液九過，祝曰："堅玉大君，來入骨中。身披素衣，頭巾白冠。左佩龍書，右帶金真。口吐白氣，固骨凝筋。白骨不朽，筋亦不泯。百節生華，使我飛仙。"

　　第三真法：巳時接手如法，存元生君著黃衣，巾紫冠，周旋血脉津液之中，口吐黃氣纏薰孔脉之外九重，乃叩齒九通，嚥液九過，祝曰："元生大君，周灌血樞[4]。身披黃衣，頭巾紫芙。左佩虎籙，右帶龍書。口吐黃津，固血填虛。精盈液溢，九靈俱居。使我飛仙，天地同符。"

　　第四真法：午時接手如法，存青[5]明君著青衣，巾翠冠，坐肝內，口吐青氣繞肝九重，乃叩齒九通，嚥液九過，祝曰："青明大君，來入我肝。身披青衣，頭巾翠冠。左佩虎章，右帶龍文。口吐青氣，養肝導神。青藏自生，上爲天仙。太一護精，抱魄撿魂。"

第五真法：未時接手如法，存養光君著綠衣，巾蓮冠，坐脾中，口吐綠氣繞脾九重，乃叩齒九通，嚥液九過，祝曰："養光大神，來入脾中。身披綠衣，頭巾蓮冠。左佩玉鈴，右帶威神。口吐綠華，養脾灌魂。黃[6]藏自生，上爲真人。"

第六真法：申時接手如法，存上[7]元君著龍衣，巾黃晨華冠，坐肺中，口吐五色氣繞肺九重，乃叩齒九通，嚥液九過，祝曰："上元大君，來坐肺中。身披龍衣，黃晨華冠。左佩玄書，右帶虎文。口吐五氣，理肺和津。白藏自生，飛仙紫門。"

第七真法：酉時接手如法，存玄陽君著紫衣，巾芙蓉冠，化形並入兩腎中，口吐蒼氣繞腎九重，乃叩齒九通，嚥液九過，祝曰："玄陽大君，入坐腎中。身披紫衣，頭巾芙晨。左佩龍符，右帶鳳文。口吐蒼華，灌腎靈根。黑藏自生，身爲飛仙。北登玄闕，遊行天關[8]。"

第八真法：戌亥時接手如法，存含景君著錦衣巾紫冠，坐膽中，口吐五色氣繞膽九重，乃叩齒九通，嚥液九過，祝曰："含景大神，來坐膽中。身披錦衣，頭戴紫冠。左佩神光，右帶玉真。口吐五氣，養膽強魂。和精實血，理液固身。使我上昇，得爲飛仙。"

第九真法：子時接手如法，存帝昌[9]君著龍鳳衣，巾紫華冠，坐泥丸紫房[10]中，口吐紫色氣繞頭九重，又吐紫氣繞兩目內外九重，又吐紫氣繞舌九重，又吐紫氣繞齒九重。凡四過焉，各各繞合。乃叩齒三十六通，嚥液三十六過，祝曰："帝昌[11]祖君，帝皇元神。鎮守紫房，宮在泥丸。黃闕金室，混爲九真。龍衣鳳帔，紫華青緣。手把黃符，頭巾華冠。左佩金瑛，右帶虎文。下坐日月，口吐紫煙。周氣齒舌，朝漑眼辰。出丹入靈，呼魄召魂。凝精堅胎，六合長懽。上登太微，列補仙官。"

凡行九真之道四十年，五藏自生，上登上清。若長靜山林，可日日行之也。

昇玄行事訣

　　一日三日五日禺中若夜半入室北向，正坐接[12]手，定氣臨目，存北斗九星星紫色，綱赤色，形大小隨意。忽來入頭泥丸中，偃魁向上，杓指前。魁中有大神名奇紐[13]字靈綱，著紫羽帔丹錦裳，巾芙蓉冠，手把流鈴坐向外。良久乃嚥液五十過，叩齒九通，以左手第三指捻兩眉中央，微祝曰："太上紫暉，九通之尊。華蓋七落，廻曜萬晨。動御高靈，靜和景雲。陰陽流灌，三氣中分。遊濟無外，煥朗衆天。令月啓辰，來登泥丸。元精結感，化爲大神。名曰奇紐，厥字靈綱。正坐斗中，遊我明堂。鳳羽紫帔，虎錦丹裳。左帶玉珮，右腰金瑫。手把流鈴，頭巾神光。吐氣漑精，泥丸以康。魂魄凝和，植華柱梁。使我飛仙，超虛躡空。上造上清，策虎命龍。北朝玉帝，瓊林上宮。西謁太素，稽首三元。"更接手嚥液三十過，叩齒九通又祝，乃起北向再拜，次西向再拜。

　　七日九日十三日禺中若夜半入室北向，正坐接手，定氣臨目，存北斗七星來下入心絳宮中，魁在下向外，杓指上。魁中有神名旋度字素康，著絳羽帔龍帶虎裳，巾芙晨冠，項有[14]圓光，坐向外。良久乃嚥液五十過，叩齒九通，以右手第二指微捻心，祝曰："太上紫真，九氣中靈。包括萬度，璇璣煥明。飛霞流曜，暉燭玉清。玄蓋衆辰，陰陽判成。四和交降，七緯順生。肇月吉辰，來映心庭。飛光落景，中元充盈。六府啓開，華液泯平。魂魄制鍊，得真之精。感至觸變，億化立成。忽見大神，正坐安房[15]。整氣朝津，百節開通。攀斗據魁，盼邈百方。其名旋度，厥字素康。絳羽華帔，龍帶虎裳。身充[16]寶曜，項負圓光。首巾飛晨，芙冠低昂。使我飛仙，超浮太空。上造紫闕，北朝玉皇。役使萬神，衆靈奉迎。心上生華，慶雲永昌。鳳簫泠泠，鸞吹鏘鏘。"更接手嚥液三十過，叩齒九通又祝，乃起南面再拜。

十五日十九日二十三日禺中若夜半入室北向，正坐接手，定氣臨目，存北斗九星來入臍下丹田中，魁在下向外，杓指上。魁中有神名抗萌字流鬱，著黃羽帔龍衣虎帶，巾綠芙冠，坐向外。良久乃嚥液六十過，叩齒九通，以左手第三指捻鼻人中，祝曰："太上紫皇，煥朗中樞。九瑋炳靄，光透太霞。萬靈仰鎮，千神植牙。七度用明，九煙芬葩。制陽表順，執陰以和。其暉啓陣，玄根總[17]羅。肇月惟吉，觀映臍內。紫氣發霄，飛光縱墜。鍊我魂魄，華精繁蔚。忽見大神，上宮靈貴。名曰抗萌，厥字流鬱。正坐臍中，乘斗九氣。吐納雲液，平血理胃。黃鳳羽帔，龍衣虎帶。手啓日根，頭巾綠芙。腰流火鈴，煥電映無。使我飛仙，超空躡浮。上造玉房，攜帶霄虛。役使萬神，天地同休。"更接手嚥液三十過，叩齒九通又祝，乃起向本命再拜。

八節日夜半入室北向，正坐接手，定氣閉目內視，存身冉冉起上，飛昇斗魁中。思念良久，如覺我身已在斗魁中也。又存向三神名字服色，貌如嬰兒，並與我同坐，我心拜之。又存斗中玉妃名密華字璘蒨，披錦帔鳳光鸞裙，巾[18]紫芙蓉冠，在我前坐，口吐紫煙入我心中。良久，嚥液八十過，叩齒九通，左手撫心，微呪曰："太上丹靈，玄光飈煥。九絳啓璇，暉氣澄散。晨幽朗燭，七曜蔚燦。二景奏明，陰陽以判。四度用昌，雲津迴灌。八節氣啓，上昇九元。據斗攀綱，奉見三神[19]。問我稽留，何不昇仙？我即稽首，畏鬼[20]已前。帝乃赫莊，口銜日根。左破六天，右戹酆山。流鈴上煥，萬魔碎分。遂和我魄，強我三魂。藏斗內曜，九精在心。紫霞洞映，飛光萬尋。和魂制魄[21]，六胎調鍊。感精變躍，玉妃忽見。坐當我心，俯視仰眄。其名密華，厥字璘蒨。吐納朱氣，和平百關。身服錦帔，鳳光鸞裙。腰帶虎錄，龍章玉文。手執月華，頭巾紫冠。騰躍太霄，駕景蓋雲[22]。書名太素，我得飛仙。超浮崆峒，乘瓊太元。上造朱房，役使萬神。紀均二度，遂返嬰顏。北帝激[23]電，南帝火陳。東蒼[24]啓燭，赫赫雷震。西流雙抃，鳴音唱鈞。四舉超躍，薦我玉真。遂乘八景，遨宴九煙。"更接手嚥液三十過，叩齒九通更祝，乃起向西北再拜畢。行此《九真昇玄存九皇之道》一十四年，超浮虛无，上登上清。若長静山林，可日日行之。

方諸洞房行事訣

　　暮卧，平枕偃卧，小舉左手垂右手，正心陰祝曰："第一太星，精名"玄樞，願某飛仙，乘虚駕浮。存下一室著左足前，小遠安之。第二元星，精名北台[25]，願某飛仙，遊行洞臺。次下著左手前把之。第三真星，精名九[26]極上真，願某飛仙，得治三玄。次下當頭下。第四紐星，精名琁根，願某飛仙，列爲玉名次下著右手前執之，令成魁形。第五綱星，精名天平，願某飛仙，登行上清。次紐星右。第六紀星，精名命機，願某飛仙，名書太微。次綱星右。第七關星，精名玄陽，願某飛仙，得使玉童。次紀星右。第八帝星，精名高上玉皇，願某飛仙，登後聖之堂。次下還魁中，當右足前，綱連紐星。第九尊星，精名太微帝君，願某飛仙，得入丹瑶玉房。"次下當左足前太星内，綱連帝星。九祝畢，更分明審存如斗形。令一五七二四六皆相應也。安卧其中，乃叩齒三七通，陰祝曰："九星太精，北極真君，益我精胎，强我三魂。左引日華，右拘月精，辰中黄景，元虚黄真。使我飛仙，上登紫煙。《神虎[27]玉符》，常[28]守生門，萬邪伏法，受形斗君。"

　　又存斗星分精别爲小斗形，從斗户入洞房中，杓左右魁中有黄老君魂，衣黄華繡衣，坐在中央[29]。己魂如己服色，坐在右相對。赤子衣赤繡華衣，坐在左[30]。黄老[31]赤子並如嬰兒之色。使斗星精光，照徹五内百節，皆令赤光赫然，祝曰："洞房元精，赤子太尊。斗光華盖，來照泥丸。寶鍊骨血，制魄拘魂。使某飛仙，乘雲登晨。上朝玉帝，太上[32]元君。"

　　若月旦存之者，當兼思北辰六星，起真紐星間右列。又思華盖二十二星，以十一星爲綱，連真星右列小曲起；以十一星爲盖，前近關星，曲廲後對綱星。旦欲起，先叩齒二七通，嚥液二七過，陰祝曰："天元上一，斗中七童。上清紫精，在兆身中。華辰[33]紫盖，太素玄宮。後聖靈氣，下入洞房。使我飛仙，得[34]行太極金堂。"

凡行《洞房道》七年，除死籍上生，名刻方諸府。十八年九精來下，雲車見迎，白日登晨。常以月三日、二十七日夜，竊候北斗魁中第八帝星高上玉皇神八景靈元君、第九尊星太微玉帝君神太素七晨元君，此星紫光煥煥甚大，見者各隨見之名呼之，再拜叩頭請乞。見一星增年三百，見二星增年六百。慎勿傳之，道之所祕也。

五神行事訣

雞鳴時向東平坐，臨目存青炁從日中來，忽入頭泥丸中。泥丸中有兩青煙復各從目中出，變成二童子如嬰兒，上下青衣。左目童子[35]名飛靈，在我左；右目童子名晨嬰，在我右。各吐青炁灌繞我身，洞徹內外。極念良久，叩齒九通，嚥液九過，微祝曰："東方上靈，日炁煥青。旦入泥丸，鍊腦保形。左變右化，得道之名。使我上朝，太素紫清。"

向日平坐，臨目握固，存日中有兩赤氣來各入手掩中，變成赤童如嬰兒，上下赤衣。左手童子[36]名接生[37]，在我左手中；右手童子名方盈，在我右手中。各吐赤炁，灌入我口中。極念良久，叩齒嚥液各九過，微祝曰："太陽正真，赤雲運煙。玉靈化生，與我相親。接生方盈，日中之神。理仙護形，延命億千。舉體合景，昇爲高仙。"

晡時向日平坐，臨目存日中有兩白氣來入兩足蹠心中，變成二白龍，一名飆精，在我左；二名欻亭，在我右。各吐白煙入我兩鼻孔中，徑[38]達肺。肺中有一童子如嬰兒，上下白衣，名素明童[39]子，從鼻孔中出，在我右立，口吐白煙，鬱我面上。極念良久，叩齒嚥液各七過，微祝曰："玉皇飆欻，二龍降晨。入我兩足，化生一身。素明童子，左廻右旋。和攝真氣，養育五神。負我上奔，太素寶仙。"

二十四神行事訣

平旦平坐，閉目內視，握固兩膝上，叩齒二十四通，存呼腦神覺元子字道都，形長一寸一分，白衣。髮神玄文華字道衡，長二寸一分，玄衣。皮膚神通衆仲字道連，長一寸五[40]分，黃衣。目神監生[41]字道童，長三寸五分，青衣。項神[42]靈謨蓋字道周，長五寸，白衣。膂神益歷輔字道柱，長三寸五分，白玉素衣。鼻神冲龍玉字道微，長二寸五分，青黃白色衣。舌神始梁峙[43]字道岐，長七寸，衣赤衣。凡五過，存呼各安其所，乃叩齒八通，嚥液八過，微祝曰："上景八神，一合入身。舉形遁化，流變適真。千乘萬騎，俱昇帝晨。八靈翼體，玉華衛身[44]。恍惚十周，逕造日門。"又存呼神三過止。

次存呼喉神百流放字道通，長八寸，九色衣。肺神素靈生字道平，長八寸一分，白衣。心神煥陽昌字道明，長九寸，赤衣。肝神開君童字道清，長六寸，青衣。膽神龍德拘字道放，長二寸六分，青黃綠衣。左腎神春元直字道卿長三寸七分，玄白色衣，五色無常。右腎神象他無字道玉[45]，長三寸五分，衣白或黑衣。脾神名寶元全字道騫，形長七寸三分，色正黃。凡三過，各安其所，乃叩齒九通，嚥液八過，微祝曰："中景八神，九變九飛。鍊魂正身，明景同暉。得與八神，合輦齊威。千乘萬騎，上登太微。"又存呼神三過止。

次存呼胃神同來育字道展，長七寸，衣黃衣。窮腸中神兆滕[46]康字道還，長二寸四分，黃赤衣。大小腸中神蓬送留字道廚，長二寸一分，赤黃衣胴中神受厚勃字道虛，長九[47]寸一分，九色衣。胷膈神廣英宅字道中，長五寸，衣白衣。兩脅神辟[48]假馬字道成，長四寸一分，赤白衣。陰左卵神扶流起字道圭，長二寸三分，青黃白色。陰右卵神苞表明字道生，長二寸三分，青黃白衣。凡三過，各安其所，乃叩齒八通，嚥液八過，微祝曰："下景八神，散形[49]化靈。紫煙鬱生，含元守精。魂魄以安，真氣以寧。千乘萬騎，與我同并。先造太素，北揖上清。"又存呼神三過止。

次存呼道一內神遁無馬字道極生，長二寸二分[50]，紫色衣。凡三過，令安坐心中，乃叩齒三十通，嚥液二十四過，微祝曰："玄上內真，養形侍晨。總紐攝綱，九度八旋。出液內精，和灌衆神。五藏生華，返老童顏。千乘萬騎，與我昇天。上朝太階，高揖玉神。"又存呼神三過止。

　　日中夜半，亦更存如上法。若人中多事難專者，日中可存中景，夜半存下景亦佳也。夜半存者，當去枕平臥，握固放體而存之。若月一日六日十一日十六日二十一日二十六日夜半存神訖，又存兩目中有白氣如雞子在目前，須臾變成兩明鏡，徑九寸，以前後照我一體并上二十四神，洞鑒分明。良久心祝曰："大明寶鏡，分形散化。鑒朗元神，制御[51]萬魔。飛行上清，帔雲巾羅。役使千靈，封山召河。"畢，可以開眼也。

　　常以庚午日日中，取清水一斗，真丹一銖投水中，向月建左行三七過攪之，祝曰："玄流朱精，生光八明。身神衆列，並來見形。徹視萬里，中達九靈。"東向洗目二七過，久行之，得見二十四神。行五神二十四神法十八年，千乘萬騎來迎召，上造紫清。

五辰行事訣

　　夜半清靜，坐臥任意，臨目內[52]視，存太白星在玉瑙紫闕，在眉上一寸，直入一寸，陽日在左，陰日在右。次存辰星在天中帝鄉玄宮，從鼻[53]直上來至髮際五分，直入一寸。次存熒惑星在玉門華房，在目內眥際五分，直入五分，陽日在左，陰日在右。次存歲星在洞關[54]朱臺，在目後一寸，直入一寸，陽日在左，陰日在右。次存鎮星在金匱黃室長谷，在鼻人中中央，直入二分，星綴懸於上。良久令五星出光芒五色煙，薰繞一身，洞徹內外。五色各隨其星之色。乃叩齒五通，嚥液二十五過，微祝曰："高元紫闕，中有五神。寶曜敷暉，放光衡門。精化積生，變爲老人。首巾紫容，綠帔絳裙。右帶流鈴，左佩虎真。手把天綱，散絳[55]飛晨。足躡華蓋，吐芒[56]鍊身。三景保守，令我得真。養魂制魄，乘飇飛仙。"嚥液三過，叩齒三通。若別有所願，於祝後續言之。

凡此五處，各方一寸，星如彈丸居中，照洞面體。雞鳴時，存日月象在六合府中，日在左，月在右，光明洞形。此在兩目上角小仰高空中，按[57]之叩齒，聞有四動在其中是也[58]。直入一寸，方九分。叩齒七通，嚥液九過，祝曰："大明靈神，九度鬱青。招霞藏暉，灌鍊五形。宮駕六合，七神調平。使我飛仙，登行上清。"

右一條，南極夫人受於太上高真，名《雙景翼形隱道》。行此《五辰雙景法》十五年，五方老人俱下來迎，俱昇紫庭。

右五辰二十四神事，凡五訣。

廻元行事訣

丁卯日夜半，於寢牀平坐北向，接[59]手臨目，叩齒七通，乃仰存七星煥明北方，良久微祝曰："第一太星玄樞陽明天樞魂神上玄君，七過。願得除某七世以來，下逮某身，陽罪陰過，皆令消除。所向如願，萬事合心。飛步七星[60]，與天相傾。名刊斗晨，延紀億千。"

存陽明星從斗飛入口，光芒迴散，徑在心中，內外光徹。當存覺七星缺陽明星，餘六故懸乎天也[61]。丁丑日夜半，如上法。微祝曰："第二元星北台[62]陰精天旋魂神上玉君，七過。願得除某七世以來，下逮某身，陰罪陽過，皆令消除。六氣盈滿，四神用虛。飛行七元，名刊玉書。上登紫清，乘玄駕无。出入利貞[63]，與天同符。"

存陰精星從斗來飛入口，徑在肺中，鑒洞內外。丁亥日夜半，如上法。微祝曰："第三真星九極上真人[64]天機魄精上素君，七過。願得除某七祖以來，下逮某身，生罪死過，積惡私匿，犯違天地水[65]三官者，皆得消滅。目明徹視，鑒洞幽無。飛行七元，名書上清。役使萬神，上登玉庭。駕景乘空，與天相傾。"

存真人星來飛入口，徑在肝中，乃北向再拜，嚥液九過。亦可心拜。丁酉日夜半，如上法。微祝曰："第四紐星琁根玄冥天權魄精上虛君，七過。願得除某七世以來，下逮某身，無恩無德，不仁不孝，陰惡之罪，數千萬計，皆令消滅。服食納精，日以進益。飛登七元，録刊太玄。上列玉皇，乘歘九天。役使神靈[66]，日月同新。"

存玄冥星飛來入口，徑在脾中，嚥液二七過。丁未日夜半，如上法。微祝曰："第五綱星天平丹元玉衡魄靈上君玄皇[67]，七過。願得除某七世以來，下逮某身，內外穢罪，表裏沈過，數千萬億，記在幽關者，皆令消除。當令體充氣盈，黃庭鎮中[68]。上列[69]太素，乘[70]景紫宮。右侍玉女，左侍玉童。日月同暉，位爲真王。"

存丹元星來飛入口，徑在胃中，嚥液二九過。丁巳日夜半，如上法。微祝曰："第六紀星命機北極閶陽魄[71]靈上丹皇虛君[72]，七過。願得除某七世以來，下逮某身，所犯所行，賊惡罪過，姦逆亂妄，列記帝宮者[73]，皆令消滅。百痾康愈，體氣利正。名書仙臺，刻金上清。役使萬神，飛行大[74]明。"

存北極星來飛入口，徑在腎中，陽日在左腎，陰日在右腎，嚥液二七過。月晦日夜半後未雞鳴，於寢床東向，平坐接[75]手，叩齒七通，仰存七星煥明於北方[76]。良久微祝曰："第七關星玄陽天關瑤光太明上皇道君[77]，七過。願得除某七世以來，闇昧匿罪，犯罹五刑[78]，身中之神數千萬億，紀在北帝鬼官者，皆令消滅。當令某[79]神精八達，坐在立亡。耳聽絶音，目生紫光。刊玉太素，洞覽鬼形。名書帝軒，命均二明。飛行七元，寢宴紫庭。"

存天關星來飛入目瞳中，陽日在左，陰日在右。通映兩眼，使[80]內外自照，存見五藏分明。六甲日[81]夜半，於寢牀坐卧，首向任意，握固閉氣定神。良久叩齒九通，存北斗九星煥明於頂上，令光芒相映，祝曰："第八帝星高上玉皇神八景靈元君、第九尊星太微玉帝君神太素七神元君，九過。願得除某九世祖父母以來，下逮某身，諸丘山水源大小罪過，名上死籍者，陰匿賊惡，伏姦藏欺，事有億萬，列在鬼帝酆山上死罪條列之愆，記在北上九元太極真人黑簿者，乞九元太上帝尊玉玄君[82]皆令罪事消除。飛行七道，上登玉清。洞遊太无，乘景晨生。北宴八素，與日相傾。總朝真妃，攝御萬靈。"

存帝尊二星來飛入泥丸中，洞照五藏，內外通生紫光，嚥液三九過。若六甲、六丁日與月晦日同者，重行之。

右迴元事，凡八訣。

五帝雜修行乘龍圖

五藏神名：

肝，東方，青，其人姓爲婁氏，字君明，衣青衣。

心，南方，赤，其人姓爲張氏，字巨明，衣赤衣。

肺，西方，白，其人姓爲文氏，字元明，衣白衣。

腎，北方，黑，其人姓爲玄氏，字子真，衣黑衣。

脾爲中央，戊己土黃，其人姓爲己氏，字元己，衣黃衣。知吾者生，不知吾者死。知五藏神名字與天地適等，晨暮[83]常呼之與言語，有痛處自令其神治之即差也。不與相知不與言語則死矣！出《黃書》《西方兵法》。

肝神名爲青龍字蕙[84]龍子方。

心神名爲豪丘字陵陽子明。

肺神名爲方長宜字子元。

腎神名爲雙以字林子。

脾神名爲黃庭字飛黃子。

肝痛思東方青帝君治之。不差，思身中所出將軍悉治之。

心痛思南方赤帝君治之。

肺痛思西方白帝君治之。

腎痛思北方黑帝君治之。

脾痛思中央黃帝君治之。

東方甲乙者木氣，起於肝，其氣青，中有神人，姓爲婁氏，字君明，衣羽衣，戴繡冠幘。

南方丙丁者火氣，起於心，其氣赤，中有神人，姓爲張氏，字巨明，衣絳衣，戴繡冠幘，帶龍頭紐鏌鋣刃，常治太清之中，腰帶紫綬，能與天皇語。

　　西方庚辛者金氣，起於肺，其氣白，中有神人，姓爲文氏，字元明，衣白衣，戴繡冠幘。

　　北方壬癸者水氣，起於腎，其氣黑，中有神人，姓爲玄氏，字子真，衣黑衣，戴繡冠幘。

　　中央戊己者土氣，起於脾，其氣黃，中有神人，姓爲己氏，字元己，衣黃衣，戴繡冠幘。

　　膽爲長命宮，中有神人，姓爲吳氏，字元仙，衣黃衣，持北斗。此五內之神，四面供養之，拘魂錄魄，來附小臣某甲身。

　　右此五藏神，先當靜思之。次以上靜文，吏兵守宅次之。

【校記】

〔1〕"向王氣再拜"，《上清太上帝君九真中經》（下稱《九真中經》）作"向本命心再拜"。

〔2〕"接手"原作"按手"，據上書改。下同。

〔3〕"法"字原無，據上書增。下同。

〔4〕"樞"，上書作"軀"。

〔5〕"青"，本書卷四二《存三十九真法》作"清"。

〔6〕"黃"原作"薰"，據《九真中經》改。

〔7〕"上"原作"白"，據上書改。下同。

〔8〕"天關"原作"大關"，據上書改。

〔9〕"帝昌"原作"無英"，據上書改。

〔10〕"泥丸紫房"原作"洞房"，據上書改。

〔11〕"帝昌"原作"天昌"，據上書改。

〔12〕"接"原作"按"，據《洞真太上飛行羽經九真昇玄上記》（下稱《昇玄上記》）改。下同。

〔13〕"大神名奇紐"原作"鬼神名奇劍"，據上書及《上清衆經諸真聖祕》改。下"奇紐"同。

〔14〕"項有",《昇玄上記》作"項負"。

〔15〕"正坐安房",上書作"坐安心房"。

〔16〕"充",上書作"生"。

〔17〕"總"原作"物",據上書改。

〔18〕"巾"原作"中",據本書卷二五《昇斗法》改。

〔19〕"三神"原作"三晨",據上書及《昇玄上記》改。

〔20〕"鬼"原作"思",據上二書改。

〔21〕"和魂制魄"原作"和魄制魂",據上二書改。

〔22〕"雲"原作"天",據上二書改。

〔23〕"激"原作"漑",據上二書改。

〔24〕"蒼",上二書作"倉"。

〔25〕"台"原作"胎",據《上清金書玉字上經》(下稱《玉字上經》)及本書卷二五《卧斗法》改。

〔26〕"九"字原無,據上二書增。

〔27〕"虎"原作"氣",據上二書改。

〔28〕"常"原作"當",據上二書改。

〔29〕"中央",上二書作"左"。

〔30〕"左",上二書作"中央"。

〔31〕"黃老"原無"老"字,據文意增。

〔32〕"太上",《玉字上經》及本書卷二五《卧斗法》作"太一"。

〔33〕"辰"原作"衣",據上二書改。

〔34〕"得"字原無,據上二書增。

〔35〕"童子"二字原無,據《上清紫精君皇初紫靈道君洞房上經·太素上清致帝君五神氣法》(下稱《五神氣法》)增。下同。

〔36〕"童子"二字原無,據上書增。下同。

〔37〕"接生"原作"按生",據上書改。下同。

〔38〕"徑"原作"遙",據上書改。

〔39〕"童"字原無,據上書增。

〔40〕"五"原作"一"，據上書及《上清紫微帝君南極元君玉經寶訣》（下稱《玉經寶訣》）、《太微帝君二十四神廻元經》（下稱《廻元經》）改。

〔41〕"監生"，《五神氣法》《玉經寶訣》作"靈監生"，《廻元經》作"虛監生"。

〔42〕"項神"，上三書均作"項髓神"。

〔43〕"舌神始梁峙"原作"耳神名梁峙"，據上三書改。

〔44〕"銜身"，上三書作"銜煙"。

〔45〕"象他無字道玉"，《廻元經》及本書卷二九《胎精中記》均作"象地無字道生"，本書卷八十《二十四住圖》作"象他元字道主"，《道藏》本《二十四生圖經》作"象他元字道王"。

〔46〕"膝"原作"勝"，據《五神氣法》《玉經寶訣》及《廻元經》改。其上"胃神同來育"，本書卷二九"來"作"朱"。

〔47〕"九"原作"七"，據上三書改。

〔48〕"辟"原作"臂"，據上三書改。

〔49〕"形"原作"景"，據上三書改。

〔50〕"二分"原作"三分"，據上三書改。

〔51〕"御"，上三書均作"却"。

〔52〕"內"字原無，據《上清紫精君皇初紫靈道君洞房上經》及《玉經寶訣》增。

〔53〕"帝鄉玄宮從鼻"原作"帝卿玄宮在眉間"，據上二書改。

〔54〕"關"原作"闕"，據上二書改。

〔55〕"散絳"，上二書作"散鋒"。

〔56〕"芒"原作"亡"，據上二書改。

〔57〕"按"原作"接"，據上二書改。

〔58〕"聞有四動在其中是也"，上二書作"聞乎下有四會動在其下是也"。

〔59〕"接"原作"按"，據《上清太上廻元隱道除罪籍經》（下稱《除罪籍經》）及《上清紫精君皇初紫靈道君洞房上經·太上廻元隱道用除罪籍內篇》（下稱《除罪籍內篇》）改。

〔60〕"星"，上二書作"元"。

〔61〕"餘六故懸乎天也"原作"餘故懸於天地効也"，據上二書改。

〔62〕"台"原作"極"，據上二書改。

〔63〕"貞"原作"正"，據上二書改。

〔64〕"九極上真人"，上二書分別作"九極上真上真元人""九極上真上元真人"，疑前者之"真元"宜作"元真"。"九"原作"北"，據上二書改。

〔65〕"水"字原無，據上二書增。

〔66〕"役使神靈"，上二書作"役神御靈"。

〔67〕"上君玄皇"，上二書作"上玄九皇君"。

〔68〕"黃庭鎮中"原作"黃鎮胃庭中"，據《除罪籍內篇》改。

〔69〕"列"原作"刻"，據《除罪籍經》及《除罪籍內篇》改。

〔70〕"乘"字原無，據上二書增。

〔71〕"魄"原作"魂"，據上二書改。

〔72〕"上丹皇虛君"，上二書分別作"上丹真皇虛無九君""上真丹皇虛無君"。

〔73〕"者"字原無，據上二書增。

〔74〕"大"，上二書作"九"。

〔75〕"接"原作"按"，據上二書改。

〔76〕"北方"，上二書作"我之左面"。

〔77〕"上皇道君"，上二書作"太上玉皇道君"。

〔78〕"犯罪五刑"原作"五罪五形"，據上二書改。

〔79〕"某"原作"其"，據上二書改。

〔80〕"使"字原無，據上二書增。

〔81〕"日"字原無，據上二書增。

〔82〕"九元太上帝尊玉玄君"原作"九天元太上帝尊王玄君"，據上二書改。

〔83〕"暮"後原有"有"字，據《四部叢刊》本刪。

〔84〕"蒽"，上本作"蒽"。

雲笈七籤卷之五十三

雜祕要訣法

太上隱書八景飛經八法 并序

九天丈人受太空靈都《金真玉光》於[1]元始天王，名之《八景飛經》，廣生太真[2]名之《八素上經》，青真小童名之《豁落七元》，九天太上大道君名曰《隱[3]書玉訣金章》。同出於九玄之先，目其上篇而四時名焉！其道高妙，眾經之尊。

凡行此道，不得冒殗入穢，觸死生之汙。犯此之禁，真靈高逝，返止上宮，施召不至，返誤兆身。子得此法，慎此爲先。

法曰：立春之日，三素元君上詣天皇大帝遊宴之時，元景行道受仙之日也。兆修《金真玉光八景飛經》之法，當以其日沐浴齋戒，清朝入室，燒香行禮，施按招靈致真[4]攝魔之符，置於四方。兆於中央，東北向叩齒十二通，仰思紫綠白三色之雲東北而廻。便心念微言：“三素元君，乞廻神駕，下降我身。右列我名，賜我神仙。”畢，還思東北[5]青微上府始陽宮中元景司空司錄道君姓葛諱太兒獻，形長七寸八分，身著玄黃之綬，頭冠七色曜天玉冠，足躡五色之履，手執威神之策，乘八輿之輪[6]飛龜玄雲之車，驂駕青龍，從太和仙童二十三人，下治兆身泥丸宮中。乃微祝曰：“元景大神，玄道廻精。上節告始，萬炁混生。九微上化，廻降我形。保固元宮，監總帝靈。招真制魔，我道威明。上致太和，玉芝充盈。通神徹視，洞覩三清。得乘飛景，俱昇帝庭。”畢，仰嚥八炁止。此《元景之道》，行之八年，則三素之雲八輿飛輪迎兆之身，上昇帝晨。所謂《八道元景招靈祕言》，不傳非仙之士。

春分之日，太微天帝君上詣高上玉皇遊宴之時，始景行道受仙之日也。至其日如上法，夜半東向叩齒九通，仰思玄青黃三色之雲東北而廻。便心念微言："太微天帝君，乞廻神駕，下降我身。上我帝簡，賜我神仙。"畢，還思東方青陽上府玄微宮中始景老子大道君姓羽[7]諱幽宛，形長九寸，身著紫青之綬，頭戴九色通天寶冠，足躡九色之履，手執命神之章，從太陽仙童三十六人，乘八景之輿青雲之車，駿駕蒼龍，下治兆身明堂宮中。乃微祝曰："始景上元，招靈致真。承氣命節，法典帝先。廻精玄蓋，上宴玉晨。廻靈下降，鎮固我身。保精鍊氣，五華結鮮。紫氣流映，洞得御神。駿乘飛景，上宴瓊軒。"畢，仰嚥九炁止。此《始景之道》，行之八年，則玄景飛輪來迎兆身，上昇太清。《八道始景祕言》，勿傳非仙之人。

立夏之日，太極上真三元真人上詣紫微宮遊宴之時，玄景行道受仙之日也。至其日如上法，清旦東南向叩齒九通，仰思紫青黃三色之雲西北廻。便心念微言："太極上真三元真人，乞廻神駕，下降我房。書我玉名，使我神仙。"畢，還思東南少陽上府太微宮玄景玉光無極道君姓王諱無英，形長八寸八分，身著丹錦之綬，頭戴無極進賢玉冠，足躡九色之履，手執招靈之章，乘玄景綠輿五色雲車，駿駕鳳凰，從靈飛仙童三十九人，下治兆身洞房宮中。乃微祝曰："玄景上靈，駿宴八氣。造宴九玄，翱翔無外。廻真下降，解我宿滯。廕以飛雲，覆以紫蓋。得乘八景，上昇霄際。"畢，仰嚥八氣止。此《玄景之道》，行之八年，則紫青黃三色之雲玄景綠輿來迎兆身，上昇太清。《玄景八道祕言》，勿傳非仙之人。

夏至之日，扶桑公太帝君上詣太微宮遊宴之時，靈[8]景行道受仙之日也。至其日如上法，清旦南向叩齒八通，仰思赤白青三色之雲東南而廻。便心念微言："扶桑大帝君，乞廻神光，下降兆身。記名東華，得乘飛煙。"畢，還南向思太陽上府紫微宮中靈景太尉元先道君姓玄諱伯史，形長八寸八分，身著絳錦丹綬，頭戴平天耀精玉冠，足躡九色之履，手執制魔之章，乘光明八道之輿赤雲氣之車，驂駕鳳凰，從丹靈上宮[9]玉童三十六人，下治兆身中元丹田宮中。乃微祝曰："靈景啓靈，乘氣旋廻。迅駕八道，光明吐威。下降我房，映我丹輝。攝魔御神，萬靈悉摧。使我洞幽，與景齊飛。"畢，仰嚥八氣止。此《靈景之道》，行之八年，則致光明八道之輿來迎兆身，上昇太清。《靈景八道祕言》，勿傳非仙之人。

立秋之日，太素上真白帝君上詣玉天玄皇高真遊宴之時，元景行道受仙之日也。至其日如上法，清旦西南向叩齒十二通，仰思赤白紫三色之雲正西而廻。便心念微言："太素真人，乞廻神光，下降我身。奏名玉天，得爲真人。"畢，思西南少陰上府靈微陽宮之中元景太一淡天道君[10]姓黃諱運珠，形長七寸八分，著玄黃素綬，頭戴七寶進賢之冠，足躡九色之履，手執命神之策，乘翛條玉輦五彩朱蓋紫雲之車，驂駕六龍，從黃素上宮仙童二十四人，下治兆身丹田宮中。乃微祝曰："元景上真，八道玄景。上治黃母，下治兆身。徘徊神輦，流映紫清。歷運御氣，三元煥明。制神攝魔，我道洞精。長保上景，飛仙長生。"畢，仰嚥七氣止。此《元景之道》，行之八年，則致翛條玉輦來迎兆身，上昇太清。《元景八道祕》言，勿傳非仙之人。

秋分之日，南極上真赤帝君上詣閬風臺九靈夫人遊宴之時，明景行道受仙之日也。至其日如上法，清旦西向叩齒十二通，仰思青黃赤三色之雲西南而廻。便心念微言："南極上真上皇赤帝君，乞廻神光，下眄我房，賜書玉簡，上奏九靈。得乘飛景，昇入無形。"畢，思正西太陰上府精思兌宮中明景[11]太和道君，姓浩諱仁義[12]，形長六寸八分，身著白文素靈之綬，頭戴無極玉寶天冠，足躡九色之履，手執度命保生玉章，乘絳琳碧輦白雲之車，驂駕白虎，從素靈上宮玉童二十四人，下治兆身華蓋宮中。乃微祝曰："明景道宗，總統九天。匡絡紫霄，迅御八煙。廻停玉輦，下降兆身。啓以光明，授以金真。豁落招靈，身無稽延。得乘飛景，上宴霄晨。"畢，仰嚥七氣止。此《明景之道》，行之八年，則致絳琳碧輿來迎兆身，上昇太清。《明景八道祕言》，勿傳非仙之人。

立冬之日，上清真人帝君皇祖上詣高上九天玉帝[13]遊宴之時，洞景行道受仙之日也。至其日如上法，清旦西北向叩齒九通，仰思綠紫青三色之雲西南而廻。便心念微言：「上清真人帝君皇祖，乞廻神駕，下降兆房。賜書玉名，上奏上清。得乘飛景，昇入無形。」畢，思西北陰暉上府清微宮中洞景司錄太陽道君姓玄[14]諱元輔，形長五寸八分，身著玄黃之綬，頭戴九玄飛景玉冠，足躡[15]五色之履，手執攝殺之律，乘玄景八光丹輦紫雲之車，驂駕玄武，從太玄仙童二十四人，下治兆身倉命宮中。乃微祝曰：「洞景帝尊，玄靈陰神。乘霞御龍，驂駕飛煙。上遊玉清，下治太玄。廻降紫輦，來入我身。得乘八景，位同真人。」畢，仰嚥五氣止。此《洞景之道》，行之八年，則致玄景八光丹輦下迎兆身，上昇太清。《洞景八道祕言》，勿傳非仙之士。

冬至之日，太霄玉妃太靈上真人詣太皇宮太微天帝君遊宴之時，清景行道受仙之日也。至其日如上法，清旦正北向叩齒十二通，仰思朱碧黃三色之雲東北而廻。便心念微言：「太霄玉妃太靈真人，乞廻神駕，下降我房。賜書玉名，奏上太霄。得爲真人，遊宴上宮。」畢，思北方陰精上府道微宮中諫議玄和道君姓王諱陰精，形長五寸八分，身著玄雲五色之綬，頭戴玄晨寶冠，足躡五色師子之履，手執招靈之策，乘徘徊玉輦錦雲珠玉之車，驂駕玄鳳黑翻，從太玄上宮仙童二十六人，下治兆身玄谷宮中。乃微祝曰：「清景素真，元始洞靈。受化九元，含氣朱嬰。徘徊玉輦，逍遙紫清。轉輪八節，緯度天經。削我死錄，保命南生。得乘飛景，接響綠軿。」畢，仰嚥五氣止。此《清景之道》，行之八年，致徘徊玉輦下迎兆身，上昇太清。《清景八道祕言》，勿傳非仙之人。

行《八景飛經八道祕訣》，上皇玉帝告命諸天十方衆聖五嶽靈仙，敬護兆身，降致玄輿飛輦，得與真人同昇上清。真皇守兆之命，太一防兆之身，出入遊行，無有凶橫之禍。若無[16]仙名玉籍，列圖紫宮，幽冥亦不以此經啓悟兆心。兆得此經，即東華注簿，位同真人。唯保唯祕，不可輕宣。妄泄祕言，死滅兆門。

太上丹景道精隱地八術 一名《紫霄[17]飛靈八變玉符》

《隱地八化玄真之術》：一曰《藏形匿影》，二曰《乘虛御空》，三曰《隱淪飛霄》，四曰《出有入無》，五曰《飛靈八方》，六曰《解形遁變》，七曰《廻晨轉玄》，八曰《隱景儷天》。此乃上清金臺玉室祕房妙術，藏之玉笈，封以金章，侍以玉童、衛以玉女各八百人。太上玉晨高聖君受之於九玄，七千年乃傳太極真人東華大神方諸青童扶桑暘谷神王清虛真人，告盟于上清，裂金以誓。身有其文者，則隱淪八方。有修其術，則乘虛駕空。口口相授，不得妄傳。子不示父，臣不奉君。唯在刻字金簡，書名玉篇。輕泄祕文，殃及[18]七玄，身爲下鬼，充塞河源。按如神真，祕而奉焉！

第一《藏形匿影之術》：當以立春之日平旦入室，向東北角上坐，思紫雲鬱鬱，從東北角上艮宮中下，覆滿一室，晻冥內外。良久，紫雲化爲九色之獸，如麟之狀，在我眼前。因叩齒三十六通，而微祝曰："廻元變影，晚[19]暉幽蘭。覆我紫牆，藏我金城。與氣混合，莫顯我形。"畢，便九嚥止。開[20]目雲氣豁除，便服《靈飛[21]玉符》。修之一年，形常隱空。有難之日，立艮宮之上，取本命上土撮以自障，按如立春之日祝，思[22]氣自覆，人不見焉！

第二《乘虛御空之術》：當以春分之日正中入室，東向冥目，思碧色之雲鬱鬱如飛輪，從東方震宮中下，覆滿一室，內外晻冥。良久，青氣化爲蒼龍，在我左耳上[23]，纏繞我身。因叩齒三十六通，而微祝曰："騰玄御氣，輪轉八宮。坐則同人，起則入空[24]。覆我碧霄，衛我神龍。映顯我形，通幽洞冥。吞嚥九靈，永得無窮。"畢，便九嚥氣止，開目服符。修之二年，乘虛駕空。有難之日，立於震宮上，取行年上土撮以自障。按如春分之祝，思氣自覆[25]，人視如氣。

第三《隱淪飛霄之術》：當以立夏之日正中入室，東南向冥目，思赤雲如煙之狀，從東南巽宮中來，覆滿一室，內外晻冥。良久，赤氣化爲玄兔，在兆智腹之上。因叩齒三十六通，而微祝曰："玄兔靈飛，啓告三晨。披除嚻翳，通我清津。景登雲舉，氣降紫煙。萬靈稽首，皆伏我前。"畢，便九噷氣止，開目服符。修之三年，隱淪飛霄。有難之日，立於巽宮左，取十四炁咽之，撮太歲上土以自障，案如立夏之祝，思氣自覆，則與氣同行。

第四《出有入無之術》：當以夏至之日正中入室，南向冥目，思赤氣翁鬱從南方離宮中來，覆滿一室，內外晻冥。良久赤雲化爲鳳凰，在我頭上。因叩齒三十六通，而微祝曰："赤霞映玄，氣液流通。九道之變，化爲鳳凰。授我真符，賜我玉漿。出自天門，入自離宮。招致雲軿，駕虛乘光。"畢，便九噷氣止，開目服符。修之四年，能出入無窮。有難之日，立於離宮，左取九氣畢，便開目服符，又九噷氣止。撮取月建上土以自障，按如夏至[26]之祝，思赤氣自覆，則身爲火光。

第五《飛靈八方之術》：當以立秋之日晡時入室，西南向冥目，內思白氣鬱鬱如天之霧，從西南上坤宮中來，覆滿一室，內外晻冥。良久，白氣化爲麒麟，對在我前。因叩齒三十六通，而微祝曰："仰注玄精，吞噷黃華。身生飛羽，輕舉登霞。遊宴八宮，萬萬不殂。"畢，便九噷氣止，開目服符。修之五年，能昇八方。有難之日，立於坤宮上，仰噷三十六氣。左取今日辰上土以自障，按如立秋之祝，思白氣以自覆，則身化爲霧露，人不見也。

第六《解形遁變之法》：當以秋分之日晡時入室，西向冥目，內思白雲從西方兌宮中來，覆滿一室，內外晻冥。良久，白雲[27]化爲白虎，常在我右邊。因叩齒三十六通，而微祝曰："解形遁變，追飛躡浮。先謁玉皇，退之八嵎。分身爲萬，適意如求。俄頃之變，八宮已周。"畢，便九咽氣止，開目服符。修之六年，形化影變，縱橫八方，任意所之。有難之日，當立兌宮之中，思火氣來燒我身，仰噷氣九過[28]，取丙上土以自障，祝如上法，則人莫之見也。

第七《廻晨轉玄之術》：當以立冬之日子時入室，西北向冥目，內思黑雲從西北方上乾宮中來，覆滿一室，内外晻冥。良久，黑雲化爲螣蛇，在我左足下。因叩齒三十六通，而微祝曰："太微[29]九玄，化爲螣蛇。廻輪五星，運轉七機。上宴玄宫，八景同暉。吞精嚥氣，永無終衰。"畢，便九嚥氣止，開目服符。修之七年，能廻轉五晨，出入無間。有難之日，當立乾宮之中，思黑雲來覆我身，仰嚥三十五氣，取天門上土以自障其身，祝如立冬之日，則人不見之。

第八《隱景儷天之術》：當以冬至之日子時，入室北向，内思黑氣[30]疊沓相覆，從北方坎宮中來下，覆滿一室，内外暗冥。良久，黑氣[31]化爲玄龜，在我右足下。因叩齒三十六通，而微祝曰："八道隱方，藏地儷天。逃以六陰，顯身玉輪。駿龍御煙，上造帝晨。"畢，便九嚥氣止，開目服符。修之八年，則登玉清宮。有難之日，立在坎宮之上，思黑雲覆身，仰嚥三十五氣，取地户上土以自障，祝如冬至之文，則人不見逃也。

上清玉霞紫映内觀上法[32]

常以本生上旬之日，沐浴清齋淨服，平旦入室，以《内觀開明玉符》清華之水東[33]向洗眼，并漱蕩口腹，令内外清虚，口無餘味，腹無餘熏，眼無餘視，體無餘塵，恬淡靜默，唯道是身。然後還南向，平坐瞑目，内思紫氣出兆頭頂之上，勃勃衝天，氣冠己身，内外鬱冥。便引紫氣仰嚥三十九過，覺氣[34]嚥入兆口腹之中。嚥訖開眼，朗然豁除，便叩齒三通，仰祝曰："上清流霞，暉真吉旦。紫雲映靈，陽[35]精交煥。内注[36]金門，玉户受觀。寶神和藏，魂魄無散。明皇九真，八道流羨。攀雲招靈，靈降紫[37]漢。洞徹幽元，三晨齊宴。遊騰玉堂，上拜帝館。"畢，仰嚥三過止。

本生上旬之日，若甲子旬生，以甲寅日爲上旬，他皆倣此也。

《紫書訣》云：修《上清玉霞紫映内觀之道》，常以月生一日，取西流水三升，盛之以金器[38]，銅器亦佳。以真珠一兩内著水中，名曰金精石景水母玉胎之瑛，露於中庭。至月十五日正中，日精玄映於石景水母，日象煥明水母之中，東向書[39]《流霞開明洞觀玉符》投內石景水母中，轉南向叩齒十六通，仰呼曰："日魂珠景，照韜綠映，廻[40]霞赤童，玄炎飈象。"凡十六字畢，閉眼思日中五色流霞下冠兆身，洞煥一形。存見日中有一仙人形長八寸，頭戴朱陽赤冠，衣絳錦丹裙，下在兆身頭頂之上，口引日中赤丹金精石景水母之瑛，以灌溉兆形，便臨所盛水中，映日光而微祝曰："耀羅丹陽，元景敷陳。赤鑪大明，九氣齊真。三五運精，二象交纏。玉胞石髓[41]，鍊故返新。流霞玄注，水母凝神。和魂柔魄，內外同煙。仰餐丹華，口啜[42]日根。靈芝盈溢，面發金仙。與氣同軀，與日同存。乘景飛空，上造帝晨。"畢，仰向日十六嚥止。取石景水母之瑛，向日洗目，并沐浴形軀，餘水放之西流。行此九年，面有金容，內外洞徹，與日同光，飛行玄虛，上造日門[43]。此道高妙，不傳下世。輕泄寶文，罰以鬼兵，身役鬼官，七祖獲殃。

存玄白法

《胎精中景玄白[44]內法》：常以旦旦坐臥任意，存泥丸中有黑氣、存心中有白氣、存臍中有黃氣，三氣俱生如雲以覆身。初存氣如小豆，漸大衝天，三氣纏繞身，共成一混[45]。因變成火，火又繞[46]身，通明洞徹，內外如一。內通外徹，支體共火一色。旦行之，至日中乃止。於是服氣一百二十，都畢。行之三十年，遁形隱身，日行五百里。

三素雲法

夜臥，謂子後睡覺起時。又云坐起可行之，不必夜也，要當以生氣時。如此，則子後午前皆可爲之。然宜以丑後卯前爲之佳矣。先閉目東向，當東向平坐。以手大指後掌左右按拭目就耳門，使兩手俱交會於項後三九過。存目中各有紫青絳三色氣[47]出目前，此是內按三素雲，以灌目[48]童子也。先存兩目中各有此三色雲，仍各出目前凝鬱，良久按拭之，於按中每覺目外之雲還入目童子中，暉光瑩徹，手過又出，拭之又入，以至數畢。而陰祝曰："眼童三雲，兩目真君。英明注精，開通精神。太玄雲儀，靈嬌翩翩[49]。保我[50]雙關，啓徹九門。百節映響，朝液泥丸。身昇玉宮，列爲真君。"畢，因嚥液五十過。存液入肝中。行之一年，則耳聰目明，久爲之，徹視千里，羅映神靈，聽之於絶響也。

又法，《返胎按摩經》云：常以陽日，月一日爲陽，每陽日之旦、陽日之夜，夜卧覺、旦將起[51]，急閉目向本命之方，以兩手掌相摩切令小熱，各左右拭按兩目、籠耳門，令兩掌交會於項中九過。又存兩目中各有紫赤黃三色雲炁，各下入兩耳中。良久，陰祝曰："眼童三雲，明目真君。英明[52]注精，開通帝神。太玄雲儀，玉靈敷篇[53]。保我[54]雙關，啓徹九門。百節應響，廻液泥丸，身昇玉宮，列爲上真。"祝畢，嚥液三過。畢，乃開目坐起。常行之，不必[55]旦暮也。行之三年，耳目聰明。

【校記】

〔1〕"於"字原無，據《上清金真玉光八景飛經》（下稱《八景飛經》）增。

〔2〕"真"原作"空"，據上書及本書卷九《釋太微黃書》改。

〔3〕"隱"原作"素"，據上二書改。

〔4〕"真"原作"其"，據《八景飛經》改。

〔5〕"東北"原作"東方"，據上書改。

〔6〕"八輿之輪"，上書作"八景之輿"。

〔7〕"羽"原作"某"，據上書改。

〔8〕"靈"，上書作"虛"。

〔9〕"宫"後原有"從"字，據上書删。

〔10〕"元景太一淡天道君"，原無"一"字，據上書增。

〔11〕"景"原作"晨"，據上書改。

〔12〕"仁義"，上書作"二儀"。
〔13〕"玉帝"原作"玉帝子"，據上書删。
〔14〕"姓玄"原作"姓某"，據上書改。
〔15〕"躡"原作"櫑"，據上書改。
〔16〕"無"原作"有"，據上書改。
〔17〕"霄"，《道藏》本《上清丹景道精隱地八術經》作"清"。
〔18〕"及"原作"乃"，據上書改。
〔19〕"晚"，上書作"暎"。
〔20〕"開"原作"閉"，據上書改。
〔21〕"靈飛"二字，上書互乙。
〔22〕"思"後原有"之"字，據上書删。
〔23〕"上"原作"一"，據上書改。
〔24〕"空"原作"室"據上書改。
〔25〕以上四句二十四字原作"取十四氣以自覆"，據上書改。
〔26〕"夏至"原作"立夏"，據上書改。
〔27〕"雲"原作"氣"，據上書改。
〔28〕"仰嚥氣九過"，上書作"仰咽七氣"。
〔29〕"微"，上書作"陰"。
〔30〕"黑氣"，上書作"黑雲"。按下文作"雲"是。
〔31〕"黑氣"，上書無。
〔32〕"上清玉霞紫暎内觀上法"，"上"原作"太"，原無"内"字，據《洞真上清青要紫書金根衆經》增改。
〔33〕"東"原作"便"，據上書改。
〔34〕"氣"，上書作"熱隨"，"氣"後原有"嚥三十九過氣"六字，據上書删。
〔35〕"陽"原作"揚"，據上書改。
〔36〕"注"原作"住"，據上書改。
〔37〕"紫"原作"樂"，據上書改。

〔38〕"金器"二字原無，據上書增。

〔39〕"書"字原無，據上書增。

〔40〕"廻"原作"丹"，據上書改。

〔41〕"髓"原作"體"，據上書改。

〔42〕"啜"原作"掇"，據上書改。

〔43〕"門"原作"間"，據上書改。

〔44〕"玄白"原作"黑白"，據《真誥》卷十三及《登真隱訣》卷中改。

〔45〕"混"，《真誥》卷十三《守玄白之道》作"混沌"。

〔46〕"繞"原作"燒"，據《真誥》卷十、卷十三《守玄白之道》及《登真隱訣》卷中《守玄白之術》改。

〔47〕"氣"原作"並"，據《真誥》卷九及《登真隱訣》卷中改。按下注語作"雲"。

〔48〕"目"，上二書作"合"。

〔49〕"靈嬌翩翩"原作"靈驗篇篇"，據上二書改。

〔50〕"我"，上二書作"利"。

〔51〕"每陽日之旦、陽日之夜，夜臥覺、旦將起"原作"每陽日之旦、夜之臥覺、旦將起"，據《洞真西王母寶神起居經》及《上清三真旨要祕訣》改。

〔52〕"英明"原作"映明"，據上二書改。

〔53〕"玉靈敷篇"，上二書作"靈嬌翩翩"。

〔54〕"我"，上二書作"利"。

〔55〕"不必"原作"不如"，據上二書改。

雲笈七籤卷之五十四

魂　　神

說魂魄

正一真人居鶴鳴山洞，告趙昇曰："夫人身有三魂：一名胎光，太清陽和之氣也；一名爽靈，陰氣之變也；一名幽精，陰氣之雜也。若陰氣制陽，則人心不清淨。陰雜之氣，則人心昏暗，神氣闕少，腎氣不續，脾胃五脉不通，四大疾病係體，大期將至焉。旦夕常爲尸卧之形，將其奄忽而謝，得不傷哉！夫人常欲得清陽氣，不爲三魂所制，則神氣清爽，五行不拘，百邪不侵，疾病不縈，長生可學。"趙昇稽首再拜，叩頭伏問："何以制禦得陰雜之氣？使清和之氣降矣！昇欲謹敬行之，導接生靈，牢固朽敗之徒，免幽魂所侵逼矣。"真人曰："復坐，告汝。夫人身最貴，天地委形，三元真氣之所戴。若合三氣百神，而不至於死。夫三魂者：第一魂胎光，屬之於天。常欲得人清淨，欲與生人延益壽算，絶穢亂之想。久居人身中，則生道備矣。第二魂爽靈，屬之於五行。常欲人機謀萬物，摇[1]役百神，多生禍福災衰刑害之事。第三魂幽精，屬之於地。常欲人好色嗜慾，穢亂昏暗，躭著睡眠。爽靈欲人生機，生機則心勞，心勞則役百神，役百神則氣散，氣散則太清一氣不居，人將喪矣。幽精欲人合雜，合雜則厚於色慾，厚於色慾則精華竭，精華竭則名生黑簿，鬼録罪著，死將至矣！夫人重色慾，必昏邪穢亂，不避三光四明，雷霆神察，爲四司所録，五帝所責，延累九玄七祖父母，長居幽途。榮禄長生，不可覿矣！"趙昇驚起，請紀[2]其原狀，使[3]屍敗之徒，見乎全生之道。正一真人曰："胎光本生於始青[4]元君聖母之宫，每降正月七日；爽靈本生於太一之宫，降於七月七日；幽精生於太極陰宫，降於十月五日。皆以本降之日，上詣本宫受事，送人善惡，謂之三魂會日。此日是本會之日，亦更有[5]小攢會三日。胎光以甲子日上，爽靈以庚申日上，幽精以本命日上，言人善惡災難非禍。若三魂不相制禦，歸本宫各言人清淨，不生惡狀，則魂常不離人左右，神氣雄壯，百神隨從，所爲無不從其善願。幽藹絕對，四司莫能書其罪狀。災害陰邪疾病，不敢輒近其形體。吾爲汝備述，謹而行之，真道立見。"

正一真人曰："夫修道攝生，常以清旦日未出時叩齒，三呼三魂三遍，夜欲卧亦三呼，呪曰：'胎光延生，爽靈益禄，幽精絕死，急急如律令！'每日如此，魂不離人左右，飛災横禍惡鬼凶神不能爲害，遊夢變怔杜絕房寢。每於此前上三日、下三日隔宿，潔淨恭肅，清齋三日，沐浴拜章，言功謝罪著善。即爽靈幽精不能强制真一元氣，道可易求。"正一真人告約趙昇曰："行之勿得不常，存之勿得不精。常、精者，道人之志也。"正一真人告趙昇曰："夫人身有三魂，謂之三命。一主命，一主財禄，一主災衰。一常居本屬宫宿，一居地府五嶽中，一居水府。以本命之日，一魂歸降人身。唯七魄常居不散。若至本命日，一魂歸降，檢行生人，與魄合察衰敗壯健。若三魂循環不絕，則生人安穩無病。其日可清淨身心，不酒不色，著新衣，焚香習善。至本命日若欲睡，則睡少時，魂與魄合即去。若其日婬醉昏亂，魂歸去身三步，取合不得，穢氣衝射，魂遂去而不歸。如三度魂歸不合魄即去，身神斃矣！魄者陰也，常欲得魂不歸。魂若不歸，魄即與鬼通連。魂欲人生，魄欲人死。魂悲魄笑，曰：'歸無我舍，五鬼侵室。'三魂絕而不歸，即魄與五鬼爲徒，令人遊夢怔惡，謂之遊魂，身無主矣！令人行事昏亂，就睡好眠，災患折磨，求添續不可得也。一年六旬，魂六度歸身中，制禦陰魄，令不與陰邪通好。百神交會，形體災難不侵。若六旬不返，魄得其便，與陰鬼謀，人將亡矣！每本命日，一魂從本宿降下，二魂雖非巡次，其日亦隨從母魂而下[6]。有本司官吏四人，都十二人。其日，本生父母亦與魂降。當須以錢財酒脯一十二分，取本命時祭之，後本司不與魄爲留難，及時降下，福莫能盡。常爲之，長生之門。"

王真人曰："吾聞先師真人之言，夫混沌元始本一氣，化散三萬六千神氣者，皆流約爲其數。夫天地神氣，新舊交續，豈有數而限之？百川因氣而不絕，天地因氣而長久，維斗得之而不窮，綿綿接續而生焉！聖人指一氣爲歸，交接降約，令人不死。而凡約者不知，苟取其死。天地晝夜一周，三萬六千炁候，交接不愆，則日月貞明，風雲不昧，澤及四時，萬物資生。若氣候愆時，不相接續，數有闕少，上下不應，即雷霆震怒，日月失道，星宿失位，愆陽水潦，萬物失生。人身法天象地，每日一周時，腎氣上至脾胃，晝夜三萬六千喘息不絕，上下相應，通流經絡，傳漑五藏，滋澤榮衛。即人輕健精明，強記无病，學道易成。若三炁五炁十炁不續，即人病傳於經絡，令人壯熱，飲食不下，魂魄驚怖，神氣錯亂。一藏容受即病，得其土地分野療之，不及則人困矣！是以修真之人，採新安故，添續不絕，即神氣常堅，精華不散，則人不衰不老，病疾不侵，鬼神畏懼，五靈鎮守，精氣充塞，外制百邪陰毒之氣。氣既精銳，禁無不伏。言其神氣壯銳，摧伏五兵如猛大將軍，故以神氣爲將軍也。"

拘三魂法

月三日十三日二十三日夕，是此時也，三魂不定，爽靈浮遊，胎光放形，幽精擾喚。其爽靈胎光幽精三君，是三魂之神名也。其夕皆棄身遊遨，颷逝本室。或爲他魂外鬼所見留制，或爲魅物所得收錄，或不得還返，離形放質；或犯於外魂，二氣共戰。皆躁競赤子，使爲他念，去來無形，心悲[7]意悶。道士皆當拘而制之，使無遊逸矣！拘留之法：當安眠向上，下枕伸足，交手仰[8]上，冥目閉氣三息，叩齒三通，存身中[9]赤氣如雞子，從內仰上，出於目中。出外赤氣，轉火燒身，使匝一身，令其內外洞徹，有如燃炭之狀，都畢矣。其時當覺身中小熱，乃叩齒三通。畢，即存呼[10]三魂名字胎光爽靈幽精三神急住。因微祝曰："太微玄宮，幽[11]黃始青。內鍊三魂，胎光安寧。神寶玉室，與我俱生。不得妄動，鑒者太靈。若欲飛行，唯得詣太極上清。若欲飢渴，唯得飲迴水玉精。"

制七魄法

月朔月望月晦之夕，是此時也，七魄流蕩，遊走穢濁。或交通血食，往鬼來魅；或與死屍，共[12]相關入，或淫惑[13]赤子，聚奸伐宅；或言人之罪，詣三官河伯；或變為魍魎，使人魘魅；或將鬼入身[14]，呼邪殺質。諸殘病生人，皆魄之罪；樂人之死，皆魄之性；欲人之敗，皆魄之病。道士當制而屬之，鍊[15]而變之，御而正之，攝而威之。

其第一魄名尸狗，其第二魄名伏矢，其第三魄名雀陰，其第四魄名吞賊，其第五魄名非毒，其第六魄名除穢，其第七魄名臭肺。

此皆七魄之名也，身中之濁鬼也。制檢之法：當正臥去枕伸足，兩手搓掌心，次掩兩耳，指端相接，交於頂中。閉息七過，叩齒七通[16]，存鼻端有[17]白氣如小豆，須臾漸大，以冠身九重，下至兩足，上至頭上。既畢，於是白氣忽又變成天獸，使兩青龍在兩目中，兩白虎在兩鼻孔中，皆向外。朱雀[18]在心上，向人口。蒼龜在左足下，靈蛇在右足下，兩耳中有玉女，著玄錦衣，當耳門，兩手各把火光，良久都畢。又嚥液七過，叩齒七通，呼七魄名畢，乃祝曰："素氣九廻，制魄邪姦。天獸守門，嬌女執關。七[19]魄和柔，與我相安。不得妄動，看察形源。若汝飢渴，聽飲月黃日丹。"於是七魄內閉，相守受制。若常行之，則魄濁下消，返善合形，上和三宮，與元合景[20]。一人身有三元宮神，命門有玄闕大君，及三魂之神，合有七神，皆在形中，欲令人長生，仁慈大吉之君也。此七魄亦受生於一身，而與身為攻伐之賊，故當制之。道士徒知求仙之方，而不知制魄之道，亦不免於徒勞也。

其三元宫所在，其上元宫，泥丸中也，其神赤子字三[21]元先，一名帝卿。其中元宫，絳房中心是也，其神真人字子南[22]丹，一名中[23]光堅。其下元丹田宫臍下三寸是也，其神嬰兒字元陽昌[24]，一名谷下[25]玄。

此三一之神矣。欲拘制魂魄之時，皆先陰呼其名，存三神皆玉色金光，有[26]嬰兒之貌。中上二元皆赤衣，下元衣黄，頭如嬰兒始生之狀也。

對日存三魂法

太虚[27]真人曰："先師教以五建[28]之日，日出三四丈許，正立以心對日，存三魂神與日光俱入心中。良久，閉氣三息，嚥液三過，祝曰："太陽散暉，垂光紫青。來入我魂，照我五形。却鬼試心，使心平正。內徹九氣，外通胎命。飛仙上清，玉籙以定。"呪畢，以手拭目二七，叩齒二七，都畢。此法使人三魂凝明，丹心方正，萬邪藏術，心試不行，真要道也。常當行之者[29]，以五建日向日，輒令嚏。若不得嚏，以軟物向日引導鼻中，亦可嚏也。嚏即祝曰："天光來進，六胎上通。三魂守神，七魄不亡。承日鳴嚏，與日神同。飛仙上清，位為真公。"祝畢，拭目二七。是內精上交日光，三魂發明於內，使人心開神解，百精流轉於內府也。若非五建日，可不須爾也。以五建之日，北向五再拜，心呼上真皇君夫人名字三過畢，叩齒五通。畢，解巾長跪，謹啓五星日月上皇高皇道君夫人玉清太上上清上皇上帝大道聖君几前，因自陳七祖父母以下及一身千罪萬過，上世以來，乞願得解脫三官，告下天帝，使罪名離釋，削除黑籍。乞願得與五星之真，俱奔華晨，上登上清，交行玉門。

朝禮九天魂魄帝君[30]求仙上法

常以月三日九日十六日平旦，向日九拜九揖，亦可心拜。仰頭叩齒二十四通，祝曰："天魂九纏，上帝尊神。太陽日精，金門變仙。小兆某甲，敢奏微言。今日上吉，八願開陳。請施禮願，仰希玄恩。蒼龍朱鳳，策轡[31]紫軒。五雲交蔭，六氣扇塵。高上曲晭，三光降真。二景纏絡，我道欣欣。心朗耳聰，目明色鮮。體輕骨昇，面發華顏。羽服生形，飛造帝晨。"祝畢，仰天引日精四十五嚥止。行此三年，目明徹視，洞覩無窮，面有金容，體生玉津。九年能行身外無影，飛空玄靈[32]也。若天陰無日，於密室心存心行，亦感於自然也。又以月五日十五日二十五日此三日，皆人定向月九拜九揖，亦可心拜。仰向月叩齒十六通，祝曰："魂精魄靈，九天同生。石景水母，太陰朗明。徘徊月宮，冶鍊金庭。二景合原，上吉時清。八會交帶，我願克成。願光願容，願鮮願榮。願神願仙，飛行上清。"祝畢，仰引月精四十五嚥止。

魂精法

魂精帝君即九天司命，部九天之魂精[33]，下統後學筭命也。帝君鎮在日門金庭之內。魄靈帝君即九天丞相，主[34]九天之魄靈，下統後學之錄籍也。鎮在月宮琳琅之都。凡修上道，旦夕坐起卧息，常當存念日在頭上，月在口中，魂精帝君在泥丸，魄靈帝君在明堂，心存目想，常使彷彿。然行之踰年，真形見矣！青白分也。九年能乘空飛行，上登晨燈之館，遊宴虹映之山也。

上清飛步七星魂魄法

太素真人口訣曰：北斗第一星天樞魂神，第二星天璇魂神，第三星天機魄[35]精，第四星天權魄精，第五星玉衡魄靈，第六星闓陽魄靈[36]，第七星瑤光大明[37]。

右七星魂魄之名，號曰七元之靈明。步星魂魄，行星之上，皆心存之，此名曰飛仙。飛仙步斗魂魄三匝畢，於是向陽明星上，又閉氣而心祝曰："陽明大魁，玄極文昌。使某魂魄，俱遊天綱[38]。"祝畢，第一左足躡陽明星，第二又進右足躡陰精星。祝畢，第三次左足躡玄冥星。祝畢，第四次右足躡丹元星，祝畢，第五次左足躡北極星。祝畢，第六次右足併躡闓陽[39]星。祝畢，次左足併躡瑤光星，乃通息大祝曰："金木水火土，五行相推。七星煥煥，天綱最威。輔星鎮盛，弼星扶衰[40]。九真太上，太極太微。三府玉帝，三尊辟非。天動地轉，魂魄相隨。使我飛仙，真光徘徊。名入金房，玉門乃開。乘龍陟空，日月同輝。遊行太清[41]，鳴鈴翠衣。左躡流電，右御奔星[42]。地上萬邪，伏死敢追。惡心視我，使爾斬摧。帝命玉女，營[43]侍以歸。魂真魄神，合形昇飛。"畢。

【校記】

〔1〕"摇"，疑作"徭"。

〔2〕"紀"原作"始"，據《四部叢刊》本改。

〔3〕"使"原作"則得"，據上本改。

〔4〕"本生於始青"原作"本生始清"，據上本增改。

〔5〕"有"字原無，據上本增。

〔6〕"而下"二字原無，據上本增。

〔7〕"悲"原作"非"，據《皇天上清金闕帝君靈書紫文上經·太微靈書紫文拘三魂之法》改。

〔8〕"仰"，上書作"心"。

〔9〕"身中"，上書作"心有"。

〔10〕"呼"字原無，據上書增。

〔11〕"幽"，上書作"中"。

〔12〕"共"字原無，據上書增。

〔13〕"惑"字原無，據上書增。

〔14〕"身"字原無，據上書增。

〔15〕"鍊"原作"陳"，據上書改。

〔16〕"閉息七過，叩齒七通"原作"閉息七通"，據上書改。

〔17〕"有"字原無，據上書增。

〔18〕"朱雀"二字原無，據上書增。

〔19〕"七"，上書作"鍊"。

〔20〕"景"，上書作"靈"。

〔21〕"三"字原無，據上書增。

〔22〕"南"字原無，據上書增。

〔23〕"中"字原無，據上書增。

〔24〕"昌"原作"子"，據上書改。

〔25〕"下"字原無，據上書增。

〔26〕"有"原作"存"，據上書改。

〔27〕"虛"原作"靈"，據《洞真西王母寶神起居經》改。

〔28〕"五建"，上書作"五達"。下同。

〔29〕"常當行之者"，上書作"子常行之"。

〔30〕"帝君"二字原無，據《太上玉珮金璫太極金書上經·朝禮九天魂魄帝君求仙上法》及本書卷四一《朝禮九天魂魄帝君求仙上法》增。

〔31〕"轡"，《太上玉珮金璫太極金書上經·朝禮九天魂魄帝君求仙上法》作"輿"。

〔32〕"靈"，上書作"虛"。

〔33〕"精"字原無，據《太上玉珮金璫太極金書上經·太極金字玉文九真陰符》增。

〔34〕"主"字原無，據上書增。

〔35〕"魄"原作"魂"，據《上清紫精君皇初紫靈道君洞房上經·太上七元九辰經洞房八解門玉字》改。

〔36〕"靈"原作"精"，據上書改。

〔37〕"大明"原作"太明",據上書改。

〔38〕"玄極文昌。使某魂魄,俱遊天綱"原無,據《洞真上清步天綱飛地紀金簡玉字上經》增。

〔39〕"闓陽",上書作"天關"。

〔40〕"扶衰",上書作"却哀"。

〔41〕"太清",上書作"上清"。

〔42〕"奔星",上書作"奔雷"。

〔43〕"營"原作"勞",據上書改。

雲笈七籤卷之五十五

魂　　神

思神訣

　　夫道者，有形之父母也。寂然不動，至虛无也。感而遂通，至神明也。視之不見，無形容也。聽之不聞，無音聲也。故無形無名，言象莫能得也；有情有信，變化有以生也。生之來，神氣聚也。身之有，陰陽結也。兩儀以分，萬象以成也。天地廻薄，日月以明也。莫不由至道神用，而元一以靈。且人爲物靈，貌爲事真，智慮純白，耳目澄清，外周六氣，内運五行，形自寂寞，神生窅冥。然則[1]，至道無形，應生元氣，謂之一也。一之所剖，分爲三也。三者清、濁、和，結爲天、地、人也。亦曰三元，上、中、下也。在天爲三光，日、月、星也。在地爲三寶，金、玉、珠也。在人爲三生，耳、目、心也。在道爲三氣，玄、元、始也。又爲三天，清微禹餘大赤也。復爲三境，玉清上清太清也。又曰：清氣上浮爲天，濁氣下凝爲地，和氣中結爲人[2]。夫天陽地陰，陰陽變化，而成五行，謂木、火、金、水、土也。亦曰五氣，謂九、三、七、五、一也。在天爲五星，謂歲熒白辰鎮也。在地爲五嶽，謂岱衡華恒嵩也。在人爲五藏，謂肝、心、肺、腎、脾也。又爲五色，青、赤、白、黑、黃也。又爲五音，角、徵、商、羽、宮也。又爲五味，酸、苦、辛、鹹、甘也。又爲五德，仁、義、禮、智、信也。總之爲三五，行導布化，生成萬物也。各有神明，即天地之至用也。而天以之動，地以之静，人以之生，皆賴其神明也。天有五億五萬五千五百五十五重天，天皆有天尊、太上、天帝、天師也。地有三十六重地，地皆有土皇、將軍、金剛、神王、靈官也。人有三宮五神、三魂七魄也。天地各有神仙吏兵，不可稱計。且神明變化，皎在目前，愚者莫知。隱顯無方，運轉難識，輔物立象，靈用在焉。故"天得一以清，地得一以寧，神得一以靈，谷得一以盈"是也。日者天之魂，月者地之魄，謂之神明。人則左目爲日，右目爲月，目者神明之堂也。故神明所託，依於日月，隱於陰陽。且日出於卯，陽也；月出於酉，陰也。三變成德，日初變於卯，其數六，以五乘之，五六三十也；中變於辰，其數五，五五二十五；終變於巳，其數四，四五二十也。故上仙七十五將軍，陽神也。月初變於酉，其數六，五六三十也；中變於戌，其數五，五五二十五也；後變於亥，其數四，四五二十也。故上靈七十五將軍，陰神也。三元五德，合數爲八，各有上仙、上靈陰陽二官，合爲一千二百。三元各八，爲三千六百也。而陰陽皆五，合爲三萬六千也。其萬八千陽，陽爲外景，爲外神也；其萬八千陰，陰爲內景，爲內神也。而內由外發，陰以陽明。所以一身有一萬八千神曰本分神也，一萬八千神曰影照神也。無陽也，陰不能成；無陰也，陽不能生。是以陰以陽成，陽以陰生。亦內由外明，外由內清，清明相得，而後生成也。所謂神明者，由神故明也。故三光在天而萬物彰，百神在己而五氣昌，其耳目適用，氣力體康，是其神也。天寶之以致浮，地祕之以致安，五嶽享之而安鎮，一人則之而太平。人身上部八景以應於天，下部八景以應於地，中部八景以應於空。三部八景，七十二神，景皆有五，三萬六千，與天地合有一十萬八千。自此以往，雖神不極，由斯數矣。則三洞諸經，神仙將吏，侍奉靈官，高下品格，未有不因茲始也。既知其數，當識其方。既識其方，須知表裏。表裏既見，陰陽審焉。內外不同，左右亦別。而象分五色，位列四方。男女可以陰陽求，文武可以剛柔取。凡諸存念，身爲之主。身有三魂七魄，三元五真，一神百神，三萬六千神，皆在於心也。心正則神正，心邪則神邪。邪之與正，由悟不悟。悟則入正，迷則歸邪。悟者由得其門，迷者由失其路，則沉淪黑夜，處至暗冥室。學道之士，宜詳究之。始乎數息歷藏，終乎常住湛寂，誠在爾心矣。

存身神法

　　面東坐，叩齒三十六通，每九下一嚥液，而祝曰："玉清高上，九天九靈。化爲玄玄[3]，下入胃清。金和玉映[4]，心開神明。服食日精，金華充盈。"便嚥液，想喉中有赤身童子仰頭開口承液，下入胃中。畢，又存四神：想肺中童子著白衣冠，口吐白氣於右，變作白虎。次想肝中童子著青衣冠，口吐青氣於左，變作青龍。次想心中童子著赤衣冠，口吐赤氣於前，化爲朱雀。次想腎中童子著黑衣冠，口吐黑氣於後，化爲玄武。祝曰："青龍[5]孟章甲寅，白虎[6]監兵甲申，朱雀[7]陵光甲午，玄武[8]執明甲子，四獸前後圍遶，勿令外邪來干。急急如律令！"次存心肺氣作圓光寶蓋蓋頭訖，次握固冥目，念勅身祝曰："謹勅身中五體真官、五藏六腑、九宮十二宮室、四肢五體筋骨髓腦肌膚血脉七竅榮衛一百八十關房、三百六十骨節、一千二百形影、一萬二千精光、三萬六千神氣，左三魂幽精爽靈胎光各守本宮，右七魄衛從尸狗伏矢雀陰吞賊非毒除穢臭肺，青龍扶迎，白虎扶送，朱雀導前持幡幢，玄武從後司鍾鼓，臣身不受邪，肝不受病，肺不受奸，腎不受甘，脾不受化，膽不受怖，胃不受穢，心不受觸，神氣汾溢。吏兵神將，侍衛側立。急急如律令！"

　　次叩齒五通，念五藏神名。先存肺神著白衣冠在肺，肺神皓華字虛成。三呼。次存心神著赤衣冠在心中，心神丹元字守靈。三呼。次存肝神著青衣冠在肝中，肝神龍煙字含明。次存膽神龍曜字威明，次存脾神常在字魂庭，次存腎神玄冥字育嬰。又瞑目內視五藏，分明了見肝中童子著青衣冠，口吐青氣，從左脇出，化爲青龍。次存肺中童子著白衣冠，口吐白氣，從右脇出，化爲白虎。次存心中童子著朱衣冠，口吐赤氣，從心中出，化爲朱雀。次存兩腎中童子著黑衣冠，坐兩腎上，口吐黑氣，從腎中出，化爲玄武。次存頭巾七星，下坐青黃白三色雲上。七星在頭，下有金光盖頂，一身並作黃金色，面是金容。次存肺中白氣右出，遶頂有圓光，左右日月在眼前，洞煥一室。吏兵玉女執節持幢，捧香獻花，遍滿前後。心常念飛仙，同昇金闕帝前，永爲帝臣。

受生天魂法

夫人者[9]受生於天魂，結[10]成於元靈，轉輪於[11]九氣，挺命於太一，開關[12]三道，積神幽宮。所以[13]玄液七纏，流津敷澤。日月映其六虛，口目[14]運其神氣。雲行雨施，德擬天地。胞胎内匭，五因來具，立人之道，其如此也。故五因者，是五神也。三道者，是三眞也。

天尊言曰："氣氣相續，種種生緣。善惡禍福，各有命根。非天非地，亦又非人。正由心也，心則[15]神也。形非我有，我所以得生者，從虚無自然中來，因緣寄胎，受化而生。我受胎父母亦非我始生[16]父母也，真父母貴重[17]，尊高無上。今所生父母，以我寄備因緣，稟受育養之恩，故以禮報而稱爲父母焉。故我受形亦非我形也，寄之爲屋宅，因之爲營構[18]，以舍我也。附之以爲形，示之以有無，故得道者無復有形也。及無，身神也一[19]。身神[20]並一，則爲眞身，歸於始[21]生父母而成道也。"

凡人不知存神，動止任意，意愚事僻，神散形枯。仙真聖人，守神無替，常存自身，名在左契。志學之士，當知人身之中，自有三萬六千神，左三魂，右七魄，陰陽配合，共輔護識神，五行相王[22]之君，周衛體内；一千二百形影，一萬二千精光，備守體外。日日存之，時時相續，念念不忘，長生不死。不能常存，八節勿替。能念身神，康强無病。病三呼之，常衛子身。欲臥之時，左手撫心，右手撫臍各二七，陰祝曰："欲具身神從頭起，經歷四肢至踝子。"祝竟存之，委悉乃眠，必得吉夢，髣髴見神。若有罪過，應致災厄，神來語人，或示形象，倚託物類，使人思惟，自解意趣，吉凶善惡，了然知之，避禍就福，所向諧也。

三魂：第一胎光，第二爽靈，第三幽精。

精　　神[23]

精神者，君臣也。《玉清祕録》云："夫神者，君也；氣者，臣[24]也。心神動則精摇，精摇則使形不安。若三事各令清浄無爲，則萬事自安也。故修身之道[25]。"又曰："夫修身之道，乃國之寶也。然一身之根有三：一爲神，二爲精，三爲氣，此三者本天地人之氣也。神者受於天精，天精者受於地氣，地氣者受於中和，相爲共成一道也。故神者乃乘氣而行，氣者神之輦也，精者居其中也，三者相助爲理，故人欲壽者，乃當愛氣尊神重精也。"精轉爲神，神轉爲[26]明。夫氣生[27]精，精生神，神生明。故人生本於陰陽之氣，氣轉爲精，精轉爲神，神轉爲[28]明。是故不欲老者當念守其氣、含精神也。令不出其形，合而爲一也。即彬彬[29]自見，身益輕、意益精也。此神光欲生也，心中大安，欣然若喜。但宜閉目而臥，著志意於身内，身意不出，則身鍊形變也。如此則理身已得也，太平自應矣！神哉，此道也。内以[30]致壽，外以致[31]理，不用筋力，自然致也。神，智之泉。夫神，智之泉也，神清則智明。智者，心之府也，智公即心平。人莫鑒於流水，而鑒於止水。水性欲清，沙塵穢之；人心欲清，嗜慾則生，豈能善之？故鑒明則塵垢弗集，神清則嗜慾不入。是以聖人輕天下，即神不累；細萬物，即心不惑；齊死生，則意不懾；同變化，即明不眩。

入室思赤子法

老子曰："吾道生於惚恍而無形。視之不可見，聽之不可聞，隨之不見其後，迎之不見其首。包含於天地之表，還入於毫毛之裹。分之爲日月陰陽，含之[32]爲夫婦。演布於八卦，乾坤爲頭首。胞胎轉相生，變化有前後。處任爲十月，結定神備有。虚无把録籍，司命往奉壽。陽精爲室宅，包形立相待。陰陽相感漑，開閉藏其裹。清轉上爲頭，精凝成童子。璇璣與玉衡，鼻爲其梁柱。合觀於八極，兩半共爲友。合精於子午，藏形於卯酉。明堂開四仲，洞房在其後。丹田著後宮，自口王父母。丙午拜真人，丁巳伏命受。戊寅銜丹録，光曜所藏止。精明合且離，出規還入矩[33]。鈞明照神后，往來有配偶。皇制有其階，自然如雲雨。陽出真人陰，學之爲師父。棲宿有常處，正在洞房裏。三五運返覆，甲癸邀辰巳。子午都集會，吾道自索子。邀之於南極，真人自告子。安之令審諦，枯木不煩擾。乙壬於寅卯，午申亦相須。丙辛於亥酉，未戌邀中野。吾道已見矣，忽然無所有。丁庚子與午，戊己卯與酉。失候不相覩，吾道去萬里。周旋天地間，傷命還害子。觀吾陰與陽，交精相哺乳。此謂養赤子，勿失其時矣！""甲癸邀辰巳"注云："子丑者，謂甲癸日也。時加[34]辰加巳加子加丑也。到此時道未養已，常當念之矣！乙壬之日，時加寅加卯加午加申也。當復俟之，勿失其候矣！丙辛之日，時加亥加酉加未加戌也。爲老公見之，勿驚也，道之化見矣！丁庚之日，時加子加午也。戊己之日，時加卯加酉也。失此四仲之日候而不相覩，吾道去萬里。慎之！"

老子曰："爲吾道者，當先安牝牡。牝牡者，腎也。腎門，元氣也。元氣，氣常下行，元常上昇。元者赤，氣者白。元上到心中，心中當動，動即元下矣。"

老子曰："元者，安雌雄。雌雄者，心也，一名明堂。得元因共養，合成赤子。赤子，自然也。念令上昇，昇於真人。真人者，宿衛之臣。赤子到，則因安心定意，泊然安意洞房中矣。"

老子曰："赤子到，因還意於洞房。洞房者，兩目間有真人不衣而到住，下視赤子。赤子到，真人乃立。真人所以到住何也？欲令赤子得昇耳！赤子昇，真人復；赤子不昇，真人不復。不復早已。"

老子曰："夫赤子初欲昇時也，形似丹蛇，其光照人，忽然到著人面，若炬火聲矣，此即赤子到矣。"

老子曰："夫赤子之欲昇時，形似丹蛇。安意如故，須臾當忽然不見矣。"

老子曰："丹蛇者，日之精也。日精作火形來著人，欲來著人人心動，人心動即赤子不得昇。遂令後難致，難致則冥冥絶矣！"

老子曰："丹蛇來到，心不驚不恐者，當與真人共語。時目中忽然見正黄浩浩而無形，兆身體因變化，見西王母乘鳳凰之車，後駕六赤龍，車前三朱雀，見之忽驚也。有頃，忽然去矣！"

老子曰："當見西王母到時，但恍惚而已。雖乘鳳凰之車者，忽然恍去矣。前三朱雀、後六赤龍亦然也。"

老子曰："當見西王母之時，與人語慎勿答也，不答當復有所告。問於人慎勿答，不答恚怒，勿恐怖也。恚不止，真人自代子與語，畢自去矣。"

老子曰："西王母去後，大道來見矣！當大道見時，身形乃曠然昭浩而無形，兆上見日月星宿，若有若無。當有天師與真人來見，倡樂萬端，慎勿視也；仙人玉女，慎勿觀也；龍虎禽獸，慎勿驚也。"

老子曰："此倡樂、天師、仙人、玉女、禽獸皆非真也，但自子形中五藏六府，都精神耳！非真道也。"

老子曰："天師真人來見子之時，安心定意，善與人語言。吾[35]見子信告子道，張羅其網具見子矣！"

老子曰："系乘戊子入室，百日神明相覷乃止。精神通洞，舉足萬里。精之畢熟少食，爲有齋戒，洗心沐浴，往來急疾，狀若風雨。"

老子曰："人頭者，道之所往來解止處也，號陰陽。陰陽者，兩目也。陰陽者[36]，道一之臣人也，道之所尊器也，主調御兩目精光者，故曰兩半成一也。一正在明堂中，兩半所處也。陽精光於子午，收明於卯酉。子午者，洞房也。卯酉者，明堂也，亦方圓一寸，正在兩眉間。明堂却入一寸名洞房，亦方圓一寸；又却入一寸名丹田，此三者，道之往來變化常處也。"

【校記】

〔1〕從"夫道者"至此一段，《四部叢刊》本無。

〔2〕"清氣"至"爲人"十八字，上本置于上"三者清、濁、和，結爲天、地、人也"句下作註語。

〔3〕"化爲玄玄"，《上清九天上帝祝百神内名經》作"治在玄玄"，本書卷十一《上清黄庭内景經·口爲章》引《大洞經》作"化液在玄"，本書卷二三《服日子三五七九玄根氣法》作"治在玄府"。

〔4〕"映"後，《上清九天上帝祝百神内名經》及本書卷二三《服日子三五七九玄根氣法》有"先自虛生，名曰淳鑠，字曰豔精，鍊魂拘魄"十六字。

〔5〕"青龍"，《太上洞玄靈寶素靈真符》卷上作"左青龍"。

〔6〕"白虎"，上書作"右白虎"。

〔7〕"朱雀"，上書作"頭上朱雀"。

〔8〕"玄武"，上書作"足下玄武"。

〔9〕"者"字原無，據《洞真太一帝君太丹隱書洞真玄經》及本書卷四四《太一帝君太丹隱書》增。

〔10〕"結"原作"經"，據上二書改。

〔11〕"於"字，上二書及本書卷三十《帝一混合三五立成法》均無，下句"於"字同。

〔12〕"開關"原作"關開"，據上三書改。

〔13〕"以"原作"生"，據上三書改。

〔14〕"目"原作"耳"，據上三書改。

〔15〕"則"，《太上洞玄濟衆經》及本書卷三一《説真父母》均作"由"。

〔16〕"我始生"原作"始生主"，據上二書改。

〔17〕"真父母貴重"，上二書作"真父母不在此，父母貴重"。

〔18〕"構"字原無，據上二書增。《敦煌道經圖録篇》中《太上洞玄靈寶衆篇·三元品戒經道君問難篇》作"室"。

〔19〕"也一"原作"一也"，據《太上洞玄濟衆經》及本書卷三一《説真父母》改。

〔20〕"神"字原無，據上二書增。

〔21〕"始"原作"姓",據上二書改。

〔22〕"相王",《無上祕要》卷五《身神品》引《洞神經》作"王相"。

〔23〕"精神",《四部叢刊》本作"神精氣"。

〔24〕"臣"原作"人",據上本改。

〔25〕"故修身之道",上本無疑衍。

〔26〕"轉爲"原作"生於",據《太平經聖君祕旨》改。

〔27〕"生"原作"生於",據上書刪。下二"生"字同。"夫"後,上書有"人本生混沌之氣"七字。

〔28〕"爲"原作"於",據上書改。

〔29〕"彬彬"原作"絑絑",據上書改。

〔30〕"以"原作"已",據上書改。

〔31〕"致"原作"安",據上書改。

〔32〕"含之",疑當作"合之",與上句之"分之"相應。

〔33〕"矩"原作"矩",據《四部叢刊》本改。

〔34〕"加"原作"加於",據上本刪。

〔36〕"吾",上本作"彼"。

〔37〕"陰陽者"三字,上本無。

雲笈七籤卷之五十六

諸家氣法

元氣論并序

混沌之先，太無空焉！混沌之始，太和寄焉！寂兮寥兮！無適無莫。三一合元，六一合氣。都無形象，窈窈冥冥。是爲太易，元氣未形。漸謂太初，元氣始萌。次謂太始。形氣始端。又謂太素，形氣有質。復謂太極，質變有氣。氣未分形，結胚象卵。氣圓形備，謂之太一。元氣先清，昇上爲天；元氣後濁，降下爲地。太無虛空之道已生焉！道既無生，自然之本，不可名宣。乃知自然者，道之父母，氣之根本也。夫自然本一，大道本一，元氣本一。一者，真正至元純陽一氣，與太無合體，與大道同心，與[1]自然同性，則可以無始無終，無形無象，清濁一體，混沌之未質，故莫可紀其窮極。

泊乎元氣濛鴻，萌芽兹始，遂分天地，肇立乾坤。啓陰感陽，分布元氣，乃孕中和，是爲人矣！首生盤古，垂死化身。氣成風雲，聲爲雷霆，左眼爲日，右眼爲月。四肢五體爲四極五嶽，血液爲江河，筋脉爲地里，肌肉爲田土，髮髭爲星辰，皮毛爲草木，齒骨爲金石，精髓爲珠玉，汗流爲雨澤。身之諸蟲，因風所感，化爲黎甿。以天之生，稱曰蒼生。以其首黑，謂之黔首，亦曰黔黎。其下品者名爲蒼頭，今人自名稱黑頭蟲也。或爲倮蟲，蓋盤古之後，三皇之前，皆倮形焉！三王之代，然乃裁革結莎，巢橧營窟。多食草木之實，啖鳥獸之肉，飲血茹毛，蠢然無悶。既興燔黍擗豚，抔飲汙樽[2]，蕢桴土鼓，火化之利，絲麻之益。範金合土，大壯宮室。重門擊柝，户牖庖廚。以炮以烹，以煑以炙。養生送死，以事鬼神。自太無太古，至於是世，不可備紀。爰從伏羲，迄于今日，凡四千餘載。其中生死變化，才成人倫，爲君爲臣，爲父爲子，興亡損益，進退成敗，前儒志之，後儒承之，結結紛紛，不可一時殫論也。且天地溟涬之後，人起出盤古遺體，散爲天經地緯，天文地理，五羅二曜，黃赤交道，五嶽百川，白黑晝夜，產生萬物，亭育萬彙，其爲羽毛麟介各三百六十之數，凡一千八百類。人爲倮蟲之長，預其一焉！人與物類，皆禀一元之氣而得生成。生成長養，最尊最貴者，莫過人之氣也。澡[3]叨預一倮，忝竊三才。漁獵百家，披尋萬古。備論元氣，盡述本根。委質自然，歸心大道。求諸精義，纂集玄譚。記諸真經，永傳來哲。達士遇者，慎勿輕生。以日以時，勤鍊勤行。鶴栖華髮，無至噬臍。同好受之，常爲寶耳！

論曰：元氣無號，化生有名；元氣同包，化生異類。同包無象，乃一氣而稱元；異居有形，立萬名而認表。故"無名天地之始，有名萬物之母。常無欲以觀其妙，常有欲以觀其徼"。徼爲表，妙爲裏。裏乃基也，表乃始也。始可名父，妙可名母。此則道也，名可名也。兩者同出而異名，同謂之道，異謂之玄。"玄之又玄，衆妙之門。"又曰："有物混成，先天地生。寂兮寥兮！獨立不改，周行不殆，可以爲天下母。吾不知其名，字之曰道。"乃自然所生。既有大道，道生陰陽，陰陽生天地，天地生父母，父母生我身。

夫情性形命，禀自元氣。性則同包，命則異類。性不可離於元氣，命隨類而化生。是知道德仁義禮，此五者不可斯須暫離，可離者，非道德仁義禮也。道則信也，故尊於中宮，曰黃帝之道；德則智也，故尊於北方，曰黑帝之德；仁則人也，故尊於東方，曰青帝之仁；義則時也，故尊於西方，曰白帝之義；禮則法也，故尊於南方，曰赤帝之禮。然三皇稱曰大道，五帝稱曰常道，此兩者同出異名。

元氣本一，化生有萬。萬須得一，乃遂生成；萬若失一，立歸死地，故一不可失也。一謂太一，太一分而爲天地。天地謂二儀，二儀分而立三才。三才謂人也，故曰才成人備。人分四時，四時分五行，五行分六律，六律分七政，七政分八風，八風分九氣。從一至九，陽之數也；從二至八，陰之數也。九九八十一，陽九太終之極數；八八六十四，陰六太終之極數也。一含五氣，是爲同包；一化萬物，是謂異類也。既分而爲三爲萬，然不可暫離一氣。五氣者，隨命成性，逐物意移，染風習俗，所以變化無窮，不唯萬數，故曰"遊魂爲變"。只如武都者男化爲女，江氏祖母化爲黿，黑胎氏猪而變人，蒯武安人而變虎，斯遊魂之驗也。夫一含五氣，軟氣爲水，水數一也；溫氣爲火，火數二也；柔氣爲木，木數三也；剛氣爲金，金數四也；風氣爲土，土數五也。五氣未形，三才未分，二儀未立，謂之混沌，亦謂混元，亦謂元塊如卵。五氣混一，一既分元，列爲五氣，氣出有象，故曰氣象。張衡《靈憲·渾天儀》云："夫覆載之根，莫先於元氣；靈曜之本，分氣成元象。""昔者先王，將[4]步天路，用之定靈軌，尋緒[5]本元，先准之於渾體，是爲正儀，是爲立度，而後皇極有所建也，旋運有所稽也。"是爲經天緯地之根本也。

　　聖人本無心，因兹以生心。"心生於物，死於物，機在心[6]目。"天地萬機，成敗興亡，得失去留，莫不由於心目也。死者陰也，生者陽也，陰陽之中，生道之術，而不知修行之路，常遊生死之逕，故墨翟悲絲，楊朱泣岐，蓋以此也。夫太素之前，幽清玄靜，寂寞冥默，不可爲象。厥中惟虛，厥外惟無。如是者永久焉，斯謂溟涬，蓋乃道之根。既建方有[7]，太素始萌，萌而未兆，一氣同色，混沌不分，故曰"有物混成"。然雖成其氣，未可得而形。其遲速之數，未可得而化[8]也。如是者又永久焉，斯謂厖鴻，蓋乃道之幹也。於是元氣剖判，剛柔始分，陰陽構精，清濁異位。天成於外，地定於內。天體於陽也，象乎道幹，以有物成體，以圓規覆育，以動而始生；地體於陰也，象乎道根，以無名成質，以方矩載誕，以靜而終死，所謂"天成地平"矣。既動以行施，靜以含化，鬱氣構精，時育庶類，斯謂天元，蓋乃道之寶也。夫

"在天成象，在地成形。"天有九位，地有九域。天有三辰，地有山川，有象可效，有形可度。情性萬殊，旁通感著，自然相生，莫之能紀[9]。

紀綱經緯，今略言之。四方八極，地之維也，徑二億三萬二千五百一十七里，南北則短[10]減千里，東西則廣增千里。自地至天，半於八[11]極，地中深亦如之。半之極，徑圍之數一半是也，計天地相去一億一萬[12]二百五十八里半也。通四[13]度之，乃是混元之大數也。天道左行，有反於物，則天人氣左盈右縮。天以陽而廻轉，地以陰而停輪。是以天致其動，禀氣舒光；地致其靜，承[14]施候明。天以順動，不失其光[15]，則四序順節，寒暑不忒。地以順靜，不失其體，則萬物榮華，生死有禮。故品物成形，天地用順。夫至大莫若天，至厚莫若地，至多莫若水，至空莫若土，至華莫若木，至實莫若金，至無莫若火，至明莫若於日月，至昏莫若於暗虛。日月至明，遇暗虛猶薄蝕昏黑，豈況於人乎哉！夫地有山嶽川谷、井泉江河、洞湖池沼、陂澤溝壑，以宣吐其氣也。天有列宿星辰三百四十八座，亦天之精氣所結成，凝瑩以爲星也。星者體生於地，精成於天，列居錯峙，各有所屬，斯謂懸象矣！或云玄象，亦可兩存。夫日月徑周七百里三十六分之一，其中地廣二百里三十二分之一。日者陽精之宗，積精成象，象成爲禽，金雞火烏也，皆曰三足，表陽之類，其數奇。月者，陰精之宗，積精而成象，象成爲獸，玉兔蟾蜍也，皆四足，表陰之類，其數偶[16]。是故奇偶之數，陰陽之氣，不失光明，實由元氣之所生也。

夫人之受天地元氣，始因父精母血，陰陽會合，上下和順，分神減氣，忘身遺體。然後我性隨降，我命記生，綿綿十月之中，人皆十月處於胞胎，解在卷末也。蠢蠢三時之內，人雖十月胞胎，其實受孕三十八臘。一臘謂一七日一變，凡三十八變。然後解胎求生。求生之時，四日之中，善慧聰明者如在王室，受諸快樂，釋然而生，如從天降下，子母平善，無諸痛苦，親屬歡喜，隣里相慶。凶惡悖戾者如在狴牢，受諸苦毒，二命各爭，痛苦難忍，親族憂惶，隣里驚懼。凡在世人受孕日數[17]，數則一定，善惡兩分，爲人子者，安可悖亂五逆哉！今生子滿三十日，即相慶賀，謂之滿月，皆以此而習爲俗矣。氣足形圓，百神俱備，如二儀分三才，體地法天，負陰抱陽。喻瓜熟蔕落，啐啄同時，既而産生爲赤子焉！夫至人含懷道德，沖泊情性，抱一守虛，澹寂無事，體合虛空，意栖胎息。故曰：“合[18]德之厚，比於赤子。”赤子之心與至人同心，内爲道德之所保，外爲神明之所護，比若慈母之於赤子也。夫赤子以全和爲心，聖人以全德爲心，外無分別之意，内無害物之心。赤子以全和，故能拳手，執握自能牢固。所謂"骨弱筋柔而握固，未知牝牡之合而峻作，精之至。終日號而不嗄，和之至"。執牢實者，其由元氣充壯，致骨弱筋柔。未知陰陽配合，而含氣之源動作者，由精氣純粹之所然也。陰爲雌牝，陽爲雄壯，峻謂氣命之源。氣命之源，則元氣之根本也。言赤子心無情欲，意無辨認，雖有峻作，且不被外欲牽挽，終無畎澮尾閭之虞。其氣真精，往還洑流，自然自在，任運任真而已。故曰："精之至也。"終日號啼而聲不嘶嗄者，亦純和之至也。故曰："和之至也。"嗄者，聲物之破也。赤子以元氣内充，真精存固，全和之至，乃不破散也。

《上清洞真品》云：人之生也，稟天地之元氣爲神爲形，受元一之氣爲液爲精。天氣減耗，神將散也；地氣減耗，形將病也；元氣減耗，命將竭也。故《帝一回風之道》，洑流百脉，上補泥丸，下壯元氣。腦實則神全，神全則氣全，氣全則形全。形全則百關調於内，八邪消於外。元氣實則髓凝爲骨，腸化爲筋。其由純粹真精，元神元氣，不離身形，故能長生矣！

秦少齊議《黄帝難經》云：男子生於寅，寅爲木，陽也；女子生於申，申爲金，陰也。元氣起於子，乃人命之所生于此也。男從子左行三十，女從子右行二十，俱至於巳爲夫妻，懷姙受胎氣于此也。男從巳左行十至寅，女從巳右行十至申，俱爲十月受氣，氣足形圓，寅、申乃男女所生于此也。從寅左行三十至未，未謂小吉，男行年所至也；從申右行二十至丑，丑謂大吉，女行年所至也，然乃許男婚而女娉矣。如是永久焉，則元氣無所復，精氣無所散，故致長生也。夫天地元氣既起于子之位，屬水，水之卦爲坎，主北方恒嶽冀州之分野。人之元氣亦同於天地，在人之身，生于腎也。人之元氣，得自然寂靜之妙，抱清虛玄妙之體，玄之又玄，妙之又妙，是謂衆妙之門，乃元氣玄妙之路也。故玄妙曰神，神之靈者曰道，道生自然之體，故能長生。生命之根，元氣是矣！

夫腎者，神之室。神若無室，神乃不安；室若無神，人豈能健？室既固矣，乃神安居，則變凡成聖，神自通靈，神乃愛生。而室不能固，致使神不得安居，室屋於是空廢，遂投於死地矣。若人自以其妙於運動，勤於修進，令内清外静，絶諸染汙，則大壯營室，神魂安居。神之與祇，恒爲營衞；身之與神，兩相愛護。所謂身得道，神亦得道；身得仙，神亦得仙，身神相須，窮於無窮也。夫元氣者，乃生氣之源，則腎間動氣是也，此五藏六腑之本，十二經脉之根，呼吸之門，三焦之源，一名守邪之神。聖人喻引樹爲證也，此氣是人之根本，根本若絶，則藏腑筋脉如枝葉，根朽枝枯，亦以明矣！問："何謂腎間動氣？"答曰："右腎謂之命門，命門之氣，動出其間，間由中也，動由生也，乃元氣之係也，精神之舍也。以命門有真精之神善能固守，守御之至，邪氣不得妄入，故名守邪之神矣！若不守邪，邪遂得入，入即人當死也。"人所以得全生命者，以元氣屬陽，陽爲榮；以血脉屬陰，陰爲衞，榮衞常流，所以常生也，亦曰榮衞。榮衞即榮華氣脉，如樹木芳榮也。榮衞藏腑，愛護神氣，得以經營，保于生路。又云：清者爲榮，濁者爲衞。榮行脉中，衞行脉外。晝行於身，夜行於藏。一百刻五十周，至平旦大會兩手寸關尺，陰陽相貫常流，如循其環，終始不絶。絶則人死，流即人生，故當運用調理，愛惜保重，使榮衞周流，神氣不竭，可與天地同壽矣！

夫混沌分後有天地水三元之氣，生成人倫，長養萬物。人亦法之，號爲三焦、三丹田，以養身形，以生神氣。有三位而無正藏，寄在一身，主司三務。上焦法天元，號上丹田也。其分野自胃口之上心下鬲已上至泥丸，上丹田之位受天元陽炁，治於亶中。亶中穴在膺，主温於皮膚肌肉之間，若霧露之溉焉！中焦法地元，號中丹田也。其分野自心下鬲至臍，中丹田之位受地元陰炁，治於胃管[19]。胃管穴在心下，主腐穀熟水，變化胃中水穀之味，出血以營藏腑身形，如地氣之蒸焉！下焦法水元，號下丹田也。其分野自臍中下膀胱囊及漏泉，下丹田之位受水元陽氣，治於氣海，在臍下一寸。府於氣街。氣街[20]者，氣之道路也。三焦都是行氣之主，故府於氣街，街乃四通八達之大道也。下焦主運行氣血，流通經脉，聚神集精，動靜陰陽，如水流就濕，濕即源濕，言水行赴下也。澆注以時，雲氣上騰，降而雨焉！

《仙經》云：我命在我。保精受氣，壽無極也。又云：無勞爾形，無搖爾精，歸心靜默，可以長生。生命之根本，決在此道。雖能呼吸導引，修福修業，習學萬法，得服大藥，而不知元氣之道者，如樹但有繁枝茂葉而無根荄，豈能久活耶？若以長夜聲色之樂，嗜欲之歡，非不厚矣！卒逢夭逝之悲，永捐泉壤之痛，是則爲薄亦已甚矣！若以積年終日[21]，勤苦修鍊，受延齡之方，依玉經之法，遵火食之禁，知元氣之旨，拘魂制魄，留胎止精，此非不薄矣！卒逢長久之壽，永住雲霄之境，是則爲厚亦已甚矣！故性命之限，誠有極也。嗜欲之情，固無窮也。以有極之性命，逐無窮之嗜欲，亦自斃之甚矣！夫土能濁河，不能濁海；風能拔樹，不能拔山；嗜欲之能亂小人，不能動君子。夫何故哉？君子乃處士也，小人乃遊子也。須知性分有極，生涯難保。若不示之以樞機，傳之以要道，宣之以心髓，授之以精華，則片言曠代，一經皓首，不可得聞道矣！夫道者何所謂焉？道即元氣也，元氣者命卒也，命卒者惟中之術也。以存道爲法，化精爲妙，使氣流行，運無阻滯。是故流水不腐，户樞不蠹。若知玄之又玄，男女同修，夫婦俱仙，斯謂妙道。

《仙經》云："一陰一陽謂之道，三元二合謂之丹，泝流補腦謂之還，精化爲氣謂之轉。"一轉一易一益，每轉延一紀之壽，九轉延一百八歲。西王母云：呼吸太和，保守自然。先榮其氣，氣爲生源。所謂益易[22]之道，益者益精也，易者易形也，能益能易，名上仙籍，不益不易，不離死厄。行此道者，謂常思靈寶，靈者神也，寶者精也。但常愛氣惜精，握固閉口，吞氣吞液。液化爲精，精化爲氣，氣化爲神；神復化爲液，液復化爲精，精復化爲氣，氣復化爲神。如是七返七還，九轉九易，既益精矣，即易形焉！此易非是其死，乃是生易其形，變老爲少，變少爲童，變童爲嬰兒，變嬰兒爲赤子，即爲真人矣。至此道成，謂之胎息。修行不倦，神精充溢。元氣壯實，腦既已凝，骨亦換矣！

《仙經》云：「陰陽之道，精液爲寶，謹而守之，後天而老。」又云子欲長生，當由所生之門。遊處得中，進退得所，動靜以法，去留以度，可延命而愈疾矣。又云以金理金，是謂真金。以人理人，是謂真人。人常失道，非道失人。人常去生，非生去人。要常養神，勿失生道。長使道與生相保，神與生相守，則形神俱久矣。王母云：夫人理氣，如龍理水。氣歸自然，神歸虛無，精歸泥丸。水出高源，上入天河，下入黃泉，橫流百川，終歸四海。氣之與水，循環天地，流注人身，輪轉無窮，運行無極，人能治之，與天地齊其經，日月同其明矣。

《古詵記》云：人之元氣，乃神魂之餚饌。故曰：「子丹進餚饌正黃。」是以神服元氣，形食五味。氣清即神爽，氣濁即神病。故常謂勻修鍊氣，常令氣清。所謂鍊神鍊魂，却鬼制魄，使形神俱安。夫魂降於天，謂之神。魄本於地，謂之鬼。鬼即屬陰，神即屬陽。所以鍊魂神，服元氣，千萬不死，身得昇天。食五味，祝淫鬼，千萬皆死，形沒於地。夫魂飛於天，魄沉於泉。水火分解，各歸本元。生則同體，死則相懸。飛沉各異，禀之自然。何哉？如一條之木，以火燔之，煙即飛上；灰即下沉，亦是自然而然也。

《九皇上經》曰：「始青之下月與日，兩半同升合成一。出彼玉池入金室，大如彈丸黃如橘。中有佳味甜如蜜，子能得之慎勿失。」注云：「交棃火棗，生在人體中。其大如彈丸，其黃如橘，其味甚甜，其甜如蜜，不遠不近，在於心室。心室者，神之舍，氣之宅，精之主，魂之魄。玉池者，口中舌上所出之液。液與神氣一合，謂兩半合一也。」

《太清誥》云，許遠遊與王羲之書曰："夫交梨火棗者，是飛騰之藥也。君侯能剪除荊棘，去人我，泯是非，則二樹生君心中矣。亦能葉茂枝繁，開花結實，君若得食一枚，可以運景萬里，此則陰丹矣。但能養精神，調元氣，吞津液，液精内固，乃生榮華。喻樹根壯葉茂，開花結實，胞孕佳味，異殊常品。心中種種，乃形神也。陰陽乃日月雨澤，善風和露[23]，潤沃溉灌也。氣運息調，榮枝葉也。性清心悅，開花也。固精留胎，結實也。津液流暢，佳味甜也。古仙誓重，傳付於口，今以翰墨宣授，宜付奇人矣。"

道林云：此道亦謂玉醴金漿法。玉醴金漿，乃是服鍊口中津液也。一曰精，二曰淚，三曰唾，四曰涕，五曰汗，六曰溺，人之一身有此六液，同一元氣，而分配五藏六腑、九竅四肢也。知術者常能歲終不泄，所謂數交而不失出，便作獨臥之仙人也。常能終日不唾，恒含而嚥之，令人精氣常存，津液常留，面目有光。

《老子節解》云：唾者溢爲醴泉，聚流爲華池府，散爲津液[24]，降爲甘露，漱而嚥之，溉藏潤身，通宣百脉，化養萬神，支節毛髮，堅固長春[25]，此所謂内金漿[26]也。可以養神明，補元氣矣。若乃清玉爲醴，鍊金爲漿，化其本體，柔而不剛，色瑩冰雪，氣奪馨香，飲之一盃，壽與天長，此所謂外金漿也。可以固形體，堅藏腑矣。又常使身不妄出汗，汗是神之信元，調而運動，微汗適致，勿衝冷風[27]。若極勞形，盜失精汗者，霢霂不止，大困神形。固[28]當緩形徐行，勞而不極，坐臥勿及疲倦。行立坐臥，常能消息。從容導引，按摩消息，令人起坐輕健，意思暢逸。又常伺候大小二事，無使強關抑忍，又勿使失度，或澁或寒或滑，多皆傷氣害生，爲禍甚速。此所謂知進退存亡，聖人之道也。

夫聖凡所共寶貴者，命也。賢愚所共愛惜者，身也。是故聖人以道德仁義、謙慈恭儉、天文人事，預垂瑞兆，以示君子也。禮樂征伐、法律刑典、鬼神卜筮、夢覺警象，以示小人也。夫養生之要，先誡其外，後慎其内，内外寂靜，此謂善入無爲也。欲求無爲，先當避害。何者？

遠嫌疑，遠小人，遠苟得，遠行止。慎口食，慎舌利，慎處鬧，慎力鬪。常思過失，改而從善。又能通天文，通地理，通人事，通鬼神，通時機，通術數。是則與聖齊功，與天同德矣！夫術數者，莫過修神，淘鍊真氣，使年延疾愈；外攘邪惡，清淨心身，使禍害不干。

《道德論》曰：“大中[29]之象，莫高乎道德，次莫大乎神明，次莫廣乎太和，次莫崇乎天地，次莫著乎陰陽，次莫明乎聖功[30]。夫道德可道不可原，神明可生[31]不可伸，太和可體不可化，天地[32]可行不可宣，陰陽可用不可傳[33]，聖功可觀不可言。”“是知可道非自然也，可名[34]非素真也。”

夫修無爲入真道者，先須保道氣於體中，息元氣於藏内，然後輔之以藥物，助之以百行，則能内愈萬病，外安萬神，内氣歸元，外邪自却。却災害於外，神道德於内，内外相濟，保守身命，豈不善乎！《老子》云：“功成名[35]遂身退，天之道。”又云：“功成事遂，百姓謂我自然。”又云：“修之於身，其德乃真。”“修之天下，其德乃普。”“以身觀身”，“以天下觀天下，吾何以知天下之然哉？以此。”夫何故[36]？教天子則爲事法天，教諸侯則以政理國，教用兵則不敢爲主，教利器則不可示人，教處世則和光同塵，教出家則道與俗反，教養性則谷神不死，教體命則善壽不亡，教修身則全神具炁，教修心則虛心守道，教見前則常善救物，教冥報則神不傷人，所謂事少理長，由人備授。其得之[37]者，則骨節堅强，顏色悦澤，老而還少，不衰不朽，長存世間，長生久視，寒温風濕不能傷，鬼神精魅不敢犯，五兵百蟲不敢害，憂悲喜怒不爲累。常以六經訓俗，方士授術，此其真得道要矣！

真人云：聖人知元氣起於子，生於腎，胞於巳，胎於午。故存於心，息於火，養於未土，生於申金，沐浴於酉，冠帶於戌。土官榮於亥帝，王於子水，衰於土丑，病於木寅，死於震卯，墓於巽辰。墓即葬也。葬者，藏也，歸者，終也。元氣元始於水，歸終於風，藏風於土，是謂歸魂。巽即風也，辰即土也，水之所流，歸于辰也。故云：地缺於東南，水流於巽户。《列子》云：海之表有大壑焉，號爲尾閭[38]，是大水泄去之所。人之元氣亦有尾閭之壑，故象於水焉。是知土藏其風，風藏其土；土藏其水，水藏其土；土藏其火，火藏其土；火所以墓在戌土，水[39]所以墓在辰土也。土藏其木，木藏其土；土藏其金，金藏其土；木所以墓在未土，金所以墓在丑土。土能藏木金水火，而土自亦歸於土，故墓亦在辰土，是謂還元返本，歸根復命之道。《老子》云："夫物芸芸，各歸其根。歸根曰靜，靜曰復命。復命曰常，知常曰明。"是謂知常道之理，會可道之事，即知明白之路，達坦平之涯。故曰："知其白，守其黑，爲天下式。""知常容，容乃公，公乃王，王乃天，天乃道，道乃久"，是謂公道。盜之公道，盜之天地萬物，無不通容。

《陰符經》云："三盜既宜，三才既安。故曰：食其時，百骸理[40]；動其機，萬化安。"真人云：知此道者，即識真水真火，真鉛真汞，真龍真虎，真牙真車，真金真石，真木真土，真丹真藥，真神真氣，真物真精，真客真主。既皆認得其真，然乃依師用師，依道用道，依術用術，依法用法，修之鍊之，淘之汰之，研之精之，調之習之。仙人所以目八字妙門一元真法，謂之"虛心實腹飢氣渴津"八字是也。訣云：常能虛寂一心，善亦不貯，豈況一塵穢惡？所謂靜心守一，除欲止亂，衆垢除，萬事畢。恒使腹中飽實，所謂腹中無滓穢，但有真精元氣，淘汰修鍊不輟，自然開花結實矣！飢即吞氣，渴即嚥津，不飢不渴即[41]調習，使周流通暢，不滯不隔，蠢蠢陶陶，滔滔樂樂，不知天地大小，不知日月迴轉，可以八百一十年爲一大運耳。

夫修鍊法者，言調和神氣，使周流不竭絕[42]於腎。腎乃命門，故曰命術也。神氣不竭，則身形長生，鍊骨化形，遊於帝庭，位爲真人。以養元氣，男女俱存。經頌云："道以精爲寶，寶持宜密祕。施人則生人，留己則生己。生己永度世，名籍存仙位。人生則陷身，身退功成遂。結嬰尚未可，何況空廢棄？棄捐不覺多，衰老而命墜。天地有陰陽，元氣人所貴。貴之合於道，但當慎無貴。夫能養其元，綿綿服其氣。轉轉還其精，沖融妙其粹。"夫能服元氣者，不可與餌一葉一花、一草一木、靈芝金石之精，滯砂礫之滓穢同日同年而語哉[43]！老子云：精者，血脉之川源，守骨之靈神，故重之以爲寶。氣者，肌肉之氣雲〔44〕，固形之真物，故重之以爲生。人之一身，法象一國，神爲君，精爲臣，氣爲民。民有德可爲尊，君有道可以永久有天下。是以能養氣有功，可化爲精；養精有德，可化爲神；養神有道，可化爲一，身永久有其生。《三一訣》云：修鍊元氣真神三一，存至者即精化爲神，神化爲嬰兒，嬰兒化爲真人，真人化爲赤子。赤子乃真一也，一乃帝君也，能統一身，主三萬六千神。帝若在身，三萬六千神無不在也，故能舉其身遊帝庭。

《天老十干經》云：食氣之道，氣爲至寶。一歲至肌膚充榮，二歲至機關和良，三歲至骨節堅强，四歲至髓腦填塞。填塞，滿塞也。天有四時，氣應四歲，食氣守一，功備四年，則神與形通。形能通神，如日明焉！不視而見形，不聽而聞聲，不行而能至，不見而知之。所謂形一神千，得稱爲仙；形一神萬，得稱嬰兒；形一神萬八千，得稱真人；形一神三萬六千，得稱赤子，即真一帝君矣。與日月長生，天地齊齡，道之成矣。夫元氣有一，用則有二：用陽氣則能飛行自在，朝太清而遊五嶽；用陰氣即能住世長壽，適太陽而遊洞穴，是謂元氣一性，陰陽二體。一能生二，二能生三，三生萬物。萬物若不得元氣分陰陽之用，即萬物無由得生化成長。故神無元氣即不靈，道無元氣即不生，元氣無陰陽即不形。形須有氣，氣須有陰陽，陰陽須有精，精須有神，神須有道，道須有術，術須有法，法須有心，心須有一，一須有真，真須有至，至無至虛，至清至淨，至妙至明。至至相續，親親相授。授須其人，非道勿與。

人能學道，是謂真學，學諸外事，是謂淫學，亦謂邪道。夫學道謂之內學，內學則身內心之事，名三丹田三元氣。一丹有〔45〕三神，一氣分六氣。陽則終九，陰則終六。陽九百六，天地之極，亦人之極，至此謂之還元返本。夫云極者，元氣內藏，盡無出入之息，兼爲有竅作出入息處，亦皆並無出入之息，此名得道，謂之至無也。《真經》曰：修鍊元氣至無出入息，是落籍逃丁之士，不爲太陰所管，三官不錄，萬靈潛衛矣。夫稱混元者，氣也。周天之物，名之混元。混元之氣者，本由風也。風力最大，能載持天地、三才、五行。天地、三才[46]、五行不能大其風，風氣俱同一體，而能開花拆柳，結實成果，莫不由其四氣八風也。夫修心是三一之根，鍊氣是榮道之樹，有心有氣，如留樹留根。根即心也，存心即存氣，存氣即存一，一即道也。存道即總存三萬六千神，而總息萬機。總息萬機，即無不爲。而無不爲，即至丹見矣。服至丹者，與天地齊年。何謂至丹？至丹即丹田真神真一帝君，存身爲主，衆神存體，元氣不散，意絕淫蕩，氣遵禀其神，禁束其故氣，至無出入之息。能胎息者，命無傾矣！謂形留氣住，神運自然。羅公遠《三岑歌》云："樹衰培土，陽衰氣補。含育元氣，慎莫失度。"注云："無情莫若木。木至衰朽，即塵土培之，尚得再榮，又見以嫩枝接續，老樹亦得長生，却爲芳嫩。用意推理，陽衰氣補，固亦宜爾。衰陽以元氣補而不失，取其元氣津液返於身中，即顔復童矣！何況純全正氣未散元和純一[47]？遇之修鍊，其功百倍，切忌自己元氣流奔也。"

真人云：夫修鍊常須去鼻孔中毛，宣降五藏六腑穀滓穢濁，洗漱口齒，沐浴身體，誡過分酒，忌非適色。遇飲食先捧獻明堂前，心存祭祀三丹田九一帝真三萬六千神君，恒一其意，專調和神氣，本末來去，常令息勻。如此堅宰[48]，精氣得固，即學節氣。節氣時先閉口，默察外息從鼻中入，以意預料，入息三分而節其一分令住。入訖，即料出息三分而節其一分。凡出入各節一分，如此不得斷絶。夫節氣之妙，要自己意中與鼻相共一則節之，其氣乃便自止。驚氣之出入，人不節之，其氣乃亦自專出入。若解節之，即不敢自專出入，是謂節之由人，不由氣也。夫氣與神復以道爲主，道由心，心由意，即知意爲道主，意亦可謂之神也。大約神使其氣，以意爲妙。鼻失出，口亦勞，閉之舌柱齒，覺小悶悶，即微微放之，三分留一，却復閉之，如上所説。當節氣令耳無聞，目無見，心無思，周而復始。調習之氣未調和，常放少許出，意度氣和，即如法節之。若意能一日節之然如常息者，其氣即永固，不假放節。但勤用功，即氣自永息，不從口鼻出入，一一自然從皮膚毛孔流散，如風雲在山澤天地，自然自在。《仙經》云：元氣調伏，常常服之，不絕不竭，自不從口鼻出。修鍊百日已來，耳目自然不聞見也。修鍊之人切不得亂食凡味，即令元氣奔突，又不能清淨其心。不依教法，唯貪財色，嗜慾妒嫉，恣食辛穢，懷毒抱惡，不敬仙法，但務偷竊，違負背逆爲凶者，三官書過，北陰召魂，未死之間，精神亡失，忘前忘後，如駭如癡，醉亂昏迷，橫遭殃禍，延於九祖，形謝九泉。此蓋失道，負神明矣！

真人曰：「夫道者，無義而無恩[49]。」子不見《陰符經》云：「天之無恩，而大恩生。」「天之至私，用之至公。禽之制在氣。生者死之根，死者生之根。恩生於害，害生於恩。」故天與道不私於人，乃[50]萬物而言恩，人與萬物自有感仰之心，歸恩於天道。不恃其功，至公至私，與物不懷其曲直，洪纖一體，貴賤同途，棄愛惜於坦然，絕去留於用意。是以順天時者見生，逆天意者見殺。殺非以私，生非以公，但隨人物逆順，自然而致其生殺也，故曰「無義而無恩」。夫道可及者，雖仇讎而必化；道不可及者，雖父母而終不可言。蓋夙分有無，一一出於天籟，且非一夕一朝而得偶會。生所化者曰死，死所化者曰生，生死之根，反復爲常。蓋善於生者，不爲死之行；不善於生者，爲死之行。得死之行爲其死，爲生之行得其生。故得生者莫不由於氣，氣所以能化於生則生，化於死則死，故曰「禽之制在氣」者，唯以氣感，不以力爲。氣感自於虛無，而能制於萬有，至於天地、日月、星宿、雲雷，並賴氣之所轉運，使不失墜落。巍巍乎！蕩蕩乎！無始終[51]，安其所動，樂其所靜，是謂道氣自然。若以身之禽制在氣者，實由乎心；不能禽制者，亦心也。夫居於塵世，唯利與名，於中能不諂不偷，無賊無害，於物不傷和氣，每懷亭育之心，斯近仁焉。不貪不爭，無是無非，斯亦近乎道焉。非内非外，寶而持之，自有陰靈書其福祐，災害遠去，禍橫難侵，自感上天下察，益箅延齡，大道之元，茲爲始也。夫惠及人物曰恩，侵毀人物曰害，行恩則福生，行害則禍至。莫忌對鏡求象，從感生疑，罔類之中，狂癡之鬼，亂則難寧六寸，傾動百神，斯須之間，本則亡矣！誠深誡之。元氣有六寸，內三寸，外三寸。人能保一寸，延三十年壽。若保固六寸，則萬神備體，自然永保長生。失一寸，減三十年之壽。

《元氣訣》云："天地自傾，我命自然。"黃帝求玄珠[52]，使離婁[53]不獲，罔象乃獲者，玄珠、氣也，离婁、目，罔象、心也。元無者，道體虛無自然，乃無爲也。無爲者，乃心不動也。不動也者，内心不起，外境不入，内外安靜，則神定氣和。神定氣和，則元氣自至。元氣自至，則五臟通潤。五臟通潤，則百脉流行。百脉流行，則津液上應，而不思五味，飢渴永絕，三田道成，則體滿藏實，童顏長春矣！夫元氣修鍊，氣化爲血，血化爲髓，一年易氣，二年易血，三年易脉，四年易肉，五年易髓，六年易筋，七年易骨，八年易髮，九年易形。從此延數萬歲，名曰仙人。九年是鍊氣爲形，名曰真人。又鍊形爲氣，氣鍊爲神，名曰至人。《仙經》云："神常愛人，人不愛神。"神常愛者，藉身以養靈也。人若造凶作惡，即陷壞身。身既毀敗，神乃去人。神去人死，得不驚哉！所謂"不知常，妄作凶"也。黃帝求道於皇人，皇人問所得者凡一千二百事，乃謂曰："子所得皆末事也。"又曰："子欲長生，三一當明。"夫三一者，乃《上皇黃籙》之首篇也。能知之者，萬禍不干。

夫長生之術，莫過乎服元氣胎息，内固靈液，金丹之上藥。所以禽蟲蟄藏，以不食而全，蓋是息待[54]其元氣也。節氣功成，即學嚥氣，但合口作意微力，如嚥食一般。嚥液嚥氣，皆如嚥食。存想入腎入命門穴，循脊流上沂入腦宮，又溉臍下至五星，五藏相逢，内外相應，各各有元氣管係連帶。若論元氣流行，無處不到。若一身内外疾病之處，以意存金木水火土[55]五色相刻相生，以意注之，無不立愈。又有妙訣，雖云呵、呬、呼、吹、噓、唏一六之氣，不及冷暖二氣以愈百病。夫節氣從容，稍久含氣，候暖而嚥之，謂之暖氣，可愈虛冷。若纔節氣，氣滿便嚥，謂之冷氣，可愈虛熱。臨時皆以意度而行。又或有病但以呵，呵十至三十，知其應驗，酒毒食毒俱從呵氣並出。若人能專心服元氣，更須專念於一，存而祝之，可與日月同明矣。夫"天得一以清"，天即泥丸，有雙田宮、紫宮，亦曰腦宮。宮有三焉：丹田、洞房、明堂，乃上三一神[56]所居也。其名赤子帝卿元先，常存念之，即耳聰目明，鼻通腦實矣。"地得一以寧"，地即臍中氣海，亦有丹田、洞房、明堂三宮，下三一神所居也。其名嬰兒元陽谷玄，存念之永久，即口不乏津，腹實心寂，不亂不惑，自通神靈矣。"神得一以靈"，即心主於神，心爲帝王主，神氣變化，感應從心，非有非無，非空非色，從麤入細，從凡入聖。心爲絳宮，亦有丹田、洞房、明堂三宮，三一神所居也。其名真人子丹光堅，存念不絕，即帝一不離身心，身心安寧。遇白刃來逼，但當念一，一來救人，必得免難，道不虛言。其三丹田[57]其神九人，皆身長三寸，並衣朱衣朱冠幘朱[58]履，坐金床玉榻，机桉金鑪，常依形象，存而念之。一云：男即一神長九分，女長六分，其兩存注之。夫元命者，元氣也。有身之命，非氣不生。以道固其元，以術固其命，即身形神氣永長存矣！我命之神，即三丹田之三一神也。其形影、精光、氣色[59]凡三萬六千神，皆臣於帝一。一分二，謂陽氣化爲元龍，陰氣化爲玉女[60]。訣云：氣之所在，神隨所生。神在氣即還，神去氣即散。若能存念其神，以守元氣，氣亦成神，神亦成氣。修之至此，氣合則爲形[61]影、精光、氣色，氣散則爲雲霧風雨。出即爲亂，入即爲真。上結三元，下結萬物。静用爲我身，動用爲我神。形神感應，在乎運用。神氣變化，在乎存念。《三元經》云：上元神名曰元，中元神名還丹，下元神名子安。亦須如三一九神專存念之，凡出入行住坐起，所遇皆然。精意專念，玄之又玄，道之極祕矣！

【校記】

〔1〕"與"字原無，據《四部叢刊》本增。

〔2〕"抔飲汙樽"原作"坏飲宭樽"，據《禮記·禮運篇》改。

〔3〕"澡"，《四部叢刊》本作"某"。

〔4〕"將"字原無，據洪頤煊《經典集林》卷二六《靈憲》、卷二七《渾天儀》、《後漢書·天文志》及《張衡傳》註增。

〔5〕"緒"原作"諸",據洪頤煊《經典集林》卷二六《靈憲》、卷二七《渾天儀》、《後漢書·天文志》及《張衡傳》改。

〔6〕"心",本書卷十五《黃帝陰符經》作"於"。

〔7〕"既建方有",張衡《靈憲》作"道根既建,自無生有"。

〔8〕"化",上書作"紀"。

〔9〕"夫太素之前"至"莫之能紀"一段,見《後漢書·天文志》注引張衡《靈憲》,字句有異。

〔10〕"短"原作"知",據上書改。

〔11〕"八"原作"人",據上書改。

〔12〕"一萬",下疑脱"六千"。

〔13〕"四",《後漢書·天文志》注引張衡《靈憲》作"而"。

〔14〕"承"原作"永",據上書改。

〔15〕"光",上書作"中"。

〔16〕"紀綱經緯"至"其數偶"一段,上書有異文。

〔17〕"日數"之"日"原漫漶不清,據文意補。

〔18〕"合",《老子·德經》作"含"。

〔19〕"胃管",《四部叢刊》本作"胃脘",下同。

〔20〕"氣街"二字原無,據上本增。

〔21〕"若以積年終日",上本作"若積年"。

〔22〕"所謂益易"原作"所爲易益",據上本改。

〔23〕"善風和露",上本作"和風甘露"。

〔24〕以上十六字,本書卷三二《養性延命錄》引《老君尹氏內解》作"唾者漱爲醴泉,聚爲玉漿,流爲華池,散爲精汋"。

〔25〕"堅固長春",上書作"宗之而生"。

〔26〕"内金漿"原作"金漿",據《四部叢刊》本增。

〔27〕"微汗適致,勿衝冷風"原作"微汗者適致也,乃勿衝冷風",據上本刪。

〔28〕"固",上本作"須"。

〔29〕"大中"，本書卷一《總叙道德》引《老君指歸》作"太上"。

〔30〕"聖功"，上書作"大聖"，下同。

〔31〕"生"，上書作"存"。

〔32〕"地"字原無，據上書增。

〔33〕"傳"原作"得"，據上書改。

〔34〕"名"原作"明"，據上書改。

〔35〕"成名"二字，《老子》無。

〔36〕"夫何故"，《四部叢刊》本作"故"。

〔37〕"之"原作"也"，據上本改。

〔38〕"號爲尾閭"，《列子·湯問》作"名曰歸墟"，下注："《莊子》云尾閭。"

〔39〕"水"字原無，據《四部叢刊》本增。

〔40〕"理"，本書卷十五《黃帝陰符經》作"治"。似避唐諱。

〔41〕"即"，《四部叢刊》本作"久久"。

〔42〕"絶"字，上本無。

〔43〕"滯砂礫之滓穢同日同年而語哉"，上本作"砂礫滓穢之物同年而語也"。

〔44〕"氣雲"二字，上本互乙。

〔45〕"有"字原無，據上本增。

〔46〕"三才"原作"五才"，據上本改。

〔47〕"純一"二字，上本無。

〔48〕"宰"，上本作"守"。

〔49〕"恩"原作"息"，據上本改。

〔50〕"乃"，疑當作"及"連上。

〔51〕"無始終"，《四部叢刊》本作"無始無終"。

〔52〕"珠"原作"誅"，據上本改。

〔53〕"离婁"原作"离一"，據上本及下文改。《莊子·天地》作"離朱"。

〔54〕"待"，蔣力生等校注本引《四庫》本作"得"。

〔55〕"土"原作"上"，據《四部叢刊》本改。

〔56〕"三一神"原作"一神"，按下文例增。

〔57〕"田"原作"曰"，據《四部叢刊》本改。

〔58〕"朱"原作"先"，據上本改。

〔59〕"氣色"，本書卷五五《存身神法》作"神氣"。

〔60〕"玉女"原作"王女"，據《四部叢刊》本改。

〔61〕"形"字原無，據上本增。

雲笈七籤卷之五十七

諸家氣法

服氣精義論 并序　天台白雲撰

夫氣者，道之幾微也。幾而動之，微而用之，乃生一焉！故混元全乎太易。夫一者，道之沖凝也。沖而化之，凝而造之，乃生二焉！故天地分乎太極。是以形體立焉！萬物與之同稟；精神著焉！萬物與之齊受。在物之形，唯人爲正[1]。在象之精，唯人爲靈。並乾坤居三才之位，合陰陽當五行之秀。故能通玄降聖，鍊質登仙。隱景入虛無之心，至妙得登仙之法[2]。登仙之法，所學多途，至妙之旨[3]，其歸一揆。或消飛[4]丹液，藥効升騰；或齋戒存修，功成羽化。然金石之藥，候資費而難求；習學之功，彌歲年而易遠。若乃爲之速効，專之剋成，與虛無合其道，與神靈合其德者，其唯氣乎！黃帝曰：食穀者知而夭，食氣者神而壽，不食者不死。真人曰：夫可久於其道者，養生也；常可與久遊者，納氣也。氣全則生存，然後能養志；養志則合真，然後能久登生氣之域，可不勤之哉！是知吸引晨霞，餐漱風露，養精源於五臟，導榮衛於百關，既袪疾以安形，復延和而享壽，閉視聽以胎息，返衰朽以[5]童顏。遠取於天，近取於己，心閑自適，體逸無爲。欣邈矣於百年，全浩然於一室，就輕舉之諸術，實[6]清虛之雅致歟！若兼真之業，鍊化之功，則佇雲輧而促期，馳羽駕而憎[7]遠矣。服氣之經，頗覽多本。或散在諸部，或未暢其宗。觀之者以不廣致疑，習之者以不究無効。今故纂類篇目，詳精源流，庶蟪蛄之兼濟，豈龜龍之獨善耳！凡九篇如後。

五牙論第一

夫形之所全者，本於臟肺也。神之所安者，質於精氣也。雖禀形於五神，已具其象，而體衰氣耗，乃致凋敗。故須納雲牙而漑液，吸霞景以孕靈，榮衛保其純和，容貌駐其朽謝。加以久習成妙，積感通神，與五老而齊升，並九真而列位。經文所載，以視[8]津途，修學所遵，自宜詳覼。

《服真五牙法》：每以清旦密呪曰：經文不言面[9]當，宜各向其方，平坐握固閉目，即叩齒三通，而祝中央向四維。"東方青牙，服食青牙，飲以朝華。"祝畢，舌料上齒表，舐唇漱口，滿而嚥之三。"南方朱丹，服食朱丹，飲以丹池。"祝畢，舌料下齒表，舐唇漱口，滿而嚥之三。"中央戊己，昂昂太山，服食精氣，飲以醴泉。"祝畢，舌料上玄膺[10]取玉水，舐唇漱口，滿而嚥之三。"西方明石，服食明石，飲以靈液。"祝畢，舌料上齒內，舐唇漱口，滿而嚥之三。"北方玄滋，服食玄滋，飲以玉飴。"祝畢，舌料下齒內，舐唇漱口，滿而嚥之三。

都數畢，以鼻內氣，極而徐徐放之，令五過。已上真道畢矣！意調諸方，亦宜納氣，各依其數。即東方九，南方三，中央十二，西方七，北方五。

又曰[11]先師益《中央醴泉祝》曰："白石巖巖以次行，源泉湧洞以玉漿，飲之長生，壽命益長。"如此語以下乖本文，應不煩耳。此是《靈寶五符經》中法，《上清經》中別有《四極雲牙之法》，其道密祕，不可輕言。

凡服氣皆先行五牙，以通五臟，然後依常法乃佳。

東方青色，入通於肝，開竅於目，在形爲脉。
南方赤色，入通於心，開竅於耳[12]，在形爲血。
中央黃色，入通於脾，開竅於口，在形爲肉。
西方白色，入通於肺，開竅於鼻，在形爲皮。
北方黑色，入通於腎，開竅於二陰[13]，在形爲骨。

又肺爲五臟之華蓋，第一，肺居心上對膺，有六葉，色如縞暎紅。肺脉出于少商[14]。在[15]手大指之端内側，去爪甲二分許陷[16]者之中。心居肺下肝上；對鳩尾下一寸，色如縞暎絳。心脉出于中衝。在手中指之端，去爪甲之二分許陷者之中。肝在心下小近後，右四葉，左三葉，色如縞暎紺。肝脉出于大敦。在足大指端，乃三毛之中。脾正掩臍上近前，橫覆于胃，色如縞暎黃。脾脈出于隱白。在足大指端側，去爪甲角如韭葉。左腎右腎前對臍，搏著腰脊，色如縞暎紫。左爲正腎，以配五臟。右爲命門，男以藏精，女以繫胞。腎脉出爲湧泉。在足心陷者之中。

凡服五牙之氣者，皆宜思入其臟，使其液宣通，各依所主，既可以周流形體，亦可以攻療疾病。令服青牙者思氣入肝中，見青氣氲氲，青液融融，分明良久，乃見足大敦之氣循服而至，會於脉中，流散諸脉，上通於目[17]。然次服諸方。仍宜以丑後澡漱冠服，入別室焚香，坐向其方，靜慮澄心，注想而爲之。

服氣論第二

夫氣者，胎之元也，形之本也。胎既誕矣，而元精已散。形既動矣，而本質漸弊。是故須納氣以凝精，保氣以鍊形。精滿而神全，形休而命延。元本既實，可以固存耳！觀夫萬物，未有有氣而無形者，未有有形而無氣者。攝生之子，可不專氣而致柔乎！

太清行氣符

欲服氣斷穀，先書向王吞之。七日吞一，三七日止，合符三枚，皆燒五香左右。

凡欲服氣者，皆宜先療身疹疾，使臟腑宣通，肢體安和。縱無舊疹，亦須服藥去痰[18]飲，量體冷熱，服一兩劑寫湯，以通泄腸胃，去其積滯。吐瀉方在後。將息平復訖，乃清齋百日，敦潔操志。其間所食，漸去酸醎，減絶滋味，得服茯苓蒸曝胡麻等藥預斷穀爲佳。服氣之始，亦不得頓絶其藥食。宜日日減藥[19]，宜漸漸加氣[20]。氣液流通，體藏安穩，乃可絶諸藥食。仍須兼膏餌消潤之藥助之，勿食堅澁滓滯冷滑之物。久久自覺腸胃虛，全無復飢渴，消息進退，以意自量，不可具於此述。

宜於春秋二時，月初三日後八日前，取其一吉日爲始，先服《太清行氣符》，計至其日令吞三符訖，於静室東向，得早朝景爲佳。於東壁開一牕，令日中光正對，卧面此室之東，勿令他障隔。以子時之後，先解髮梳頭數百下，便散髮於後矣。初服須如此，久後亦不須散髮也。燒香，勿用薰陸香。東向正坐，澄心定思，叩齒導引。其法具後篇。又安坐定息，乃西首而卧。本經皆云東首，然面則向西，於存息[21]吸引，殊爲不便。牀須厚暖，所覆適溫自得，稍暖爲佳，腰腳已下左右宜暖。其枕宜令低下，與背高下平，使頭頸順身平直。解身中衣帶令闊，展兩手離身三寸，仍握固，兩腳相去五六寸，且徐吐氣息令調。然後想之，東方初曜之氣共日光合，丹于[22]流暉，引此景而來，至于面前，乃以鼻先拔鼻孔中毛，初以兩手大指下掌按鼻左右，上下動之十數過，令通暢。微引，吸而嚥之。久久乃不須引吸，但存氣而嚥之，其氣自入，此便爲妙。嚥之三乃入肺中，小開唇徐徐吐氣。入氣有緩急，宜在[23]任性調息，必不得頓引，至極則氣麤，麤則致損。又引嚥之三，若氣息長，加至五六嚥，得七尤佳。如此以覺肺間大滿爲度，且停嚥，乃閉氣存肺中之氣，隨兩肩入臂至手握中入，存下入於胃至兩腎中，隨髀至兩腳心中，覺皮肉間習習如蟲行爲度。訖，任微喘息少時，待喘息調，依法引導送之，覺手足潤溫和調暢[24]爲度。諸服氣方直存入腹，不先向四肢。故致四肢逆冷[25]，五臟壅滯。是以必須先四肢然後入腹，即氣自然流宣也。此後不復須存在肺，直引氣入大腸小腸中，鳴轉通流臍下爲度，應如此以腸中飽滿乃止。則豎兩膝，急握固閉氣，鼓腹九度。就鼓中仍存其氣，散入諸體，閉之欲極，徐徐吐之，慎勿長。若氣急，稍稍并引而吐之，若覺腹中闊些[26]，極則止。如腹猶滿急，便閉氣鼓之。訖舒腳，以手摩面，將胷心而下數十度；并摩腹繞臍，手十數度；展腳趾向上，反偃數度。乃放手縱體，忘心遺形，良久，待氣息關節調平訖乃起。若有汗，以粉摩拭頭面頸項。平坐，稍動搖關節，體和如常可起動。其中隨時消息，觸類多方，既不云煩述，善以意調適之。

又服氣所以必令停於肺、上入於胃、至於腎者何？肺藏，氣之本也[27]，諸氣屬於肺，夫[28]氣通於肺。又肺者，藏之長也。爲諸藏之華蓋，呼吸之津源，爲傳送之官，治節出焉。又魄門爲五藏之使，爲四藏之主，通於十二經脉，周而復始，故爲五藏使也。故令氣停於肺，而後流行焉。胃者，五藏六腑之海也。水穀皆入於胃，六腑之大主也，五藏六腑皆禀於胃。五味入胃，各走其家，以養五氣[29]。是以五藏六腑之氣，皆出於胃，變見於氣口故也。腎者，生氣之源，五藏六腑之本，十二經脉之根。左爲正腎，右爲命門，故令氣致於腎，以益於其精液。天食人以五氣，地食人以五味。五氣入於鼻，藏於心肺；五味入於口，藏於腸胃。味有所藏，以五氣和，而生津液，氣液相感，神乃自生。五味豈獨其穀？而五氣[30]中自有其味，又兼之以藥，藥之五味，尤勝其穀。此雖只論肺腎，其氣亦自然流通諸藏，故曰：呼出心與肺，吸入腎與肝。呼吸之間，脾受其味也，呼吸之理乃[31]神氣之要。故太上問曰："人命在幾間？"或對曰："在呼吸之間。"太上曰："善哉！可謂爲道矣。"

凡服氣皆取子後午前者。雞鳴至平旦，天之陰，陰中之陽也。平旦至日中，天之陽，陽中之陽也。日中至黃昏，天之陽，陽中之陰也。黃昏[32]至雞鳴，天之陰，陰中之陰也。人亦如是。又春氣行於經絡，夏氣行於肌肉，秋氣行於皮膚，冬氣行於骨髓。又"正月二月，天氣始方[33]，地氣始發，人氣在肝。三月四月，天氣正方，地氣定[34]發，人氣在脾。五月六月，天氣盛，地氣高，人氣在頭。七月八月，陰氣始殺，人氣在肺。九月十月，陰氣始[35]冰，地氣始閉，人氣在心。十一月十二月，冰復地氣合，人氣在腎。"至四時之月，宜各依氣之所行，兼存而爲之。

凡服氣皆取天景明澄之時爲好，若當[36]風雨晦霧之時，皆不可引吸外氣。但入密室，閉服內氣，加以諸藥也。

凡服氣斷穀者，一旬之時，精氣弱微，顏色萎黃；二旬之時，動作瞑眩，肢節酸疼[37]，大便苦難，小便赤黃，或時下痢，前剛後溏；三旬之時，身體消瘦，重難以行；已前羸弱之候，是專氣初服所致，若以諸藥，不至於此也。四旬之時，顏色漸悦，心獨安康；五旬之時，五藏調和，精氣内養；六旬之時，體復如故，機關調暢；七旬之時，心惡諠煩，志願高翔；八旬之時，恬惔寂寞，信明術方；九旬之時，榮華潤澤，聲音洪彰；十旬之時，正氣皆至，其効極昌，修之不止，年命延長。三年之後，瘢痕滅除，顏色有光。六年髓填，腸化爲筋，預知存亡。經歷九年，役使鬼神，玉女侍傍，腦實脇肼，不可復傷，號曰真人也。

《五靈心丹章》行之十五日，心澄心通，五年當身心俱通。

《東方長生章》："一氣和泰[38]和，得一道皆泰。和乃無不[39]和，玄理同玄際。"

右誦九十遍，氣不調，存誦之便調。

《南方不飢章》："不以意思意，亦不[40]求無思。意而不以[41]思，是法如是持。"

右誦三十遍，飢時存誦之便飽。

《中央不熱章》："諸食氣結氣，非諸久定結。氣歸諸本氣，隨取當隨泄。"

右誦一百二十遍，熱時存誦之便涼。

《西方不寒章》："修理志離志，積修不符離。志而不修志，已業無已知。"

右誦七十遍，寒時存誦之便煖。

《北方不渴》章："莫將心緣心，還莫住絶緣。心存莫存心，真則守真淵。"

右誦五十遍，渴時存誦之便不渴。

所主寒熱等，本文如此。然放五臟之義，乃有所乖，唯渴誦《北方章》是。謂今爲魂神不寧誦《東方章》，寒誦《西方章》，飢誦《南方章》，渴誦《北方章》，熱誦《中央章》。亦可以五臟行之，以義消息爲之。誦既不論早晚，然以子[42]午前爲佳。誦五方數畢，即誦《大道讚》一遍：“大道無形，因物爲名。乾坤萬品，秀氣乃成。既受新質，惟人抱靈。五行三才，秋殺春生。四九寶偈，除誦守精。修奉太和，不虧不盈。嚼之無味，嗅之無馨。察之無色，和之無聲。坐卧無所，行走無程。遊歷太空，湛爾黄庭。動而不去，住而不寧。無營無作，無視無聽。非聚非散，非離非并。非巨非細，非重非輕。非黄非白，非赤非青。道高黄老，曉朗其情。太上要章，封密金城。子得聞之，命合真星。”

此《五靈章》既可通五藏氣，每宜通誦之，仍各存藏位。其文有苦寒熱飢渴者，始可別誦章爾。當面向其方坐，閉目澄神，閉口心誦，仍動舌觸料口中，令津液生，微微引氣而嚥之，各入其藏中。此法專行，應至虛惙，兼以符水藥味，則不致羸頓矣。

《服六戊氣法》：氣旦先從甲子旬起，向辰地舌料上下齒取津液，周旋三至而一嚥止。次向寅，次向子，次向戌，次向申，次向午。又法：起甲子日匝一旬，恒向戊辰嚥氣。甲戌日則向戊寅，餘旬依爲之。此《六戊法》亦是一家之義，以戊氣入於脾，爲倉廩之本故也[43]。此真[44]不飢，若通益諸體，則不逮餘法矣！

《服三五七九氣法》：徐徐以鼻微引氣内之三，以口一[45]吐死氣，久久便三氣；次後引五氣，以口一吐死氣，久久便五氣；次引七氣，以口一吐死氣，久久便七氣；次引九氣，以口一吐死氣，久久便九氣。因三五七九而并引之以鼻二十四氣内之，以口一吐死氣，久久便二十四氣。嚥逆報之法[46]。因從九數下到三，復順引之嚥，可九九八十一嚥氣而一吐之，以爲節也。此法以入氣多、吐氣少爲妙，若不作此限，數漸增入，則意於常數之耳[47]。死氣者，是四時五行休死之氣，存而吐之。自餘節度，仍依常法。

《養五藏五行氣法》：春以六丙之日，時加己，食氣百二十致於心[48]，令心勝肺，無令肺傷肝，此養肝之氣[49]也。夏以六戊之日，時加未，食氣百二十以助脾，令脾勝腎，則腎不傷於心也。季夏以六庚之日，時加申，食氣百二十以助肺，令肺勝肝，則肝不傷於脾也。秋以六壬之日，時加亥，食氣百二十以助腎，令腎勝心，則心不傷於肺也。冬以六甲之日，時加寅，食氣百二十以助肝，令肝勝脾，則脾不傷於腎也。右此法是五行食氣之要，明時各有九，凡一千八十食氣，各以養藏，周而復始，不相刻，精心爲之。此法是一家之義，所在五藏事，事具在《五牙論》中。

導引論第三

夫肢體關節，本資於動用；經脉榮衛，實理於[50]宣通。今既閑居，乃無運役。事須導引，以致和暢。户樞不蠹，其義信然。人之血氣精神者，所以奉生而周其性命也。脉經者，所以行血氣也。故榮氣者，所以通津血，强筋骨，利關竅也[51]。衛氣者，所以温肌肉，充皮膚，肥腠理，司開闔也。又浮氣之循於經者爲衛氣，其精氣之行於經者爲榮氣，陰陽相隨，内外相貫，如環之無端也。又"頭者，精明之腑；背者，胷之腑；腰者，腎之腑；膝者，筋之腑；骨者，髓之腑[52]。"又"諸脉者[53]皆屬於目，諸髓者皆屬於腦，諸筋者皆屬於節，諸血者皆屬於心，諸氣者皆屬於肺，此四肢八谿[54]之朝夕也。"是知五勞之損，動静所爲，五禽之導，摇動其關。然人之形體，上下相承，氣之源流，升降有叙。比日見諸導引文多無次第，今所法者實有宗旨。其五體平和者，依常數爲之；若一處有所偏疾者，則於其處加數用力行之。

凡導引當以丑後卯前天氣清和時[55]爲之，先解髮散，梳四際上達頂三百六十五過，散髮於後，或寬作髻亦得。燒香，面向東平坐，握固閉目思神，叩齒三百六十[56]過，乃縱體平氣，依次爲之。先閉氣，以兩手五指交叉，反掌向前，極引臂拒托之。良久，即舉手反掌向上極臂。即低左手，力舉右肘，令左肘臂按著後項，左手向下力牽之。仍亞向左，開右腋，努脇爲之。低右舉左亦如之。即低手鈎項，舉兩肘偃胷，仰頭向後，令頭與手前後競力爲之。即低手鈎項，擺肘綎身，向左向右。即放手兩膝上，微吐氣通息。又從初爲之三度。云云。

符水論第四

夫符文者，雲篆明章，神靈之書字也。書有所象，故神氣存焉！文字有所生[57]，故服用朱焉！夫水者，元[58]氣之津，潛陽之潤也，有形之類莫不資焉！故水爲氣母，水潔則氣清；氣爲形本，氣和則形泰。雖身之榮衛自有内液，而腹之臟腑亦假外滋。既[59]可以通腸胃，爲益津氣；又可以導符靈，助祝術。今撰諸符水之法，以備所用，可按而爲之焉。符在本經。

服藥論第五

夫五臟通榮衛之氣，六腑資水穀之味。今既服氣，則藏氣之有餘。又既絶穀，則腑味之不足。《素問》曰："穀不入，半日則氣衰，一日則氣少。"故須諸藥以代於穀，使氣味兼致臟腑而全也。"清陽爲天，濁陰爲地。""清陽出上竅，濁陰出下竅。清陽發腠理，濁陰走五臟。清陽實四肢，濁陰歸[60]六腑。清陽爲氣，濁陰爲味。味歸形，形歸氣，氣歸精[61]。精食氣，形食味。"氣爲陽，味爲陰。陰勝則陽病，陽勝則陰病。和氣[62]以通之，味以實之。通之則不憊，實之則不羸矣！今以草木之藥性味於臟腑所宜，爲安臟丸、理氣膏，其先無病疹、臟腑平和者，可常服此丸膏，并茯苓、巨勝等單[63]服之藥。若臟有疾者，則以所宜者增損之服。如先有痼疾及別得餘患者，當別醫攻療，則非此之所愈也。其上清方藥各依本經，禀受者自宜遵服。

《安和臟腑丸方》：茯苓、桂心、甘草、炙，已上各一兩。人参、柏子仁、薯蕷、麥門冬、去心，已上各二兩。天門冬。四兩。

右擣篩爲散，白蜜和爲丸，丸如梧桐子大，每服三十丸。日再服，以藥飲下之，松葉枸杞等諸藥可爲飲也。

《治潤氣液膏方》：天門冬、煎五升。黃精、煎五升。地黃、煎五升。术、煎五升。已上煎，各煎訖相和著。茯苓、二兩。桂心、二兩。[64]薯蕷、五兩。澤瀉、五兩。甘草。三兩，炙。

右並擣，以密絹篩令極細，内諸煎中。又内熟巨勝杏仁屑三升、白蜜二升，攪令稠重湯煑，攪勿令住手，令如膏便調强為佳。冷凝擣數千杵，密罌貯固之。少出充服，每早晨以一丸如李核大含消嚥之，日再三。此藥宜八月、九月合，至三月已來服之。若三月、二月中更煑一度，令稠硬，則經夏不復壞。

慎忌論第六

夫氣之為理也，納而難固，吐而易竭。難固須保而使全，易竭須惜而勿泄。真人曰：學道常如憶朝餐，未有不得之者。惜氣常如惜面，未有不全之也。又曰：若使惜氣常如一身之先急，吾少見於枯悴矣！其於交[65]接言笑，務宜省約；運動呼叫，特須調緩；觸類愛慎，方免所損矣！夫人之為性也，與天地合體，陰陽混氣，皮膚骨體，臟腑榮衛，呼吸進退，寒暑變異，莫不均乎二儀，應乎五行也。是知天地否泰，陰陽之氣[66]亂焉！臟腑不調，經脉之候病焉！因外所中者，百病起於風也。因内所致者，百病生於氣也。故曰："恬憺虛無[67]，真氣從[68]之。精神內守，病安從來[69]？"信哉是言！故須知形神之性，養[70]而全之；辨內外之疾，畏而慎之。《素問》曰："天有宿度，地有經水，人有經脉。天地和則經水安靜，寒則經水凝泣，暑則經水沸[71]溢，卒風暴起則經水波湧而隴起。或虛邪因而入客，亦如經[72]水之得風也。""天溫日明，則人血淖液而衛氣浮[73]；天寒日陰，則人血凝泣而衛氣沉。"血氣者，喜溫而惡寒，寒則泣而不能流，溫則喜而去之。"蒼天之氣清靜，則志意治，順之[74]則陽氣固，雖有賊邪，不能害也[75]，此因時之序[76]也。""月始生，則人血氣始精，衛氣始行。月郭滿，則血氣實，肌肉堅。月郭空，則肌肉減，經絡虛，衛氣去，形獨居。是以因天時而調血氣者也。"若此時犯冒虛邪，則"以身之虛，而逢天之虛，兩虛相感，其氣[77]至骨，入則傷五臟。""故曰：天忌不可不知也。""八正者，所以候八風虛邪以時至者也。"八正之虛邪，避之如矢射，慎勿犯之。假令冬至之日，風從南來，為賊傷也。謂從虛之鄉[78]來，乃能病人也。他節倣此。"陽氣者，一日而生外^[79]，平旦入氣^[80]生，日中陽氣隆，日西陽氣虛，氣門乃閉^[81]。是故暮而收拒，無擾筋骨，無見霧露，及此三時，形乃因薄。""久視傷血，久臥傷氣，久立傷骨，久行傷筋，久坐傷肉，是謂五勞所傷"也。憂愁思慮則傷心，形寒飲冷則傷肺，恚怒氣逆、上而不下則傷肝，飲食勞倦則傷脾，久坐濕地、強力入水則傷腎。人有五氣，喜怒憂悲恐也。怒則氣上，喜即氣緩，悲則氣消，恐則氣下，寒即氣聚，熱則氣泄，憂則氣亂，勞則氣耗，思則氣結。喜怒傷陰，寒暑傷陽^[82]，喜怒不節，寒暑過度，氣乃不固。五味所入，苦入心，辛入肺，酸入肝，甘入脾，醎入腎。陰之生本在五味。"是故味過於酸，則肝氣以津，肺氣乃絕。味過於醎，則骨氣勞短肌氣折^[83]。味過於甘^[84]，則心氣喘滿色黑，腎氣不衡^[85]。味過於苦^[86]，則脾氣濡，胃^[87]氣乃厚。味過於辛，則筋脉沮弛，精神乃央。是故謹和五味，則骨正筋柔，氣血以流，湊理以密，如是則氣骨以精，謹道如法，長有天命^[88]。""多食醎，則脉凝泣而變色；多食苦，則皮槁而毛拔；多食辛，則筋急而爪枯；多食酸，則肉胝䐛而脣揭；多食甘，則骨痛而髮落，此五味之所傷也。"此論飲食之五味，而藥性亦有五味，服餌丸散，特宜慎之。服氣之人不宜食辛味，何者？辛走氣，氣病無食辛也。

五臟論第七

夫生之成形也，必資之於五臟，形或有廢，而臟不可闕。神之為性也，必稟於五臟，性或有異，而氣不可虧。是天有五星進退，成其經緯；地有五嶽静鎮，安其方位；氣有五行混化，弘其埏埴；人有五臟生養，處其精神。故乃"心藏神，肺藏氣，肝藏血，脾藏肉，腎藏志"。志通内連骨體^[89]，而成身形矣！又心者生之本，神之處^[90]也。肺者氣之本，魄之處也。肝者罷極之本，魂之處也。脾者倉廩之本，榮之處也。腎者封藏之本，精之處也。至於九竅施為，四肢動用，骨肉堅實，經脉宣行，莫不稟源於五臟，分流於百體，順寒暑以延和，保精氣而享壽。且心爲諸臟之主，主明則運用宣通。有心之子，安可不悟其神之理邪？

臟有要害，不可不察。肝生於左，肺生於右，心部於表，腎位於裏，脾爲之使，胃爲之市。"心爲之汗，肺爲之涕，肝[91]爲之淚，脾爲之涎，腎爲之唾，是謂五液。""心爲噫，肺爲欬，肝爲語，脾爲笑[92]，腎爲嚏。""天氣通於肺，地氣通於肝[93]，雷氣通於心，穀氣通於脾，雨氣通於腎。"五臟各有所合，"心之合於脉也，其榮色也。""肺之合於皮也，其榮毛也。""肝之合於筋也，其榮爪也。""脾之合於肉也，其榮脣也。""腎之合於骨也，其榮髮也。"五臟各有腑，臟爲陽，腑爲陰[94]。"五臟者，藏精神而不瀉也，故滿而不能實。六腑者，受水穀而不留[95]，故實而不能滿。"夫[96]小腸爲心之腑，大腸爲肺之腑，膽爲肝之腑，胃爲脾之腑，膀胱爲腎之腑。六腑者各有其應，小腸者，脉其應也；大腸者，皮其應也；膽者，筋其應也；胃者，肉其應也；三焦、膀胱者，腠理、毫毛其應也。十二臟之相使者，"心者君主之官，神明出焉；肺者相傳之官，治節出焉；肝者將軍之官，謀慮出焉；膽者中[97]正之官，決斷出焉；膻中者臣使之官，喜樂出焉；胃中，上焦之門戶也[98]；脾、胃者，倉廩之官也，五味出焉；大腸者，傳導之官也，變化出焉；小腸者，受盛之官也，化物出焉；腎者，作强之官也，伎巧出焉；三焦者，決瀆之官也，水道出焉；膀胱者，州郡之官也，津液藏焉，氣化則能出矣。凡此[99]十二官，不得相失也。故主明則下安和，以此養生則壽，没世不殆。主暗十二官危，使道閉塞而不通，形乃大傷，以此養生則殆也。"

服氣療病論第八

夫氣之爲功也，廣矣妙矣！故天氣下降，則寒暑有四時之變；地氣上騰，則風雲有八方之異。兼二儀而爲一體者，總形氣於其人。是能存之爲家，則神靈儼然；用之於禁，則功効著矣！況以我之心，使我之氣，適我之體，攻我之疾，何往而不愈焉！習服閑居，則易爲存使，諸有疾痛，皆可按而療之。

　　凡欲療疾，皆可以日出後，天氣和靜，面向日，在室中亦向日，存爲之。平坐瞑目握固，叩齒九通，存日赤暉紫芒，乃長引吸而嚥之，存入所患之臟腑。若非臟腑之疾，是諸[100]肢體筋骨者，亦宜先存入所主之臟也。閉極又引，凡得九嚥。覺其臟中有氣，乃存其氣攻於所苦之處，閉極微微吐氣，其息稍定，更嚥而攻之，覺疾處温暖汗出爲佳。若在四肢應可導引者，則先導引其處，已後攻之。縱是體上，亦宜按念，令其氣通。若在頭中，當散髮梳頭皮數百下，左右搖頭數十過，乃吸氣訖，以兩手指於項上急攀之，以頭向上力拒之，仍存氣向上入腦，於頂髮諸孔衝出散去。一極訖，放手通氣更爲之，以覺頭頸汗出痛處寬暢爲候。若病在臟腑者，仰臥吸引，存入其處，得五六嚥則一度閉息攻之，皆以意消息。其病或是[101]久來痼疾，并有癥塊堅積者，則非氣之所能愈，終亦覺積寬平[102]也。兼藥同療，亦無所妨，乃於藥性易効爾。雖用氣攻病，雖攻其處膚腠散出，然兼依《明堂圖》取其所療之穴，想而引去尤佳[103]。既知其穴，宜依十二月各用其律管，急按穴上，想[104]而出之。則心存有所主，氣行有所適矣。

　　黃鍾，十一月律也。管長九寸，空中圍九分，諸管並同。大呂，十二月律也。管長八寸。太簇，正月律也，管長七寸强。夾鍾，二月律也，管長七寸强。姑洗，三月律也，管長七寸强。仲呂，四月律也，管長六寸强。蕤賓，五月律也，管長六寸强。林鍾，六月律也，管長六寸强。夷則，七月律也，管長五寸强。南呂，八月律也，管長五寸强。無射，九月律也，管長四寸强。應鍾，十月律也，管長四寸强。皆取山陽之竹孔圓者，其節生枝不堪用。手臂不援，雖云手臂，諸有疾處亦可爲之。先以一手徐徐按摩所疾之處，良久畢，乃瞑目內視，視見五臟，嚥液三過，叩齒三通，正心微祝曰："太上四玄，五華六庭。三魂七魄，天關地精。神符榮衛，天胎上明。四肢百神，九節萬靈。受籙玉晨，刊書玉城。玉童護命，玉女侍身[105]。永齊二景，飛仙上清。長與日月，年俱後傾。超騰昇仙，得整太平。流風結痾，注鬼五飛。魍魎冢訟，二氣徘徊。陵我四肢，干我盛衰。太山天丁，龍虎曜威。斬鬼不祥，凶邪即摧。考注匿訟，百毒隱非。使我復常，日月同暉。考注見犯，北辰收摧。如有干試，干明上威。"

常以生氣時，嚥液二七過，按[106]體所痛處，向王而祝曰："左玄右玄，二神合真。左黃右黃，六華相當。風氣惡疾，伏匿四方。玉液流澤，上下宣通。內遣水火，外辟不祥。長生飛仙，身常休强。"畢，又嚥液二七過，又當急按所痛處三十一過。常如此，則無疾也。

病候論第九

夫生之爲命也，資乎形神；氣之所和也，本乎臟腑。形神貞頤，則生全而享壽；臟腑清休，則氣泰而無病。然且稟精結胎之初，各因四時之異；誕形立性之本，罕備五常之節。故躁擾多端，嗜慾增結，或積痾於受生之始，或致疾於役身之時。是故喜怒憂傷，自內而作疾也；寒暑飲食，自外而成病也。强壯之歲，唯知犯觸；衰謝之年，又乖修養。陰陽互舛[107]，形氣相違，諸疹既生，厥後[108]多狀。況乎服氣之者，穀餌已斷，形體漸羸，精氣未全，神魂不暢。或舊疹因之以發動，新兆致之以虛邪，須知所由，宜詳所療。今粗具可辨之狀，以代問醫，則其氣攻之術，希同勿藥。"虛實之形，其何以生？自[109]氣血以并，陰陽相傾，氣亂於衛，血逆[110]於經，血氣離居，一實一虛。血并於陰，氣并於陽，故爲驚狂。血并於陽，氣并於陰，乃爲炅中。血并於上，氣并於下，煩惋善怒。血并於下，氣并於上，亂而善忘。""陽虛則外寒，陰虛則內熱；陽盛則外熱，陰盛則內寒[111]。""五臟之道，皆出於經隧，隧以行血氣[112]。血氣不和，百病乃變化[113]而生。""氣[114]有餘則腹脹餐泄，不足則厥[115]。天之邪氣，感則害五臟也[116]；水穀之寒溫，感則害六腑也；地之濕氣，感則害皮肉筋脉也。"又"邪之生[117]也，或生於陰，或生於陽。生於陽者，得之風雨寒暑；生於陰者，得之飲食居處，陰陽喜怒。""陽者，天氣也，主外。陰者，地氣也，主內。陽道實，陰道虛。故犯賊風虛邪者，陽受之；食飲不節[118]、起居不時者，陰受之[119]。陽受之則入六腑，陰受之則入五臟。入六腑則身熱不時臥[120]，上爲喘呼；入五臟則塡滿閉塞，下爲飧泄，久爲腸澼。故喉主天氣，咽主地氣。陽受風氣，陰受濕氣。陰氣從足上行至頭，而下行循臂至指端。陽氣從手上行至頭，而下行至足。故曰：陽病者上行極而下行，陰病者下行極而上行。傷於風者，上先受之；傷於濕者，下先受之。"

"頭者，精明之腑，頭傾視深，精則奪矣。背者，胷之腑也，背曲肩隨，胷將壞矣。腰者，腎之腑也，轉搖不能，腎將憊矣。膝者，筋之腑也，屈伸不能，行[121]則僂跗，筋將憊矣。髓者，骨之腑也，不能久立，行則掉慄，骨將憊矣。""肺熱病者右頰赤[122]，心熱病者顔先赤，肝熱病者左頰赤，脾熱病者鼻赤，腎熱病者頤赤。病雖未發，見其[123]色者所宜療之，故曰療未病之病。"肺熱病者色白而毛槁，心熱病者色赤而絡脈溢，肝熱病者色蒼而爪[124]枯，脾熱病者色黃而肉濡[125]，腎熱病者色黑而齒枯。

"肝主春，足厥陰，少陽主治，其日甲乙，肝苦急[126]，急食甘[127]以緩之。"又曰："肝病欲散，急食辛以散之。用辛補之，酸瀉之[128]。""禁當風。""肝惡風"也。

"心主夏，手少陰，太陽主治，其日丙丁，心苦緩，急食酸[129]以收之。"又曰："心病欲耎[130]，急食鹹以耎之，用鹹[131]補之，甘瀉之""禁溫衣熱食。""心惡熱"也。

"脾主長夏，足太陰，陽明主治，其日戊己，脾苦濕，急食苦以燥[132]之。"又曰："脾病欲緩，急食甘以緩之，用苦瀉之，甘補之[133]。""禁溫[134]食飽食，濕地濡衣。""脾惡濕"也。

"肺主秋，手太陰，陽明主治，其日庚辛，肺苦氣上逆，急食苦[135]以泄之。"又曰："肺病欲收，急食酸以收之，用酸補之，辛瀉之[136]。""禁寒衣飲冷[137]。""肺惡寒"也。

"腎主冬，足少陰，太陽主治，其日壬癸，腎苦燥[138]，急食辛以潤之，開腠理致津液氣通也[139]。"又曰："腎病欲堅[140]，急食苦以堅之，用苦補之，鹹瀉之[141]。""焠煖無熱食溫衣。""腎惡燥也[142]。""辛走氣，氣病無食辛；苦走骨，骨病無食苦[143]；甘走肉，肉病無食甘；鹹走血，血病無食鹹；酸走筋，筋病無食酸，是謂五禁，勿[144]多食也。"

"肺病者，喘咳逆氣，肩背痛汗出，尻陰股膝髀胻足皆痛，虛則少氣，不能報息[145]，耳聾嗌乾矣。"

"心病者，胷中痛，脅肢滿，肋下痛，膺背肩胛間痛[146]，兩臂內痛。虛則胷腹大[147]，脅下與腰相引而痛。"

"肝病者，兩脇下痛，引入小腹，令人善[148]怒。虛則恐，如人將捕之。氣逆則頭痛耳聾頰腫。"

"脾病者身重，肌肉萎，足不收行，喜瘈[149]，腳下痛。虛則腹滿[150]腸鳴，泄食不化。"

"腎病者，腹大脛腫，喘咳身重，寢[151]汗出惡風。虛則胷中痛也。"

"肺風之狀，多汗惡風，時欲咳嗽喘氣，晝日善，暮則甚。診在眉上，其色白。"

"心風之狀，多汗惡風，焦絕善怒[152]。診在口，其色赤。"

"肝風之狀，多汗惡風善悲[153]，微蒼嗌乾善怒[154]。診在目下，其色青。"

"脾風之狀，多汗惡風，身體怠墮，四肢不欲動[155]，微黃，不嗜食。診在鼻上，其色黃。"

"腎風之狀，多汗惡風，面痝然，脊痛不能正立，其色炱，隱曲不利。診在肌上，其色黑[156]。"

"胃風之狀，多汗惡風，食飲不下，隔塞不通，腹善滿，失衣則䐜，食寒則泄。診在形瘦而腹大。"

"首風之狀，其頭[157]面多汗惡風，先當風一日病甚[158]，頭痛不可出，至其風日[159]，則小愈矣。"

【校記】

〔1〕"正",《道藏》本《服氣精義論》作"貞"。

〔2〕"登仙之法"四字原無,據上書增。

〔3〕"旨"原作"至",據上書改。

〔4〕"消飛",上書作"飛消"。

〔5〕"以",上書作"於"。

〔6〕"寔",上書作"真"。

〔7〕"憎",上書作"增"。

〔8〕"視",上書作"示"。

〔9〕"面",上書作"面向"。其後"當"字連下。

〔10〕"舌料上玄膺","膺"原作"應",據上書改。《太上靈寶五符序》卷下"上"作"舌上"。

〔11〕"曰"字,《道藏》本《服氣精義論》無。

〔12〕"耳"原作"舌",據《道藏》本《黃帝內經素問補註釋文》卷四《金匱真言論篇》改。

〔13〕"二陰"原作"耳",據上書及《道藏》本《服氣精義論》改。

〔14〕"少商"原作"少高",據《道藏》本《黃帝素問靈樞集註》卷二《本輸》改。《道藏》本《服氣精義論》作"少陽"。

〔15〕"在"原作"左",據《道藏》本《服氣精義論》改,下同。

〔16〕"陷"原作"臽",據《道藏》本《黃帝素問靈樞集註》卷二《本輸》改。下同。

〔17〕"目"原作"自",據《道藏》本《服氣精義論》改。

〔18〕"痰"原作"疾",據上書改。

〔19〕"減藥",上書作"減藥食"。

〔20〕"加氣",上書作"加氣液"。

〔21〕"息",上書作"思"。

〔22〕"于",上書作"紫"。

〔23〕"在",上書作"自"。

〔24〕"潤温和調暢"，上書無"潤"字，《四部叢刊》本無"暢"字。

〔25〕"逆冷"原作"送冷"，據《道藏》本《服氣精義論》改。

〔26〕"些"原作"此一"，據上書删改。

〔27〕"肺藏，氣之本也"原作"肺藏氣，氣之本也"，據上書删。按《黄帝内經素問補註釋文》卷九《六節藏象論》作"肺者氣之本"。

〔28〕"夫"，《道藏》本《服氣精義論》作"天"。

〔29〕"五氣"，上書作"五藏氣"，《黄帝内經素問補註釋文》卷十一《五藏别論篇》作"五藏"。

〔30〕"五氣"原作"五味氣"，據《道藏》本《服氣精義論》删。

〔31〕"乃"原作"及"，據《四部叢刊》本改。

〔32〕"黄昏"，《黄帝内經素問補註釋文》卷四《金匱真言論篇》作"合夜"。

〔33〕"始方"，《道藏》本《服氣精義論》作"正方"。

〔34〕"定"原作"正"，據上書及《黄帝内經素問補註釋文》卷十二《診要經終論篇》改。

〔35〕"始"字，據上二書增。

〔36〕"當"原作"恒"，據《道藏》本《服氣精義論》改。

〔37〕"酸疼"原作"悵恨"，據上書改。

〔38〕"泰"原作"大"，據《老子説五厨經》及本書卷六一《五厨經氣法》改。下句"泰"同。

〔39〕"不"，上二書作"一"。

〔40〕"不"原作"本"，據上二書改。

〔41〕"不以"，上二書分別作"無有""不復"。

〔42〕"子"後疑脱"後"字。

〔43〕"爲倉廪之本故也"，《道藏》本《服氣精義論》作"爲食廪之本固也"。

〔44〕"真"，上書作"直"。

〔45〕"一"字原無，據上書增。

〔46〕"噦逆報之法",上書作"噦逆報之,報之法"。

〔47〕"則意於常數之耳",上書作"則闕於常數耳"。

〔48〕"致於心",上書作"助於心"。

〔49〕"氣",上書作"義"。

〔50〕"實理於",《修真精義雜論‧導引論》作"在於"。

〔51〕以上二十五字,《二十二子》本《黃帝内經靈樞‧本藏第四七》作"經脉者,所以行血氣,而營陰陽、濡筋骨、利關節也"。

〔52〕"骨者髓之腑"原作"髓者骨之腑",據《黃帝内經素問補註釋文》卷十三《脉要精微論篇》改。

〔53〕"脉者"原作"骨",據上書卷十《五臟生成篇》改。下四"者"字,亦據上書增。

〔54〕"谿"原作"環",據上書卷十《五藏生成篇》改。

〔55〕"時"原作"日",據《修真精義雜論‧導引論》改。

〔56〕"三百六十",上書作"三百六十五"。

〔57〕"文字有所生"原作"文字顯焉有所生",據上書删。

〔58〕"元"字原無,據上書增。

〔59〕"既"原作"即",據上書改。

〔60〕"歸"原作"實",據上書改。

〔61〕"氣歸精"後,《補註黃帝内經素問》卷二《陰陽應象大論篇》有"精歸化"三字。

〔62〕"和氣",《修真精義雜論‧導引論》作"是知陰"。

〔63〕"單"原作"丹",據上書改。

〔64〕"桂心二兩"及下"甘草三兩炙",上書併於此作"桂心、甘草炙,已上各三兩"。

〔65〕"交"字原無,據上書增。

〔66〕"之氣"二字原無,據《延陵先生集新舊服氣經‧修養大略》增。

〔67〕"無"原作"寂",據《道藏》本《黃帝内經素問補註釋文》卷一《上古天真論篇》改。

〔68〕"從"原作"居"，據上書改。

〔69〕"病安從來"原作"病從何來"，據上書改。

〔70〕"養"字原無，據《修真精義雜論·慎忌論》增。

〔71〕"沸"原作"滯"，據《黃帝內經素問補註釋文》卷十九《八正神明論篇》改。

〔72〕"如經"原作"由"，據上書改。

〔73〕"浮"原作"揚"，據上書改。

〔74〕"順之"原作"從之"，據《黃帝內經素問補註釋文》卷三《生氣通天論篇》改。

〔75〕"雖有賊邪，不能害也"原作"賊邪不能容"，據上書改。

〔76〕"序"原作"孕"，據上書改。

〔77〕"氣"原作"起"，據上書改。

〔78〕"從虛之鄉"，《服氣精義雜論》作"從其虛邪之鄉"。

〔79〕"生外"，上書作"三候"，《黃帝內經素問補註釋文》卷三《生氣通天論篇》作"主外"。

〔80〕"入氣"，上二書分別作"陽氣""人氣"。

〔81〕"閉"原作"開"，據上二書改。

〔82〕"喜怒傷陰，寒暑傷陽"八字原無，據《修真精義雜論·慎忌論》增。《黃帝內經素問補註釋文》卷五《陰陽應象大論篇》作"喜怒傷氣，寒暑傷形"。

〔83〕"則骨氣勞短肌氣折"，《黃帝內經素問補註釋文》卷三《生氣通天論篇》作"大骨氣勞短肌心氣抑"，《修真精義雜論·慎忌論》"肌氣折"作"肺氣折"。

〔84〕"甘"原作"苦"，據上二書改。

〔85〕"衡"原作"衛"，據上二書改。

〔86〕"苦"原作"甘"，據上二書改。

〔87〕"胃"原作"骨"，據上二書改。上"脾氣濡"，《二十二子》本《黃帝內經素問·生氣通天論》作"脾氣不濡"。

〔88〕"長有天命"原作"長天有命"，據《黃帝内經素問補註釋文》卷三《生氣通天論篇》及《修真精義雜論·慎忌論》改。

〔89〕"志通内連骨體"，《修真精義雜論·五藏論》作"志意通内連骨髓"。

〔90〕"神之處"，《黃帝内經素問·六節藏象論》作"神之變"。

〔91〕"肝"原作"汗"，據《黃帝内經素問補註釋文》卷十八《宣明五氣論》改。

〔92〕"笑"，上書作"吞"。

〔93〕"地氣通於肝"，《黃帝内經素問補註釋文》卷五《陰陽應象大論篇》作"地氣通於嗌，風氣通於肝"。

〔94〕"臟爲陽，腑爲陰"，《黃帝内經素問補註釋文》卷四《金匱真言論篇》作"臟者爲陰，腑者爲陽"。

〔95〕"受水穀而不留"，《二十二子》本《黃帝内經素問·五藏別論》作"傳化物而不藏"。

〔96〕"夫"原作"則"，據《修真精義雜論·五藏論》改。

〔97〕"中"原作"忠"，據《黃帝内經素問補註釋文》卷八《靈蘭祕典論篇》改。

〔98〕"胥中，上焦之門户也"八字，上書無。

〔99〕"氣化則能出矣。凡此"原作"化氣則能出焉。凡出"，據上書改。

〔100〕"諸"原作"謂"，據《修真精義雜論·療病論》改。

〔101〕"是"字原無，據上書增。

〔102〕"覺積寬平"，上書作"稍覺寬平"。

〔103〕"想而引去尤佳"原作"而相引去之佳"，據上書改。

〔104〕"想"原作"相"，據上書改。

〔105〕"玉童護命，玉女侍身"原作"玉女侍身，玉童護命"，據上書改。

〔106〕"按"原作"接"，據上書改。

〔107〕"舛"原作"升"，據上書改。

〔108〕"後"，上書作"候"。

〔109〕"自"，《黃帝内經素問補註釋文》卷三六《調經論篇》作"岐伯曰"。

〔110〕"逆"原作"流"，據上書改。

〔111〕以上二句原作"陽盛則内寒，陰盛則外熱"，據《二十二子》本《黃帝内經素問·調經論》改。

〔112〕以上三句原作"五藏之道，皆出於經，遂行血氣"，據《黃帝内經素問補註釋文》卷三六《調經論篇》增改。

〔113〕"化"後原有"血"字，據上書刪。

〔114〕"氣"，上書作"志"。

〔115〕"不足則厥"原作"不厥"，據上書增。

〔116〕"也"字原無，據上書增。

〔117〕"生"原作"主"，據上書改。

〔118〕"食飲不節"原作"飲食不可不節"，據《黃帝内經素問補註釋文》卷二十《太陰陽明論篇》改。

〔119〕"陰受之"三字原無，據上書及《修真精義雜論·病候論》增。

〔120〕"不時臥"原作"不臥"，據上二書增。

〔121〕"不能，行"原作"不得"，據《黃帝内經素問補註釋文》卷十三《脉要精微論篇》及《修真精義雜論·病候論》改。

〔122〕"赤"，《二十二子》本《黃帝内經素問·刺熱篇》作"先赤"。以下三"赤"字同。

〔123〕"其"，上書作"赤"。

〔124〕"爪"原作"密"，據《服氣精義雜論·病候論》改。

〔125〕"濡"，上書作"蠕動"。

〔126〕"急"原作"逆"，據上書及《黃帝内經素問補註釋文》卷十七《藏氣法時論篇》改。

〔127〕"甘"原作"鹹"，據上二書改。

〔128〕"急食辛以散之。用辛補之，酸瀉之"原作"急食苦以瀉之"，據上二書增改。

〔129〕"酸"原作"鹹",據上二書改。

〔130〕"奭"原作"濡",據上二書改。下同。

〔131〕"鹹"原作"酸",據上二書改。

〔132〕"燥"原作"滲",據上二書改。

〔133〕"用苦瀉之,甘補之"原作"用苦補之,辛瀉之",據上二書改。

〔134〕"温"原作"濕",據上二書改。

〔135〕"苦"原作"鹹",據上二書改。

〔136〕"急食酸以收之,用酸補之,辛瀉之"原作"急食甘以收之,鹹瀉之",據上二書改。

〔137〕"禁寒衣飲冷",上二書分別作"禁寒衣飲食""禁寒飲食寒衣"。

〔138〕"腎苦燥"原作"腎古滲",據上二書改。

〔139〕"開腠理致津液氣通也"原作"腠理致液氣通",據上二書增。

〔140〕"堅"字原無,據上二書增。

〔141〕"用苦補之,鹹瀉之","苦"原作"辛","鹹"原作"酸",據上二書改。

〔142〕"腎惡燥也"原作"腎惡滲之",據上二書改。

〔143〕"苦走骨,骨病無食苦"八字原無,據上二書增。

〔144〕"勿"原作"而",據上二書改。

〔145〕"皆痛"原作"背痛","報息"原作"報自",據《黄帝内經素問補註釋文》卷十七《藏氣法時論篇》改。又"報息",《服氣精義雜論·病候論》作"服事"。

〔146〕"痛"字原無,據上二書增。

〔147〕"胷腹太",上二書分別作"胸腹太滿"及"胸腹大"。

〔148〕"善"原作"喜",據上二書改。"引入小腹"之"入"字,上二書無。

〔149〕"喜挈",上二書分別作"善契""善瘈"。

〔150〕"滿"原作"脹",據上二書改。

〔151〕"腹大脛腫,喘咳身重,寢"原作"腸大體重喘咳",據上二書增

改。

〔152〕"多汗惡風，焦絶善怒"原作"惡風焦絶喜怒"，據《黃帝内經素問補註釋文》卷二五《風論篇》及《服氣精義雜論·病候論》增改。

〔153〕"多汗惡風善悲"原作"惡風喜悲"，據上二書增改。

〔154〕"善怒"原作"普怒"，據上二書改。

〔155〕"身體怠墮，四肢不欲動"原作"身體急墜，四肢不通"，據上二書改。

〔156〕"腎風之狀"一條三十一字原無，據上二書補。"面疣然"，《風論篇》作"面疣然浮腫"。

〔157〕"頭"後原有"痛"字，據上二書刪。

〔158〕"甚"原作"其"，據上二書改。

〔159〕"日"原作"止"，據上二書改。

雲笈七籤卷之五十八

諸家氣法

胎息精微論

老君曰：知道者天不殺，含德者地不害，道德相抱，[1]身不衰老。內食太和，元氣爲首。清淨自鍊，委身放體。志無念慮，安定臟腑。洞極太和，長生久視。潛氣不動，意如流水。前波已去，而後波續處，不返也。行之不休，得道真矣！每日入淨室守玄元，玄元謂存玄門[2]。玄中有玄是我命，命中有命是我形，形中有形是我精，精中有精是我氣，氣中有氣是我神，神中有神是我自然。德以形爲車，道以氣爲馬，魂以精爲根，魄以目爲户。形勞則德散，氣越則道叛。精銷魂損，目勤魄微。是以靜形愛氣，全精寶視[3]，道德凝密，魂魄固守。所以含道不言，得氣之真。肌膚潤澤，得道之根。手足流汗，精氣充溢。不飢不渴，龜龍胎息。綿綿長存，用之不勤。飲于玄泉，登于太清。還年返嬰，道之自然。至道不遠，近在己身。用心精微，命乃永延[4]。夫道者或傳服五牙、五牙者，五行之生氣。《黃庭經》云："存漱五牙不飢渴[5]。"八方四時、日月星辰等氣，思自頂而入，鼻而出。雖古經所載，爲之者少見成遂，亦非食穀者所能[6]行致耳。是以服氣者多不得其訣要，徒精勤矣。既得其門，復悟其訣，即在精勤不懈矣。

桑榆子曰：鳥鷯而志[7]乎天地，是不知量。彼五牙、八方四時、日月星辰等教，不爲初地者設，無成也。當俟其稍近之時可也。

凡胎息服氣，從夜半後服内氣七嚥。每一嚥既，調氣六七息，即更嚥之。每嚥如水流過坎聲，是氣通也。直下氣海中凝結，腹中充滿如含胎之狀。氣從有胎中息，氣海中有氣充，然後爲胎息之道也。氣成即清氣凝爲胎，濁氣散[8]而出。散從手足及髮而出也。胎成即萬疾自遣，漸通仙靈。今之學其氣[9]也，或得古方，或授自非道，皆閉口縮鼻，但貴息長。而不知五藏壅閉[10]，畜損正氣，殊非自然之息。但煩勞形神，無所裨益。凡服氣之時，即須關節通，胃海開，納元氣固。納畢，即關節還閉，徐徐鼻出納外氣，自然内外不雜[11]，胎中氣亦不出。但潛屈指數息，從十至百，數從一百至二百三百，此爲小通，即耳目聰明，百病皆愈。若抑塞口鼻，擬習胎息，殊無此理也。口鼻氣既不通，即畜損臟腑，有何益哉！凡餌内氣者，用力寡而見功多。惟在安神靜慮，不煩不擾。則氣道疎暢，關節開通，内含元和，終日不散，膚體潤澤，手足汗出。長生之道，訣在此矣！從夜半後服七嚥，即閉氣。但内氣不出，鼻口常徐徐出納外氣，内氣[12]都不相雜。至五更又服七嚥，平旦又服七嚥，都二十一嚥止。若休糧者，即不限此數。肚空即嚥内氣，嚥内氣常滿，自無飢渴。初似小難，久久習慣，自然内外之氣不相混雜也。漸漸關節開通也，毛髮疎暢，氣自來往，亦不假鼻中徐徐通外氣也。胎息之妙，窮於此也。

蒙山[13]賢者服内氣訣

側臥，右脇著地，微縮兩足，著頭向南面東，兩手握固傍其頤，閉取内氣極力，開喉嚥之，如此七嚥一吐氣。若病時服氣，一嚥兩嚥一吐，然後一七嚥一吐氣可也。又調息令出入氣勻，準前又嚥，都四十[14]嚥，然起坐鍊之。竪膝坐，兩手相叉抱膝，閉氣鼓腹二七或三七，氣滿即吐。更調息，特不得令喘麤。調訖，又閉氣二七或三七，一吐氣，使腹調適乃休。或汗出，頭足皆熱，此氣遍也，即當飽滿，三關百節，宣通暢適。行之十年登仙，老容返少。夫舊經皆存想，恐爲煩勞，却使心意難行。

服氣本於胎息，但無思念，自合元化之功。久久行之，當自知其妙矣。僕遊蒙山，遇此賢者，年可五十已下，其精神清朗，頗異於俗。因問，云："貞觀已前遊此山。"不道姓名，自稱老夫。僕遂懃懃拜之，蒙授此訣，行之頗甚弘益，妙哉妙哉！凡欲得道不死，腸中無屎。音渾。欲得長生，五臟精明。故《黃庭經》云："何不食氣太和精，故能不死入黃寧。"《陰符》云：積火可以焚五毒。五毒則五味，五味盡，可以長生。西王母謂武帝曰："能益能易，名上仙籍；不益不易，不離死厄。"所謂益易者，能益精易形也。常[15]能愛精握固，閉氣吞液，則氣化爲血，血化爲精，精化爲液，液化爲骨，行[16]之不倦，精神充滿。爲之一年易氣，二年易骸，一本爲易血也。三年易血，一本爲易脉。四年易肉，五年易筋，一云易髓。六年易髓，七年易骨，八年易髮，九年易形，十年道成，位居真人，變化自由，即靈官玉女而侍焉！

胎息根旨要訣

古修胎息者，尋其所著，皆未達于玄門。據其文字所陳，悉皆互有得失。或云無氣是胎，閉氣不喘是息。各執一門，未有所趣，迷誤後學，疑惑益滋。而修生之人，性命已殆，足可悲哉！余今所得，實爲簡易，將來學人，保而深惜。夫云服氣，即胎息之妙用也。切在分析內、外氣，及在臟腑之氣，統一身之所生，不可得而知也，此氣須日日生之。凡麤氣在榮衞之中，爲喘鳴之氣。氣本麤者命促，氣本細者命長[17]。眾氣在臟腑之內，爲運動之氣。此兩者並非修服之氣。其胎息者，是天地陰陽二氣初結精之氣。氣結而爲形，形既成立，則精氣光凝爲雙瞳子。雙瞳子者，即父之精氣，號爲純陽之精，故能鑒視萬物。又受母之陰氣而成玄牝者，即口鼻也。是知形爲受氣之本，氣爲成形之根，則此二氣爲形之根蒂者也。根蒂既成，則能隨母呼吸綿綿，十月胎體成而生，故修養者效之。夫云復其根本，此胎息之要也。古皆云氣海者爲氣之根本，此說非也。爲不知其所止，是以復之無益。古仙皆口口相受[18]，非著於文字之中，蓋欲貽其同志。所謂根本者，正對臍第十九椎，兩脊相夾脊中空處，膀胱下近脊是也，名曰命蒂，亦曰命門，亦曰命根，亦曰精室，"男子以藏精，女子以藏[19]月水"，此則長生氣之根本也。今之所復其根本，修其所生，斯則形中母子，何不守之！夫氣爲母，而神爲子。氣則精液也，氣無形質，隨精液以上下，但先立形，則因形而住。氣爲其母，而子不捨母，則依母而住。神氣住形中，故能住世，長生久視。故修生之人，常令神與氣合，子母相守，自然玄牝無出入息也。莊周云：真人息以踵，言其息深深也。《老子經》云：深根固蒂，是爲復命。此乃命門元氣根本之旨也。將來君子，勿得輕泄耳。

胎息雜訣

一、經云：但徐徐引氣出納，則元氣亦不出也，自然[20]內外之氣不雜，此名胎息。然初[21]用功之人，閉固內氣訖，亦鼻中微微通氣往來，便令不至咽喉而返，氣則逆滿上衝，不可抑塞，如此即徐徐放令通暢，候氣調即復閉之。切在徐徐鼻中出入，勿令至喉，極力抑忍爲之，須臾忽然自得調暢，內外泰矣！此蓋關節開毛竅通故也。到此，即千息亦不倦矣！又胎息之妙，切在無思無慮，體合自然，心如死灰，形如枯木，即百脉暢，關節通矣！若憂慮百端，起滅相繼，欲求至道，徒費艱勤，終無成功。桑榆子曰："有苦惱之氣，有貪惡之氣，諸如此類，皆邪氣橫中，能爲元氣之關防。亦猶小人當路，則君子無所逞其才也。"此道至微至妙，出塵之士方可爲之。未離名利之間，徒勞介意。桑榆子曰："縱未出塵，但能使心不亂，不見可欲則可矣。"

一、經云：噘氣滿訖，便閉氣存想，意如流水，前波已去，後浪續起。凡胎息用功後，關節開通，毛髮通暢，即依此，但鼻中微微引氣，想從四肢百脉[22]孔出，往而不返也。後氣續到，但引之而不吐也。切在於徐徐。雖云引而不吐，所引亦不入於喉中，微微而散。如此，內氣亦不[23]流散矣。

尹真人服元氣術

　　夫人身中之元氣，常從口鼻而出。今制之令不出，便滿丹田。丹田滿即不飢渴，不飢渴蓋神人矣！是故人之始胎，不飲不啄。不飲不啄，故無出入息，即元氣復。元氣復，即長生之道機也。所以然者，謂氣在丹田中，諸臟不隔，周流和布，無所不通。以其外不入，內不出，全元氣，守真一，是謂內真之胎息也。始生之後則飲食，飲食之後即腑臟實，腑臟實即諸臟相隔，諸臟相隔即丹田氣亡其本也。居乎臟腑之上，行乎心智之中，數寸往來，安得長久？是以未終其分，已有枯首蹇足、槁形喪氣之患。所以至人有已見乎，故[24]復其氣還其本，使得延年長生者也。

　　夫服元氣，先須澄其心，令無思無爲，恬澹而已[25]。故知絕粒者，乃長生之徑路；服氣者，爲不死之妙門。深信不疑，力行無倦。《經》曰：“綿綿若存，用之不勤。”術曰：因其出息，任以自然。而出未至半，口鼻俱關，徐徐而已，氣即上行[26]，即舉首以聲嚥之矣。仰息左，覆息右，其註在《調氣篇》載。以氣送通下胃氣，又云，以意引氣，送之至胃，胃中氣轉流下方至丹田，丹田滿即流達於四肢也。轉下流至丹田，又從容如初嚥下。嚥下餘息，息即丹田不隔，丹田不隔即入四肢，以意運行，即流布矣。大底氣息不欲出於玄牝，但令通流。欲[27]出皆須調適，不得麤喘也。若隔氣未達丹田，雖欲強爲，終難致矣！是以初服者皆多防滿，但資少食，必在憨行。憨心行即氣自流轉，自然之功著矣。所謂飲自然以御世，朝神以入微，始乎三五，成乎七九。若斯道者，豈虛語哉！謂氣入腹中，皆三處有隔。初學之者，先覺胃中妨[28]滿，噫氣不休，但少食爲之，即覺通於生臟，後自覺到丹田，然始覺氣周行身中，身中調暢，即神明自然致矣。故須居於静處，尅意行之，功業若成，所在可也。如其妄動，氣即難行。

初作之時，先覆仰，凡一日一夜限取四時。四時不虧即氣息相接，氣息相接即丹田實，丹田實即任意行之，中間停歇亦得。其四時謂寅、午、戌、子時也。用仰勢法：低枕仰[29]臥，縮兩肩，竪[30]兩膝，伸兩手，著兩肋。用覆勢法：以腹著床，以被揩臂，手足並伸。其仰嚥即令氣從左下，覆嚥令氣從右下。嚥氣之時，皆令作聲，有津液來，亦須別嚥，乃出息[31]。若用入息，即生風隨入，不可不慎之。嚥氣中間，即別任意休息，待心喘俱定，然後乃可復爲之。初用氣時，必須安穩，坦然無事，氣則流通。若心有所拘，即窒塞不流注也。慎無疑慮，亦勿畏其敗失，亦勿慮其不成，但謀進取，勤勤之功，稍稍之效，自然至誠感神，神明自至矣。

夫服氣斷穀，不得思食，未能自靜，切須捺之。若渴或熱，即煑薜荔湯飲之即定，湯中著少生薑，或煎薑蜜湯亦得。如覺心中滿悶，即咬嚼些甘草、桂心、五味子等並妙。但服氣不失其節，即氣自盈滿。縱出入行人事，或對賓客語言談話，種種運爲，百無妨廢。及成之後，更不服氣，氣亦自足。窮神極理，妙不可言。須食即食，須休即休，復食復氣，唯意所在。每日飲少許酒引氣，切慎果子、五辛、邪蒿、葫荽、芸薹、椿等，此物深亂人氣，慎勿食之。如能至心，三七日中，可以内視五臟，歷歷在目，神清形靜。行之七日，其効驗也，已自知之，更須專精，二十日來不食，即腹中盡。腹中盡之後，喫一兩杯煑菜、苜蓿、芥菘、蔓菁及枸杞、葉葵等，並著少蘇油醬醋取味食之，勿著米麪，所欲腹中穀氣盡耳。更四五日，除菜喫汁。又三數日後，即總停之。可三十日，即自見矣。所謂不寒不熱，不渴不飢，修行至此，世爲神人，即吾道成矣。

服元氣法

服元氣於氣海，氣海者是受氣之初，傳形之始，當臍下三寸是也。嬰兒誕育時，惟臍帶與母胞相連。其帶空中如管，則傳氣之所，形從此漸凝結也。人欲長生，必修其本；樹欲滋榮，必固其根。人不知根本，外求修助，萬無一成。氣海者與腎相連，屬壬癸水，水歸於海，故名氣海。氣以水爲母，水爲陰，陰不能獨生成，必以陽相配。心屬南方丙丁火，是盛陽之主。既知氣海，以心守之，陽既下臨，陰即上報。是以化爲雲霧，蒸薰百骸九竅，無所不達。亦能爲津液，如甘雨以潤草木。正氣流行，他氣自匿，用久轉微，意思則久矣。初用與已成，不得同年而語。凡氣困者，身皆有疾，沉結在内，或醫藥不能療，尤須精誠，併去外想，閉氣於氣海，以手於臍下候之。氣應之候，衝容如喘如觸，或鳴或痛，如挈如物，動於掌下，亦須靜候之，兼以目下注。是陽氣照陰，陰氣騰上，又能爲津液也。如此久久，鼻中喘息都無出入喉[32]，覺氣海中時動用耳。初用意時，須平卧去枕，小努氣海，便得滿腹，作意勿令至心肺，至即心悶妨塞，即不能下照，下照是心守海也。良久，元氣遍身，無處不暖。每關節難通，若至腰關，尤難過之，當稍以氣閉努之，三兩間突然便過，過後即氣常至腰踵。《莊子》云"息之以踵"是也。已後筋骨常欲動用，每動有聲，是氣到無擁[33]，常能如此，長生道也。竊用其道，不授口訣，反受其病。凡欲鼓腹，不在入氣是要訣，欲過腰關當側卧，縮兩脚兼拳兩手，偃腰極努，如此即不覺通也，不然終成閉塞。若能常用不絶，雖在衆中密爲之，用心令熟，外事不擾，尤爲佳也。若膈上并頭面間有疾處，即上攻之。尋常即下至踵及氣海中，微微用之，息自消矣。久候，液當滿口。如逆，喫物下消，用之隨盡。每用氣後，必須微調息使散。若不散，他日爲瘡腫，終不爲佳。須先以意在疾處攻擊之，徐徐用意攻擊令散。疾差已後，即不得注令留滯，當遣通遍身，微微如霧露，是其常也，收散俱歸海中。閉目爲想，開目爲存。存則不專乃著，著則氣滯。覺應則止謂之常，覺覺而味謂之滯，候應專静謂之守，流液滿口謂之報，報與應一也。朝飲少酒，暮食少麪，不可多之。

胎息口訣并序

序曰：在胎爲嬰，初生曰孩。嬰兒在腹中，口含泥土，喘息不通，以臍噏氣，養育形兆，故得成全，則知臍爲命門。凡嬰孩或有初生尚活，少頃輒不收者，但以煖水浸臍帶，向腹將[34]三五過即蘇。乃知臍爲命門，信然不謬。修道者欲求胎息，先須知胎息之根源，按而行之，喘息如嬰兒在腹中，故名胎息矣。乃知返本還元，却老歸嬰，良有由矣。綿綿不閑，胎仙之道成焉。故先序經，紀體用兼明備矣。

凡欲胎息，先須於靜室中，勿令人入。正身端坐，以左脚搭右脚上，解緩衣帶，徐徐按捺肢節，兩手握固於兩腿上，即吐納三五過，令無結滯。滌慮清閑，虛心實腹。左右徐徐搖身，令臟葉舒展訖，還徐徐放著實，即鳴天鼓三十六過，漱滿華池。然後存頭戴朱雀，脚履玄武，左肩有青龍，右肩有白虎。然後想眉間一寸爲明堂，却入二寸爲洞房，却入三寸爲丹田宮，亦名泥丸宮。宮中有神人長二寸，戴青冠，披朱褐，執絳簡。次存中丹田中丹田、心也，亦名絳宮。中有神人，亦披朱褐。次存下丹田在臍下二寸半紫微宮，亦名氣海也。中有神人，亦披朱褐。桑榆子曰："《金剛經》云：'如來說，諸相具足，即非諸相具足。'彼所以立相生名者，以爲戒潔之階也。夫神豈止於上？豈住於下？豈留中間？舒澤彌乎大千，挈之亦復無物。若隨跡觀相，隨相強名，常[35]河之沙，詎足以籌數？夫神也變化不測，寧豈如九品郞執笏競不出局門哉！"次存五臟，從心起遍存五臟六腑。存五臟中各出本方氣及三丹田中素雲合爲一氣，於頭後[36]出，煥煥分光九色，上騰可長三丈餘，想身在其中。此時即口鼻俱閉，心存氣海中胎氣，出入喘息，只在臍中。如氣急，即鼻中細細放通息。候氣平，還依前用心存之，以汗出爲一通，亦不限過數。如體熱悶，即心存氣遍身出，如飯甑中氣，此名滿息。久久行之，入玄寂中，出妙默中。再咽[37]，洞觀形中五臟六腑及大小腹。胃受一二升[38]如黃土色，脾長一尺二寸在胃上，前後摩動不停，停則不和，飯食不消。如飯食不消，即是不摩矣。當須閉氣，以手摩腹一百下，即自然轉摩矣。次存心，心如紅蓮花未開下垂，長三寸，上有九竅，二竅在後。正面有黑毛，莖[39]長二寸半。次存肺，肺似白蓮花開，五葉下垂，上有白脈膜，在心上覆心。次存肝，肝在心後，七葉紫蒼色，上有黃脈膜，從左邊第三葉下，膽在此也。其膽色青黃，長二寸半。次存腎，腎狀如覆杯，黑色却著脊，去臍三寸，上小下大，左為上，右為下。遍觀一形，三十六位，乃[40]三百六十骨節，皆有筋纏。骨青白如玉色，筋色黃白，髓若冰雪。有三百六十穴，穴穴之中皆有鮮血，如江河池潭也。及見左腳中指第二節，是血液上源，其中湧出，通流一形[41]，一夜繞身三萬六千匝，至右腳中指第二節則化盡。所以人若睡，必須側臥拳跼，陰魄全也。亦覺即須展兩腳及兩手，令氣通遍渾身，陽氣布也。若如此修行，即與經所言"動息善時"之義合矣！久久行之，口鼻俱無喘息，如嬰兒在胎，以臍通氣，故謂之胎息矣！綿綿不聞[42]。經三十年，以繩勒項，不令通氣，亦不喘息，喘息常在臍中，水底坐經得十日五日亦可矣。以獨行此事，功效如前。若覓[43]得真，更須修道。此事乃是一門，不可不作也。

【校記】

〔1〕"老君曰"至"相抱"十九字原無，據《道藏》本《胎息精微論》及《延陵先生集新舊服氣經·胎息精微論》補。

〔2〕"玄元謂存玄門"，上二書分別作夾注語"玄元者，一炁也""玄元謂存玄門"。

〔3〕"靜形愛氣，全精寶視"，上二書作"守靜愛氣，全精寶神"。

〔4〕"永延"原作"延永"，據上二書改。

〔5〕"渴"前原衍"不"字，據本書卷十一《上清黃庭內景經·常念章》刪。

〔6〕"能"原作"致"，據《道藏》本《胎息精微論》及《延陵先生集新舊服氣經·胎息精微論》改。

〔7〕"志"原作"至"，據上二書改。

〔8〕"散"字原脫，據《延陵先生集新舊服氣經·胎息精微論》補。

〔9〕"氣"後原有"長"字，據上書删。

〔10〕"五藏壅閉"原作"藏擁閉"，據《道藏》本《胎息精微論》改。

〔11〕"雜"原作"離"，據《延陵先生集新舊服氣經·胎息精微論》改。

〔12〕"氣"，上書作"外"。

〔13〕"蒙山"原作"茅山"，據上書改。

〔14〕"四十"，上書作"四十九"。

〔15〕"常"後原有"法"字，據上書删。

〔16〕"行"前原有"常"字，據《漢武帝內傳》删。

〔17〕"氣本麤者命促，氣本細者命長"，《四部叢刊》本作註語。

〔18〕"受"，上本作"授"。

〔19〕"藏"字原無，據本書卷十八《老子中經·第十七神仙》增。

〔20〕"自然"原作"胎息者然"，據《延陵先生集新舊服氣經·胎息雜訣》改。

〔21〕"初"字原無，據上書增。

〔22〕"想從"原作"相從"，據上書改。"脉"，上書作"毛"。

〔23〕"不"後原有"下"字，據上書删。

〔24〕"有已見乎，故"，《四部叢刊》本作"有見，能"。

〔25〕"恬澹而已"，上本作"沖然恬澹可也"。

〔26〕"氣即上行"之後，上本有"氣既上行"四字。

〔27〕"欲"原作"須"，據上本改。

〔28〕"妨"原作"防"，據上本改。

〔29〕"仰"字原無，據《太清服氣口訣》及《氣法要妙至訣》增。

〔30〕"竪"字原無，據上二書增。

〔31〕"乃出息"原作"乃須出息氣之"，據《四部叢刊》本删。

〔32〕"喉"，上本作"祇"，連下句。

〔33〕"擁"，上本作"壅"。

〔34〕"將"，《延陵先生集新舊服氣經·胎息口訣》作"煖"。

〔35〕"常"當作"恒"，殆避宋真宗諱改。

〔36〕"頭後",《延陵先生集新舊服氣經·胎息口訣》作"頂中"。

〔37〕"咽",上書作"明"。

〔38〕"一二升",上書作"散膏"。

〔39〕"莖",上書作"七葉"。

〔40〕"乃",上書作"及"。

〔41〕"一形",上書作"一日",連下句。

〔42〕"聞",上書作"間"。

〔43〕"覓",上書作"覺"。

雲笈七籤卷之五十九

諸家氣法

延陵君修養大略

《仙真經》云：夫人臨終而始惜身，罪定而思遷善，病成方切於藥，天網已挂，胡[1]可逭耶？故賢人上士，惜未危之命，懼未萌之禍，理未至之病也。修真之品有三：上年，中年，下年。上年者，二十、三十也；中年者，四十、五十也；下年者，六十、七十也。上年者，早悟大道，識達玄微，體壯骨堅，筋全肉滿，從容履道，無不成功。中年者悟道已晚，筋肉骨髓各有其半，處在進退，如日中功。下年者，骨髓筋脉十有二三，猶可補修，如日暮功矣！八十已上者，罪位已定，無可救之法，腦竭髓盡，萬關乾枯，神謝氣亡，尸行鬼步。桑榆子曰："尸以喻無知，鬼以喻有知，而非人情者。行惟尸行，步惟鬼步，且行且步，運之者誰？則知元氣尚在，但以減耗，降於涸矣！若逢至人，或得大藥，譬持盈車之焦蓬，爇將燼[2]之餘焰，亦可以致其赫然而熾矣。此言無可救者，只謂氣功已晚，自我之事不及矣。若遇玄聖而救其[3]死，生其肉骨，起仆黄枯，何爲而不可？況彼尚爲物也！"先賢上士，知風燭之倏忽，乃攝志裭[4]情，捨榮棄俗，奉身歸道，不與物傷。

道者[5]，氣也。氣者，身之根也。魚離水必死，人失道豈存？是以保生者務修於氣，愛氣者務保於精，精氣兩存，是名保真也。人有三丹田：上元、中元、下元是也。上元丹田，腦也，亦名泥丸；中元丹田，心也，亦名絳宮；下元丹田，氣海也，亦名精門。三元之中，各有一神。桑榆子曰："精化爲氣，氣化[6]而神集焉！神何物也？靈照之名也。知之[7]則氣全，氣全則神全。若元氣充滿百骸孔竅，神必備矣。必備者無他，氣至則神到。今人有憂患動中，則知見因而暫虧，蓋氣權[8]有不至者耳！苟心冥氣和，其神豈獨三元之中而已哉！"精者身之根，根者氣之位。精全則氣全，精泄則氣泄，氣泄則神乘而去之，唯精與氣須全。《黃庭經》云："長生至慎房中急，何爲死作令神泣[9]？但當吸氣錄子精。寸田尺宅可治生，若當決海百瀆傾，葉去樹枯失青青。"故先賢[10]至於道者，莫不因愛[11]氣保精而能全也。

夫服氣本名胎息。胎息者，如嬰兒在腹中，十箇月不食，而能長養成就。爲新受正氣，無思無念，兀然[12]凝寂，受元氣變化，關節臟腑皆自然而成，豈有傅保之衛[13]、飢渴之備耶？及出母腹，即吸納外氣，而有啼哭之聲，即乾濕飢飽，似有所念，即失元氣。人能依嬰兒在母腹中，自服內氣，握固守一，是名曰胎息。桑榆子曰："此言失元氣者，非也。苟納外炁便失元氣，即世間無復有生人矣！"《法華經》云："須行住坐臥，身心不亂"者，亦言炁主心，心邪則氣邪，心正則炁正。今[14]人所舉手動足，喜怒哀樂，莫不由心。心之動息，莫不是炁。炁感意，意從心，心和則炁全，炁全則身[15]全，炁滅則神滅，神滅則爲委土矣。故醫家先診脉者，則[16]候五臟四時之氣，察諸病源，始尋方藥。人但能察得氣候，口鼻取捨，斯須不忘，自然五臟和而脉調氣順也。

夫人與天地合體，陰陽混氣，皮膚、骨髓、臟腑及榮衛，呼吸進退，寒暑變異，莫不均乎二儀，應乎五行也。是知天地否泰，陰陽之氣[17]亂焉！臟腑不調，經脉之候病焉！因外所中者，百病起於風；因內所致者，百病起於氣也[18]。故曰："恬憺虛无，真炁從之。精神內守，病安從來[19]？"信哉！是故須知形神之理，養而全之；審內外之病，慎而修之。岐伯高曰："食氣者則靈而壽延，食穀者多智而限命[20]。"凡服氣者何求也？以其功至，則氣化爲血，血化爲精，精化爲髓。一年易氣，二年易血，三年易脉，四年易肉，五年易髓，六年易筋，七年易骨，八年易髮，九年易形，即三萬六千神在[21]於身，化爲真仙，號爲真人矣。是以意在玄微，理生可[22]測。修真之人，又有三等，任時分理，其狀不一。上等之士，本性虛閑，用志清雅，發言合道，履行無瑕。如此之人，有前代之資，以石投水，無所比之也。中等之人，或身居榮祿，或地勢高遠，或巨葉厚姻，或有名有望。二疑[23]進退，倏忽虛捐，聞道即瘑寐不安，思名則終朝不息，兩心交戰，勝者即全，逡巡之間，十失六七矣！中等已降，二時既過，蹉跎暮年，筋力衰微，心神已喪。雖食厚祿，白日將傾，追念[24]噬臍，方即正路。此時若能精心勵志，尚可救其一二焉！此皆先賢所悲，表示於後，幸察根柢，生實信心。

赤松子服氣經序

序曰：天道悠長，萬品不齊。人生爲貴，陰陽同階。天道坦坦[25]，修之不迷。世何頑愚？相隨徘徊。生不及踵，性命殞頹。存亡相感，哭泣悲哀。何不服氣？與仙同棲。經曰：福莫尚生，禍莫大死。子欲長生，腸中當清。長生不死，腸中無滓。生則昇仙，死化爲鬼。仙昇太清，死歸土底。是以食穀者智，食炁者神。故曰：休糧絕食爲生道，陰陽還精爲重寶。能常行之永壽考，何爲恣欲自使老？千金送葬無億兆，悲呼哭泣自懊惱。豈若無爲服氣好？修之不釋昇天浩。然小人居世，狂愚急急。求榮愛寶，貪名好色，疲勞精神，破散氣力。雖獲富貴，凶命居側，命若朝露，間不容息。不能知之，服氣不食爲道也。

神仙絶穀食氣經

經曰：夫欲學道神仙食氣之法，常以春二月、三月，九日、十八日、二十七日，若甲辰、乙巳、丙辰、丁巳、王、相、成、滿日，可行氣也。夫欲行氣，起精室於山林之中隱靜之處，必近甘泉東流之水向陽之地，沐浴蘭湯，以丹書玉房爲丹田方一寸，玉房在下[26]三寸是也。精念玉房，内視中丹田，内炁致之於下丹田。又先去鼻中毛，偃卧，兩足相去五寸，兩臂去身亦五寸，瞑目握固，握固，嬰兒之拳。蒲葯爲枕，高三寸。若胷中有病，枕高七寸。病在臍下，可去枕。既行氣，不復食生菜五辛及寅也。諸欲絶穀行氣法，食日減一口，十日後可不食。二日、三日腹中或悁悁若飢，取好棗九枚若方寸朮餅九枚食之，一日一夜不過此也。不念食者勿噉也。飲水日可五勝，亦可三勝，勿絶也。口中恒含棗核，令人愛氣且生津液故也。經曰：道者炁也，愛氣則得道，得道則長生。精者神也，寶精則神明，神明則長久。

行氣一名鍊氣，其法正强卧，徐漱醴泉嚥之。醴泉者，華池。以鼻微微内炁徐引之，莫令大極滿。入五息，已一息，因可吐也。一息屈指數之，至九十息。若身大煩滿者，可頻伸；頻伸訖，復行之；滿四九三百六十息爲一竟，爲之久久，衆病自除。吐氣既還欲吸之時，先復小吐，微微往來，如是再三，更鼻引之。不爾者，令人氣逆。凡内氣則氣上昇，吐氣則下流，久自覺氣周於身中。若行氣未定，意中疲倦，便鍊氣。以九十息爲一節，三九二百七十息爲一竟。行氣令肝肝滿藏，無令氣大出，閉氣於内，九十息一嚥。嚥含未足者，復滿九十息。三九自足，莫頓數也。當念氣使隨髮際上竟及流四肢，自然下至三星。玉莖二卵是。經曰：行氣常以月一日至十五日念氣從手十指出，十六日盡[27]三十日念氣從足十指出，久之自覺氣通手足。行之不止，身日輕强，氣脉柔和，榮衛肢節。長生之道，在於行氣。靈龜所以長存，服氣故也。諸行氣之後，或還欲食者，初飲米汁粥，日增一口，漸加之。十日之後，可食淖飯，勿致飽也。

經曰：行氣之法，初爲之時，多不和調，令人欬逆，四肢或冷。既行之久，日自益也。四九三百六十息，身如委衣，骨節皆解。久久乃覺氣行體中，經營周身，濡潤形體，洗滌皮膚，五臓六腑，皆悉充滿，百病除去。凡初行氣之時，先安其身，而和其體。若氣與競爭，身不安者，且止，和乃行之。氣至則形安，形安則鼻息調和，鼻息調和則清氣來至，清氣來至則自覺形熱，自覺形熱則頻汗出。且勿便起，在安徐養之，務欲其久。諸行氣皆無令意中有忿怒愁憂，忿怒愁憂則氣亂，氣亂則逆。思一則正氣來至，正氣來至則口中甘香，口中甘香則津液多生而鼻息微長[28]，鼻息微長則五臟安，五臟安則氣各順理。如法爲，長生久壽。行之法：以鼻微微引氣内之，以口吐之，此爲長息。内氣有一，吸也；吐氣有六，呼也、吹也、嘻也、呵也、噓也、呬也。凡人之息，一呼一吸，無有此數。行道之法：時寒可吹，時溫可呼，吹以去寒，呼以去熱[29]。呵以去煩，嘻以下氣。噓以散滯，呬以解極。夫人之極，率多噓呬。噓呬者，長息之忌也，道家行氣之所惡也。

太无先生服氣法

夫形之所恃者，氣也；氣之所依者，形也。氣全即形全，氣竭即形斃。是以攝生之士，莫不鍊形養氣，以保其生。未有有形而無氣者，即氣之與形，相須而成，豈不皎然！余慕至道，備尋經訣，自行氣守真，向三十餘載，所聞所見，殊未愜心。大曆中，遇[30]羅浮山王公自北嶽而返，倚策郵亭[31]，依然相顧。余奇之異人，延之與語，果然方外有道之君子也。哀余懇至，見授吐納，皆一二理身之要道也。心思罔極[32]，非言詞所能盡。每云：道之要法，不在經書，悉傳口訣。其二景、五牙、六戊諸服氣，皆爲外氣。外氣剛勁，非從中之事，未宜服也。至如内氣已正[33]，是曰胎息，身中自有，非假外求。不得明師口訣，徒爲勞苦，終無所成。今所撰錄，皆承師之旨要以申明之，諒非愚蒙所自裁。王公常謂余曰："老君云，我命在我，不在天地。"又曰："吾與天地分一氣而自理焉！天地焉能死吾？"斯真言要訣也。修奉之士，宜三復之。參[34]承誘訓，敢不佩服？有偶得此訣者，慎勿輕傳，無或泄露，以致其殃耳！

修真服氣法：每日常卧，攝心絶想，閉氣握固，鼻引口吐，無令耳聞，唯是細微。滿即閉，使足心汗出，一至二數至百已上，閉極微吐之，引少氣還閉。熱即呵之，冷即吹之。能至千數，即不須糧食，亦不須藥，時飲一盞酒或水通腸耳。數至五千，則隨處出入，有功當自知也，則有入水臥功矣。夫服食養生，貴其有常，真氣既降，方有通感。豈有縱心嗜慾而望靈仙羽化？必無此事也！但仙人至士[35]，功行未滿，尚不能致，況凡俗人乎？但信老人言，勤行之，即當自知矣。

墨子閉氣行氣法

老子曰：長生之道，唯在行氣養神，吐故納新，出玄入玄，呼吸生門，其身神不使去人，即長生也。玄者有上下，謂鼻中口陰也，鼻口陰亦謂之生門矣。老子曰：生不再來，故遵之以道。道者氣之寶，寶氣則得道，得道即長生矣。神者精也，寶精則神明，神明則長生。氣行之則爲道也，精存之則爲寶也。行氣名鍊氣，一名長息。其法：正偃臥握固，漱口嚥之三。日行氣，鼻但納氣，口但出氣，徐縮鼻引之，且莫極滿，極滿者難還。初爲之時，入五息，已一息，可吐也。每口吐氣欲止，輒一嚥之，乃復鼻内氣。不爾者，或令頻。凡内氣則氣上昇，吐氣則氣下流，自覺周身也。行氣常以月一日盡[36]十五日，念令氣從手十指出；十六日盡月晦，念氣從足十指出。若行之能久，自覺氣從手足通，則能閉氣不息，便長生矣。凡欲行氣，先安其身，而和其氣，無與意爭。若不安和且止，和乃爲之，常守勿倦也。氣至則形安，形安則鼻息調和，鼻息調和則清氣來至[37]，清氣來至則自覺形熱[38]，形熱則汗出，且勿便[39]起，則安養氣，務欲其久。當去忿怒愁憂，忿怒愁憂止則氣不亂，氣不亂則正氣來至，正氣來至則口中甘香，口中甘香則津液多生而鼻息微長[40]，鼻息微長則五臟安，五臟安則氣各順其理，百病退去，飲食甘美，視聽聰明，形體輕強，可長生矣。夜半至日中爲生氣，從日中至夜半爲死氣。當以生氣時正偃臥，冥目握固，閉氣息於心中數至二百，乃口吐出之，日增數。如此，身神具，五臟安，能閉氣數至二百五十，即絳宮神守，泥丸常滿，丹田充盛[41]。數至三百，華蓋明，目耳聰，舉身無病，邪不復干，玉女使令，司命著生籍矣。

太清王老口傳服氣法

　　此卷口訣，並是[42]楊府脫空王老所傳授。其脫空王老，時人莫知年歲，但見隱見自若，或示死於此，即生於彼，屢於人間蟬蛻轉脫，故時人謂之脫空王老也。多遊楊府，自言姓王，亦不知何處人耳。每逢志士，即傳此訣。云："祕妙方若傳非其人，自招其咎。"此卷並學有次第，志人口訣非初學法也。爲當學人初兼食服，以此屢言食物。且食氣祕妙，切資斷食，使穀氣併絕。但能精修此法，知騰陟道不遠耳。凡人腹[43]中三處有隔，即心有隔，初學服氣者皆覺心下胃中滿，但少食，久作之，自覺通下。生[44]藏下有隔，即覺腸中滿，久而作之，自覺到臍。下丹田中有隔，能固志通之[45]，然後始覺氣周行身中。遊行身中，漸入於鳩[46]。後覺鳩中氣出，即能與人治病也。初學時必須安身閑處，定氣澄心，細意行之，久而不已，氣入腸中，即於行住坐臥一切處不妨。胃中氣未下入腸中來，即不得，作難成[47]。初服氣皆須因入息時即住其息，少時似閉滿[48]。其息出時，三分可二分，出還住，少時嚥之，嚥已又作，至腹中滿休。必須日夜四時作，爲初學人氣未入丹田，還易散，意欲得氣相接也。氣入丹田已[49]，縱不服氣，亦氣不散。四時者，朝暮子午時是也。心裏滿，但不服氣，咬少許甘草，桂亦得，其滿即散。丹田未滿，亦不到滿也。元氣下時，自然有少悶也。祕之，勿妄傳非其人也。

曇鸞法師服氣法

　　初寬坐，伸兩手置膝上，解衣帶，放縱肢體，念法性平等，生死不二。經半食頃，閉目舉舌奉齶，徐徐長吐氣。一息二息，傍人聞氣出入聲，初麤漸細，十餘息後，乃得自聞聲。凡覺有痛痒處，便想從中而出，但覺有異，漸漸長吐氣，從細至麤，十息後，還如初。或問曰："初調氣，何意從麤而漸細？將罷，何意從細而入麤？"鸞答曰："凡行動、視盼、飲食、行坐、言語，是麤也。桑榆子曰："凡修氣，學者未服及服罷，於飲食言語蓋常事也。鸑公欲使兩相接會，不令其首尾陡異也。"凡睡寤後，復如前繫念，如虎銜子，莫急莫緩，不問寒溫，室中先淨所住，使心不亂，靜其膝耳。"又曰："四大不調，何以察之？""當於脣口察之。冷爲風增，熱爲火增，滑爲水增，澀爲地增，不冷、不熱、不澀、不滑爲調和。又聲爲風增，動爲喘增，痒爲熱增，涎爲水增，不聲、不喘、不痒、不涎爲調和。又心煩爲熱結，意亂爲風結[50]，憂悸爲喘結，志蕩爲水結，不煩、不亂、不悸、不蕩爲調和。四大不調有二，或外或內。寒熱、飢虛、飽飫、疲勞爲外起，名利、喜怒、聲色、滋味、念慮爲內起。凡氣節量，一任自然，"綿綿若存，用之不勤"而已。但能不以生爲生，乃賢於養生也。"桑榆子曰："諸經皆言吐納不欲自聞其聲，而鸑皆言吐麤而漸細，後細而漸麤，始甚疑之，及覩下文云一任自然，則知闊麤細之漸行，是爲最下乘者設，不欲使之與自然爭力也。然必以微細自不聞聲爲上。從細微而至無息，即胎息之理盡矣！恐學者功至之後，猶拘牽文字，著於麤細先後之間[51]，返與自然爲敵，良可哀也！如此，又焉得不爲之明辯？"

達磨大師住世留形內真妙用訣

吾昔於西國授得住世留形胎息妙[52]，師名寶冠，傳吾秘訣。問曰："今欲東遊震旦及諸國土，弘傳心地密法。其諸國土人多遇寒暑，爲災患所傷，例皆死喪。意欲擬向此土弘傳心法，願求留形，不爲災患疫疾所侵，長能住世，留形不死，不知得[53]否？"師云："得。"又問曰[54]："如何即得？"師云："夫所生之本始胎息，即是神與精氣相合，凝結能變化爲形者，即是爲受之本。本氣是人有之根，氣因神而生，形因氣而成。形不得氣，無因得成；氣不得形，無因爲主。原其所禀之時，伏母臍下，混沌三月，玄牝具焉。玄牝者，口鼻也。玄牝既立，猶如瓜花，闇注母氣，終[55]於此也。在胎之日，母呼即呼，母吸即吸，綿綿十月，氣足形圓，神備識全，遂解胎而生矣。悲夫！母唯知貪悅其子，不知自損其軀，母既傷殘，只爲分形減氣，爲子之因。其子生於十月，情見於外，變嬰孩子，指頤能笑者[56]。先聖垂義，以爲失道而後德，即人喪朴之本。議云：子成母衰也。此其世人不知母養其子，子成母自衰矣！故知我釋迦文佛令孝敬父母及報養育乳哺之恩，謂此故也。嗟乎，世人不知於道，意逐外緣，不知胎息之術，住世留形之本。如有後學者，但能心不緣境，住在本源，意不散流，守於內息，神不外役，免於勞傷。人知心即[57]氣之主，氣即形之根，形即氣之宅，神即形之具[58]，令人相因而立。若一事有失，即不合於至理，何[59]能久立焉？但凡夫之人年二十，口好滋味，心懷喜怒，目眩五色，耳躭五音，身貪欲樂，意逐外緣，役智運神，間不容息。如此之流，則晝夜未曾暫息，原朴之根，蕩然而盡。令以[60]形凋氣散，命絕形枯，魂被惡業所牽，宅舍因而無主。故知心靜即神悅，神樂即福生，福滿即道增，圓明益智，明妙既通，心有照用，即能用而無用。故聖人知外用而無益，所以返本還源，令以[61]握胎息之機，即長生不死，其理昭然。故論云：形中之子母，云何長守？智者能守，壽命得長久。即知神爲氣子，氣爲神母，神行神住，即氣行氣住。心能主氣，識憑氣住。若要長生，神氣相合，主[62]心不動念，無來無去，不出不入，湛然常住。但於此修行，合真道路，勤行之，莫極言數。玄牝之門，長生之戶，若能雙行，慈悲甘露，外施救物，人天福祚。不思外物，不視外色，不聽外聲，不躭外慾，不嗜外味，常令心神、魂魄、意識長生，神氣相合，循環臟腑之內，御呼吸，應上下，久久修習，即神氣自明。神氣既明，即可照徹五臟。五臟氣和，即可使神氣通於四肢。故聖人三日內視，專注於一心神，充化之，綿綿存之，久而不斷，可通流五臟四肢，斯言可推而得理也[63]。但凡俗之人，神與氣各別。如此之流，不可稱令。若不知子母相守，氣雖呼吸于內，神常勞役於外，遂使神常穢濁而神不清。神既不清，即元和之氣漸散而不能相守也。道人常用之，而不知根本以形神爲主，若人不知守於內而守於外，自然令宅舍虛危，漸見衰壞矣！況非道之人，勞神役思，無一息神氣注於氣海之中，而欲望其長生，豈不遠乎？若知神氣之所生者，即心之主者，即修於一，了然可見矣。若不知氣之所生[64]，任運呼吸，役役尋文者，唯得通調於氣，理於五臟六腑，及能消化飲食五穀而已，焉能返魂還魄，填血益腦者哉！則凡人呼吸與聖人殊，凡人息，氣出入於嚨喉；聖人息，神氣常在氣海，氣海即元氣之根本也、所居之處也，即臍下，合太倉，亦爲子宫，爲氣海，即子母相合。道人能守之，綿綿不絕，此是返本還源，歸本生之處，而堅住凝結，不化不散，即其義也[65]。不敗神，識多靜，即自然長生，留形住世，要妙之真訣也。"師曰："若住自然之息，神御氣即鼻無出息，令爲真胎息也。凡夫之人，二境相覩之後即情慾動，情慾動即精氣悉下降於莖端而下洩之，皆爲情慾所引，制御不得，遂有眂澮之憂，衰喪其本也。"

項子食氣法

項子曰："人能清淨安和自然者，十月通矣。或一年、或二年通，或三年乃通，其不能通者，不能得道，適可長生壽老延年也。"又曰："人之才，能靜於三軍之中、虎狼之間，有千人之才；能靜室家之中，有百人之才；能靜於市道旁，有十人之才；靜於山澤之中，有倍人之才。此凡器之人，終不知也。凡此多者，則能清淨。靜者[66]能斷情慾，斷情慾者則能絶房室，絶房室則能休糧，休糧則能保愛氣，能保愛氣則德應自然，德應自然則十月通矣。十月通者，謂上士也；中士或三年而通；下士才薄，九年乃成。其才倍人，皆不能通。聞之不信，語之無益，此則土人行尸矣。所謂經言'下士聞道大笑之'者也。常以清旦鼻内氣嚥之，經行勿休，口口吐之，所謂食生吐死，可以長生。從夜半至日中爲生氣，日中後至子時前爲死氣。常以生氣正生時仰眠，瞑目閉口，屈十指置握固，不絕息，於心中數至二百，乃以口吐氣出之，增息如此，則身神具生，五臟安矣！"

張果先生服氣法

　　每日常偃卧，攝心絕想，閉氣握固，鼻引口吐，無令耳聞，唯是細微。滿即閉，使足心汗出，一至二數至百已上，閉極微吐之[67]。引少氣還閉，熱呵冷吹。能至一二千，即不用糧食，不須藥物，時飲一兩盞好酒或水通腸耳。數至五千，則隨處出入，有功當自知也，則可入水卧矣。夫服食養生，貴其有常，真氣既降，方有通感。豈有縱心嗜慾而望靈仙羽化？必無此事也！且仙人[68]功行未滿，尚不可致，而況凡俗乎？但信老人語，懃行之，則當自知。凡氣不通，冷熱遲疾耳。極遲極熱極疾極冷，皆非道也。

申天師服氣要訣

　　取半夜之後五更已來睡覺後，以水漱口，仰卧伸手足，徐徐吐氣一二十度，候穀氣消盡，心靜定後，即閉氣忘情，將心在臍下丹田氣海之中，寂然不動。則嚥氣三兩度，便閉氣，使心送向丹田中，漸覺氣作聲下入氣海中幽幽然，是氣行之候也。良久，待氣行訖，又開口吐氣，徐徐又閉口而嚥之。如是三二十度，皆依前法。覺氣飽，即冥心忘情，清息萬慮。久久習之，覺口中津液甘香，食即有味，是其候也。凡欲行此道，先須忘身忘本，守元抱一，兀然久之，澄定而入，玄妙之要，在於此也。

王真人氣訣

　　每四更後五更初，當處静室，居一床，疊雙足，面東端坐。先作導引，以左手握固，右手虎口臺首並仰，盡力後却。以右手握固，左手虎口復如之訖。即交手掌向外三引訖，又左右手搭頤三，交手搭頭，左轉三，右轉三，左展拓空三，右展拓空三，當面虛拓地三，背手虛拓空三，此爲導引法。導引竟，然後自思神。先叩齒自呼己名，然陰念五臟三焦及三魂七魄頭面手足一身諸神，令輔形體也。又前思太陽，日也。後思太陰，月也。左存青龍，右存白虎，思頭戴朱雀，足履玄武。此存想四神也。又存想七政，配合五臟。所謂肺魁、肝魃、心魖、脾魀、膽魖、左腎魑、右腎魖。當想真君降其本臟，仍須密念七過。次想二十八宿周遍形體，以輔七政。依此法數之：先從左手腕起角，左肘亢，左肩氐、房，右胯心，右膝尾，右足踝箕。却從右手腕起斗，右肘牛，右肩女、虛，自心至左胯危，左膝室，左足踝壁。又却從右足以踝起奎，右膝婁，右胯胃，至心昴，自心至左肩畢，左肘觜，左手腕參。又却從左足踝起井，左膝鬼，左胯柳，至心星，自心至右肩張，右肘翼，右手腕軫。又自左手腕起角宿，至右手腕匝軫宿。凡一十三處存想，象一年之有閏。計兩度交互數之，一十二處，皆存兩〔69〕宿，心一處獨存四宿，都計二十八宿。凡存想五臟六腑三魂七魄四神七政二十八訖，即吐出衆雜死濁之氣，然後閉口，從鼻左孔納其生清之氣，內想冥目，想此氣綿綿下至丹田，方周流通傳，汩汩作聲。氣滿即再吐出，切不得令自己耳聞。如此十過止，此即《王真人法》也。

大威儀先生玄素真人要用氣訣

凡用氣法，先須左右導引，令骨節開通，筋柔體弱。然後正身端坐，吐納三過，使無結滯。靜慮忘形，令氣平息。良久，徐徐先以口吐濁氣，鼻引清氣，凡此六七過，此名調氣。調氣畢，即口鼻俱閉，虛含令氣滿口，即鼓口十五過，已上更佳，如嚥一大口水入腹中，直以心存至氣海中。良久，更依前法嚥之，但以腹飽爲度，亦不限過數。然後虛心實腹閉口，以手左右摩腹上，令氣流行，即鼻中細細放通息，勿令喘麤，恐失中和。然後正身仰臥，四平著床，枕枕〔70〕高低與身平，兩手握固，展手離身四五寸，兩脚亦相去四五寸。然後鼻中息收，即口鼻俱閉〔71〕，心存氣行遍身，此名運氣。如有病，即心存氣偏注病處。如氣急，即鼻中細細放通息，口不開，候氣息平，還依前法閉之。搖動兩足指及手指并骨節，以汗出爲度，此名氣通。即徐徐收身側卧，拳兩脚，先左邊著地，經十息，即轉右邊著地，亦十息，此名補損。依此法服，經一月後，行立坐卧時，但腹空即鼓嚥之，不限時節。如喫飯了，即喫空飯一兩口，和水嚥下，此名洗五臟。即以清水熟漱口，虛心實腹，令臟腑葉舒展嚥之，令五臟不停五味氣。訖，即以口先吐濁氣，鼻引清氣，不限多少，盡須放之。如下泄一濁氣出，還鍊一口和氣補之。若尋常喫飯飲茶，此皆外氣入，當須入口便合口。口既合，所入外氣即於鼻中出也。鼻中却入氣即是清氣也。常須合口喫飯，不令口中有氣入，入即是死氣。凡人言語，口中氣出，必須却於鼻中入，此常行吐納也。行住坐卧，常須搖動脚指，此名常[72]令氣得下流。常行此事，動静念之。如節候不精，忽有外氣入腹，即覺微痛，可以摩腹一百下，氣即下泄也。氣或上，必不得出，抑之使下，此名理順。忌破氣物及生冷黏膩等物，不宜喫動氣冷物。如依此法，不闕常行，九年功成，履空如履實，履水如履地。

王説山人服氣新訣

子夏曰："食氣者神明而壽。"《黄庭經》云："玉池清水灌靈根，審能修之可長存。"釋氏止觀，其有用氣療疾法。是知氣之與液，遞相通潤也。古經法皆有時節行之，今議食氣不復以時節也，液則時時助氣使調滑也。所論食氣皆内氣也，嚥之代食耳。液者，嚥之代漿耳。上食新氣，下泄舊氣，使推陳而納新也。嚥氣不必飽滿，下泄不必常出，但得無虧，即自平定。嚥氣不必常嚥，但氣清則腹内自平，夫然，不須嚥矣。初學之時，覺飢即食，不覺飢即止矣[73]。若食，常以一嚥兩嚥壓之，則食易消。食漸消，加[74]嚥數，至食消，氣自調。若覺腹中氣小妨，即或行或卧，東轉西側，以意想驅逐之使下。若未下，不得急性忙迫，但以意從容[75]之，不久自泄也。食氣時若欲上噫，但任噫[76]出，必不得抑之也。桑榆子曰：夫功淺多噫，蓋由乍服所得真氣尚少，疳氣[77]必多，不正而多，命宮不受，則宜常有出者。又初服之時，所嚥者往往不到氣海，則無所歸投，返上爲噫也。若得内氣，又入到氣海，自然無噫[78]。如著功多時，忽復[79]噫者，不是傷多，即是外氣悮入也。欲下出，任下出，必不得閉[80]之，在細意自審也。消息盈虚，久而自得其妙矣。宜行步兼小導引，引亦不得頻爲之。世間諸事，皆自細意斟酌之。有諸疾，則絶粒三數日，輕則一日兩日，更輕即絶一頓亦得。若疾在上，以意想上[81]驅之；在下，以意想下驅之；若在四肢及左右側，並以想驅逐之，則愈矣。大都不得閉氣，若閉氣即疾生。所食物宜潤暢，寒暑皆適宜也。瘴癘時，但絶粒數日，静居則差矣。

嵩山李奉時服氣法[82]

每欲服氣，如嬰兒吮乳，氣息似悶即嚥之。依前吮嚥，大悶即放令口出，甚須微細。每嚥使心送之至臍下，有病亦使心送至病處。當服之時，第一須閉目，專意握固，新欲服之安[83]神氣，然後爲之。先須導引，令四體舒緩，然後[84]爲之。卧服勿枕枕，舒手足安定。如病重，氣甚悶，頻蹙上至極，仍便握固咽氣。又咽[85]一氣，氣行聲從耳中出即得矣，祕之祕之。此爲内氣，無問早晚晴明陰晦，須服即服，大都得晴明時大精。若服外氣，即有生氣[86]。知之十年服之，五日不服即無益矣。每日五更午時服第一，服了須攝鍊，兼以手按之，勿令心腹[87]下硬。

【校記】

〔1〕"胡"原作"明"，據《延陵先生集新舊服氣經·修養大略》改。

〔2〕"燼"原作"鑢"，據上書改。

〔3〕"其"原作"則"，據上書改。

〔4〕"裾"，上書作"持"。

〔5〕"者"字原無,據上書增。

〔6〕"化",上書作"胚"。

〔7〕"之",上書作"化"。

〔8〕"權",上書作"擁"。

〔9〕"令神泣"原作"靈神泣",據《上清黄庭內景經·瓊室章第二十一》改。此後,上書有"忽之禍鄉三靈歿"。

〔10〕"賢"原作"覺",據《延陵先生集新舊服氣經·修養大略》改。

〔11〕"愛"原作"受",據上書改。

〔12〕"兀然"原作"汎然",據上書改。

〔13〕"衛"原作"流",據上書改。

〔14〕"今"原作"令",據上書改。

〔15〕"身",上書作"神"。

〔16〕"則",上書作"測"。

〔17〕"氣"原作"異氣",據上書删。

〔18〕"百病起於氣也"原作"起於氣為百病",據上書改。

〔19〕"病安從來"原作"病從安來",據上書及《黃帝內經素問補註釋文》卷一《上古天真論篇》改。

〔20〕"限命",《延陵先生集新舊服氣經·修養大略》作"促命"。

〔21〕"神在"二字原無,據上書增。

〔22〕"可",上書作"不",疑當作"叵"。

〔23〕"二疑"原作"建疑",據上書改。

〔24〕"追念",上書作"追惟"。

〔25〕"坦坦"原作"担担",據《易·履》"履道坦坦"改。

〔26〕"下",疑當作"臍下"。

〔27〕"盡",《四部叢刊》本作"至"。

〔28〕"口中甘香則津液多生而鼻息微長",《神仙食炁金櫃妙錄》作"口中甘香則多唾,多唾則鼻息微長"。

〔29〕"吹以去寒,呼以去熱"原作"吹以去熱,呼以去風",據《神仙食

炁金櫃妙錄·行炁法》及《延陵先生集新舊服氣經·祕要口訣》改。

〔30〕"遇"原作"偶"，據《嵩山太无先生氣經序》及《幼真先生服內元炁訣序》改。

〔31〕"郵亭"原作"高郵"，據《幼真先生服內元炁訣序》及《長生胎元神用經》改。《嵩山太无先生氣經序》作"高昂"。

〔32〕"皆一二理身之要道也。心思罔極"，《嵩山太无先生氣經序》作"須一二理身之要道。其恩罔極"。

〔33〕"已正"二字，《四部叢刊》本及《幼真先生服內元炁訣序》皆無。疑衍。

〔34〕"參"，《嵩山太无先生氣經序》及《幼真先生服內元氣訣序》均作"恭"。

〔35〕"但"，本卷《張果先生服氣法》作"且"，無"至士"二字。

〔36〕"盡"，《四部叢刊》本作"至"，下同。

〔37〕"形安則鼻息調和，鼻息調和則清氣來至"原作"形安則鼻息，鼻息則調和，調和則清氣來至"，據本卷《神仙絕穀食氣經》及《神仙食炁金櫃妙錄》改。

〔38〕"清氣來至則自覺形熱"原作"清氣來至則自覺，自覺則形熱"，據上二書刪。

〔39〕"便"原作"使"，據本卷《神仙絕穀食氣經》及《四部叢刊》本改。

〔40〕"正氣來至則口中甘香，口中甘香則津液多生而鼻息微長"原作"正氣來至則口內無唾而鼻息微長"，據本卷《神仙絕穀食氣經》及《神仙食炁金櫃妙錄》改。

〔41〕"充盛"二字原無，據本書卷六五《太清金液神丹經序注》增。

〔42〕"是"字原奪，據本書卷六二《太清王老口傳法序》補。

〔43〕"腹"原作"腸"，據上書及《太清服氣口訣》《氣法要妙至訣》改。

〔44〕"生"，《太清服氣口訣》及《氣法要妙至訣》作"至"。

〔45〕"有隔，能固志通之"七字原無，據本書卷六二《太清王老口傳

法・説隔結》增。

〔46〕"遊行身中，漸入於鳩"原作"遊行猶自未入鳩中"，據上書改。

〔47〕"作難成"，上書作"顧處作難"，《太清服氣口訣》及《氣法要妙至訣》均作"諸處作難成"。

〔48〕"閉滿"，本書卷六二《太清王老口傳法・初學訣法》作"悶滿"。

〔49〕"意欲得氣相接也。氣入丹田已"原作"意欲得氣入丹田未間"，據《太清服氣口訣》及《氣法要妙至訣》改。

〔50〕"意亂爲風結"五字原無，據《延陵先生集新舊服氣經・鸞法師服氣法》增。

〔51〕"間"原作"門"，據上書改。

〔52〕"授"當作"受"，"妙"當作"妙訣"。

〔53〕"得"後原有"以"字，據《四部叢刊》本删。

〔54〕"曰"後原有"云"字，據上本删。

〔55〕"終"，《胎息精微論・内真妙用訣》作"始"。

〔56〕"母唯"至"笑者"四十六字，上書作"母雖知貪悦其子，當不知形耗體枯，分神減氣，爲子之用矣。既生七日，情見於外，變嬰而爲孩，指頤而能笑"。

〔57〕"即"後原有"念"字，據《四部叢刊》本删。

〔58〕"形即氣之宅，神即形之具"原作"形者氣之宅，神形之具"，據上本改。

〔59〕"何"原作"可"，據上本改。

〔60〕"令以"，上本作"以致"。

〔61〕"令以"，上本作"令"。

〔62〕"主"字，上本無。

〔63〕"故聖人"至"得理也"，《胎息精微論・内真妙用訣》作"故黄帝三月内視，注心一神，則神光化生，纏綿五藏，斯言可推而得也"。

〔64〕"若不知氣之所生"，上書作"若炁无所主"。

〔65〕"即其義也"原作"此即皆其義也"，據《四部叢刊》本删。

〔66〕"静者",上本作"清净者則"。

〔67〕"吐之"二字原無,據本卷《太无先生服氣法》及《嵩山太无先生氣經·服氣訣》增。

〔68〕"人"後,本卷《太无先生服氣法》有"至士"二字。

〔69〕"兩"後原脱兩字,據《四部叢刊》本補"宿"字。疑尚脱"惟"字連下。

〔70〕"枕枕",《延陵先生集新舊服氣經》作"枕"。

〔71〕"閉"字原無,據上書增。

〔72〕此處疑有脱誤。

〔73〕"不覺飢即止矣"原作"食時不覺飢即由氣矣",據《延陵先生集新舊服氣經·王説山人服氣新訣》删。

〔74〕"加"原作"如",據上書改。

〔75〕"從容",上書作"沖融"。

〔76〕"噫"原作"意",據上書改。

〔77〕"疳氣",上書作"新氣"。

〔78〕"入到氣海,自然無噫"原作"不入到氣海自然無",據上書改。

〔79〕"復"原作"腹",據上書改。

〔80〕"閉"原作"祕",據上書改。

〔81〕"以意想上"四字原無,據上書增。

〔82〕"嵩山李奉時服氣法",《延陵先生集新舊服氣經》作"李奉時山人服氣法"。

〔83〕"新欲服之安",《延陵先生集新舊服氣經·李奉時山人服氣法》作"安定"。

〔84〕"後"字原無,據上書增。

〔85〕"咽氣。又咽"四字原無,據上書增。

〔86〕"生氣",上書作"生死氣"。

〔87〕"腹"原作"服",據上書改。

雲笈七籤卷之六十

諸家氣法

中山玉櫃服氣經 碧巖先生撰　黄元君註

録神誡戒序第一

昔大黄帝君[1]太古無名，云大黄帝君者，則黄帝有熊也。會羣仙於崆峒山，問道于廣成子曰："夫人養生全真，遊觀於天庭間，止息於洞房中，得與衆聖齊羣，駐童顔而不敗者，則何法最寶？"廣成子曰："夫人以元氣爲本，本化爲精，精變爲形。形雖好生，欲能竭之。故欲不可縱，縱之則生虧，制之則生盈。盈者精滿氣盛，百神備足。夫有死必有生，有生必形虧。虧盈盛衰，物之常理。日中移，月滿虧。樂極哀來，物盛則衰。有生即死，是天地之常數也。聖人智通萬物，以法堅身，在養育之門，無犯形本，則合於化元之道者也。夫人體内有百關九節，百關者，號百禄之神，爲九節之用。九節者：一掌，二腕，三臂，四髆，五項，六腰脊，七腿脛，八胫踝，九腦，是謂九節也。合爲形質，洞房、玉户、紫宫、泥丸、丹田以處泊。古文作措薄。今論神炁棲息，故宜處泊。洞房等皆天庭三田神正泊處也。百神守衛，六靈潛護。百神者，百節之神，守固榮衛，保護五藏。藏亦有神，五神清則百節靈，五神傷則百節尪，清則少，傷則老。經云："貪慾嗜味，傷神促壽。""金玉滿堂，莫之能守。"六靈者，眼耳鼻舌身意，亦謂之六識。常隨心動，念則識闇，但閉之則寧，用之則成，察之則悟，任之則真。又有三魂伏於身，七魄藏於府。故云："肝藏魂，肺藏魄，脾藏志[2]，心藏神，腎藏精[3]"，此皆百神六靈之主也。宜防濁亂，輕躁動作，違之不守，自致敗傷而已。**保其玄關，守其要路。** 道以真一爲玄關，以專精爲要路。**既食百穀，則邪魔生，三蟲聚。** 蟲有三名，伐人三命，亦號三尸，一名青姑，號上尸。伐人眼，空人泥丸。眼暗面皺，口臭齒落，鼻塞耳聾，髮禿眉薄，皆青姑之作也。一本作青石。二名白姑，號中尸。伐人腹，空人藏府。心旋意亂，肺脹胃弱，炁共傷胃，失飢過度，皮癬肉燋，皆白姑之作也。一本作白石。三名血尸，號下尸。伐人腎，空人精髓。腰痛脊急，腿痺臀頑，腕疼頸酸，陰萎精竭，血乾骨枯，皆血尸之化也。一本作血姑。此三尸毒流，噬嗑胎魂，欲人之心，務其速死，是謂邪魔生也。尸化爲鬼，遊觀幽冥，非樂天庭之樂也。常於人心識之間，使人常行惡事，好嗜慾，增喜怒，重腥穢，輕良善，或亂意識，令蹈顛危[4]。其於一日之中，念念之間，不可絕想。每於甲子庚申日上白天曹，下訟地府，告人陰私，述人過惡。十方刺史受其詞，九泉主者容其對，於是上帝或聽，人則被罰。輕者人世迍邅，求爲不遂；重者奄歸大夜，分改身成殃異而出[5]。今俗傳死次直符，雄雌殃注，破在煞星，此之是也。都由人不能絕百穀五味，誡嗜慾，禁貪妄，而自致其殞歿。《內景玉書》云："百穀之實土地精，五味外美邪魔腥，臭亂神明胎炁零，三魂恍惚魄糜傾[6]。" 要知成彼之三蟲，由斯五穀也。貫穿五藏，環鑿六府，使丹田不華實，津液不流注，血脈不通行，精髓不凝住，胎魂不守宮，陰魄不閉戶。令人躭五味，長貪欲，衰形神，老皮髮。若不却粒絕味，禁嗜誡色，則尸蟲全而生，身神必死。若滅[7]三蟲，弭尸鬼，安[8]魂魄，養精髓，固形神，保天地者，非氣術而不可倚矣。擒制情欲，弭滅蟲尸，使形神不枯朽，須服神氣，還元返本，過此皆不可倚也。**且我大仙以氣術爲先，元炁是本。** 道以太和爲宗，沖元是本。**及吾歸之於妙，寂之於玄，化之於無，用之於自然。自然輕舉，昇於玄玄，出入無間，其道恬焉。與道通靈，當有何患？** 音還。《內景》云："勿令七祖受冥患。" 不許以道傳非人，即七祖受冥殃也。今言"當有何患"，是亦依道奉行，保無殃咎也。夫上清所崇[9]，中仙以丹術爲本，下仙以藥術爲首。量此二[10]者，夫何以久？皆以勤形勞神，餌金服石，動費貨泉，失於歸寂，蓋不得自然之理，乖於真道矣！昔大隗翁曰："生吾有身，憂吾勤勞，念吾飢渴，觸情縱欲，過患斯起，遂虧於玄化之道也。" 此廣成子述初古大仙要道所得之祕旨也。於是大黃帝君謹心神觀想元氣，用啓玄理，先静丹元，觀想自然，融於歸寂也。乃感太一真君持《玄元内景氣訣妙經》一篇授之。帝君邇後降中嶽，復會羣仙，宣是《妙經》，因名《中山玉櫃服神炁經》。此碧巖受行是經於師，奉傳然得分明，知其的實，故以告也。夫太一真君是北極太和元炁之神，神通變化，自北極紫微宫經過於天地間，滋育萬物。在天則五象明焉，在地則草木生焉，居人則神識靈焉，在鑒則五行察焉[11]，在化則四運變焉。聽之不聞，視之不見，搏之不得，無狀而與萬物作狀，故謂之玄，謂之象。所患無不應，所真無不證，所專無不用，所精無不動。是知道以真正爲玄關，專精爲要路，倚於此者，則無所不通也。碧巖所受，相次顯示，使其將來，不滯迷惑。經曰：夫欲服氣，服元氣爲本，以歸寂爲玄妙。若不得此門，及不知玄關要路，則終不能成就功德也。經之要言，故不妄語。夫求仙道，絶粒爲宗。絶粒之門，服氣爲本。服炁之理，齋戒爲先。當持齋戒，然揀好日，晏静一室，安置床席。其齋以心清意静，無諸躁動，正可二七日。若不先齋，則不得神炁内助。若不存想，則神氣不内補。夫欲修行，要當别置一室，好土香泥泥飾，明密高敞，床褥厚暖，衾枕新潔，不得使雜人穢汙，輒到其中。其中地須鋤深二尺，篩去滓礫，除諸穢物。更添好土，築擣平實。更羅細土，拍踏令緊。既得穩便，勤須灑掃，務其清淨。室中唯安書机經櫃，每一度焚香，念玄元无上天尊，又念太一真君。又可存乎三一三元、五藏六靈、一身之神，冥心叩齒，静默思之也。太一真君有五誡，誠心依之，克獲神應。一者不得與女人語笑同處，致尸鬼惑亂精神。二者勿食一切雜薰[12]膩五辛留滯冷滑之物，若食之，令三尸濁觸五神。三者勿入一切穢惡處所。夫弔死問病，至人不爲；殺戮決罰，驚魂；大怒大怖，精神飛散，就中死屍，道家大忌。海之至大，尚不宿屍，人之至靈，屍之至穢也。或悮衝見，當以桃皮竹葉湯浴訖，入室平卧，存想心家火遍身焚燒，身都烔然，使之如晝[13]。然後閉氣，咽新氣驅逐腹内穢氣，使[14]攻下泄，務令出盡，當自如故。四者勿與一切衆人争於[15]是非，忿諍鬭競，及抱小兒，減人筭壽，損志傷神。五者勿得欺罔一切事，陰神不助。常慎言語，節度行止，勿對北旋溺，犯太一紫微，殃罰非細。若有違此五戒，於二七日間，眠夢之內，自有驚覺，覺悟於人，務人修善，其事祕密，無事勿泄於人。所言《內景炁訣妙經》一篇，良有是也。夫《內景》是內祕之事，唯自己心內知之，固不合漏泄他人也。

服氣絕粒第二

要當用雙日，隻日則奇，雙日則偶。及本命日[16]，預前更沐浴，於室內焚香机上，上安淨水一椀，設衾枕。其訣例日臥至夜半起坐，鳴天鼓三十六過，靜心神爲元氣和。此炁子時生發於心藏間，上貫泥丸丹田。眉間却行三寸是上丹田宮，周轉於身，如紫雲氣。又想太一真君如嬰兒，左手持玉訣，右手執靈符，遊於紫雲氣間。然後平枕正臥，絕一切浮想。浮想若不除，則心神炁當閉不行。絕想止念既定，然待出息盡，便閉玄牝氣鼓滿，牙齒勿得相近。欲嚥之時，齒牙微相近，仍須收息縮氣，磔音攝腹嚥下，以嚥得爲度，嚥得飽以爲期，亦無時限。此法與諸家嚥氣不同，若不收息縮氣，取磔嚥下，則不入大腹中，又不入食脈中。夫喉嚨中嚥入之氣，自有三道：一入腸胃中脈，二入五藏中脈，三入食脈。若不依前法縮氣磔腹，但空嚥得其炁，只得獨入腸中，不入食脈，即無所成益也。若直下入腹中入腸胃，緣腹中多阻隔，致令上衝下泄，食退其腸，四肢漸似無力，體內不免虛羸。縱喫湯飲，餌服諸藥，並亦不免口乾舌澀。若但依此法，候氣滿口，食久畜取，磔腹嚥下，自當分入食脈及五藏，內息以此爲都契。假令元氣未達腸中，其食脈已先強滿，與食無異，輒無虛羸，神妙無比。若不依此，一日縱三五十度嚥氣，其腹內未免欠乏，常有所思於食，即不可見其效矣。要坐服亦得，須依前法以炁息畜嚥入，嚥入之時，仍須低頭取勢嚥下，嚥下即當時分入臟腸及食脈中。但解用氣，食脈當時強滿，滿即自然飽足。如未曾學者，亦不過三數日，便見次第。若嚥物不得，縱嚥不入於食脈，及心意妄思，即是夙生無分矣。

諸門嚥氣，皆先入腸中，衝排滓穢，經三、五、七日後，方達食脈。縱達食脈，且神勞力倦，思食之意，未能全絕。假令堅守，數日之間，尚多腹中欠乏[17]。若遇此法，但持四十九日，自然絕思飲食。縱有百味佳餚，都不採覽。神功若此，無以加焉！切在藏祕，勿示見人者也。凡春夏秋冬，並不假暖氣，日久自悟，諸理了然。若要湯藥，杏仁薑蜜及好蜀茶無妨，力未圓可以調助。唯薑不得多著，性能壞物，善奪人志。曾有通服豉湯，此則未達深理。豉[18]本性太冷，久淹塵穢，只辟麵毒，及解傷寒，大約傷壞藏府，正傾元氣，特宜忌之。前云收息者，當低頭納氣，炁入都亦無聲，攻排滓穢，務令速退腸中滯食，納得元炁，自然常飽，此是氣與神合行之至也。三日後，亦不擇行住坐卧，爲之總得。亦不假致氣，但嚥強自下，人亦不知，自覺體理踈通，四肢過於[19]常健。如此七日，神炁自足，不假久鍊功夫，亦不要每日存想。自此一百日，三尸自除，忽爾一日，神自內現。得食氣五十日，穀氣方盡，便可絕諸湯藥。其食出時，當有五色物出，如似膿血。此物既盡，諸府通達，內視藏胃，如晝所見。若得至此，切不得慢泄於人。一旦神功通悟，亦不得輒懷怪異，尤須祕之，勿申於外。自然之功，外姦亦所不入，在陽不燋，託陰不腐，一切質礙，無不穿貫，不危不殆。若穀氣未盡，即不到通地。如曾經受法之後，得遇此術，神氣內輔，靈響外應，自然自在，無所拘束，要食亦得，不食亦得，食亦無損，絕亦無傷，再食再服，不揀月日，不論行住坐卧，處處總得。若不食多時，要得食者，可依前受法訖即食。若食多時，要得絕者，亦可受法訖，更依術爲之取，以大成諸絕爲定。夫至道無二，守之必成。但不錯功，自然玄祕。世間吉凶善惡，無不曉達。上至天府，下至陰司，一切神靈，皆得使役。所有疾病，見無不理。所有異物，見無不識，顏如童女，光彩射人。行速如風，所去無滯。一年之外，自入玄門。玄門者，謂入胎息。道言："玄牝門，天地根，綿綿若存，用之不勤。"又"玄之又玄，衆妙之門"也。

胎息羽化功第三

夫修胎息，於密室中厚設床枕，焚上好名香，兼請一至友爲伴。緣初學人乍通玄路，見種種事，善惡境界，鬼神形容，自涉怪疑，心生妄亂，必恐[20]閉息不固，事須要假相伴以安其意。切在清淨心神，使寂然不動。自淨其心，無想他事，善惡俱捨，出入兩忘，雖[21]若處胎，了然絕息，即寂然不動也。可正施手足，平枕仰臥，待出息盡，歘然閉之，更勿令出。當得攻面，流下四肢，渾身稍熱，處處自得，絕喘絕息，乃遣至下。籌記泄息數，凡一出一入口鼻之氣，名一息。以傍人出入數其息也。不過五百息，內景自現。若却還口鼻中，當微微放出。功至千息，其效的然。當易換骨肉，鍊髓如霜，即合於大元，通於天府。上清事固不可裁其功，元力固不可明其德，神仙之法固不可宣其言，修[22]道之術固不可示其要。所以雖言胎息，不說羽化者，良由此也。若依此術修鍊，胎息得成，而羽化亦成就，自有五神相伴，不假至友，此則不言之功，功已成矣。此《中山玉櫃服神氣經》，非至人至行，不可妄傳。豈唯罪業一身，抑亦殃累七祖，切宜誡慎，勿示非人。

論曰：氣功妙篇，氣術之道數略同。專其精通，則世一二。且諸門嚥氣，或功繁語闇，理叙多端。若嚥非候時，則心力多倦。若無時吐納，食退氣微。若坐想存神，志羸氣憊。縱使宣明口勢，吐納開張，皆須日久月深，倦於賒闊。假令元氣初得通於經脉，即經體尚虛。若元氣未達經脉之間，即藏府不免綿惙，致其轉思食道，因此彌留。辯其理者，則勤苦而進輪；昧其趣者，則懈怠而退轍。實由不通元路，未契玄關，齋禁不齊於內神，制度有虧於外法。余今所錄，至祕至神，是得自然之本原，洞了道術之根蒂。後代學者，宜自勉歟！

聖正規法第四

夫先聖先真之道術，通載則理合於幽微。若不逢立啓之門，難達其玄牝。若獲斯訣，可決成功。功滿德圓，無所不可。上以昇九天，下以遊五嶽。若居於塵世者，可以理百病，可以消衆毒，可以鑒吉凶，可以察善惡，可以起垂死，可以救臨危，可以役神靈，可以辟刀兵，可以却寒熱，可以離世苦。若居於山谷者，可以登懸嶮，可以昇虛空，可以涉江波，可以隱形蹤，可以降毒蛇，可以伏猛獸，可以遊九府，可以棲三岫。進可以飛九天，退可以沉九泉。永除飢渴，度絕纏綿，隱化無滯，盈虧自然。免三塗五苦之難，削黑簿丹籍之名。名書金簡之科，功記玉皇之曆。此玄元之聖力，上真之祕旨。功成之後，不思而自成，不呼而自至。言通雅正，語合幽微。至道無爲，了然總會。一至於此，吾道成焉！

論曰：夫達士悟道，常畏於身。故"吾有大患，爲吾有身"。故有其患，患在毀傷形體，莫若寄寓神精。譬於器中安物，物假器而居之，畏器之破壞，物乃不得安居。形體若也消亡，精神於何處安泊？神畏身死，物忌器破。若乃小心護惜，專意保持，身器兩存，神物何慮？但以麤心大膽，棄擲墜撲，色欲勞形，縱性費力。炁因茲而破壞，身自此而毀傷。形如熯穀枯木，不可復生其牙葉，縱遇陽和之春，長爲陰冥下鬼，畢于朽腐，可爲[23]憨嗟。雖位極人臣，皆行尸走骨矣！言雖位極人臣，若不知道，皆是行尸走骨也。夫玄元得之於自然，廣成受之於上仙，黃帝修之於內景，余今遇之於中天。中天即中山，謂嵩嶽也。碧巖於此遇斯經焉。此經微妙，不可思議。述服氣之神功，漸通達於胎息。之道若成，羽化之期自至，便能昇于天府，名紀玉書，位爲大仙，階齊聖列。將來學人，見此《中山玉櫃服神炁經》，安心修行，請勿有疑。必然之理，通於神明，幸宜保敬，勿負余信[24]。

幼真先生服內元氣訣法[25]

進取訣

凡欲服氣，先須高燥淨空之處，室不在寬，務在絕風隙。常令左右燒香，不用穢污。床須厚軟，脚稍令高。《真誥》曰：床高，鬼吹不及。言鬼神善因地炁以吹人爲祟，床高三尺可也。衾被適寒溫，令冬稍暖尤佳。枕高二寸餘，令與背平。每至半夜後生氣時，或五更睡之初覺，先吹出腹中濁惡之炁，一九下止。若要細而言之，則亦不在五更，但天炁調和，腹中空則爲之。先閉目叩齒三十六通，以警身神。畢，以手指捻目大小眥，兼按鼻左右，旋耳及摩面目，爲《真人起居之法》[26]。更隨時少爲導引，以宣暢關節。乃以舌柱上腭，料口中外[27]津液，候滿口則嚥之，令下入胃。存胃神承之。如此三止，是謂漱嚥靈液，灌溉五藏，面乃生光。此之去就，大體略同。便兀然放神，使心如枯木，空身若委衣，內視返聽，萬累都遣，然後淘之。每事皆閉目握固，唯臨散氣之時，則展指也。夫握固所以閉關防而却精邪，初服氣之人氣道未通，則不得握固。待至百日或半年，覺氣通暢，掌中汗出，則可握固。《黄庭經》云："閉塞三關握固停，漱嚥金醴吞玉英，遂至不食三蟲亡，久服自然得興昌[28]。"

淘氣訣

訣曰：凡人五藏亦各有正氣。夜臥閉息，覺後欲服氣，先須轉令宿食消，故氣得出，然後始得調服。其法：閉目握固仰臥，倚兩拳於乳間，豎兩膝，舉背及尻。間閉氣，則鼓氣海中氣，使自內向外，輪而轉之，呵而出之，一九或二九止，是曰淘氣。畢則調之。

調氣法

訣曰：鼻爲天門，口爲地户。則鼻宜[29]納之，口宜吐之，不得有悮。悮則氣逆，氣逆則生疾。吐納之際，尤宜慎之，亦不使自耳聞。調之或五或七至九，令平和也，是曰調氣。畢則嚥之，夜睡則閉之，不可口吐之也。

嚥氣訣

訣曰：服內氣之妙，在乎嚥氣。世人嚥外氣以爲內炁，不能分別，何以談哉！吐納[30]之士，宜審而爲之，無或錯誤耳。夫人皆稟天地之元氣而生身，身中自分元氣而理。每嚥及吐納，則内氣與外氣相應，自然氣海中氣隨吐而上，直至喉中。但候[31]吐極之際，則輒閉口，連鼓而嚥之，令鬱然有聲汩汩然，從男左女右而下納二十四節，如水瀝瀝，分明聞[32]之也。如此，則内氣與外氣相顧，皎然而別也。以意送之，以手摩之，令速入氣海。氣海，臍下三寸是也，亦謂之下丹田。初服氣人，上焦未通，以手摩之，則令速下。若流通，不摩亦得。一閉口三連嚥，止乾嚥，號曰雲行。一濕口嚥，取口中津嚥，謂之雨施。初服氣之人，炁未流行，每一嚥則旋行之，不可遽至三連嚥也。候氣通暢，然漸漸加之，直至於小成也。一年後始可流通，三年功成，乃可恣服。新服氣之人，炁既未通，嚥或未下，須一嚥以為候，但自鬱然有聲，汩汩而下，直入氣海。

行氣訣

訣曰[33]：下丹田近後二穴通脊脉，上達泥丸。泥丸，腦宮津名也。每三連嚥，即速存下丹田所得内元炁，以意送之，令入二穴。因想見兩條白炁，夾脊雙引，直入泥丸，薰蒸諸宮，森然遍下毛髮面部頭項兩臂及手指[34]，一時而下入胷，至中丹田。中丹田，心宮神也。灌五藏，却歷入下丹田至三星，遍經胜膝脛踝，下達湧泉。湧泉，足心是也。所謂分一氣而理，鼓之以雷霆，潤之以風雨之狀也。只如地[35]有泉源，非雷霆騰鼓，無以潤萬物。若不迴蕩濁惡之氣，則令人有不安。既有津液，則漱嚥之[36]。雖[37]堪溉灌五藏，發其光彩，終不能還精補腦，非交合則不能泝而上之。嚥服内氣，非吐納則不能引而用之。是知迴蕩之道，運用之理，所以法天則地，想身中濁惡結滯邪氣瘀血，被正榮氣蕩滌，皆從手足指端出去，謂之散氣。則展手指，不須握固。如此一度，則是一通。通則無疾，則復調之，以如使手。使手復難，鼓咽如前。閉炁鼓咽至三十六息，謂之小成。若未絕粒，但至此常須少食，務令腹中曠然虛淨。無問[38]坐卧，但腹空則咽之。一日通夕至十度，自然三百六十嚥矣。若久服炁，息頓三百六十嚥，亦謂之小成。一千二百嚥，謂之大成，謂之大胎息。但閉炁數至一千二百息，亦是大成。然後胎不結，然不能鍊形易質，縱得長生，同枯木，無[39]精光。又有《鍊氣》《閉氣》《委氣》《布氣》并諸訣法，具列於文，同志詳焉！

鍊氣訣

訣曰：服氣鍊形稍暇，入室脫衣，散髮仰臥，展手勿握固，梳頭令通，垂席上布之，則調氣嚥之。嚥訖便閉氣，候極乃冥心絕想，任氣所之通理，悶即吐之，喘息即調之。候氣平又鍊之，如此十遍即止。新服氣之人未通，有暇漸加一至十，候通，漸加至二十至五十，即令遍身汗出。如有此狀，是其效也。安心和氣，且臥，勿起衝風，乃却老延年之良術爾。但津液清爽時爲之爾，氣惛亂欲睡，慎勿爲也。常勤行之，四肢煩悶不暢亦爲之，不必每日。但要[40]清爽時爲之，十日五日亦不拘也[41]。《黄庭經》云："千災已消百病痊，不憚虎狼之兇殘，亦以却老年永延。"

委氣訣

訣曰：夫委氣之法，體氣和平也，身神調暢，無問行住坐臥，皆可爲之。但依門户調氣，或身臥[42]於床，或兀然而坐，無神無識，寂寂沉沉，使心同太空。因而調閉，或十氣二十氣皆通，須任氣，不得與意相争。良久，氣當從百毛孔中出，不復口吐也，縱有，十分無二也。復調，能至數千二百息[43]已上彌佳，行住坐臥亦可爲之。如此勤行，百關開通，顔色光澤，神爽[44]氣清，長如新沐浴之人。但有不和則爲之，亦當清泰也。《黄庭經》云："高拱無爲魂魄安，清淨神見與我言。"

閉氣訣

訣曰：忽有修養乖宜，偶生疾患，宜速於密室，依服氣法布手足訖，則調氣嚥之，念所苦之處，閉氣想注[45]，以意攻之，氣極則吐之。

訖復嚥氣，相繼依前攻之，氣急則止，氣調復攻之。或二十至五十攻，覺所苦處汗出通潤即止。如未損，即每日夜半或五更晝日頻作，以意攻之。病在頭面手足，但有疾之處則攻之，無不愈者。是知心之所使氣，甚於使手，有如神助，功力難比也。

布氣訣

訣曰：凡欲布氣與人療病，先須依前人五藏所患之處，取方面之炁，布入前人身中。令病者面其方，息心靜慮，始與布炁[46]。布炁訖，便令嚥氣。鬼賊自逃，邪氣永絶。

六炁訣

訣曰：六氣者，噓、呵、呬、吹、呼、嘻是也。五[47]氣各屬一藏，餘一氣屬三焦。

呬屬肺，肺主鼻。有寒熱不和及勞極，依呬吐納，兼理皮膚瘡疥，有此疾則依狀理之，立愈也。

呵屬心，心主舌。口乾舌澀，氣不通及諸[48]邪氣，呵以去之。大熱大開口呵[49]，小熱小開口呵。仍[50]須作意，是宜理之。

呼屬脾，脾主中宮。如微熱不和，腹胃脹滿，氣悶不洩，以呼[51]炁理之。

吹屬腎，腎主耳。腰肚冷，陽道衰，以吹[52]炁理之。

嘻屬三焦，三焦不和，嘻以治之。

氣雖各有所治，但五藏三焦，冷熱勞極，風邪不調，都屬於心。心主呵，呵所治諸疾皆愈，不必六氣也。

噓屬肝，肝主目。赤腫昏眩等，皆以噓治之。

調氣液訣

訣曰：人食五味，五味各歸一藏。每藏各有濁氣，同出於口。又六氣三焦之氣，皆湊此門，衆穢併投，合成濁氣。每睡覺薰薰，氣從口而出，自不堪聞。審而察之，以知其候。凡口中焦乾，口苦舌澁，乳頰[53]無津，或嚥唾喉中，痛不能食，是熱極狀也。即須大張口呵之，每嚥必須依門戶出之，十呵二十呵，即鳴天鼓或七或九，以舌下撩華池而嚥津。復呵[54]復嚥，令熱氣退止。但候口中清水甘泉生，即是熱退五藏涼也。若口中津液冷淡無味，或呵過多心頭汪汪然，食飲無味不受水，則是冷狀也。即當吹以溫之，如溫熱法，伺候口美心調溫即止。《黃庭經》云："玉池清水灌靈根，審能修之可長存。"又云："漱嚥靈液災不干。"

飲食調護訣

訣曰：服氣之後，所食須有次第。可食之物有益，不可食之物必有損。損宜永斷，益乃恒服。每日平旦，食少許淡水粥或胡麻粥，甚益人，治脾氣，令人足津液。日中淡麵餺飥及餅並佳，祇不得承熱食之，勃亂正氣也。薑蔥薤羹可佳，飯必粳米、大麥麵，益人。服氣之人經四時，甚宜服食之。此等物不必日日食之，任隨臨時之意欲食之。鹿肉作白脯食之佳，如是齋戒，即不得食也。三十六禽神直日，其象鳥[55]並不可食。棗栗之徒兼餛餅亦得食也，乍[56]可餒，慎勿飽，飽則傷心，氣尤難行。凡熱麵蘿蔔羹，切忌切忌。鹹酸辛物，宜漸漸節之。每食畢，即須呵出口中食毒濁氣，永無患矣！服氣之人腸胃虛淨，生冷醋滑粘膩陳硬腐敗難消之物，不用食。若偶然食此等之物一口，所在處必當微痛，慎之！但食軟物，乃合宜也。每食先三五嚥氣而喫食，令作主，兼吞三五粒生椒佳也。食畢更吞三粒[57]。此物能消食，引氣向下，通三焦，利五藏，赴濁穢，消宿食，助正氣也。宜長久服之，能辟寒沍暑濕，明目生髮。治氣功力，不可具述。備在《太清經》中，服椒別有方服。候有氣下則泄之，慎而勿留，留則恐爲疾。每空腹，隨性飲一兩盃清酒甚佳，冬溫夏冷，助正氣，排遣諸邪，其功不細。戒在多，多則惛醉，醉則傷神損壽。若遇尊貴，不獲已，即宜飲放即呵三五口，飲併即大開口呵[58]十數下，以遣出麴蘖之毒調治之。常時飲一二升，徐徐飲之，亦不中酒，兼不失食，味亦不退，乃如故矣。不用衝生產死亡并六畜，一切穢惡不潔之氣，並不宜及門，況近之耶！甚不宜正氣。如不意卒逢以前諸穢惡，速閉氣上風，閉目速過，便求一兩盃酒以蕩滌之。覺氣入腹不安，即須調氣逼[59]出濁氣，即却嚥下更納新氣，以意送之，當以手摩之，則便含椒及飲一兩盃酒令散矣。如不肯散，即不須過理逼任出，無苦，此則上焦擁故，終須調氣理之，使和平也。而食油膩辛味，甚犯正氣，切意省之，當[60]知向犯者，使勿怵也。亦有服氣一年通氣，二年通血[61]實，三年功成，元氣凝實。縱有觸犯，無能爲患。日服千嚥，不足爲多。返老還童，漸從此矣。氣化爲津，津化爲血，血化爲精，精化爲髓，髓化爲筋。一年易氣，二年易血，三年易脉，四年易肉，五年易髓，六年易筋，七年易骨，八年易髮，九年易形，即三萬六千真神皆在身中，化爲仙童，號曰真人矣。勤修不倦怠，則關節相連，五藏牢固。《黄庭經》云："千千百百自相連，一一十十似重山。"是內氣不出，外氣不入，寒暑不侵，刀兵不害，昇騰變化，壽[62]同三光也。

休糧訣

訣曰：凡欲休糧，但依前勤修，三年之後，正氣流通，髓實骨滿，百神守位，三尸遁逃。如此漸不欲聞五味之氣，常思不食，欲絕則絕，不爲難也。但覺腹空，即須嚥氣，無問早晚，何論限約，久久自知節候，無煩具[63]言，何用藥物？大抵服藥之人，多不能服氣。終日區區但以藥物爲務，身形不得精實，固爲未得，亦非上士用心也。《黄庭經》云："百穀之實土地精，五味外美邪魔腥，臭亂神明胎氣零，那從返老却還嬰[64]。何不食氣太和精，故能不死入黄寧。"此之謂也。

慎守訣[65]

訣曰：世上之人，率[66]多嗜慾，傷生伐命，今古共焉。不早自防，追悔何及？夫人臨終方始惜其身命，罪定而後思求[67]善事，病成方求其藥，天網已發，何可救之？故賢哲上士，惜未絕之命，防未禍之禍，理未病之病，遂拂衣人寰，攝心歸道。道者氣也，氣者心之主；主者精也[68]，精者命之根。愛精重氣，然後身心保之矣！《黃庭經》云："方寸之中謹蓋藏，精神還老復丁壯，養子玉[69]樹令如杖，急固子精以自償。"又曰："長生至慎房中急，何爲[70]死作令神泣？若當決海百瀆傾，葉去樹枯失青青。"夫長生久視，未有不愛精保氣能致之。陰丹內御之道，世莫得知。雖務於氣，而不解絕情慾，亦未免殃矣！故曰："人自失道，非道失人。人常去生，非生去人。"修養君子，自保省爾。

服氣胎息訣

訣曰：精者氣也，氣者道也。先叩齒三十六通，右轉頭一匝，如龜引頸，其胎息上至咽喉即嚥之。如此三遍方閉口，以舌內外摩料取津，滿口漱流，昂頭嚥之，上補泥丸，泥丸即昂頭是也[71]，下潤五藏。老子曰：甘雨潤萬物，胎津潤五藏。晝夜不寐，乃成真人，上致神仙，下益壽考。在身所有疾苦，想氣送至所苦處即愈。真氣逐濁氣，上衝下泄，覺神清爽，則氣自沖和。故聖人有言：夫人在氣中，氣在人中，人不離氣，氣不離人。人藉氣而生，因失氣而死，死生之理，盡在氣也。但調得其氣，求死不得。則每夜半及五更展兩腳，握固展手，去身五寸，其枕不得過二寸，閉目依前法嚥之。梳洗訖，以煖一盃酒飲之，益胎息，潤六府，引氣開百關。此[72]峨眉山仙人幽祕法，不可言也[73]。老君曰：靈芝玉英，並在其腹。名山大澤取藥服之，與道甚乖。吾道甚易，但能行之。早起展兩腳，喘息勻，以兩手叉腦後，手前拽頭，向後拽頓，如此三。畢，兩手相叉向前拽，前拽三兩遍，左右掣三二十遍。畢，嚥津二十遍。如覺四體不和，即乃舌漱液三二十嚥，流却疾去[74]。

萬金不傳非其人，造次傳者，殃及三代也。

胎息經

　　胎從伏氣中結，臍下三寸爲氣海，亦爲下丹田，亦爲玄牝。世人多以口鼻爲玄牝，非也，口鼻即玄牝出入之門。蓋玄者，水也；牝，土[75]母也。世人以陰陽氣相感，結於水母，三月胎結，十月形體具而生人。修道者常伏其氣於臍下，守其神於身內。神氣相合，而生玄胎。玄胎既結，乃自生身，即爲内丹，不死之道也。**氣從有胎中息**。神爲氣子，氣爲神母。神氣相逐，如形與影。胎母既結，神子自息，即元氣不散。氣入身來爲之生，神去離形爲之死。《西昇經》云：“身者，神之舍也[76]，神之主也。”[77]主人安靜，神即居之；主人躁動，神即去之。神去氣散，其可得生？是以人耳目手足皆不能自運，必假神以御之。學道養生之人，常拘其神以爲身主。主既不去，宅豈崩壞也！**知神氣可以長生，固守虚無以養神氣**。《道經》云：我命在我，不在天也。所患人不能知其道，復知而不行。知者但能虚心絶慮，保氣養精，不爲外境愛欲所牽，恬惔以養神氣，即長生之道畢矣！**神行即氣行，神住即氣住**。所謂意是氣馬，行止相隨。欲使元氣不離玄牝，即先拘守其神。神不離身，氣亦不散，自然内實，不飢不渴也。**若欲長生，神氣相注**。相注者，即是神氣不相離。《玄綱》云：纖毫陽氣不盡不爲鬼，纖毫陰氣不盡不爲仙。元陽即陽氣也，食氣即陰氣也。常減食節欲，使元氣内運。元氣既壯，即陰氣自消。陽壯陰衰，則百病不作，神安體悅，可覬長生。**心不動念，無來無去。不出不入，自然常住**。神之與氣，在母腹中，本是一體之物。及生下，爲外境愛慾所牽，未嘗一息暫歸於本。人知此道，常泯絶情念，勿使神之出入去來。能行不忘，久而習之，神自住之矣！**勤而行之，是真道路**。修真之道，備盡於斯。然聖人之言，其可忘歟！

【校記】

〔1〕"大黃帝君"，《四部叢刊》本作"黃帝"。

〔2〕"脾藏志"，《道藏》本《黃帝内經素問補註釋文》卷十八《宣明五氣篇》作"脾藏意"。

〔3〕"腎藏精"，上書作"腎藏志"。

〔4〕"令蹈顛危"，《四部叢刊》本及本書卷八三《中山玉櫃經·服氣消三蟲訣》作"令陷昏危"。"或亂"，後者作"惑亂"。

〔5〕"分改身成殃異而出"，《四部叢刊》本作"分改身屍，殃異百出"，本書卷八三《中山玉櫃經·服氣消三蟲訣》作"分改身形，成殃而出"。

〔6〕"三魂恍惚魄糜傾"，本書卷十一《上清黃庭內景經》第三十《百穀章》作"三魂忽忽魄糜傾"，且前有"那從反老得還嬰"一句。

〔7〕"若滅"原作"滅若"，據本書卷八三《中山玉櫃經·服氣消三蟲訣》改。"身神必死"，上書無"神"字。

〔8〕"安"原作"失"，據上書改。

〔9〕"夫上清所崇"，上書作"夫上仙以元氣爲宗"。

〔10〕"二"，上書作"三"。

〔11〕"焉"字原無，據上書增，後"焉"字同。

〔12〕"雜薰"，上書作"葷"。

〔13〕"畫"，上書作"盡"。

〔14〕"使"字原無，據上書增。

〔15〕"於"，《四部叢刊》本作"論"。

〔16〕"本命日"原作"日本命"，據上本改。

〔17〕"欠乏"原作"久之"，據上本改。

〔18〕"豉"後原有"且"字，據上本刪。

〔19〕"過於"，上本無。

〔20〕"必恐"，上本作"必然"。

〔21〕"雖"，上本作"有"。

〔22〕"修"字原無，據上本增。

〔23〕"爲"原作"謂"，據上本改。

〔24〕"信"，上本作"言"。

〔25〕《道藏》本收錄作"幻真先生服內元炁訣"。"幼"疑當作"幻"。

〔26〕"真人起居之法"，本書卷四七《修行呪詛訣注》作"真人常居之

道"，《真誥》卷九作"真人坐起之上道，一名曰真人常居内經"。

〔27〕"口中外"，《道藏》本《幻真先生服内元炁訣》（下稱《元炁訣》）作"口中内外"。

〔28〕"久服自然得興昌"，本書卷十一《上清黄庭内景經·脾長章第十五》作"心意常和致欣昌"。"漱嚥"，上書作"含漱"。

〔29〕"宜"字原無，據《元炁訣》增。

〔30〕"吐納"原作"納吐"，據上書改。

〔31〕"候"原作"喉"，據上書改。

〔32〕"聞"原作"間"，據上書改。

〔33〕"訣曰"原作"法曰"，據上書改。

〔34〕"手指"原作"巨手指"，據上書刪。

〔35〕"地"原作"天"，據上書改。

〔36〕"則漱嚥之"，上書作"非堪漱嚥之"。

〔37〕"雖"原作"不"，據上書改。

〔38〕"問"原作"門"，據上書改。

〔39〕"無"字前，上書有"色"字。

〔40〕"但要"原作"旦要獨"，據上書刪改。

〔41〕"亦不拘也"四字原無，據上書增。

〔42〕"身臥"原作"伸"，據上書改。

〔43〕"千二百息"，上書作"十息"。

〔44〕"神爽"二字原無，據上書增。

〔45〕"想注"原作"以意想注"，據上書刪。

〔46〕"始與布炁"原作"此與炁"，據上書增改。

〔47〕"五"字原無，據上書增。

〔48〕"諸"原作"語"，據上書改。

〔49〕"呵"字原無，據上書增。

〔50〕"仍"原作"若"，據上書改。

〔51〕"呼"後原有"字"字，據上書刪。

〔52〕"吹"後原有"字"字，據上書删。

〔53〕"頬"，上書作"頻"。

〔54〕"復呵"二字原無，據上書增。

〔55〕"鳥"後，上書有"獸"字。

〔56〕"乍"原作"作"，據上書改。

〔57〕"粒"後原有"下徒引氣"四字，據上書删。

〔58〕"呵"字原無，據上書增。

〔59〕"逼"原作"過"，據上書改。

〔60〕"當"原作"尚"，據上書改。

〔61〕"血"原作"氣"，據上書改。

〔62〕"壽"原作"素"，據上書改。

〔63〕"具"原作"其"，據上書改。

〔64〕"却還嬰"，本書卷十二《上清黃庭內景經·百穀章第三十》作"得還嬰"，且下有"三魂忽忽魄糜傾"一句。

〔65〕"慎守訣"，《元炁訣》作"守真訣"。

〔66〕"率"字原無，據上書增。

〔67〕"求"字原無，據上書增。

〔68〕"主者精也"四字原無，據上書增。

〔69〕"玉"原作"王"，據本書卷十二《太上黃庭外景經·上部經》改。

〔70〕"爲"原作"謂"，據《上清黃庭內景經·瓊室章第二十一》改。

〔71〕上句七字，疑係注語。

〔72〕"此"原作"昔"，據《道藏》本《幻真先生服內元炁訣》改。

〔73〕"不可言也"原作"此不可言也"，據上書删。

〔74〕"流却疾去"，上書作"氣通疾愈"。

〔75〕"土"疑當作"者"，連上。

〔76〕"也"字原無，據《西昇經·生置章第十七》增。

〔77〕以上引語，《西昇經》原文爲"我身乃神之車也，神之舍也"。

雲笈七籤卷之六十一

諸家氣法

用氣集神[1]訣

神集於虛，桑榆子曰："虛無，蓋爲象也"。而安於實。實爲精也。神，心中智者也。安而無欲，則神王而氣和正。如此之時，一任所之，唯久彌善。行之不已，體氣至安，謂之樂天。天者，虛而知之者[2]。樂天則壽。身外虛空亦天也，身內虛通亦天也，習之久久，乃明生焉。虛中生白。密自內知之，久習彌廣，而精上合於明，明則內發於精，如是乃至於道。道應於德，德之成矣。用而爲仁，分而爲義。精氣晝出於首，夜棲於腹，當自尊其首，重其腹。色莊於外[3]，敬直於中，應機無想，唯善是與。此神氣事質，合吾一體，謂之大順，天實祐之，吉無不利。凡妙本有所，神在心中之虛，上通其系，氣蘊腸中之實，實，精藏之府，水胞之上也。常宜溫養之。桑榆子曰："凡溫者生之徒，但不得自溫而失於熱也。"平居常宜閉目，内視氣源。下丹田也。每行一事利於生靈，則欣然閉目，內視其心謝之。若曰，吾身之神氣明，發於吾形，使吾達道也。如此，則天降之吉。故天者，虛氣之靈。吾能用之，道極於斯矣！桑榆子曰："所謂天者，自然之謂也，非蒼蒼之謂乎！"

服五方靈氣法

　　訣曰：子若虧於仁，則青帝非真；子若虧於義，則白帝非真；子若虧於禮，則赤帝非真；子若虧於信，則黃帝非真；子若虧於智，則黑帝非真。且夫五氣之道，體通神真。子不負道違真，即可修用。是以道君保而傳之於至人，以助自然，以調元化。修之於身，而感於天。天[4]乃五行順序，地乃五嶽安鎮，人乃五藏保和，神乃五靈運御。是故性虧五德，凶惡順[5]焉。

　　真人存用《五氣法》，先當勿食葷血之物，勿履淹污，絕除欲念，檢身、口、意，三業清淨。別造一室，沐浴盛潔，以立春日雞鳴時，面月建寅方平旦坐，調氣瞑目，叩齒三十六通，叩齒欲深而微緩[6]。漱咽津液，瞥目左右各三，握固臨目，都忘萬慮，放乎太空，無起無絕。良久，覺身中通暖，當搖動支體，任吐濁氣，即又調息。當抱守氣海，朝太淵北極丹田真宮，稍用力深滿其太淵，則覺百關氣歸朝其內也。如此數過，復冥心太空，若東方洞然，無有隔礙。徐鼻引氣使極，存見五藏，覺東方青帝真氣從肝中周廻內外一體，念身中三萬六千神與青帝真氣合。又調息咽液良久，起立再拜事竟。如此日日勿闕。至驚蟄面卯也，盡卯節。至清明日面辰，存黃氣從脾中周廻內外洞徹也。至立夏日面巳，存赤氣從心中周廻內外也。芒種日面午也。小暑面未，存黃氣從脾中周廻內外也。至立秋日面申，存白氣從肺中出，周廻內外也。至白露面酉，至寒露面戌，存黃氣從脾中出，周廻內外也。至立冬日面亥，存黑氣從腎中出，周廻內外也。至大雪面子，至小寒日面丑，存黃氣從脾中出，周廻內外也。此一周年，五氣備全矣。其存想調息次第法用如初説，瞥目叩齒亦如初數，不須等級可也。至明年立春，重習三日或五日七日九日，如去年次第爲用，以朝其氣也。其氣由心應手，當把覽三才五行萬靈之目也。夫掌訣以握固爲總法，所以運魁剛，封五嶽，關三晨，捉鬼道，攬河源，固真氣，而幽顯備統之也。事竟，即隨息訣遣以散其氣。凡指訣，女人尚右，男子即尚左，陰陽之體然也。大指屬土，食指[7]火，中指木，無名指金，小指水。從根節爲孟，中節爲仲，頭節爲季。指甲之目，爲五行刀支。刀支主殺也，斬邪誅逆用之。五氣既全，當隨五類，互相制伏，無不如意。《握固法》：以大指掐四指根人畢鬼道三過，隨文閉氣握之。指節具十二辰，亦隨其相生相剋類例用之也。

諸步綱起於三步九跡，是謂《禹步》。其來甚遠，而夏禹得之，因而傳世，非禹所以統也。夫三元九星，三極九宮，以應太陽大數。其法先舉左，一跬一步，一前一後，一陰一陽，初與終同步，置脚橫直，互相承如丁字所，亦象陰陽之會也。踵小虛相及，勿使步闊狹失規矩。當握固閉氣，實于大淵宫，瞥目自三，臨目叩齒存神，使四靈衛己，騎吏羅列前後左右，五方五帝兵馬如本位，北斗覆頭上，杓在前指，其方常背建擊破也。步九跡竟，閉氣却退，復本跡又進，是爲三反。即左轉身，都遣神氣綱目，直如本意攻患害，除遣衆事。存用訖，却閉目存神，調氣歸息于大淵宫，當咽液九過，其禁勅符水等請五方五帝真氣如常言。真師曰：先習五氣一年，乃習三步九跡星綱，一年無差，然後行諸禁法，隨意剋中如神也。能清慎守道，久久飛仙度世，古人真仙聖王皆得之以佐世治俗。但世傳不真，妄生穿鑿，唯按此行之，乃見其驗。先師云：三步九跡如《既濟》卦，得星綱真訣，又須條習五帝之氣及握固掌訣，始合其宜，是以通徹真原也。若但受持符圖寶籙，不得師傳修用之門，終不獲靈驗，一如籙文。不爾，且謂尊奉供養而已，爲之善緣，用資來業者梯級爾。

五廚經氣法 并敘

臣聞《易》曰："精義入神，以致用也；利用安身，以崇德也。"富哉言乎！富哉言乎！是知義必精，然後可以入神致用；致用必利，然後可以安身崇德。義不精而云致用，用不利而云安身，身不安而云知道者，未之有也。然則沖用者，生化之主也。精氣爲物，謂之委和，漠然無間，有與立矣！則天地大德，不曰生乎！全[8]其形生者，在乎少私寡欲，抱樸柔和，遊心於澹，合氣於漠。且清明在躬，志氣如神，嗜欲將至，有開必先。故聖人垂教以檢之，廣業以持之。專氣致柔，以導其和。向晦宴息，以窒其欲。洗心藏密，窮神知化。然後身安而國家可保，德用而百姓不知。是以"自天祐之，吉無不利"矣！伏讀此經五章，盡修身衛生之要。全和含一，精義可以入神。坐忘遺照，安身可以崇德。研味滋久，輒爲訓注。臣草茅微賤，恩霑特深。天光不違，自忘鄙陋。俯伏慙懼，徊徨如失。臣愔頓首頓首[9]。開元二十三年十二月十一日京肅明觀道士臣尹愔上。

《老子說五廚經》夫存一氣和泰[10]，則五藏充滿，五神靜正。五藏充則滋味足，五神靜則嗜欲除。則此經是五藏之所取給，如求食於廚，故云五廚爾。

東方：一氣和泰和，一氣者，妙本沖用，所謂元氣也。沖用在天爲陽和，在地爲陰和，交合爲泰和也。則人之受生，皆資一氣之和以爲泰和，然後形質具而五常用矣。故老子曰："萬物負陰而抱陽，沖氣以爲和"也。則守本者當外絶二受，以全生分；內存一氣，以和泰和。泰和和一，而性命全矣。故老子又曰："專氣致柔，能[11]嬰兒乎！"得一道皆泰。得一者，言內存一氣以養精神，外全形生以爲車宅，則一氣沖用，與身中泰和和也，故云得一。如此，修生養神之道，皆含於泰和矣。故老子曰："萬物得一以生。"和乃無一和，言人初禀一氣以和泰和，若存和得一，則和理皆泰。至和既暢，非但無一，亦復無和，不可致詰，如土委地。故老子曰："吾不知其名。"玄理同玄際。玄、妙也，理、性也。此言一氣存乎中[12]，而和理出其性。性修反德，而妙暢於和。妙性既和，則與玄同際。故老君曰："同謂之玄。"

南方：不以意思意，意者，想受也。言存一氣以和泰和者，慎勿存想受以緣境識。當凝神湛照，令杳然空寂，使和暢於起念之前，慧發於忘知之後。瞻彼闋者，虛室生白[13]則吉祥止矣！若[14]以意思意，意[15]想受塵，坐令焚和，焉得生白？故老君曰："塞其兌，閉其門，終身不勤。"亦不求無思。意而不復思[16]，但不緣想受，則自發慧照。慧照之發，亦不自知，若知[17]求無思，即涉想受，與彼思意無差別。故老君曰："無名之樸，亦將不欲。"意無有思，內存一氣但令其虛，虛即降和，和理自暢。則不緣想受納和，強假意名。既非境識所存，是以於思無有。故老君曰："用其光，復歸其明。"是法如是持。如是内存泰和，泰和之法和暢，則是法皆遣。遣法無住，復何所持？以不持爲持，故云"是法如是持"也。

北方：莫將心緣心，心者，發慧之質，想受之器也。正受則發慧，邪受則生想。言人若能氣和於中，心正於内，内照清浄，則正慧湛然。鑒明而塵垢不止，淵渟[18]而萬象俱見。見象無主，謂之常心。若以心得心，緣心受染，外存諸法，内無慧照，常心既喪，則和理亦虧矣。故《莊子》曰："得其心以其心，得其常心，物何爲最之哉？"還莫住絶緣。夫以心緣心，則受諸受。若正受生慧，自[19]得常心。慧心既常，則於正無受，何等爲緣？既無緣心[20]，亦無緣絶，湛然常寂，何所住乎？故老君曰："損之又損[21]，以至於無爲"也。心在莫存心，慧照湛常，則云心在。心忘慧照，故曰莫存。既不將而不[22]迎，心緣則無絶而無住矣！真則守真淵。真者，謂常心慧照、清浄不雜也。若湛彼慧源，寂無所染，既無知法，亦無緣心，則泰和含真，本不相離，故云守爾。

西方：修理志離志，理者，性也。志者，心有所注[23]也。前絶外境受，此絶内性受也。言修性者，心有所注，心有所注，但得遍照。外塵已絶，境識無住，離形去智，同於大通。性修反初，圓照無滯，内外俱静，玄之又玄，則離於住想矣。積修不符離。上令修性離志，則内外俱寂，無起住心，亦無空心，坐忘行忘，次來次滅。若積修習不能忘泯，起修一念，髮引千鈞，内照既搖，外塵咸起，則與彼離志不相符合矣。志而不修志，若心無所注，則何由漸悟？必固[24]所注，而得定心，心得故云志也。不修志者，明離志而不積修，忘修而後性足[25]，則寂然圓照矣。已業無己知。因心注而慧業清浄，故云已業。内忘諸己，外忘諸物，於慧照心，無毫芒用。則於己業，自亦忘知，故云無己知也。

中央：諸食氣結氣，夫一氣凝結，以和泰和，和一皆泰，則慧照常湛。今口納滋味，以充五藏，身聚泡沫，以載其形。生者[26]受骸於地，凝濕於水，禀熱於火，持息於風，四緣結漏，皆非妙質。故淄涅一氣，昏汩泰和，令生想受識動之弊穢矣。非諸久定結。言人當令泰和含一，無所想受，守真湛常[27]，則與泰和合體。今以諸食結氣，故非久定結也。氣歸諸本氣，四緣受識，六染生弊，地水火風，散而歸本。根識既染[28]，則從所受業矣。隨取當隨洩。取者，受納也。洩者，發用也。夫想有二受，業有二應。隨所受納，法用其徵。若泰和和一，則一氣全和。致彼虛極，謂之復命。復命得常，是名正受。正受淨業，能生慧照。慧照湛常，一無所有，則出入無間矣。不者，則食氣歸諸四緣，業成淪於六趣。

谷神妙氣訣

訣曰：玄氣爲吾籬落，元氣爲吾屋宅，始氣爲吾牀席。天爲玄氣正清，從我頭上而下，入我舍，止我肝，關川九天，從我兩目而出。水爲元氣正白，從我左右脉下，入我舍，止我肺，關川九天，從我兩鼻孔中而出。地爲始氣正黄，從我左右足下，而入我舍，止我脾，關川九天，從我口中而出。願其三氣俱來，覆被其身，周年竟歲，永無窮極。次舍人身中七十二生氣[29]，髮爲清城君，頭爲三台君，眉爲八極君，兩耳爲決明君，左目爲玄明君，右目爲元明君，鼻爲周天妙户君，口爲列元玉户君，齒爲八土君，舌爲無極君，咽爲校尉君，喉爲九卿君，肺爲華蓋君，膽爲長命君，胃爲太倉君，大腸爲食母君，小腸爲導引君，左腎爲玄妙君，右腎爲玄元君，腸爲越道君，三焦爲玄老君，兩膝爲小車徘徊君，兩足爲雷電起君。願師子取口中七十二生氣，常當在師子身中，不得妄出。次念嬰兒真人赤子三君，爲我存泥丸，行絳宫，守丹田，不得妄出。嬰兒字子元，治人丹田中，主人長生無爲。真人字子丹，治人心中，主人萬神長生。赤子字太上，治人頭中，主人延年益壽，制靈不死，長生事畢。上一在人腦中，其神赤子是；中一在人心中，其神真人是；下一在人臍下一寸三分，其神嬰兒是。凡人久[30]生之道，一切由是。念之不止，即見神矣！腦爲紫微宫，心爲洞房宫，臍下三寸名丹田宫。人常念三宫中神氣，則可長生久視。次念身中五宫六府五藏，肝爲木宫，心爲火宫，肺爲金宫，腎爲水宫，脾爲土宫，亦爲五藏。肝爲左將軍府，肺爲右將軍府，心爲前將軍府，腎爲後將軍府，臍爲中騎大將軍府，頭爲上將軍府。内者見外，外者知内。内五行六府五藏：五行者，肝爲木，心爲火，肺爲金，腎爲水，脾爲土，謂之五行。肺爲玉堂宫尚書府，心爲絳堂宫元陽府，肝爲清冷宫蘭臺府，膽爲紫微宫無極府，腎爲幽致宮太和府，脾爲中和宮太素府，謂之六府〔31〕。肺藏魄，肝藏魂，心藏精，腎藏意，脾藏志，謂之五藏。五者在天爲五星，在地爲五行，〔32〕在物爲五色。在天爲五星〔33〕者：東方歲星，南方熒惑星，西方太白星，北方辰星，中央鎮星。在地爲五行者：金、木、水、火、土。在人爲五藏者：心、脾、肝、肺、腎。在物爲五色者：赤、青、白、黑、黃。所以有間色者，甲己爲妻夫，以黃入青爲綠；丙辛爲妻夫，以白入赤爲紅；丁壬爲妻夫，以赤入黑爲紫；戊癸爲妻夫，以黑入黃爲紺，故今有間色者。甲爲木，乙爲林，丙爲火，丁爲灰，戊爲土，己爲赭，庚爲金，辛爲鑛，壬爲水，癸爲泥。夫木氣有所生，火氣有所長，金氣有所殺，水氣有所滅。何以明之？木氣有所生者，春三月萬萌皆蔟地而生，故知〔34〕木氣有所生；夏三月萬木皆成大，故知火氣有所長；秋三月萬物皆死，故知金氣有所殺；冬三月巢蟲蟄〔35〕蟻動皆飛走，故知水氣有所藏滅。夫木氣有所生，木榮有華而死者何？自妻來女歸。春三月木王，甲召乙歸得金，故亦有所遊。夏三月有所長，土有所生，麥中死者何？辛爲丙妻，金氣出，辛爲有所殺。椹所以先青後赤，至熟其黑者何？生故先青後黑，火生其氣赤。熟黑者何？丁爲壬妻，丙召丁歸，得〔36〕水氣，故令黑。棗先白，至熟而赤者何？棗始入七月，被金故白。熟赤者，辛爲丙妻，爲庚召辛歸，得火氣，故令赤。金氣有所殺，至秋八月，薺菱而生者何？乙爲庚妻，以得木氣，故有所生。乙爲庚妻，以青入白爲縹。夫五行更爲夫妻者何？皆有威制。故土欲東遊，木往刻之，戊嫁己爲甲妻。木欲西遊，金往伐之，故甲嫁乙爲庚妻。金欲南遊，火往殺之，故庚嫁辛爲丙妻。火欲北遊，水灌而滅之，故丙嫁丁爲壬妻。水欲南遊，土往竭之，故壬嫁癸爲戊妻矣。夫五行有相刑滅毀或死者何？木之穿土不毀，火之燒金不滅者何？木火者仁，陽氣好生不殺。金之伐木死，水之灌火死，皆陰氣好貪，故所刑皆死。五行者：心爲火行，肝爲木行，肺爲金行，腎爲水行，脾爲土行。爲五藏法五行：肝爲木行〔37〕，所以行水而沉者何？己爲甲妻得地氣，令其沉。肺爲金行，所以得水而浮者何？辛爲丙妻得火氣，故浮。脾者土，得水正居中央，癸爲戊妻。夫土者，五行之中，癸助土。故脾得水，上不至上，下不至下，正在中央者何？癸爲戊妻。夫土者，五行之中，義説之以合五行意。木從亥生，盛於卯，死於未。亥卯爲陰賊，不可與，百官百事不吉。水從申生，盛於子，死於辰。申子爲貪狼，不可行用。辰日奸，未日邪，戌日爲正，丑日爲公，奸邪惡公正。

辨雜呼神名

天公字陽[38]君。

日字長生。

月字子光。

北斗字長史。

雷公字吾君[39]。

西王母字文殊。

太歲字微明。

大將軍字元莊。

已上男知不兵死，女知不産亡。入水呼引陰，入山呼孟宇，入兵呼九光，遠行呼天命，凡呼之皆免難。

弩名遠望，一名箪威，張星之主。

弓名曲張，一名子張，五星之主。

矢名續長，一名信往，一名傍徨，熒惑星之主。

刀名脱光，一名公詳，一名大房，虛星之主。

劍名陰陽。

戟名大將，參星之主。

鑲名鉤傷，一名鉤殃。

鉾名牟，一名默唐。

楯名自障。

已上有兵革即呼其名，所無傷害，能福於人，大吉良矣。

中嶽郄儉食氣法[40]

平旦七七四十九咽。

日出六六三十六咽。

食時五五二十五咽。

禺中四四一十六咽。

日中九九八十一咽[41]。

晡時七七四十九咽。

日入六六三十六咽。

黃昏五五二十五咽。

人定四四一十六咽[42]。

《黃庭經》曰："玉池清水灌靈根，子能修之可長存。"名曰飲食自然[43]。華池者，口中之唾也。呼吸如法，咽之即不饑矣。初絕穀三日七日，小極頭眩，慎勿怪也。滿二十一日成矣！氣力日增，欲食可食，不欲即息[44]。禁陰陽，不可妄失精氣也。食穀乃通。老君《道經絕穀氣第三法》曰：先合口引氣咽之，滿三百六十已上，不得減此，咽之欲多多益善，能日咽至千益佳。咽多而食日減一餐，十日後能不食也。後氣常入不出，意氣常飽。不食三日，腹中悁悁若饑，或小便赤黃。取好棗九枚，或好脯如棗者九枚，念食噉一枚，若二枚至三枚，一晝一夜，無過此九也。意中不念食者，不須噉也。常含棗核受氣，令口中常行津液嘉。

十二月服氣法

正月朝食陽氣一百六十，暮食陰氣二百。

二月朝食陽氣一百八十，暮食陰氣一百八十。

三月朝食陽氣二百，暮食陰氣一百六十。

四月朝食陽氣二百二十，暮食陰氣一百四十。

五月朝食陽氣二百四十，暮食陰氣一百二十。
六月朝食陽氣二百二十，暮食陰氣一百四十。
七月朝食陽氣二百，暮食陰氣一百六十。
八月朝食陽氣一百八十，暮食陰氣一百八十。
九月朝食陽氣一百六十，暮食陰氣二百。
十月朝食陽氣一百四十，暮食陰氣二百二十。
十一月朝食陽氣一百二十，暮食陰氣二百四十。
十二月朝食陽氣一百四十，暮食陰氣二百二十。

夫陽氣者，鼻取之氣也；陰氣者，口取之氣也。此二氣十二月中，日日旦暮能不絕者，周天一竟，又一周天，是[45]則與天同齡矣。

三一服氣法

夫欲長生，三一當明。上一在泥丸中，中一在絳宮中，下一在丹田中，人生正在此也。夜半至日中為生氣，日中至人定[46]為死氣。常以生氣時强卧，瞑目握固，閉目閉口不息，心數至二百[47]，乃口小微吐氣出之。日增其數，數得滿二百五十，即絳宮守，泥丸滿[48]，丹田成[49]。數得滿三百，則華蓋明，耳目聰，身無疾，邪不干，司命削去死籍，移名南極為長生。閉氣之法：以鼻微微引內之，數滿乃口小微吐之，小吐即便以鼻小引咽之。如此再三，可長吐之。為之既久，閉氣數得至千五百，則氣但從鼻入，通行四支，不復從口出也。自欲通之，乃從口出。如此不止，仙道成矣。饑取飽止，絕穀長久。

服三氣法

《華陽諸洞記》云：范幼沖，遼西人也。受《胎化[50]易形之道》。今來在此，常服三氣。三氣之法，常存青白赤三氣如綖，從東方日下來，直入口中，挹之九十過，自飽便止。服之十年，身中自生三色光氣[51]，遂得神仙，此是《高上元君太素内景法》。旦旦爲之，臨目施行，視日益佳。其法鮮而其事驗。

服氣雜法祕要口訣

天關中爲内氣，"口爲天關精[52]神機，手爲人間把盛衰，足爲地關生命扉。"並《黄庭内景》云。神廬中爲外氣。神廬，鼻也。"神廬之中當[53]修治。"《黄庭外景》云。凡服氣皆取陽時，夜半平旦也，即東南向，静而端坐，叩齒三通，三漱咽之。則兩手相摩，令掌心熱，揩拭面目，便以大拇指上下揩其腎骨七遍。即握固鼓氣，以滿天關，調匀爲度，閉口而咽之，既努腹訖，徐徐出神廬中氣。其神廬中當修治之。鼓努每須相應，一鼓一咽一努爲相應也。其鼓咽之[54]時，天關莫開，恐生氣入腹而爲疾也。

夫服氣須安神定志，徐徐咽之，急即心胷中氣不散結痛。每咽五十服，漸加至一百服、二百服、三百服，有他故即二十、三十服，行住服之並得，臨時自消息也。所貴常行不欲闕，日如初服，有噫氣上，即鼓而却咽，無使出氣。桑榆子曰："元氣融和，不爲鱻厲，必若噫上，豈元和之氣耶？然初服之時，特以氣道未得全暢，事須仰就，且以元氣待之也。若至再至三[55]，氣海不受，必惹[56]著五藏之中舊有濁氣。如此，故亦不宜愛惜。"忽下部有氣[57]，即泄之不妨。每鼓咽氣，須調和徐緩，不欲天關中有聲。若咽急，恐下部氣祕，令人脱肛，慎之。如服内氣，久而自通，通即服無時矣，但饑即服之，飽即止。每鼓咽之際，常存思氣入五藏流行，即從手足心及頂[58]三關九竅支節而出。忽有疾，即思以氣攻其病處，何疾不愈？如要服氣休糧，即不論咽鼓努多少，常令腹滿爲度，勿令腸𥧔。若饑，即時服三五咽，以意自調息，勿須仰卧，即氣難下，損人心胷。凡氣相應，即腹中有聲，愚者謂之腸空即有聲，有聲即損人，其[59]不然矣。此由雷鳴電激，陶鍊陰氣，百關流潤，真要深門也。

夫服氣多方，若非鼓努之法，不爲真妙。或有人未解咽服，氣未通流，便虚其心，忘其形，雖日効忘，必無所成，多令[60]困弊也。夫鼓努法本服自然元氣，流利藏府，氣既長存，人即不死，何暇於外思慮吸引外氣？夫人氣盡即[61]神亡，神去則身謝，故知守元氣不失胎成，皆祕訣所傳者，幸勿疑[62]。夫行氣候閑時鼓十咽二十咽，咽[63]令腸滿，然後存思行入四支。有事之時，即一咽一行氣，手足須著物，候氣通流，必虛心忘形。然後煩蒸之氣散出四支，精華之氣凝歸氣海，久而自然胎成封固，支節得雷鳴相應，當鼓轉其腹，令氣調暢也。夫服氣導引，先須舒展手足後[64]鼓咽，即捩身左右，精思氣[65]入骨節，行引相應，令通不斷，謂之行氣導引。又宛轉盤廻，存思氣從手足關節散出。古經云有行氣導引，非至道口傳，罕有知者。夫行氣導引，若饑時服，候腹滿乃行之。若食飽後，旋行之。桑榆子曰："'飽'宜爲'飲'字之誤也。修養者平居無飽，況行氣之時乎？"若兼服氣導引，當候閑時習之，非尋常可作也。夫服氣導引，當居靜密房室，不欲處高屋當風。如遇暴風疾雨霑濕，衝寒冒熱遠來，皆須歇息，候其體乾氣和，方可爲之。若欲四支常瘦，即數導引，謂肌膚充悅也[66]。若能導引服氣，不失其時，則神氣常清，形容不易，暴脂虛肉不生，永無諸疾矣！

世人或謂服氣與胎息殊，誤之深矣。胎從氣中結，氣從胎中息。久服則清氣凝而爲胎，濁氣散而出，胎成可以入水蹈火。世人或依古方，或受非道者，以祕[67]數之，貴其息長，不亦謬乎！殊不知五藏無常服之氣，一時閉塞關門，豈知是胎中自然之意？但煩勞形，終無所益。時人服氣，多閉口縮鼻，皆抑忍之，但須取息長，不知反損。問曰："夫服內氣外氣[68]，二氣俱出五藏，焉得內外吐納不同？"桑榆子曰："此言二氣俱出五藏，即大謬也。外氣喘息之氣，即府氣也。但入至榮衛，非自中而有者也，焉得謂之出於五藏乎？"答曰："服內氣鼓努之時，即胃海開，納真氣封固。納訖即還閉，徐徐出外氣，自然有殊。夫抑塞口鼻，氣俱不通，不通即蓄損五藏，此乃求益而反損也。且人健時，閉氣息即易，有疾力微即難制，豈不失之極也。若服內氣，用力甚少而功即多，當勤行之也。"問曰："夫上士先導引後出入，下士先出入後導引，何也？"答曰："上士先導引，穢氣隨舉動散出；下士後導引，恐其穢氣入支節不散。此則學氣導引，得與不得有殊。"桑榆子曰："上下猶言先後進也，繫於功用淺深，非賢愚品第之位。斯道也，豈愚者之爲乎？但有賢而不能者也。"天師云：内氣者一，吐氣有六，氣道成乃可爲之。吐氣六者：吹、呼、嘻、呬、噓、呵，皆出氣也。桑榆子曰："呬，一本爲呵。大抵六氣之用，與他本有五不同也。"時寒可吹以去寒，時溫可呼以去熱，嘻以去風，呬以去煩又以去下氣，噓以散滯，呵以解熱。凡人者則多呼呵，道家行氣不欲噓呵，長息之忌也。悉能六氣，位爲天仙。呵，丑利、許氣二反。桑榆子曰："凡人者，喜怒嗜慾衆邪之氣不絕於中，辛鹹甘酸外物之味未離於口，若即便禁長息，則穢濁之氣無洞盡之期。彼得道者，無思無慮，無榮無欲，含其浩然之氣，又焉取於噓呵哉！彼視噓呵，猶決提耳。"

凡服氣畢，即思存南方熒惑星爲赤氣，大如珠，入其天關中，流入藏腑，存身盡爲氣。每日一遍，此爲[69]以陽鍊陰，去三尸之患。又古涓子留口訣，令想火鍊身爲炭。道者商量，火氣非自然陽精，但恐傷神，未可爲也。其精者，真人密傳至妙，精思行之勿疑。桑榆子曰："云商量者，延陵君之意也。夫存想之中，寧假分別其自然與非自然乎？若如所言，則存之與想，得爲自然否？況人間鍊丹亦用火，則火與熒惑同是天地之中一物耳，亦何擇然！"凡導引服氣之時，衣帶常欲寬，若緊急即損氣，氣海悶。桑榆子曰："損謂限滯之也，非能傷之。"夏冬寢處飲食常欲溫，勿食酸鹹油膩之物，食之損五藏。五藏損即神不安，豬狗肉生果子，尤忌尤忌。

延陵君鍊氣法

每服氣餘暇，取一靜室無人處，散髮脫衣覆被，正身仰臥，展脚及手，勿握固。淨席一領，邊垂著地。其髮梳以理之，令散垂席上，即便調氣。氣候得所咽之，便閉氣盡令悶。又冥心無思，任氣所之，氣悶即開口放出。氣新出喘息急，即且調氣。七八氣已來，急即定，又鍊之。如此有暇，且十鍊之。止爲新功，恐氣未通，擁在皮膚，反致疾也。更有餘暇又鍊之，即更加五六鍊，至二十、三十或四十、五十，並無定限。何以爲則？如服氣功漸成，關節通，毛孔開，煉到二十、三十，即覺遍身潤或汗出，如得此狀，即是功効。新煉得通，潤則止，漸漸汗出即好。且安心穩臥，不得早起衝風等。如病人得汗，良久將息，即可著衣，徐徐行步，小言愛氣，省事澄思，身輕目明，百脉流注，四支通暢。故《黄庭經》云："千災已銷百病痊，不憚虎狼之凶殘，亦以却老年永延。"夫鍊氣者，每夜間[70]及午時，任自方便，候神情清爽，即依前次第，迅坐修咽，勤勤致之，不得墮慢。忽有昏悶，欲睡即睡，不得昏悶欲睡之時强爲，即却邪亂其意，意邪氣亂，失正道也。如新服未有正氣，即較昏昏，已後亦無昏沉矣。桑榆子曰："所言湏勤勤，不得墮慢；又説任方便，不得勉强。消息之妙，在於此矣。則知勤勤，不在勉强，候未方便，寧循墮慢。藏修息遊，乘自然以運，則氣行矣。夫鍊氣者，即不得每日行之，十日、五日有餘暇，覺不通暢，四體煩悶，即爲之。常日無功，不用頻也。桑榆子曰："陰陽合節，即不爲災沴。此云常日無功，若如所言，爲之何害？但以不止於無功，將臻乎有咎。何以言之？借如炎帝勤稼而併功倍功，必反爲大旱也。按摩亦然[71]。"

【校記】

〔1〕"集神"二字，《延陵先生集新舊服氣經》互乙。

〔2〕"虚而知之者"，上書作"虚而自然也"。

〔3〕"外"原作"上"，據上書改。

〔4〕"天"原作"犬"，據《四部叢刊》本改。

〔5〕"順"，上本作"萃"。

〔6〕"叩齒欲深而微緩"七字，上本無，疑係注語。

〔7〕"指"後，上本有"屬"字，下同。

〔8〕"全"原作"金"，據《道藏》本《老子説五廚經註序》改。

〔9〕"頓首"後，上書有"謹言"二字。

〔10〕"泰"，《老子説五廚經註》作"泰和"。

〔11〕"能"後原有"如"字，據上書删。

〔12〕"中"，上書作"玄際"。

〔13〕"白"原作"曰"，據上書改。

〔14〕"若"原作"共"，據上書改。

〔15〕"意"字原無，據上書增。

〔16〕"不復思"，上書作"無有思"。

〔17〕"亦不自知，若知"，原無二"知"字，據上書增。

〔18〕"渟"原作"停"，據上書改。

〔19〕"自"原作"曰"，據上書改。

〔20〕"何等爲緣？既無緣心"原作"何等爲絶緣心"，據上書改。

〔21〕"損"原作"損之"，據《老子》刪。

〔22〕"不"，《老子説五廚經註》作"隨"。

〔23〕"心有所注"四字，上書無。

〔24〕"固"，上書作"因"。

〔25〕"足"，上書作"定"。

〔26〕"以載其形。生者"，上書作"載其形生"。

〔27〕"湛常"，上書作"常湛"。

〔28〕"染"原作"識"，據上書改。

〔29〕"七十二生氣"，《三洞珠囊》卷七引《老子枕中開闔經》作"二十七生氣君"。"次舍"，依下文例疑作"次念"。

〔30〕"久"原作"九"，據《四部叢刊》本改。

〔31〕以上"六府"中之"絳堂宫""青泠宫""幽致宫""中和宫"，《太上靈寶五符序》分別作"絳宫""青陽宫""幽昌宫""中宫"。本書卷十一《内景經・常念章第二十二》分別作"緯宫""清泠宫""幽昌官""中黄宫"。

〔32〕此句下疑脱"在人爲五藏"一句。

〔33〕"五星"原重，據《四部叢刊》本刪。

〔34〕"故知"原作"故是知"，按下之三"故知"刪。

〔35〕"蟄"原作"執"，據《四部叢刊》本改。

〔36〕"歸得"原作"得歸"，據上本改。

〔37〕"行"字原無，據上本增。

〔38〕"陽"，《太清金液神氣經》卷中作"湯"。

〔39〕"吾君"，上書作"君吾"。

〔40〕"中嶽郄儉食氣法"，《神仙食炁金櫃妙録》作"中嶽郄儉食十二時炁法"。

〔41〕"日中九九八十一咽"，上書此句下有"日昳八八六十四咽"。

〔42〕"人定四四一十六咽"，上書此句下有"半夜九九八十一咽，鷄鳴八八六十四咽"十六字。

〔43〕此下，上書有"自然者華池"五字。

〔44〕"不欲即息"原作"即息"，據上書增。

〔45〕"是"原作"足"，據《上清司命茅真君修行指迷訣》改。

〔46〕"人定"，本書卷五九《墨子閉氣行氣法》作"夜半"。

〔47〕"閉目閉口不息，心數至二百"，上書作"閉氣息於心中數至二百"。

〔48〕"絳宮守，泥丸滿"，上書作"絳宮神守，泥丸常滿"。

〔49〕"丹田成"，本書卷六五《太清金液神丹經序》作"丹田充盛"，疑"成"作"盛"。

〔50〕"化"原作"光"，據《真誥》卷十、卷十三及本書卷一一一《洞仙傳·范幼沖》改。

〔51〕"生三色光氣"，《真誥》卷十三及《登真隱訣》卷中均作"有三色之氣"。

〔52〕"精"原作"生"，據本書卷十一《上清黃庭内景經·三關章第十八》改。

〔53〕"當"原作"常欲"，據本書卷十二《太上黃庭外景經·上部經第一》改。

〔54〕"咽之"原作"之咽"，據《延陵先生集新舊服氣經·祕要口訣》互乙。

〔55〕"三"字原無，據上書增。

〔56〕"惹"原作"若"，據上書改。

〔57〕"氣"字原無，據上書增。

〔58〕"頂"原作"項"，據上書改。

〔59〕"其"，上書作"甚"。

〔60〕"令"原作"因"，據上書改。

〔61〕"即"字原無，據上書增。

〔62〕"者幸勿疑"，上書作"學者幸勿疑也"。

〔63〕"咽"原作"含"，據上書改。

〔64〕"後"字原無，據上書增。

〔65〕"氣"字原無，據上書增。

〔66〕"謂肌膚充悦也"，上書作夾注"謂肌膚充悦，即多導引"。

〔67〕"祕"，上書作"閉"。

〔68〕"夫服内氣外氣"原作"氣外氣内"，據上書增改。

〔69〕"爲"原作"其"，據上書改。

〔70〕"間"原作"頭"，據上書改。

〔71〕"按摩亦然"四字，上書作正文。

雲笈七籤卷之六十二

諸家氣法

太清王老口傳法序

此卷口訣，並是楊府脫空王老所傳授。其脫空王老，時人莫知年歲，但見隱見自若，或示死於此，即生於彼，屢於人間蟬蛻轉脫，故時人謂之脫空王老也。多遊楊府，自言姓王，亦不知何處人耳。每逢志士，即傳此訣[1]。云："祕妙方若傳非其人，自招其咎"。此卷並學有次第，志人口訣非初學法也。爲當學人初兼食服，以此屢言食物。且食氣祕妙，切資斷食，使穀氣併絕。但能精修此法，知騰陟仙道不遠耳。

説隔結

凡人腹中三處有隔，一心有隔，初學服氣者皆覺心下胃中滿，但少食，久作之，自覺通下。二生藏下有隔，即覺腸中滿，久而覺到臍[2]。三下丹田中有隔，能固志通之，然後始覺氣周行身中矣。游行身中，漸入於鳩。後覺鳩中氣出，即能與人治病也。

初學訣法

初學時，必須安身閑處，定氣澄心，細意行之。久而不已，氣入腸中，即於行住坐卧一切處不妨。胃中氣未下入腸中來，即不得，顧處作難[3]。初服氣，皆須因入息時即住其息，少時似悶滿[4]。其息出時三分可二分，出還住，少時咽之，咽已又作，至腸中滿休。必須日夜四時作，爲初學人氣未入丹田，還當易散，意欲得氣入丹田，縱不服氣，亦氣不散。四時者，朝暮子午時是也。如覺心滿悶，但咬少許甘草、桂亦得，其滿悶即散。丹田未滿，亦不至滿悶也。元氣下時，自然有少悶。祕之，勿妄傳非其人。

凡初服氣，日夜要須四度。朝暮二時用仰覆勢，夜半及日中唯用仰勢。其仰勢用低枕仰卧，縮兩脚，竪兩膝，伸兩手著兩肋邊，即咽氣。只咽十咽，氣即滿丹田中。待一時咽了，然後以意運入鳩中。其覆勢，以腹坦牀，以意揩臍令高，手脚並伸著牀[5]，即咽十咽。每咽皆以意運令緣脊下，從熟藏中出。

説覆仰法

每朝暮服氣，先覆後仰。每咽氣，皆須一下下作聲，尋聲運入丹田中，緣脊下亦須作聲。若解作聲，每勢只十咽即足。如不能作聲，三十、五十咽亦不足。要須解作聲始得，不解作聲徒勞耳。

凡咽氣皆喉中深咽，不得淺，淺即發嗽。

凡咽氣每一迴咽，中間十息五息[6]，亦非[7]事停歇，從容任意[8]。不解用氣，咽淺即當時患嗽。

凡咽氣不得和唾，咽氣須乾咽，中間有津液來，別咽之。咽液亦須用出息咽之，若用入息，恐生風入，極須用心也。

凡初受服氣法，要誦祝。受法了，已後平常自用氣，亦不要誦祝。與人療病，當應誦祝。

服氣雜法

凡服氣，四度外，或非時，腹中覺氣少，氣力不健，任意咽多少亦得。

凡初服氣，氣未固，多從熟藏中下泄。宜固之，勿令下泄，以意運令散。

凡初服氣，必須心意坦然，無疑無畏，不憂不懼。若有畏懼，氣即難行。

凡服氣，若四體調和，必須意思欣樂自足，不羨一切餘事[9]，即日勝一日，歡快無極。

凡服氣不得思食，坦然無所念始得。若然[10]忽思食，必須抑捺，如不在意抑捺，心即邪矣。如渴，薏薛荔湯，湯中著生薑少許，更煑一兩沸，喫一椀，其渴即定。薛荔者，落石根是，子亦得。或薑蜜湯亦得。若能自抑捺，縱終日對嘉饌，亦無所欲。

凡服氣但不失時節，丹田常滿，縱出行人事，亦不可廢。若久久行慣，縱失一時兩時，亦無所苦。

凡服氣成者，終日不服氣，氣亦自足，至妙不可窮盡。

凡服氣得臍下丹田常滿，叫喚讀書終日，對人語話，氣力不少。出入行步，無倦怠也。

凡初學服氣，氣未堅，亦不可過勞，勞即損氣。仍須時時步行少地，令氣向下大精。

凡服氣成，欲得食即縱食，食亦不障氣。縱飽食咽氣，氣還作聲，直至臍下。一成已後，兼食行氣亦無妨。

凡初服氣欲行，以氣推腹中糞令盡，且勿食二十餘日彌佳。若入頭即食，理不得妙。

凡服氣日，別喫少酒亦好。如或思食，喫少許薑蜜湯[11]即定。仍不得多食[12]，能百種不喫最妙。但至誠感神，百無所畏。

凡服氣，縱體中及心膂間[13]不好，亦非他事，久久行氣，自可散也。

凡初服氣，小便黃赤，亦勿怪，久久自變色如常。

凡初服氣，不用喫果子，恐腹中不安穩。又恐滓穢，腹中氣難行，且欲空却腹藏，令氣通行。但能忍心久作，自覺精神有異，四體日日漸勝，神清氣爽，不可比量。若久久行氣，眼中自識善惡，視人表，知人裏。能志心學三七日，即內視腸胃分明。如心不忘[14]，久行始通，能內視五藏歷歷，使用妙不可言。如能堅固行氣，肌膚不減，亦不銷瘦。若作不如法，或無堅固之志，即似瘦弱也。

凡人身中元氣，常從口鼻中出。今制令不出，使臍下丹田中常滿，即不至飢。若神識清明，求出不得。

凡服氣丹田滿，如悶，即運氣令從四肢及頂上出，第一勿令從口鼻出。若從口鼻出散，雖餐百味飲食，但得虛肌[15]，身受諸病，漸入死地。

凡人飲酒食肉，一時雖勇健，百病易生，瘴癘蠱毒，逢即被傷。能服元氣，久而行之，諸毒不能傷，一切疫病無得染。但恐不能堅持，如能堅持，久而自知其妙。

凡初服氣氣悶，多從下洩悶，須制勿令洩，以意運令散即好。

凡初服氣了，或氣衝上，從口欲出，即湏咽液送令下。咽液勿咽入息，恐外氣入。

凡初學服氣或太多，腸或脹滿，攪轉作聲不安穩，即須數數以意運氣，逐却腸中宿糞即好。必須數數逐却糞令肚空，其氣在內即得安穩。如未逐糞，間[16]仍攪轉不安穩，任下泄一兩下寬快。雖下洩失氣，續更咽添之。若洩一下，即咽一下添之，若兩下或至三下、四下，還須計數添之。意者常令丹田氣飽足爲佳。

凡服氣周徧，不須閉氣想，但依平常以意運之。如飢抑捺却自定，渴即任飲水、蜜漿、薜荔飲[17]無妨。如有氣衝上，即咽令下，能咽氣咽唾送之令下亦得。凡滿悶，只從心膋間[18]衝上耳。

凡服氣宜日服椒三兩服，每一合椒淨治，擇去目及蔕，以酒、水、薜荔飲、菜汁送之令下，益氣及推腸中惡物。此是《蒙山四祕》。

辨腸轉數法

凡仰咽氣入子腸運入鳩中，覆咽氣運令從熟藏中出。凡人有熟藏、生藏。行之一月日氣始入，盤屈腸中作小聲，遶腸轉鳴如是。凡人盤屈腸轉數多者爲上聖人，十二轉已下，或十轉、九轉、七、五、三、兩轉者，是賤人。腸麤而短，聰而無智。麤屬聰，長屬智，候得腸長爲上。如腸短更細，不是類也。

凡人腸長者氣易固，腸短者氣難固。

凡初服氣，腸中攪轉作聲，即須右脅著牀，以右手搘頭，以左手牽左脚令屈，直身及直右脚，咽氣令咽入右脚中出，腸中即可久行氣。每下作聲，聲遶盤屈處作聲，皆自記得屈數，其聲流轉，幽幽隱隱然，小聲即是流通好也。人腸中又有四緣，又有節次，有二十四次，久行氣，每氣下即覺有節次，次數亦自記得。

凡元氣與外氣不相雜。若咽生氣，須臾即從下泄出去，不得停腸中。

凡腸，賢士大腸十二節，小腸二十四節；上士大腸九節；中士大腸七節。其氣每至節經過，皆自覺至節，須用氣即過。其洗腸多飲漿。

服氣十事

凡服氣總有十事，所謂心爲神氣，肝爲禁氣，肺爲殺氣，脾爲道氣，腎爲元氣，并陽氣、陰氣、和氣、外服氣、內服氣，名爲十事。今時正咽者，只是內服氣一事耳。至如外服氣者，譬如別人在別處患左脚腫痛，禁之，自引外氣運入己左脚中，彼人即自差，所謂遙禁法。以此而論，妙不可解。

凡若運氣得應頭腦中，即頭腦中熱氣上。運氣向脚亦如此。若先運陽氣，即覺脚冷，然後始熱應。何故如此？緣陽氣排陰氣出，所以如此。先運陰氣，亦陽氣先出，脚如火熱，然後始脚冷。他皆做此。若能運氣入頭中，始免面瘦。已上九條。

服氣軌則，即須得知，已取其精妙，久而自佳。腹中食盡後，並不過三七日，即自得其要。兼食行之事似遲，至於腹中穀氣，四十日始應得盡。亦有更出者，待舍後自看，若有膿血黑物黃物等出，即是穀氣盡也。如斯物未出，即不能令氣徧身，周行體中。歲除日夜，以淨飲食酒、麞、鹿脯等，於無人處鋪設，四拜誦祝，或七徧，二七、三七徧。祝曰："無你婆帝，無你俱沙諦多寫，無你歸婆僻，毗二切。能持襟婆莎訶。"事訖，喫諸飲食，不盡者致東流水中。

凡運氣，十五日已前，可令氣從頭及手出；十五日已後，從兩脚心出。常用氣時喘息，喘息出時，出盡即閉氣，令氣極，更莫令入，即咽之。有強壯人作即多，有尋常人作即少，大都三四下即得，坐卧不飢。右脇著牀，卧展右脚，縮左脚膝，左手攀右膝頭，可經四五端，攀膝頭用少力。時左脇著地，卧又如前。少時仰卧，手攀兩膝，即以左右手攀膝用少力，餘如前。三事總須高枕作之，治病等用，由此三[19]者。如欲逐食令出即作，兼取安穩。氣極者尋常初仰卧，看氣與心脾骨齊即休。取飽即服氣者，別服氣即弱，肚高即脹滿，大都三下兩下。取卧者自料量，看氣出極即閉之，勿取入息，良久即氣攻頭上，得諸處熱[20]，度更熱，即得鼻中喘息。從月一日至十五日左畔[21]，十六日至月暮右邊用此。得[22]冷時用熱氣，寒不能寒；得熱時用冷氣，熱不能熱。得熱時用熱法，得冷時用冷法。依熱法不至熱，即引入息，自然冷出。息始得作熱入，息極作熱不得。此是自法。左畔肝，肝氣青，左邊著青氣。右邊肺，肺氣白，右邊著白氣。氣上即孔合，氣下即孔開，乘開咽氣，自然糞盡。常用氣時，因喘息出盡，即閉氣，令氣熱，更莫令入，即咽之。有強壯即多，大都[23]三四下即得。氣出極即閉之，勿取入息。良久即氣攻頭上，即諸處熱，即得鼻中喘息。

又前言服氣喫諸湯藥等，爲初學人氣於三丹田中不住，多有反出，或兩脇脹滿，以此藥散氣。或言初學人力微，服餌助道，或言益氣道也。且初學不可不知，久久總不用爲妙。譬如嬰兒居胎中，湛然不動，服何藥物？有何人言事須服藥者？未悟其深妙，此不可不與商量道耳！但如嬰兒，他皆倣此，莫錯用心，特宜大慎，不然入邪也。方中有祝，後人加之，古本無矣。

王老報書已具，尋來問，非夫至人，豈能致此？甚善！甚善！此可謂元氣通流，不死之道，復何疑哉！夫寒熱之氣者，用氣則得，此事用功，畢要在口訣，非筆所能傳也。五通他智者，但行之不已，三尸自除。三尸既除，五通何遠？可懸解於心也。忌死穢者，《黃庭內景》云："玄元真一魂魄練[24]，至忌死氣諸穢賤。"若能避之大好，如必不可避之，見訖即存心家火氣，從頂而出，徧燒其身訖，即取桃皮四兩，竹葉一斤，以水煑取湯沐浴，此亦可以解穢。初見之時，仍須閉氣。若涉深水能閉氣內息，此已得道氣扶身，魚龍豈能爲害？夫行道之人，入水不避蛟龍，此之謂也！更不假外助。今往往親見狀若鬼神者，夫氣通之後，則心合正真，而鬼神不能藏形，固是常理，復何足怪！但凝心內照，莫取莫說，自然降伏諸魔，得未曾得，豈在一二所論也。

夫神仙法者，與此法了無有異。此法精思靜慮，安形定息，呼吸綿綿，神氣自若，百病不生，長存不死，所謂身安道隆度世法也。

神息法

神息法者，觀心遺照，動念即差。當用心之時，氣自無滯；當用氣之時，心亦不生。兩法相須，事同脣齒，何謂不相應！善思念之，勿有疑慮。夫隱景藏形者，當勤修此法，使退皮煉骨，身合太無，則所遇咸適。雖山河石壁，無有擁遏之者，此必然之理。

右已後口訣，並學有次第。今口訣非初學人法，爲當學人初兼食服，以此屢言食物。且服氣祕妙，切資斷食，使穀氣併絕，知騰陟不遠也。

服氣問答訣法

問云："或有心腹不好，或痢疾等，於氣如何？"答曰："但能絕食服氣，其疾不過數日必愈。"

問云："或有心腹不好，或有病患，或須止痢，或須冷，或須熱，亦擬自問得當否？故不敢隱，今僕實未通，願悉傳授。"答曰："生藏在脾上，熟藏在脾下近脊。所以覆咽尋聲緣脊，從熟藏中下耳。凡咽氣仰排水，覆排食，食藏在右，水藏在左。凡咽氣久，即自至鳩。僕雖當時咽未至鳩頭，每五更皆須自應鳩，或云皆自應鳩。鳩健一如見敵耳。凡覆想緣脊下，只以意想腹中近脊。尋聲不入熟藏中出，仍令聲從右邊下。"

問："咽氣滿，下泄不得，禁亦非事，舍後有膿。"答曰："自腸中先有滯結所爲，不須忍。覺欲出即放令出，肚中即不鳴。"

"所云[25]想氣使出頂及四肢，久行[26]之即自覺，只憑想即是。凡咽氣只得丹田氣，拍之彭彭即得，縱心頭未滿亦得。如欲心頭飽滿，只是多取氣，即得如蟲行。"答曰："久行自覺，更無別法。"問曰："如何得似喫食時一種？""初學只合如此，久久即共喫食一種。""所云：運氣偏得從頂及四肢出，有妨礙不？"答曰："非有妨礙，始令出，任其自出耳！但運徧身即休，不假以意令出，他氣自出，如行人事，氣少即咽，亦不須候時。攻擊病及與人療病，久行氣得通始得，如何初學即有所望？"

內視腸中糞盡訖，閉目內視，即自見腸中糞極難盡，從斷食二十餘日始盡。初斷食三七日，即須別喫一兩頓羮菜，推宿糞令下，如得每頓喫一椀苜蓿、芥、薑、蔓菁、菘、蕪，在練若苦汁，著少油酥最好，任少著鹽醬汁作味，勿著米麵等。且欲腸中穀氣盡，喫菜可四五日，已後即除却菜喫汁。又數日，然後總須停。每須喫少酒任性。腸中空訖，即喫一頓酒，令吐心胷中痰，極精。

姑婆服氣親行要訣問答法 此法傳自李液家，言姑婆者，液之姑婆也。

"所云食訖今[27]排糞盡，若爲用氣排糞？"答云："其腸中先來已經盪滌淨訖，不食日久，若遇難事，要須食訖[28]，即用氣排之。凡生藏在脾上，熟藏在脾下。可咽氣從生藏排下，過至熟藏，其糞即盡。如不用作糞，即當時排之，其食不變色而出。候食出，可飲一椀薜荔飲，洗滌腸中，常令淨潔，其氣即易流行。"

問："所云若不須於口鼻出氣即閉之，不限時節，於諸處出息若爲？"答："其閉氣内息，先[29]以略説訖。但得穀氣盡，腸中空，閉氣令氣熱，更莫令外氣入，即得鼻中喘息。餘閉法日久當自悟。"

問："若爲得隔塞開通？"答："凡服氣欲得速流通，無隔塞，會須百物不食，即得咽氣入子腸，一月日始入盤腸。其盤腸轉數多者，爲上聖人。十二轉已下，或十轉，或九轉、七轉、五轉、三兩轉者，是賤人。腸麁而短者，聰而無智。其氣須上即上，須下即下，須左即左，須右即右，若爲[30]所云用氣自由。但行之日久，自得通暢，小小口訣，非筆所宣。"

問云："常眼闇如隔數重紗，自氣入頭入眼極明徹若爲？"答："其眼漠漠如隔紗者，只爲用氣不堅，致令如此。但能運氣入頭，溜入眼中，從胷前過，注入肝中，即得眼目精明，光色異衆。"問云："今服内氣與元氣循還身内，無處不通，亦無飢渴，兼自通得内氣，其法不可卒言者何？"答："凡服氣欲得循環身中，百物不食，腸中滓穢既盡，氣即易行。但能忍心久作，自覺神情有異，四體日勝一日。腸中既淨，即閉目内視，五藏歷歷分明，知其處所訖，即可安存此五藏神，常自衛護。久行氣人眼中別人善惡，視人表，知人裏。但日久行之，亦能驅使此五藏神，以治人病。其内息法，用氣日久即得多，時[31]若兼食飲酒漿等，即内息不成。其深奧義之處，不可卒陳。"

問云："其宿有患處，作意併氣注之，不過三日、五日必愈者何？"

答曰[32]："愈病法，腸內及四肢有患處，但用氣法攻其病處，想氣偏攻，其病即散，必請不疑[33]。自服氣來，癥痃腳氣皆悉除愈。初攻病時，若痢五色膿，亦勿畏之，病出之候。"

問云："須肥用氣即肥，須瘦用氣若爲？"答："若須瘦，即用元氣運令入頭，即甚枯瘁。"

"敢問：冬月單衣不寒若爲？"答："先運陽氣，即覺兩腳冷極，然後始熱。爲以陽氣排陰氣從腳而出，所以先冷而後熱。陽氣以至，徧體燻燻如春月也。"

"敢問：從八月九月來，鼓聲動即行，冒寒即面項極癢不可忍，以手搔，隨手即隱軫起如風軫，腳及脛亦然[34]，何也？"答："所云秋來患如風軫者，此爲正氣來入皮膚，與穀氣競，又爲元氣弱，排皮肉間風邪未出所致。舊云初服氣時，令服椒粥，今請勿服爲上。其椒粥能動心起，麪亦滓穢。"

"敢問：咽氣不已，盛夏沸子渾身者何？"答："所云夏日沸子，此爲身中有五穀水漿等津液，所以得生。但空腹服氣，表裏虛疏，此疾如何得有？"

"敢問：忽患痢若爲？"答："其痢元因腸胃內有食而生，絕食日久，何得有痢？若遇難須食，登時逐出，亦不令變色，亦不至痢。如兼食服氣，悞食非宜之物得痢者，則須絕食，以氣排之，其痢即止。"

"敢問：常腰裏氣一道向上，又一道氣向下，從開元十八年二月十一日，從項一道向腦後至腳，從頂一道經面亦至腳，何也？"答："此是氣欲通徹經脉之候。其經脉甚難通徹，若能通訖，氣即無滯。"

"敢問：語笑哭泣，於氣若何？"答："喜怒亡魂，卒驚亡魄，哭泣之事，至人不爲。但元氣及丹田氣常足，縱終朝讀經書，亦無疲倦。"

"敢問：今數面腫，何也？"答："其面腫者，只爲飲食侵肺，痰水上衝，氣壅不行，所以如此。其食中尤忌葫荾、芸薹、韭薤、菠薐、蔥、蒜，此物皆木之精，能損脾亂氣，必不可食。"

"敢問：夏月熱氣攻頭，頭裏悶，若爲去得？"答："此爲丹田氣隔塞不通所致。宜速併氣攻之，令前後經脉開通，即無所疾。”

"敢問：從十月十日至今日，每初夜卧，玉枕連項頸極痒，何也？"答："此爲風疾所致。但服氣日久，風除，其疾即愈。"

"敢問：閉氣攻病，待十咽小腸烹烹滿，然後始得閉氣攻爲當。總不須咽即閉，如何？"答："其用氣人常令下丹田氣足，然後始閉氣偏攻病處，亦不須數咽數閉。"

"敢問：盛冬極風雪寒時，鼓聲動須要入朝，若爲咽即能禦得此極寒風雪氣？"答："但用和氣，運想使周身而行，風雪亦不能爲害。"

"敢問：咽訖小腸烹烹，早晚得弔問，哭泣了哽咽得否？"答："其弔死問疾，憂恚哭泣，道家所忌。必不得已而爲之者，可登時於一淨室處，晏坐安心，用元氣排惡氣出盡，然後依法服元氣使足，即服丹田中氣，氣足即運氣，令入四肢體中。"

"敢問：今年十月行至灞橋北，盪東北寒風，登時眼腫面腫，一宿始可。十一月冬至後，行人事至永崇坊，盪冷即眼痒，以爪甲搔之，當時兩眼皆腫。不知當此若爲禁禦得眼之不腫？"答："凡服氣人皆居山藪，法即易成，豈有盪風觸寒便致於病？只爲頭面素多風疾，氣排未盡，風在皮膚，所以如此。但正氣流行得入毛髮，舊髮換，新髮生，訖此疾。若眼腫甚者，以氣偏注於肝，肝受正氣即眼目精明，亦無腫痒。"

"敢問：咽十咽五咽，即小腸烹烹，一食久拍之，聲已無矣！若爲得終一夕小腸常烹烹？"答："其初用氣人令朝暮子午服者，爲氣微弱，不能久固，所以令四時服，欲得氣相續也。但無穀氣，即正氣常存。"

"敢問：固氣不令泄之時，用力固爲當以漸固[35]。又用力固即小腸微痛，並若爲治？"答："凡初用氣甚難固，其氣多從熟藏出，但用想固之，勿令數泄。其小腸微痛者，是用氣時取氣傷多，生風入腹故也。每覺微痛，即泄故氣，以新氣補之即愈也。"

"敢問：從數年以來，常患背痒，今年十一月初，背痒自定，移於兩髂痒，脚及脛亦痒，何也？"答："此是正氣初入背間排風邪下之候也，排此風邪兩髎令下，出盡病自愈。"

"敢問：從冬至後來，每初夜卧時，氣從頂習習下至脚，夜半後先腰脚暖，此氣漸上至頂，何也？"答："此是元氣初行，可引此氣周身而行，甚善矣。"

"敢問：有時兩鼻孔裏氣直上頭，而滿面氣行，何也？"答云："氣直上衝頭者，此是逆行氣之候。凡氣從後向前行爲順，從前向後行爲逆。"

"敢問：初夜仰卧即三五咽，兩手一時熱氣出如煙，須臾渾身連頭面至脚通同一家，熱氣絡繹行，如春月雨晴後瓦上及地上陽氣相似，連髎連曲鞦脚跟皆熱氣行徧，皆從兩脚大拇指甲及兩脚心下出，左手極汗，何也？"答："此是和氣初行，循環經絡，節氣令度，日久行之，自通玄妙，非紙筆之所陳。"

"敢問：有時腦連項頸自涼冷，氣行甚覺好，何也？"答曰："此是正氣行於心肝之間，若覺傷寒鼻塞，眼熱白精不明，可用此氣，登時即愈。此法亦療時行黄病、瘧疾等，極効。"

"敢問：有時口裏暖氣游颺，行即入齒前，透過齒後，經過六七齒三十餘度，皆入齒内外行，何也？"答："此是氣欲入骨，先有此候。但堅行之，勿懼而不服。"

"敢問：有時玉枕連項頸，暖氣突突出，何也？"答："此爲丹田中食氣多，拒正氣不得環流所致。但腹中穀盡，即諸法易成，必不慮飢渴、羸弱等患。其法深妙，與人療病、騰陟等雜術，行之日久，作皆必成，諸無疑也。"

王老真人經後批

太上道法，徧滿萬物，但所學者，百不失一。不用功夫，則墜落其身，將父母遺體埋於太陰，骨腐於螻螘，寧不痛哉！

一法與萬法皆同，不湏看諸方術，徒役使其心。但久用功，自到微妙，是將載於紙筆。只如嬰兒居胎中，豈解尋諸方術邪？前早具述，恐道者猶有錯失，抄諸丹方，故再言也。然在勵身持心，訣至微妙矣！即是胎息之宗原，初學之梯蹬。若有看此法不見祕妙之言，無由得道，故今附此訣於後。必不得容易傳示非道之流，定招殃咎，宜大慎之焉！

【校記】

〔1〕"訣"原作"説"，據本書卷五九《太清王老口傳服氣法》改。

〔2〕"久而覺到臍"，上書作"久而作之，自覺到臍"。

〔3〕"顧處作難"，上書作"作難成"，《太清服氣口訣》及《氣法要妙至訣》均作"諸處作難成"。

〔4〕"悶滿"，本書卷五九《太清王老口傳服氣法》作"閉滿"。

〔5〕"著牀"原作"牀牀"，據《氣法要妙至訣·導引新候要訣》（下稱《導引新候要訣》）改。

〔6〕"十息五息"，上書作"隔十息"。

〔7〕"非"，上書作"須作"。

〔8〕"任意"，上書作"任事運意"。

〔9〕"不羨一切餘事"，上書作"不羨功名"。

〔10〕"若然"，上書作"若"。

〔11〕"湯"字原無，據上書增。

〔12〕"食"原作"睡"，據上書改。

〔13〕"間"，上書作"悶"。

〔14〕"忘"，疑作"志"。

〔15〕"虛肌"，《導引新候要訣》作"虛肥"。

〔16〕"間"，上書作"腸間"。

〔17〕"飲"，《四部叢刊》本作"湯"。

〔18〕"間"後原有"即"字，據上本改。

〔19〕"此三"原爲空格，據文義補。

〔20〕"得諸處熱"四字原無，據《四部叢刊》本增。

〔21〕"左畔",上本作"左邊"。下同。

〔22〕"得"原作"如",據上本改。

〔23〕"大都"原作"大精",據上文改。

〔24〕"玄元真一魂魄練",本書卷十二《上清黃庭内景經·玄元章第二十七》"真一"作"上一",且句下有"一之爲物叵卒見,須得至真始顧眄"二句。

〔25〕"所云",《四部叢刊》本作"問云"。

〔26〕"行"字原無,據上本增。

〔27〕"所云",上本作"問云","今"疑當作"令"。

〔28〕"訖",上本作"喫"。

〔29〕"先"上原有"洗"字,據上本删。

〔30〕"爲",上本作"適"。

〔31〕"多時"二字,上本無。

〔32〕"必愈者何?答曰"原作"必愈答其",據上本增改。

〔33〕"必請不疑",上本作"吾"。

〔34〕"然"字原無,據上本增。

〔35〕"用力固爲當以漸固",上本作"用力固當以漸"。

雲笈七籤卷之六十三

金丹訣

玄辨元君辨金虎鉛汞造鼎入金祕真肘後方上篇

夫金虎鉛汞者，不出五行。萬物生成，因陽而結，因陰而生。陰者道之基，陽者盈之始。陽不能獨立，陰不可自生。人民萬類，皆禀一氣。判二儀從混沌分後，因兆立基，句屈伸達而生，因造化父母成形還本，各歸其根變化也。陰陽相奪，法象乃立。坎一離二，從陰歸陽。火一水二，從陽歸陰。水二火一，前者象，後者質，如身內修道之真源。重玄義幽，闇契真理，雙喻鉛汞二陰，水之二也。火性炎上，寄方自守，火之一也。在天地之間，配象五行。在人身田中，心爲火藏，在肺下，其數一；腎爲水藏，雙居命門，其數二。足明火一水二，爲道之祖。悟者修行，神仙不難。玄珠優遊於赤水中，胚結成胎。還丹亦生於玄一，因陽發騰爲流珠。足明三五與一，天地之至精，變化須臾。且如內修得一者，陰丹氣也，氣能存生。外修得一者陽丹，丹成服餌，功能內固性命，外化五金。乃知修行不二，至藥無雙，天人合道，理契自然。非陰不生，非陽不成，還丹交媾，不出於水火金木土，猶即符應候，丹自成矣。丹基在一，但辨得真鉛真汞二物，真陰真陽大道也。故託易象，藥不須斤，立三百八十四銖。象月兩弦，上下對望。二八十六，故立一十六兩，剩少即不合爻象節符用事也。坎離爲藥，天地爲爐，乾坤震巽爲運卦生成。但以符結陰氣變爲白馬牙，陽氣變爲金砂。"金砂入五内，霧散如風雨"。雖無外一施，妙用無極，此皆長生出世之方，還丹之至道。元君三景真人每至元日，會議得道之子，有分者感天曹赤帝君勅以金簡朱書，乃示此訣。若内行不真，心生猶豫，口是心非，終無得理。學者但行不二之心，道師必當自至，以戒後來者也。

旨教五行内用訣

訣曰：辨藥并火候法象，上清真經諸仙籍祕録纂要及歌中，但遇五行，不出數内，水一、火二、木三、金四、土五。土無正位，遊於四季。五行生[1]土，土生金，金生水，水生木，木生火。甲之精結媾萬物成形，生死歸於后土。土主黃，金主白，但看雞子内黃外白，二氣相感，分判自然，豈假外物為情而反也。

一、北方、黑、子、水，金之寄位，五行之始，道之基。黑鉛，朱砂中自生者牙也，日月照曜時足，在砂中性白伏火，名曰天生鉛也。

二、南方、赤、午、火[2]之正數，火寄位朱丹。丹者，南方之異名。朱砂，鉛之父母仰月也。

三、東方、青、卯、木，道之本宗，陰陽父母，萬物各稟一氣，皆同此祖。所資負陰抱陽，甲之精曰火之本父母，日魂也。

四、西方、白、酉、金，神水之寄位。轉北成西，卯酉相望，金木相剋，水火交運，以成大道。陰之精，月魄也。

五、中央、黃、戊己、土，華池之寄位。黃能制水，不流自死，土是還丹父母也。生死在於父母，父者火，母者土，制伏萬物不起，各依本父母，故曰金鼎土釜。故云三五與一，不差也。

訣曰：日者，積陽之精，其數有九，在天成象，在地成形，含和萬物，布氣生靈。日之烏黑也，色黑象北方壬癸水，名曰陽中陰精，陽含陰也。是以離支，丙丁火宮，得九之名，結氣朱英，鍊之固形。三五與一，龍虎來迎。古之仙者，鍊日之精，身歸純陽，飛遊太清。且水銀水類，而含陽性，外陽而内陰，陽象黃，陰象白，是知外赤裏白，故水銀生於朱砂中，是汞產於鉛也。此明陽中有陰，不孤陰寡陽也。

訣曰：月者，積陰之精，而成坎位，其數守一，陰陽含牙，魂魄相應陰陽也，如日月之有蟾烏，陰陽兩氣雙白色，象西方庚辛金，名曰陰中陽精，陰含陽也。是以坎支壬癸水宮，得一之名，氣結玄英，諭人皆因父母傳氣而成形，遞相含育，自然之道。藥物象月，從陽而受，陰胎而含陽精，外陰而内陽。陰象白，陽象黃，故外白裏黃，是以白金生於河車。河車者火，赤色之名，朱砂也，故名砂產於金。此明陰中有陽，不孤陰寡陽也。

訣曰：朱鉛二物，入爐合銷，爍取其精，添入丹魂之中，用立乾，其聖如神，故得稱姹女者鉛也，砂者白金也，金基黃輕黃礜也。

訣曰：一者丹基水也，鉛在内。二者火基木也，符在内。五者土基母也，金在内。修丹不悟真一之理，互説金石爲藥，又不得節符火候，還丹因何而立乎？

訣曰：大丹並非金銀銅鐵鉛錫曾青雄黃五礬諸雜金石等，蓋各有毒，備諳制伏君臣可治疾，並無延駐之功。

訣曰：朱砂得傍門制伏，治世疾駐顔，無長生之分，何也？緣不得本父母及爻象，失其元氣故也。

訣曰：汞者水精之名，受含符信曰汞，飛起爲流珠。故云"丹砂流汞父，戊己黃金母"也。

訣曰：凝流珠爲白金，此明白金從一中成形貌也。金水道并使，以金爲黑鉛。陰中陽生，反老爲少陰之精，物極即反，已老却少，遂之長生。故水銀生於北方，來居火位，相交以成大丹。

訣曰：上聖隱祕，愚昧自迷。設用凡鉛黑金汞銀爲河車，雄黃爲土，金銀爲母，並非至藥之源。凡鉛者，銅鐵草並有鉛及有鑛鉛，並凡鉛也。真鉛者，子母鉛也。有銀者，是鉛爲大丹神，水金之母也，子母相得其情也。

訣曰：金爲月精，以處陽位。汞含離氣，以應六爻[3]。天地之靈，孕日月之精，否極泰來，陰盡陽生，皆順天道而爲也。

訣曰：從月一日受符，六氣從性成情；十六至三十，六氣從情成性，象偃月魄月出没之象。

訣曰：金爲父，木爲母，震爲長男，兌爲少女。白者歸一之名，金者得位之稱，黑者性含水色，鉛者同金之類，黃者象土，牙者主生，子者九轉之運名，河者水之基，車者符育之功。

　　訣曰：世人不悟，朱砂者鉛之母，符者丹之父，生死歸於后土。黃能制水不流，自生自死，生亦依於土，死亦依於土。土者，火之母也。

　　訣曰：朱砂是鉛之祖，還丹之基，鉛生於朱砂。故云：汞生於鉛，砂產於金。悟者萬無一焉。

　　訣曰：朱砂陰汞，天符運育日月滿足自生出曰陽汞，此是陽爲君，陰爲臣，二汞本一物無二。

　　訣曰：寶丹本乎一物而生，自無外入。譬如蚌吸月華之氣爲珠在腹，豈有異類而成？

　　訣曰：太丹有三品：上者汞，中者丹，下者砂。悟者歸一無二。金虎含陰，位屬西方，真氣內藏，寄生太陰玄鉛而爲至精，名曰龍虎。卯酉相剋，子午相望，此是天地陰陽輪軸轉運造化也。

　　訣曰：九轉二百七十日，每月換鼎，至九鼎換之便妙，不換亦得。受符金性低昂，十五金性全滅，三十日道窮乃歸，子坤元受符，三物同沒於土。陽符上騰，至于宗廟即下降，巽生受符。乾坤震巽，蟠虬上下，五行藏伏，陰陽爕理，往來天道之用，周而復始。

造金鼎銘

　　后土金鼎，生死長七。神室明三，圓五陰一。混沌徘徊，天地五里。陽陽兩頭，狀如雞子。形具莫差，黃白在裏。厚薄均勻，六一固濟。好守午門，參同自契。

　　訣曰：一者五行之始，月之陰魄，位居坎中，藥生於陰暗之處。時人不知金公之理，金者太白之名，公者物中之尊，呼之曰鉛。

　　訣曰：金入中宮，太一大庚成，赤鳥守黃鳥，蒼龍伏籍，白虎制取，本類相聚，故曰參同。

　　訣曰：黑鉛入仰月，配合爲夫妻，陽魂合陰魄，兩情自和同。世人不悟，正五金八石是陰之總數，配合運動爲丹者。八石者八卦，五金者五行火候也。

　　訣曰：不容之木是甲之父母，所以受制於金。金孕水安，水必存金。木孕火制，火必假木。

　　訣曰：鉛水者，砂中自生之液，主陽；汞水者，砂中抽出之液，主陰，是鉛水制汞水。

　　訣曰：鉛水者，符也[4]；汞火者，砂中抽出之液，故云鉛火制汞火。水合其性，火合其形，二物在鼎中被真符制之，遂不飛走。然氣相臨，吞蝕變化，得稱大還。

　　訣曰：丹砂木精，得金乃并。參銖不偏，至聖至靈。世人不悟，見金視之如土。藥歌曰[5]：太玄陰符，道生陰陽，陰陽生五行，合爲還丹，故名龍虎。龍者陽氣，木也；虎者陰氣，金也。

　　訣曰：受持二木[6]漸順，汞雖得伏，未是大丹。且要服食，可治世疾延壽。守至九轉，蒼狼黃色。守三年，太元之氣足，色歸北方黑色。服之一刀圭金粟之小分，長生住世，刀圭可制汞一斤成白道。守五年，服食可三銖長生，一銖可點鐵、水銀各一斤成赤道。守九年畢法，服食可二銖長生住世，點水銀及五色瓦爍各一斤用藥一銖，各隨本色成寶。

　　訣曰：太丹守運三年氣足，以木蜜[7]爲丸麻子大，依分兩服食，奉藥跪坐面東向，念天真餌之。其丹九粒，繫之臂後，出入往來，奏表上書，登壇拜謁，人皆欽重。或有悖惡逆黨生意，向人自散。或入山林，居迥野，猛獸毒蟲，山林物魅，摧心伏藏，不敢爲害。至於交戰鬪敵，周廻侍衛五百人，不遭弓矢鋒刃損傷。所在之處，土地靈祇，悉皆侍衛。古今法造神鏡及凡銅鐵鏡，用藥一粒磨之，自然通靈。若用一粒書符，作法口解，召集五嶽天仙龍神，萬靈立至，驅策自由。世人有疾，書一字吞之立愈。死七日未壞者，內二丸兩鼻中，返魂却活。七日外不得已死者，內一丸口中，埋之不腐，禽獸並同。藥守九年，取四銖和黃土一斤水煑，三日成黃金。用之不道，殃罰七祖，身爲下鬼。天道祕密，容易輕洩，見世必招仙官譴謫，種種不稱意。神理同煞，順慎無咎。

正隱甲法象天符用火并合金造鼎肘後方下篇

經曰：甲者木，火之祖，其數三，成數九，正位生於東方青，寄位丙丁，萬物之師，火之父母，日之精魂，陽之始祖，照曜成形名曰魂。日者，在天爲直符，能發泄萬物；在地爲地符，釀熟萬物。陽氣分判，故稱木精。青腰使者，陰陽二性。契證參同，金砂火并。三五與一，還丹自靈。三者木，陽精之父母，陰汞陽汞，並是陽精照曜結媾生成，強名金砂，天地之至精也。丹者陽之陰汞，陽反爲臣二也，朱砂是謂之火鉛。五者土，主母，陰中陽精，陰之陽汞，陰反爲君一也，黑鉛是謂之水基。九銖陽魂[8]，謂之真水，喻居離位陽中陰；三鍊陰魄，謂之黃銀，喻居坎位陰中陽，故號水銀。水火相交，混沌自并，剝復歸一，成形無外物，故云陰火自會。其符理由人消息，即合天道聖意上品。

金丹第一訣曰：火鉛制火火自滅，陰陽進退數七八，受氣分離在半月，三十道窮起復處，養育通靈九箇月。

又曰：陰陽二汞同一形，先後配合自有情，用金反應爲神水，華池得母由木精。直符交運依爻象，悟者得之丹自靈。化寶服食長生路，天地反還三一并。

行符合天符法象

訣曰：夫修金丹，合符法象，大演易道。行符初候，喻起建子，月陽爻動，喻生坎位。初九潛龍勿用，陽氣混沌分判。冬至後一陽衝，過甲子爲上元，從子時起始爲一陽生。見龍在田爻動，驚蟄受陽用事，謂之一陽生。遇甲爲火之父母，故法喻用火，便象十一月受陽。故從子起，陽生於陰暗之中壬癸宮。符至建午月，陽中陰生，符喻同陽全也。

經曰：起計行符，子喻斤兩，爻動初陰，太陽火陰，奇陽符共信。

四五銘而兩合。

經曰：日月玄象，五行起伏，始數爲一陽生，象天地發揮傍通情也，驚蟄萌兆並行。

經曰：但取春分晝夜停用符，陽爻漸生至大壯，法喻從一至十五，象春夏火木用事，從文入武。十六日取秋分晝夜停，陰爻漸生至陰盛月盡，法喻秋冬金水用事，從武入文。並喻合更漏一百刻，故應天之玄象，藏伏没在晦閏，合朓朒[9]之數也。即天道日月行度無差。

經曰：符從子起，亦非火之父母。子者，陰中一爻之始。子喻斤兩，造化軸轄之總數，是陰陽起伏法，喻行符合刻漏分氣，用符合斤兩喻也。符動生於辰巳，至二周半，午首分氣，終於戌亥，非子之正位。

經曰：還丹行符法象，秖喻天符陰符行度易道合更漏，五行四時運轉無差，二十八宿斗杓諸星位，並所主休咎吉凶之兆。修丹法象正用，不在數用之限。行符定用法本火在下，古法行符象喻也。

經曰：陰長生翻符在上，象冬至夏至、陽陰上下。故上用符守鼎，審依爻象，進退斤兩。然用陰谷子依灰覆藉茗爐爲依尤佳。但消息皆陽向陰伏藏，通如土蜂穴，勿令氣泄。

經曰：從一至第七日半，便象一季，以次遇子即加。子生坎位，故明陰内一陽生。法象故從子起漸加爻，至立夏夏至，象火王，母相背，十五十六計符，共當六十符。望前爲陽，望後爲陰。陰生從十七合十四，漸退至立冬冬至，五行數盡，終三十實數。共計合符日用，都依六爻上下生成終始數。正用符日計，都合五行天符，六候足，爲陰符陽符各守界受氣之總數。

經曰：起伏法象，陽符陰符，藥物並不得逾斤，故合大演一周，周而復始，乾坤大理，運軸大數。又合乾策二百一十六，坤策百四十四，總喻合天符行度之數，即火符自然。初候兩日半一氣，三十時二周半，至午[10]分氣，符歷十二支五周，計六十時，行符五日一候足，當用五爻十符。第二候兩日半一氣，三十時二周半，至午分氣，還歷五周計六十時，行符至十日兩候足，當用十爻二十符。第三候兩日半一氣，三十時二周半，至午分氣，還歷五周計六十時，行符至十五日三候足，當用十五爻三十符。

經曰：十五日前爲白月，陽符火木用事；後十五日爲黑月，陰符金水用事。退符漸計，合還九起。爻動始數應陽，奇陰偶合，六四銘同，兩用二符。初爻爲定，遇子則加，逢陰即退，周而復始。法象天符建子，發泄陽動之始。混沌欲分，潛龍未見，須遇甲爲陽之父母，分氣屬陽道上元，始陽動行符，震復用事，便象初九，併用氣候，以喻孟春。每行符巡歷十二辰二周半[11]終巳，三十時二日半；起午分氣，又二周半終亥，計六十時，以象仲春，二九象法，坤兌氣交，初候五日。第二候陰陽起伏，天地初交，法喻季春，屬上九事。後遇分氣計爻，符用翻譯，但從子至巳、午、亥，畢還復起。第三候至初九，分氣屬陰道上元，陰生退符，巽邁用事，便象孟秋，漸退候歸三十。五行數已盡起伏，志在用火，失在抽添，即氣候錯令。若依玄象無虧，神靈自契，一象不足，與瓦礫無殊。進退明守期候，還丹自成。夫修至藥，須用真鉛汞，子母混沌自相扶，炋爍應氣候，金水相并，歸戊己交合。象嬰兒受氣於母，母隱子胎，子藏於金中含孕，自然金精石液相反，一飛一伏，陽推陰證，像雞子黃，精在母而隱伏，外白裹黃，河車運轉，須臾脫胎。象萌芽伸屈，萬類各禀一氣而受形。然未有功能變化，神足作用，故立養育，感動大丹，明喻須[12]用法象，方合聖意。託易道，五金八石，六爻生成，乾坤互用，運轉正氣，定五周，分午首，終亥起子，進退加爻，藏伏時節，乃合天道，參同自然，須依更漏用火，即合符不差。但依晝夜停用符，每十二辰，遇子即加[13]，行符一月，便象四時。或九月，或三年，或守畢法，九祀而終，喻大演九周，太一君臣人民合局之數，丹自靈矣。能內固性命，外化五金，轉弄顏色，服食多少，及變世寶，説在《辨藥龍虎肘後方》。

【校記】

〔1〕"生"原作"生於"，據《四部叢刊》本刪。下同。

〔2〕"火"後疑脱"木"字連下，蓋按上下文例當以"南方赤午火"爲句，又下文有"二者火基木也，符在内"。

〔3〕"六爻"，《通幽訣》作"陽爻"。

〔4〕"鉛水者符也"，上書云"鉛火者是自生之金"，下文云"鉛火制汞火"，"鉛水"疑當作"鉛火"。

〔5〕"藥歌曰"原作"藥曰"，據上書增。

〔6〕"受持二木"，《還丹肘後訣》卷上作"震巽二木"。

〔7〕"蜜"原作"密"，據《四部叢刊》本改。

〔8〕"九銖陽魂"，比勘下文"三鍊陰魄"，"銖"疑當作"鍊"。

〔9〕"朓朒"原作"朓胐"，據蔣力生等校注本引《四庫》本改。

〔10〕"午"原作"五"，據《四部叢刊》本改。

〔11〕"二周半"原無"二"字，據上下文意增。

〔12〕"須"原作"故"，據《四部叢刊》本改。

〔13〕"加"原作"如"，據上本改。

雲笈七籤卷之六十四

金丹訣

金華玉女説丹經

太極元真帝君自洞庭陟王屋，登天壇，周覽以極。天老相，風后侍，方明、力牧、常戒先[1]、昌宇從。時六玄宮主悉以天衆會於雲臺觀，龍軒鶴騎，仙仗森列，駐于空界。時帝命天老乘龍蹻詣六玄女修敬，帝者，即軒轅黄帝也，證位曰太極元真君矣。天老爲丞相，故勅之往六宮問説起居六玄女也。六宮主亦各遣仙女乘鶴蹻詣帝君修敬。事畢，甲寅宮主太玄金華玉女登堂不起，仙座浮遊至于帝前，白帝君言："仙尊，我於天界諸天之中，遍禮天王，仙真道衆，咸仰聖德。《玉皇寶錄》，三洞祕文，大道真經，普明法要。帝君當知，天策降靈，位爲仙王，子同本師，是慶嘉福。"

元真曰："予暗昧至言，不知以何法事而同本師？"玄女曰："中黄元君是吾本師，太陽元精是吾本服，即今太清宮左瓊室神丹也，是名天地元寶護生丹。是以天帝命我，策居寅宮，號曰金華，以旌法域。"

元真曰："予當受《玉皇寶錄》《太陽元精經》。然知其靈化至明，是真神道，而終未達其性，太陽元精以何因緣至太一君易名龍虎？"玄女曰："以吾法位，足辯道源。龍，木德也；虎，金精也。丹砂生木，鉛華出金，金華之德，帝知之矣！子何言哉？"

元真曰："太陽元精，爲水銀耶？爲鉛華耶？二物合成爲元精耶？"

玄女曰："非也。我昔於紫微上宫見太上説，太陽元精，左正之靈，與道合并，化元之英。涉於水以黑，見於火而明。託體水銀之胎，而非水銀之形。五行相生，太陽元炁遂伏爲精。何者？土生金，金生水，水生木，木生火，火生土。土之精生石，石之陰精爲玉，石之陽精爲金。《金經》云：一石之中分陰陽爲金玉，故謂一陰一陽之道。金之精生靈液，靈液之精生水銀，水銀之精生丹砂，丹砂之精生陽光，陽光之精生元炁，元炁之精生神明，神明爲真靈，真道其成矣！"

　　元真曰："何謂陽光？"玄女曰："丹砂之精也。夫靈液猶金之血也，水銀猶金之髓也，丹砂猶金之神也，太陽元精猶金之父也。故陽光是丹砂之精，居金火之位，而生元炁，元炁是金之子也。"

　　元真曰："何謂生丹砂？丹砂爲木精。何謂爲元炁？予未知之。"玄女曰："其體於運數然也。支乘其干，納音相會，以從五行，分成陰陽者也。夫金爲酉，酉配金，金嫁火，逐猪而入鼠穴以生水也。故汞色帶酉而白，體爲子而液。子配水，水乘牛，隨虎以入兔穴而生木也。故鉛生帶子而黑，體爲卯而凝。卯配木爲龍而稱父，酉配金爲虎而稱母。夫火能固物而存元炁，故服元炁者，炁質永固，神合元和，以通靈也。"

　　元真曰："元精至矣，通靈上藥止於是耶？尚在妙用乎？"玄女曰："有之。昔吾與天衆朝會太一神君，聞无上大道，演度天人，宣説法要。其一名金液，其二名九轉神丹，以授衆真，普救世苦。"

　　元真曰："其理云何？"玄女曰："以筒左味，液金成水，流注五藏，堅滑四支，調補百神，潤澤六腑，變易毛骨，延久生形，其力神速。"

　　元真曰："金液然矣，九轉丹其術云何？"玄女曰："烹鉛爲砂，化砂爲餅，化資五液[2]，實爲通汁也。以餅歸鑪，收鉛爲砂，砂而復餅，終始數九。九、陽也，九九相乘，化之爲砂。其不爾者，粉白可用，是爲九轉矣。"

　　元真曰："既九轉矣，復云何哉？"玄女曰："以左味化硇，以稠爲度，以調蚌粉，狀如塊泥。圓餅塊泥，以隨器量中安經。以餅覆結，是爲內蓋。結而不結，難爲制也。既內蓋已，以泥實之。實必築固，勿盈器外。上又加蓋，蓋又加固。固既周際，陞於爐焉。文候以月，武候以日。日月畢，開際候鼎底紅，日月相乘，赤黑乃已〔3〕。"

元真曰："法既度矣，復云何哉？"玄女曰："粉三銖一，二兩兩七，以兩化斤，沸如亂星，星滅事畢，刀圭奔日。"

元真曰："善哉！吾道匡矣！"

金華復位，未幾，而六宮宮主及衆真飛仙，冉冉悠悠，退杳隱冥，遍虛空界。奕奕暉暉，黃光曜明於震宮之中，有赤輪炁中太一神君現於明輪之間，雲軒羽蓋，滿其光界，山川赫日，黯無晶光。是時太微真人朝拜於齋壇之下，方明、力牧、天老、風后等同時讚禮。俄而靈炁霏微，於其光中，晻曖徘徊，遨翔繚繞，太一神君與無鞅仙衆深隱玄中，帝君臣衆并六宮御女山林道衆數千萬人，咸生无上道心，得不退志。

玄解錄〔4〕

余少抱甚疾〔5〕，專意修養，至於金石服餌，亦嘗〔6〕勤求。竊見時之好事者，不顧貨財，大修鑪鼎。謂河車立成，可變土石；謂金砂立化，可壯筋骨。然而往往有爲藥所誤，醫救莫及，何哉？豈根源不正歟？師法不明歟？致終始不相副，如此之甚也。余因覽道書，偶見九霄君告劉泓〔7〕丹藥要訣，乃喻俗徒都未窺至道之毫末，而妄自誇術，誑誘時人。凡所施爲，無非自伐之捷逕，能無悲乎！真仙之言，定不誣矣。余久懷滯惑，方困於是。今故抉其要語，書之座隅，目之曰《玄解錄》。冀觀覽之時，疑撓盡釋，雖未達金液守身之術，當必免毒丹傷命之虞，亦天年之幸也。如有同我斯志者，固願攻其未悟耳。大中九年乙亥歲五月十七日甲子纂。

辨金石藥并去毒訣

漢安帝時，有劉泓者，久學至道，棄官入山。後至延光元年十一月，九霄君來降，爲憫道士不知燒丹之正道，乃指陳至藥之根源，分別雜丹之門戶，并解金石毒《守仙丸方》，傳付於泓，疏之如後。

九霄君謂劉泓曰："夫學鍊金液還丹，并服丹砂硫黃并諸乳石等藥，世人苦求得之，將爲便成至藥，不得深淺，竟學服餌，皆覓長生不死者也。並不悟金丹并諸石藥各有本性，懷大毒在其中，道士服之，從羲軒已來，萬不存一，未有不死者。"劉泓再拜稽首，問曰："何也？"

九霄君曰："世人所造金丹，服餌皆求長生，愚者即竭[8]力以資俗事，又欲將至藥求點化金銀，榮其行尸，以養僕妾。但一起心，即是必死之兆，至藥亦無因而見也。准教藥無雙能，功[9]無二用。又不知藥有至毒，造丹成後，世人只知餘甘制河車，磁石引針，硫黃乾水銀，將謂制金丹了便無毒矣。假如先賢鍊秋石，以地霜結爲石，能引生汞，亦能制金石毒，亦能壯金石毒。如有服者，中路毒發，不可禁止，必見死矣。縱不死，亦卒患惡瘡，此爲先兆也。秋石云解毒，且見朱砂及粉霜毒并硫黃等被秋石制伏，豈能解毒矣！先聖遺教，世人難知焉。知之者真仙也，不知者凡人也。"

泓問曰："變化銅鐵之藥，並不堪服，何也？"君曰："緣點化藥，法多用諸礬石消硇之類，共結成毒[10]。雖能乾制水銀及化銅鐵，其用火時候，亦與至藥不同。緣毒成結在其中，縱令千銷萬化，毒終不出。亦如人有毒心，毒在心內，必不從外入。亦如木中有火，火元在內。其點化之道，本亦在內，各受其性，色目法作不同，炁遞相生，各懷毒性。雄雌消硇，雜類相助。其火候不依[11]天時地理之法，或近或遠者，蓋不禀天道而成，則知古往仙人不服此藥明矣。緣有大毒，造化之力不足故也。"

泓又問曰："點化之藥，爲有雜石衆毒，固不堪服。常聞換頭紫粉、七返丹砂，更無礬硇所雜，可以服否？"君曰："此二藥，世人千百中無一人解作。縱能爲之，亦不堪服，何也？且換頭紫粉是仙人所合之粉，以爲宮室之用，緣有硫黃在其中，水銀入硫黃含大毒，豈可服哉？又七返丹砂雖熞令伏火，本無四象五行，筋骨血肉，陰陽炁不全，如服之，令人五藏血乾。凡人血少即病，血盡則死矣。"

泓曰："世人修服丹砂，顆塊不破，顏色如故，大火燒之不動者，服如何？"君曰："凡朱砂凝結之初，皆於砂石中成質。縱是光明者，飛之每斤只得十二兩水銀，其四兩即是山澤滓滯之物。其滓懷大毒，道士若不[12]解出滓，便相和服之，服者則澀人炁脉，乾人血液，豈得有益乎？況從古已來，道士未經至仙之教，皆謂伏火丹砂是死水銀，妄言金砂入五內有不死之兆，甚錯矣！世人豈不知，從前服者未有不死之人。唯硫黃獨體，不入他藥，猶能去人積冷，但不可多服。緣是純陽，炁不全耳。其他小術，固所不論。"

泓問曰："何藥則堪服，可以延駐？"君曰："我仙人所鍊至藥，例皆日魂月魄，四炁爲象，日魂不離日裏，月魄不離月中。假如至藥，亦不離從木而生，何也？木帶青，以象水銀，內含其火。火爲陽，以象朱砂，朱砂屬離。離，南方火之位，火爲朱砂，亦同木中有火矣。配木火入中宮之土，土能剋水，火能生土，而乃道成。如人初生嬰孩，及長大還爲人父母，遞換相承，本處其一。至藥根本，亦不處二。道之無根，以心爲根。道之無用，以四時受炁發生，各得其所爲用。道因炁而生，因炁而死。至藥服之不死者，蓋爲不參雜諸味無毒，銷成汁爲器，或方或圓，並能赫然通徹，晝夜光明，然始堪服。去人昏沉，定人神思，除邪魅，耐寒暑，皮膚潤澤，髭鬢不白，返老成少，千日可驗，故服之不死。"

泓又問曰："至藥有幾般？"君曰："真正之門有三焉：一曰神符，上仙上丹；二曰白雪，中仙上丹；三曰九轉，下仙上丹。其三般丹出一門而異名，各有《三一禁法》，不可輕傳於人。何謂不可輕傳？假如神符，若無太一宮天一宮成者，即名白液，終不成器。緣以天一宮名，其《三一》不可傳。白雪若不堅，不成冰，不入調青，不受青炁，亦共粉霜毒無別。亦如日無烏而不明，月無桂而無魄相似。緣引[13]凝成堅冰，調[14]青如磁石引針，其《三一》不可傳也。九轉曾青，白雪成結，即入紫宮，用緣以凝四炁，納萬象而成質，其《三一》不可傳也。夫至藥若不受四炁混沌，豈得號曰龍虎之丹？所以我仙人，天地之玄化，同日月之光，如神符、白雪修鍊功畢，始有上昇之路。九轉即返老成少，顏如處子，壽同南山矣。其《三一之訣》不許輕傳，豈不宜哉！"

劉泓曰："三一之旨，玄矣祕矣！未知何人即可傳授？"君曰："如吾者即可傳授。夫三一者，造化之機關也。非獨至藥有之，凡人身中亦皆自備。人若能修身中三一者，即子母不相離，神炁自相守，怡怡和煦，光照明白。子不見至陽之月，當晝之景乎！風雲不去，纖羅不動，碧空澄徹，豈有障翳哉！人亦有之，若能常調三一，不慮不生[15]，與碧空之炁相合，內外光明，虛無同體者，亦可昇騰矣。世人或有竊聞此道者，云是服炁，乃鼻吸口吐，鼓腮強咽，立可致其殞斃。亦猶藥中錯服毒丹，不可救矣！所以身中三一，與至藥三一不殊，其身中三一亦不可輕傳也。"

泓又問曰："如有人先服丹砂及乳石、硫黃、紫粉毒發者，如何救解之？"君曰："已服死者，不可言也。如有後服者，只可救之，遞須相勸道士急[16]造守仙丸救之，可存性命。假如換頭紫粉，緣不入凝白雪爲骨，骨爲陽，及無調青入者，即名大毒紫粉。人服不看多少遠近，如喫雜物觸犯，不問日月遲晚，如發不在醫療例[17]。不出三日五日，無藥可救。如硫黃、紫粉、伏火丹砂及諸乳石若發，服守仙丸猶可救之，十有二三命在。若曾服諸石藥，雖未發，能防備者，服守仙丸尤妙。"

泓又問曰："三大丹既延駐人命無毒，知未畢功，可以服否？"君曰："神符、白雪、九轉未經太一宮者，四象未全不可服。如有人誤服者，忽覺發動不安，但急服伏龍肝汁并甘草湯、生菉豆汁乃立定，少見命終。何也？緣此三藥並無雜類相撓，只空火毒，乃不至死。除三般，其餘丹砂之流雜物，一朝一夕強餐服之，如或發動，命即危矣。"

劉泓曰："《守仙丸丹》可得聞乎？"君曰："《守仙五子丸》，此法仙家所祕，然令擇有道之士授之，以護其性命。今故一一教示，并粗舉三丹大略，爾宜熟思流傳，以救未悟者，無忘吾言，吾將往矣。"

泓乃雨淚，稽顙再拜。九霄君舉手別，入雲天不見矣。劉泓乃於山中，刻石書記。後有道士見之錄出，遂傳於世。至唐開元中，通玄先生張果進上此方，玄宗大喜，祕於禁中。通玄兼述三丹之功極備，但無修丹之法，今不書去繁也。

《守仙五子丸方》

餘甘子　覆盆子　菟絲子　五味子　車前子

右已上五子各五大兩，別擣如粉麵，取二月三月枸杞嫩莖葉，擣取汁二大升，拌藥末令乾盡訖。後七八月採蓮子草，取汁一大升，亦拌藥末令乾。又取杏仁一大升，取好酒研取汁五大升，於銀器中煎，令杏仁無苦味。然後下生地黃汁半大升，真酥五兩，鹿角膠五大兩炙擣末，都入前汁中略煎過。又下五子末，一時以柳篦急攪，看乾濕得所，眾手丸之如梧桐子。每日酒下三十丸，如要加減，以意斟之。忌猪肉、蒜、芥、蘿蔔等。服之百日，先服金石藥毒並盡，亦益金丹之炁，通流於五藏，潤澤血肉，萬毒悉除，髭鬢如漆，返老成少。皆因制其陰陽炁，兩性彼此相備矣。祕之！通玄先生制《五子守仙丸歌》，以讚其妙。歌曰："返老成少是還丹，不得《守仙》亦大難。愁[18]見鬢斑令却黑，一日但服三十丸。松竹本自無餤故[19]，金液因從火制乾。五子可定千秋旨，百歲如同一萬年。"

陰真人論三品大丹之靈効，亦云五味守仙之草藥，尚能守生相助，如不得上昇，且爲地仙，永不死矣！爲其制一切丹砂及解諸石毒，永不發動，又益靈丹之功，盛行於榮衛也，決定無疑矣。陰君之意，言五子草藥尚能令人不死，即神丹之功可知矣。今以傍有助於守仙丸，故附之于後。

王屋真人口授陰丹祕訣靈篇

　　夫陽丹可以上昇，陰丹可以駐壽。陽丹者，還丹也；陰丹者，還精之術也。黃帝問道於廣成子，曰："無勞爾形，無搖爾精，守此之道，可以長生。"此之謂也。混元皇帝《道德經》云："深根固蔕，長生久視之道"也。河上公注云："人以精爲根，以炁爲蔕。"亦此之謂也。又曰："虛其心，實其腹，弱其志，強其骨。"強骨之道，亦此之謂也。《黃庭經》云："日月之華救老殘。"陰陽相合，故謂日月之華，亦此之謂也。《黃庭經》云："耽養靈柯不復枯，閉絕[20]命門保玉都。"命門，即精室之下是也；玉都，即五藏是也。無欲即四肢無病，根葉俱茂，方可長生。又天之爲道，蓋付人愚智之性，不付短長之命。夫愚智之性者，猶木實甘酸也。至如潤沃則榮，乾涸則頷，榮則長活，頷則速顛，人之夭壽，亦猶此也。故道者相傳，皆曰："我命在我，不在乎天。"亦此之謂也。又炁序遷轉，每歲一春。至於陰丹，田有暄煦，故得容顏悦澤，耳目聰明，心既泰然，不壽何待？又道門有庚申守三尸之法，此即不然，使三尸自銷化爲精髓者也。古仙經云有十種仙，其一曰：堅固精色，而不休息，斋精圓成，名之行仙者千萬歲。亦此之謂也。

　　王屋真人，劉守依《真人口訣》，進上代宗。其真人姓王名長生，遊諸名山，不常厥所。臣於王屋山獲見，故爲[21]之王屋真人。真人自言東晉朝人也，一妻姓劉，自言太宗朝人也。夫婦之顏，俱若冰雪，探幽索隱，每亦相隨。臣親伯父名登，常學道於北嶽恒山，事張果先生五十餘載，凡壽命年一百一十六歲。天寶十四載春三月，告諸子曰："元炁錯謬，不可久俱[22]，我行三山海上以求名藥，若來期稍遲，汝等勿怪。"遂去而不返。其年十一月，果有禄山之叛。臣家本儒，業於道術，頃者隱居王屋，十有餘年，每見樵翁，未常不敬，修行不輟，果遇異人，即王屋真人是也。固問臣出處親族，乃自言曾與臣伯父同事張果先生，見愛之情，更加數等。當時臣已朽邁，耳目不聰。真人見哀，授以此訣。邇來諸疾減退，雖未返童顏，漸覺似於少者。

訣曰："不敢爲主而爲客。"此一句，借《道經》以説其事也。夫先舉者爲主，後舉者爲客。主者先施惠於人也，客者受施於人也。若施於人者，則情散精竭；受施於人者，精固而情專。以其納和炁以助陽，夫何患焉！然則陽亢爲災，陰盛爲毒，災則自損，毒則殺人。凡口鼻炁塞，是陰之毒炁也。"慎莫從高自投擲"。夫陽怒急於施寫，若自投擲，何可制焉？尾閭之尤，於是乎在也。《黄庭經》云："若當決海百瀆傾，葉去樹枯失青青。"斯之謂矣！"側身内想閉諸隙"。此非有事於陰門而側身也。所爲將閉諸隙，先側其身也。隙所謂命門，在精室之下，接脊之末。《黄庭經》云："耽養靈柯不復枯，閉絶命門保玉都"[23]。此之謂也。"正展垂壺兼偃脊。"垂壺，脚根是也，側身又偃其脊，兼展脚根，則命門自閉。脚根爲垂壺者，蓋取其時，人不悟矣。然後安定其心，文火爲噓呵，青炁却流，散入諸髓，養生之急，莫甚於此。夫如是，乃可以有事於陰門。有事之法，亦常式爾。四合五合，道乃融合。陰陽相合也，出入之間，或四或五，即當精炁漸動，諸脉通融之道也，是炁之母也。"翕精吐炁微將通"。翕精之道，自翕之而上也；吐炁之道，噓呵之法是也。夫如是，即又勞精，在亦將患，理宜微寫，以存其真，此所謂微將通者也。《黄庭經》云："但當翕炁録子精，寸田尺宅可治生。"此之謂[24]矣。又自古道者相傳云："欲得不老，運精補腦。"正在此矣！大抵是炁爲精，若此即化精爲炁。廣成子授黄帝之道曰"無搖爾精"。蓋用此法也。"嫋嫋靈柯不復空"。靈柯不復空，炁充實也。"徐徐玉壘補前功"。既通之後，腠理必虚，若不補之，則成其病。彭祖曰[25]："陰養陽精，命可長生。"此之謂矣！舉陰能養陽，即知陽亦養陰，斯亦明矣！然則，俱不得腠則害生，靈柯玉壘，不言可知也。"補之其道將如何"？將欲自明，故自問之也。"玄牝之門通且和"。此補之道也，所謂陰陽相合，更相補養。夫玄爲鼻，主入炁，牝爲口，主出炁。出炁與命門入炁相應，一出一翕，相續不斷，暢極即止，亦無定數。諸炁不泄，凝結爲精，精既補焉，何疾之有？銷散三尸，用此法也。夫本來合實，虚即蟲生，菓蟲之類也。本來合虚，實即蟲生，木蠹之類也。三尸在三丹田也。三丹田者：上丹田，腦髓是也；中丹田，心虛是也；下丹田，精室是也。所以心有竅，是合虛也。哀恚塞之，即生蟲也。精室腦髓，是合實也。施瀉過度，即生蟲也。若合虛者令虛，合實者令實，三尸之蟲，自當消散，夫何患焉！因之有肌膚悦澤，如春花返其童顔，是此術也。"泝流百脉填血腦"。向之所務，亦已畢矣。彼靈柯既不空矣，且宜摩拭手足，捼搦筋節，既自當精炁流布，散入肌骨，百關通利，其在兹乎！泝，逆流也，故精却上而逆流也。夫婦俱仙，此得道者。夫以陽爲主，陰爲客〔26〕；婦以陰爲主，陽爲客。以客助主，主當安矣！俱獲暢達，非仙而何？然此乃仙之階矣，至於羽化上昇，亦猶此矣。"欲求此生壽無極，陰户初開別消息"。此二句，即真長生久視之道也。夫長生之術，如接樹焉，以命續命者也。然則接樹之法，雖以枝接之，至於妙用之要，假元炁陽和之力。續命之法，有同於此。夫陰門初開，必有血候初止，腠〔27〕理始通，陰陽相感，此時也者〔28〕，將有孕也。夫將成後人之命，而續我前命，事既相類，理亦昭然。唯於此時，要在勿洩。然自古道者相傳，皆言施之於人則生子，存之於己則生身，此之謂矣。然此法要，尤在春初，當萬物發生之時，故當興其盛矣。凡一感是延十二歲，十二歲者，天地一周矣。頻十感而延一百二十歲，此舉軒轅上昇之道矣。

【校記】

〔1〕"常戒先"，《史記・五帝本紀》作"常先"。

〔2〕"五液"原作"丑液"，據《四部叢刊》本改。

〔3〕"赤黑乃已"原重，據上本删。

〔4〕"玄解録"，《道藏》本收録作"懸解録"，又收録作"鴈門公妙解録"。

〔5〕"抱甚疾"，《懸解録》作"甚抱疾"，《鴈門公妙解録》作"抱其疾"。

〔6〕"甞"原作"當"，據《懸解録》改。

〔7〕"九霄君告劉泓"原作"九霄劉泓"，據上書及《鴈門公妙解録》增。

〔8〕"竭"原作"劫",據《懸解錄》改。

〔9〕"功"原作"公",據上書改。

〔10〕"毒",上書作"毒藥"。

〔11〕"依"原作"展",據上書改。

〔12〕"不"字原無,據上書增。

〔13〕"引",上書作"以"。

〔14〕"調"字原無,據上書增。

〔15〕"不慮不生",上書作"萬慮不生者"。

〔16〕"急"原作"志",據上書改。

〔17〕"例",上書作"限例"。

〔18〕"愁",上書作"要"。

〔19〕"餤故",上書作"艷色"。

〔20〕"絶",本書卷十二《上清黄庭内景經·隱藏章第三十五》作"塞"。下同。

〔21〕"爲",《四部叢刊》本作"謂"。

〔22〕"俱",上本作"居"。

〔23〕以上二句,本書卷十二《内景經·隱藏章》"柯"作"根"、"絶"作"塞"。

〔24〕"之謂"原作"謂之",據《四部叢刊》本改。

〔25〕"曰"原作"者",據上本改。

〔26〕"客"原作"容",據上本改。

〔27〕"媵"原作"朕",據文義改。

〔28〕"陰陽相感,此時也者",《四部叢刊》本作"此時陰陽相感者"。

雲笈七籤卷之六十五

金丹訣

太清金液神丹經并序[1]

夫玄虛之號，既不知其名，而字之曰道。道之爲言覺，覺猶悟也[2]。有一夕之寢者，則有一旦之覺矣。有大夢，然後有大寤，覺夢之極，其可略言乎！戀生謂之弱喪，欣死謂之樂無。樂無所樂，有不足有。戀有[3]則甚惑，樂無亦未達。達觀兼忘，同歸於玄。既曰兼忘，又忘其所忘，心智泯於有無，神精凝於重玄，此窮理盡性者之所體也。獨運陶鈞之上，潛撝[4]不疾之塗，寂然以應萬感之求，散迹以乘幽明之轍，故不可成之於一象，徵之於一名也。皇王之號，已不一矣。道與堯孔，奚所疑哉！且[5]教有内外，故理有深淺耳。求之形體，則有鱗身四乳，重瞳彩眉之異。縉雲生而能言，坐朝百靈。享國征伐，則乘雲炁而驅虎豹；厭世昇遐，則御飛龍而落六合。顧視赤縣之内，爭讓俯仰之事，擾擾乎不猶嬰兒戲於一庭哉！復有懸枕空同之上，無慮無思之客，順風而從之，相與談乎營神之道。比夫[6]經世治亂之言，則有精麤賓實之間，髣髴其户牖，未究其房奥矣。若夫神化之趣，要妙之言，無理之至理，不然之大然，已備載於玄宗，非一毫之所宣也。老子者，亦復暢其玄虛，紀道者也。其神德之狀，感興所由，所以製經設教，紀載異聞，彌綸道俗，剖判三極。先大明逆順，然後蕩以兼忘。爲人攝生耳。違生則逆，養生則順。得順者則不安其逆，得逆者則不詳其順，是謂死生之途，理得其一之限[7]。兼忘之忘，各忘其所忘，猶井蛙不樂爲海鱗，林獸不願爲牛馬，各受生而別天，禀異自隔也。盛稱有德，然後統之以無待。此老子行炁導引，噓吸太和之液也。盛稱吸新必得，統虛微而吐故納津，滑利無害[8]，出入玄玄，呼吸無間，具其身神，不使去人也。利用出入，羣生莫見其端；百姓日用，常善不知所由。此其權見於清明，而爲萬物津梁也。利用者，神炁也。神炁日爲尸骸之用，而羣生莫識神炁之端。神炁日爲四體之用，而愚俗不知須神炁而生。人不可須臾無炁，不可俯仰失神。無炁則五藏潰壞，失神則顛躓而亡。尸得炁則生，骸得炁則全。炁之與神，相隨而行；神之與炁，相宗爲強。神去則炁忘，炁逝則人喪。百姓皆知畏死而樂生，而不知生活之功在於神炁。是以數凶其心，而犯其炁，屢淫其神，而彫其命。不愛其靜而不[9]守其真者，固不免於尫殘。既莫期年壽，更爲權見於清明。清明者，日月之光也。既覩日月而長流，即莫知生[10]禍跡於萬物，萬物既微其有得失咎[11]，而後生必有津梁之關[12]，其禍必兆，其對互生。明人不可以不惜精守炁，以要久延之視；和愛育物，以爲枝葉之福矣。其《道經》焉，其《德經》焉，推宗明本，窮玄極妙。總衆枝於真根，攝萬條於一要。緬然而不絕，光矣而不耀。既洞明於至道，又俯弘於世教。其爲辭也，深而不淡，遠而可味，磊落高宗，恢廓宏致。燁寂觀三一之樂，標鏡營六九之位。閉炁長息，以爭三辰之年；胎養五物，以要靈真之致。三一者，腦、心、臍三處也。上一泥丸君，在頭中；中一絳宮君，在心中；下一丹田君，在臍中。存之則燁燁於三府，忽之則幽寂於一身。好生者存之爲樂，亡身者廢之爲歡也。故燁燁寂觀三一之樂矣。按仙經云："子欲長生，三一當明。"道正在[13]於此。從夜半至日中爲生炁，從日中至夜半爲死炁。常以生炁時，正偃臥，冥目握固，閉炁息於心中數至二百，乃口吐之。日日增數，如此身神具，五藏安。能閉炁數之至二百五十，即絳宮神守，泥丸常滿，丹田充盛。數至三百，華蓋明，耳目聰，舉身無病，邪炁不復干，玉女來合[14]使令，長生無極也。"標鏡營六九之位者"。六謂吐納御於六炁，九者九丹之品號，太真王夫人已具記之焉。老子云：從朝至暮，常習不息，即長生也。凡行炁法者，內炁者一，吐炁者六也。云內炁一者，謂吸也；吐炁六者，謂吹、呵、嘻、呴[15]、噓、呬，皆出炁也。凡人之息，一呼一吸。夫欲爲長之[16]，息宜長也。息炁之法，時寒可吹，時溫可呼，吹以去寒，呼以去熱。嘻以去病，又以去風。呵以去煩，又以下炁。噓以散滯，呬以解極。噓咽者，長息之謂[17]。能適六氣，位爲天仙。營自然神氣者謂標[18]，挹九丹之位謂之鏡，鏡標在於丹經，氣存則年命遲而不墜。"閉炁長息，以爭三辰之年者"，此言皆行氣也。夫行氣之法，先安其身，去諸忿怒，寫諸愁憂，而和其氣，不與意爭。若不宜[19]且止，須體和乃爲之，常守勿倦。氣至則形安，形安則和息，和息則氣清，氣清[20]則清氣來至，清氣來至則自覺長息形熱，則噓口閉中而自甘香。滋液既多，五藏長存，則壽與天地三光比年矣。"胎養五物，以要靈真之致者"，乃是胎食導養也。胎食之法，平旦漱口中之水而咽，取飽而已，亦長生也。既飽而生，則五藏自靈，靈真之致，意在於此。仙經曰："玉池清水灌靈根，子[21]能修之可長存。""口爲玉池太和宮，液爲清水美且鮮。"所謂飲食自然者也。夫養生唯氣與丹，經叙婉妙，幽而難論。昔聞師教，今述之焉。至於空同之辭，叙明道德玄真，且已陳之於既往，非須用之要言，故不煩復一二注別其事，而勞費兼宣也。將來有道，其營之矣。泠若蕙風之叩瓊林，煥若晨景之曄寶肆。其叙事也，廣大悉備，曲成無遺，初若森聳，終則希夷。陶羣象於玄鑪，領萬殊於一揆。其取類也，辯而不枝，博而不雜。若微而顯，若乖而合。恢詭璨奇於大方，幽隔忘異而自納。大哉妙唱，可謂神矣！言理之極，弗可尚也。至於金丹之功，玄神洞高，冥體幽變，龍化靈照。其含枯絕者反生，挹生氣者年遼，登景漢以凌邁，遊雲嶺以逍遙。至乃面生玉光，體育奇毛，吐水漱火，無翮而飛，分形萬變，恣意所爲。塞江川不異[22]覆簣，破山梁不煩斧斤，叱咤則雲雨翳冥，指麾則叢林可移。其神難紀，其妙叵微，大哉靈要，不可具述。陵後生不達，未接高會，漂浪無涯，遂迄千載。神師秉枻[23]，拯我險津，越自困蒙，仰闚玄路。坦然無關，而不可開，非不可開，弗能開矣。諸弟子密視玄根，覽拔其鍵鑰焉。弟子趙昇王長，乃顧影撫心，慨愧交集，靈鑒罔極，乃邁淵人。玄朗內鏡，卓然先拔，鑽研所通，殆則上聖之奧。側聞其義，輒傍以爲解。復率其管闚，志諸所見，標較高旨，而斟酌之焉。

金液丹華是天經，泰清神仙諒分明。當立精誠乃可營，玩之不休必長生。六一合和相須成，黃金鮮光入華池。名曰金液生羽衣，千變萬化無不宜。雲華龍膏有八威，却辟衆精與魑魅[24]。津入朱兒乃騰飛，所有奉詞丑未衰。受我神言宜見隨，九老九炁相扶持，千年之鳥水人亡，用汝求生又所攘。太上景電必來降，玄氣徘徊爲我用。委帛襜襜相縫綣，使汝畫一[25]金玉斷。弗尊強趨命必隕，神言之教勿笑弄。受經佩身焉可放？乘雲豁豁常如夢。雄雌之黃養三宮，泥丸真人自溢充，絳府赤子駕玄龍，丹田君侯常豐隆，三神並悅身不窮。勿使霜華得上通，鬱勃九色在釜中。玄黃流精隱幽林，和合陰陽可飛沈，飛則九天沈無深。丹華黃輕必成金，水銀鉛錫謂楚皇，河上姹女御神龍，流珠之英能延年。華蓋神水乃億千，雲液踊躍成雪霜，挹而東拜存真王，陵爲山稱陽爲丹。子含午精明班璉，是用月炁日中官。明朗燭夜永長安，天地爭期遂盤桓。傳汝親我無禍患，不相營濟殃乃延。冥都書罪自相生[26]，先死父母何其冤！爲子禍上考不全，祭書置廢于明宣。玄水玉液朱鳥見，終日用之故不遍。山林石室身自鍊，反汝白髮童子嚥，太和自然不知老。天鼓叩鳴響懷抱，天中之山似頭腦，玉酒競流可大飽，但用挹焉仍壽老。千年一劑謂究竟，丹文玉盛務從敬。見我外旨已除病，何況神經不延命？禍入泄門福入密，科有天禁不可抑，華精菴藹化仙人。連城大璧愈[27]更堅，長生由是不用牽。子將不信命九淵，祕要思[28]之飛青天。此《太清金液神丹經》文，本上古書不可解，陰君作漢字顯出之，合有五百四[29]字。

作六一泥法

礬石　戎鹽　滷鹹　礜石

右四物分等燒之，二十日止。復取左顧牡蠣、赤石脂、滑石，凡七物分等，視土釜大小自在，令足以泥土釜耳。合治萬杵訖，置鐵器中，猛下火九日九夜，藥正赤，復治萬杵，下細篩，和以醇醨苦酒令[30]如泥，名曰六一泥。取兩赤土釜，隨人作多少，定其釜大小，以六一泥塗兩土釜表裏，皆令厚三分，日中暴之十日，期令乾燥。

合丹法

　　取水銀九斤，鉛一斤，置土釜中，猛其火。從旦至日下晡，水銀鉛精俱出如黃金，名曰玄黃，一名飛輕，一名飛流。取好胡粉，鐵器中火熬之如金色，與玄黃等分，和以左味，治萬杵，令如泥。更令以塗中上下兩釜內外，各令厚三分。暴之十日期乾，無令燥拆，拆即輒以泥隨護之。取越丹砂十斤，雄黃五斤，雌黃五斤，合治下篩。作之隨人多少，下可五斤，上可百斤。內土釜中，以六一泥密塗其際，令厚三分，暴之十日。又擣白瓦屑下細筵，又以苦酒、雄黃、牡蠣一斤[31]，合擣二萬杵令如泥，更泥固濟上，厚三分，暴之十日又燥。如入火更拆，拆半髮者神精去飛。若有細拆，更以六一泥塗之，密視之。先以釜置鐵銃[32]上令安，便以馬矢燒釜，四邊去五寸，然之九日九夜。無馬矢，稻米糠可用。又以火附釜九日九夜，又當釜下九日九夜，又以火擁釜半腹九日九夜，凡三十六日藥成也。寒之一日發視，丹砂當飛著上釜，如奔月墜星，雲綉九色，霜流煒燁。又如凝霜積雪，劍芒翠光，玄華八暢，羅光紛紜。其烝似紫華之見太陽，其色似青天之映景雲，重樓綩綖，英采繁宛。乃取三年赤雄雞羽掃取之，名曰金液之花。若不成者，更燒如前法，又三十六日，合七十二日，理無不成。要即[33]通火令以時，不可冷熱不均，均則三十六日而成，不復重燒之也。釜坏則無神，服之無益。泥之小令出三分乃佳。又當猛其火，增損之以意矣。

　　平旦澡浴薰衣，東向再拜，心存天真靈官諸君，因長跪[34]，服如黍米，復漸小豆。上士七日登仙，下士七十日昇仙，愚民無知，一年乃仙耳。若心至誠竭齋，盛理盡容，旦服如三刀圭匕[35]，立飛仙矣。但道士恐懼，或慮不精，便敢自服三刀圭，即看神丹烈驗。初服三刀圭，皆暫死，半日許乃生，如眠覺狀也。既生後，但復服如前粟米之法，知其賢愚之日限也。凡已死者未三日，以神丹如小豆一粒，發口含服立活。先以一銖神丹投水銀一斤，合火即成黃金，不可用，當再火之。金成筒盛丹，《丹經》以繡囊裹之。先淨潔作苦酒令釅，不釅不可用也。既成清澄，令得一斛，更以器著清涼處，封泥密蓋，泥器四面，使通币[36]半寸許。以古稱稱黃金九兩，置苦酒中，百日可發，以和六一泥用之，名曰金液也。金在醯中，過三七日，皆軟如餌，屈伸隨人，其精液皆入醯中成神炁也。百日欲出金，先取冷石三兩擣爲屑，絞三斗冷水，徐徐出金，清一宿，金復如故。初發器中取金，勿手撓之，則金軟碎壞。若無金者，亦可借用。若土釜大則醯多，不限之一斛也。又隨醯多少，或減損金兩數也。丹砂、雄黃、雌黃先擣，下重絹篩，治令和合，著密器中，又令器上口如火也。又取雲母粉二十斤擣，下細篩，布於地，令上見天。以穿蚺桑葉十斤布著雲母上，酉時以清水三斗洒桑葉上，即畢。冥出丹砂，露器於桑葉上，發其蓋隱彰。日欲出，還丹砂蓋，内[37]於室中，別以席覆桑葉於地。如此七日，從甲子齊日始，訖辛未日旦，於是黃龍雲母液盡入丹砂中。天雨屋下爲之露丹砂，當每謹視護，或恐蟲物穢犯之。多[38]反側丹砂，令更見天日。訖，又治一萬杵，閉鑷。須申時[39]俱内土釜中，筒令平正。勿手抑之令急，急則難飛。

祭受法

祭受之法，用好清酒一斗八升，千年沈一斤，沈香也；水人三頭，雞頭也。皆令如法者若用之。治取米令淨潔，其米或蒸或煑之隨意，用三盤，盤用三盃，餘内別盤盛。座左右燒三鑪[40]香火，通共一座，令西北向。主人齋七日或三日訖施祭，祭在子時，潔衣服，三再拜，謹請九天皇王三天真皇[41]九老仙都君九炁丈人太上真人虛無丈人真官太丹玉女天一君王中黃夫人九皇真神下降某郡鄉里某甲室中，因又三再拜三叩頭三自搏曰："今日吉辰，齋志奉迎太上諸君丈人，乞停住華輦，憩駕須臾。因重上香，少頃，又三再拜。良久而跪，某以胎生肉人，枯骨子孫，久淪愚俗，積聚罪考，禍咎深重，愆過山嶽，唯乞太上解脫三尸，令百疣除解。今奉屬太上道君，永爲神民，常思清虛，以正穢身，思遇因緣，得開玄路。即日受先師告某《金液之經》，披省妙祭，蕭然反生。乃知天尊靈貴，非世尸所陳，豈其頑朴，可得希聞？是不敢輕祕，故祀啓天神至尊一書，委帛一傳之誓，已備如本科。將輒抱佩永年，無泄無漏。唯願太上大道諸君丈人當扶某一身，使享壽延年，所向詣[42]會，早得從心，神藥速辦，棲遁山林。別啓告祈高上諸皇，以合丹液之英，依傳授之科，敬受師節度。"言畢，又九叩頭九自搏，令徐徐聲纔出。若不能諷誦本呪文，可執卷讀之也。

又重上香酒，畢，送神，起立稽首曰："上煩九天真王。"又一拜起曰："上煩三天真皇九老仙都君。"又一拜起曰："上煩九氣丈人。"又一拜起曰："上煩太上真人。"又一拜起曰："上煩虛無丈人真官。"又一拜起曰："上煩太丹玉女。"又一拜起曰："上煩天一君王。"又一拜起曰："上煩中黄夫人。"又一拜起。凡拜祭訖，其食不得與俗人食之矣。以寫經紙墨筆硯別著祭左右，并啓白之曰："今以此紙寫丹經，乞願常無毀敗。"則祭盤當用生薑各三兩著盤上，合九兩也。其餘甘果珍肴，隨心所增損耳，亦無從厚也，家貧此爲限也。明日所不解者，當一二口訣求解釋之。祭時勿令俗人近其房室，屏之爲佳。無戎鹽者，河東大鹽可用；無滷鹹者，取好清酒微火煎之，令如飴餳之堅者，然後令與礜石礜石分等而用之，此是二物不可得而代之耳，且[43]自不及真物之堅密也。但當小厚其泥也，此代[44]是窮極也。

太清金液神丹陰君歌

金液還丹仙華流，高飛翱翔登天丘。黄赤之物成須臾，當得雄雌紛亂殊，可以騰變致行廚。靈人玉女我爲夫，出入無間天同符。其精凝霜善沈浮，汝其震驚[45]必來游。凡六十三字，本亦古書難了，陰君顯之。

作金液還丹之道，其方用大銅筩開孔廣三[46]寸半，令筩厚四分，高九寸。用[47]二枚，其以一枚爲蓋，蓋高五寸也。治熟礜石一斤，鉛丹半斤。夫礜石先火燒二十度，搗萬杵，又鐵器中猛火九日九夜，復萬杵，下細篩，調之以淳苦酒，和之如泥，塗銅筩裏，令上下俱厚四分，是第一塗也。修之法，即復當以雄黄、雌黄之精，以淳醯和，復塗兩筩，重[48]令厚半分，此第二塗也。第三次霜雪也，其上筩蓋亦如下筩法塗之，内霜雪不滿寸半已。藥内霜雪中，以上筩蓋之，再用代赭瓦屑如前以塗其會，牢塗之，無令泄，泄則華汋飛去，已復塗之。宜於陰熇潔處令其大乾，置於蘆葦火、馬通火中央，作鐵鐄[49]堅安之，筩令去地高三寸，糠火亦佳也。火前後左右去筩皆三寸，不可不審詳精占也。如是後至十日更近，左右前後各二寸。如是二十日復更[50]近，火去筩一寸。如是至三十日，左右前後[51]五十日，名曰黃金。黃金者，此[52]中神藥可以成黃金也。如是又火二十日，合七十日藥成，名曰赤金。所謂赤金者，此中神藥可成赤金，名曰金液還丹。即欲作黃金，取還丹一銖，置一斤鉛中，即成真金矣。亦可先内鉛於器中，先[53]火爲水，及内刀圭赤藥於其器中，臨而觀之，五色飛華，紫雲亂映，蓊鬱玄黃，若仰看景雲之集也，名曰紫金，道之妙矣。其蓋上紫霜名曰神丹，服食以龍膏澤和之，令如大豆大，平旦以井華水服之，日一丸，七十日，六丁六甲諸神仙玉女皆來朝之，侍左右，前後導引。服百日，恍惚往來，無間出入，移時至矣。百五十日，玉女皆謁侍，旦夕爲其侍，易形如真玉之色，得變化自在，常見按摩，致諸行廚寶物也。金主爲肌肉，還丹主[54]爲血脉，主致神上下無極，出入無間，得與日月神相見。又旦旦當漱華池玉漿，便常飽溢。玉漿，口中液也。玉漿主爲骨髓筋肉，益人精炁上昇，不勞不倦，長生久視。龍膏澤者桑上露，露[55]著桑葉上，平旦綿拭取之。煑大[56]乾棗，取上清汁合駕羊髓分等煎以爲棗膏，亦可長服，令人填滿有美色。銅筩亦可大作，向者所作寸數，是還丹之一劑耳，增損隨宜也。

作棗膏法，一劑用三斗大乾棗，六斗水煑之，令棗爛。又内三斗水，又煑沸，合用九斗水。絞去滓，清澄之，令得三斗。乃内駕羊髓六斗投汁中，微火更煎如飴狀。無駕羊髓者，駕羊膏亦得可用。

取雄黃、雌黃精之法，雄黃、雌黃各一斤，細擣治萬杵，一篩得所。用六一泥固[57]土釜以著其中[58]，上下合之。即取新燒瓦屑合并和，泥釜固濟，無令泄炁。暴令燥，坏又泥之。次以葦薪三日三夕燒釜底及左右也，或[59]精華上著如霜雪，即成矣。若筩大亦可作，取釜蓋上精霜雪者用之。

作霜雪之法，取曾青、礜石、石硫黄、戎鹽、凝水石、代赭、水銀等七分，合治萬杵，不須篩也。以淳醯和之令浥浥，剛[60]淖自適，即置土釜中，封泥皆如泥神丹土釜法。又以代赭、白瓦屑塗固濟，不可令洩也。事事如封前者無異。以葦火炊其下及左右四日四夜，小猛之，神華霜雪上著，以三歲雄雞羽掃之，名曰霜雪。可加丹砂、雄黄、雌黄三種，並與前分等，合爲十種也，名曰金華凝霜雪。如此，還丹之道畢矣。

還丹不先祭，作不成。當[61]齋三日，以清酒五斤、白脯一二斤[62]祠竈神矣。銅筥用蘆葦者，是天馬極當用葦耳，要宜須馬通火也，葦火自難將視。至於燒雄黄雌黄之精及燒霜雪，自宜用葦火，不與銅筥火同也。金華凝精霜，正可服使人不死耳，非是霜雪不中内著銅筥中用也。霜雪所用曾青、戎鹽、凝水石皆貴藥，不可用交代，非真則藥不成也。《泰清金液神丹》凡五百六十七字，句凡七字，《金液》凡五百四字，還丹凡六十三字[63]。

鄭君曰：“夫仙人飛沈，靈驗難論，實非凡庸可得闚闖。自丹經神化者，著在實驗。是故天尊真人，隱祕此道。夫真諦二事不相離，愚人返迷，故見示之高遠，然達者亦奚不以方寸知之？故見示其文，爲不達者耳，其智豈限耶！經非有求仙之志，固不授也。是以太真夫人猶語馬君云：'與安期相隨少久，其術可得而傳。如淺希近求，則房戶閉堅。'真人尚寶惜如此，豈是下流所宜與哉！陰君繕書數通，封付五岳。若好道之人，能潛身山林，精思至味，其能久於其道者，神仙自當開發石笈，顯然而示之。自非篤志慕道者，於是丹經祕要，便永藏峻岫矣！馬陰二君何但仙人而已！至於觀察緯度，知國存亡，審運命之盛衰，驗未然之必然，覆生民之大慈，作羣方以定物，名始接聖齊光，玄照萬品，可謂朗矣！可謂神矣！弟子昔聞得道真人傳說，所言往往稱歎，教其寶練，乃異人同辭，豈可令清真之音墜而不書乎？故書二君神光見世之言，自漢靈以來稱說故事，附于元紀丹經[64]載之焉。諸有道者，可攬以進志也。"

【校記】

〔1〕"并序",《道藏》本《太清金液神丹經》（下稱《神丹經》）卷上作"正一天師張道陵序"。

〔2〕"道之爲言覺，覺猶悟也"，上書作"道之爲言，猶覺悟也"。

〔3〕"戀有"，上書互乙。

〔4〕"獨運陶鈞之上，潛搗"，上書作"猶陶埏之士，潛爲"。

〔5〕"且"，上書作"直"。

〔6〕"比夫"，上書作"此大"。

〔7〕"理得其一之限"，上書作"理異得一之限"。

〔8〕"吸新必得，統虛微而吐故納津，滑利無害"，上書作"吸必得氣，統虛微而吐納，津塗滑利，無待無害"。

〔9〕"不"字原無，據上書增。

〔10〕"即莫知生"，上書作"而莫不生"。

〔11〕"萬物既微其有得失咎"，上書作"萬物微其有得失之咎"。

〔12〕"關"，上書作"閡"。

〔13〕"在"字原無，據上書增。

〔14〕"合"，上書作"爲"。

〔15〕"呴"原作"咆"，據上書改。按下文宜作"呼"。

〔16〕"之"，《四部叢刊》本作"生"。

〔17〕"謂"，本書卷五九《神仙絶穀食氣經》、卷六一《服氣雜法祕要口訣》及《道藏》本《延陵先生集新舊服氣經·祕要口訣》與《神仙食炁金櫃妙錄·行炁法》均作"忌"。

〔18〕"營自然神氣者謂標"原作"營者自然神氣謂標"，據《神丹經》卷上改。

〔19〕"宜"，上書作"和"。

〔20〕"和息則氣清，氣清"，上書作"和息"。

〔21〕"子"，本書卷十二《太上黄庭外景經·上部章》作"審"。

〔22〕"異"，《神丹經》卷上作"以"。

〔23〕"枻"原作"拽"，據上書改。"拽"，殆"枻"之形譌。

〔24〕"魑魑"，疑當作"魑魅"。

〔25〕"畫一"原作"晝一"，據《神丹經》卷上改。

〔26〕"相生"，上書作"相言"。

〔27〕"璧"原作"壁"，據上書改。"愈"，上書作"逾"。

〔28〕"要思"，上書互乙。

〔29〕"四"原作"六"，據上書改。

〔30〕"令"原作"合"，據上書改。

〔31〕"一斤"原作"一片"，據上書改。"一"上疑脱"各"字。

〔32〕"鐄"，當作"鐯"。

〔33〕"即"，《神丹經》卷上作"節"。

〔34〕"跪"原作"脆"，據上書改。

〔35〕"七"，上書作"耳"。

〔36〕"帀"原作"而"，據上書改。

〔37〕"内"原作"在"，據上書改。

〔38〕"多"，上書作"夕夕"。

〔39〕"申時"，上書作"甲申日"。

〔40〕"鑪"字原無，據上書增。

〔41〕"九天皇王三天真皇"，上書作"九天真皇"。

〔42〕"詣"，上書作"諧"。

〔43〕"此是二物不可得而代之耳，且"，上書作"此二物不可得而當代之耳，直"。

〔44〕"此代"，上書作"以此代之"。

〔45〕"驚"，《神丹經》卷中作"敬"。

〔46〕"三"，上書作"二"。

〔47〕"用"字原無，據上書增。

〔48〕"重"，上書作"裹"，連上。

〔49〕"鐃"字原無，據上書增，宜作"鐺"。

〔50〕"更"原作"便"，據上書改。

〔51〕"後"字後，上書有"火乃四面集之，至於筒下，令半筒。復如此，至後"十八字。

〔52〕"此"字原無，據上書增。

〔53〕"先"原作"光"，據上書改。

〔54〕"主"字原無，據上書增。

〔55〕"露"字原無，據上書增。

〔56〕"大"原作"火"，據上書改。

〔57〕"固"原作"故"，據上書改。

〔58〕"中"字原無，據上書增。

〔59〕"或"原作"盛"，據上書改。

〔60〕"剛"原作"則"，據上書改。

〔61〕"當"原作"又"，據上書改。

〔62〕"一二斤"，上書作"一十斤"。

〔63〕以上三十一字，上書作注語。"句凡"原作"第"，據上書改。又"五百六十七字"原作"五百七十六字"，"五百四字"原作"五百六字"，上書亦誤，據實數改正。

〔64〕"元紀丹經"，上書作"丹經紀"。

雲笈七籤卷之六十六

金　丹

丹論訣旨心照五篇[1] 南陽張玄[2]德撰

旨叙訣[3]第一

《參同契》云："諸術甚衆多，千[4]條有萬餘。"即知大丹之妙，唯鉛汞二物爲至藥也，非用四黃八石。若大丹有石藥之氣入二物中，即有大毒。凡言死水銀固生人，即須陰陽之炁水火，結成爲大丹，服之即長生。若用礬石硫黃硇砂等，燠伏乾爲藥，服之有大毒，久久損人。硇砂有食鋼[5]壞鐵之功，豈堪服食？礬石有殺虎之能，此可固[6]爲深誡。大凡學者傳得一小法，即言世人少雙，將丹與人服之，反有夭橫之斃，深可哀也！自後見者生嫌，皆言丹石發於瘡腫。蓋此謬惑之徒，致謗金丹之功，不可服餌[7]。凡石乳之類，能不食爲妙，不可以徇情索[8]，強而服之。致枉夭者，世有之矣！宜審省解之藥，須宣瀉，喫防葵甘草湯[9]漸出之，可服大藥也。且大丹是天地玄元正真之炁，太皇衆仙之食，包[10]四象以成形，依乾坤而自化，結成紅紫色變爲丹，名曰正陽、專陽、元陽，一名還丹，豈凡夫容易而會？奉道君子審而保之，傳付得人，道不廢矣。天生造化，用合三才。依《易象》而布卦[11]，順陰陽之炁候，一年之火，終日月之度數，而成丹也，固可得之，古仙皆因此而成仙也。長生久視，凡夫聞之撫掌大笑，智者一聞悟解，大契真元。

余實不才，故引三聖真人歌證之，金丹論明之，更不煩他説。

夫還丹者，被日月運成，還其本元，却歸本丹砂之[12]色，名曰還丹。丹有三等：一名正陽丹，上元也；二名專陽丹，中還也；次名元陽丹，本一體而三品，並大還之宗也。不知此妙，不可言修丹術事乎！又單以滷水煮伏丹砂，獨伏水銀，並不可服。何也？孤陰無陽也，久久損人，不是正陽之位。又有用曾、空煞水銀，雄、雌成之[13]，亦不堪服食。此互相傳受，非真聖之良藥。何也？八石俱有毒。《金碧經》云：損去五礬，不用八石。訣云：不用藥，用五行。理之要也。

明辨章第二

夫硫黄三兩，能制水銀一斤，故知汞力不如硫黄。汞一兩之力，如牛一頭，即知硫黄一兩制水銀五兩，水銀力不如硫黄也。如此説功力，大丹不用硫黄用真鉛也。真鉛五兩能制水銀二斤，信水銀力不如鉛也[14]。故知陰能伏陽，非陽能伏陰，此之爲反也。夫至道求長生，養志[15]不得大丹，終無得理。忽遇此訣，皆多積福，方得知此祕文。若傳非人，皆七祖受殃及損子孫。凡修大丹，不在藥味，事在五行精究，《易象》分[16]明。辨節序之運移，知日月之度數，陰陽相使，神仙之要，合道之宗。輒不可信八石四黄，非長生之妙藥。夫鉛汞，大丹之根，五行之本，八石之主。金性冷，居其陽，坎中一陽。汞即生於朱中是也。石性熱，居其陰，離中二陰。鉛中金真鉛也。故曰陰陽相合。所以陽即是君，陰即是臣，石浮金沈，義之[17]明矣。君臣相得，浮沈得度，藥物和合，即神仙之要妙也。若不知君臣，不明本類，徒費千金，終無得理。必知君臣合[18]，乾坤之要，大丹之術自明矣。且以鉛爲君，能引五藏；以汞爲臣，能煞三賊，通於神明，光于四海。故真人訣云：用鉛不用鉛，五金生於鉛中；用鉛不用鉛，五金出自鉛中，此至玄之言也，賢者審而知之，方知道可成也。用鉛不用鉛，鉛者，五金之精髓，七寶之良媒。夫大丹味[19]與天地而齊畢。五金切忌於鉛，將何物而制之？《五金歌》曰："以黄牙爲根。"黄牙是何物？又欲用何鼎器？"黄牙不是鉛，不離鉛中作。"狐剛子問曰："用何物而作？"又曰："不用五金八石，用何物而生？"魏生答："種禾當用粟"，非類不可成也。若以五金八石爲之，即"狐兔不乳馬，鸎雀不生鳳"，何異將膠補釜，醫病用野葛乎？"異類不同種，安能合體居？"點金須用金，化銀須用銀，黃牙鉛裏得，方知此道[20]親。鉛若得真，不失家臣[21]。鉛若不真，其汞不親。白虎是腦，黃牙爲根，青要使者，赤血將軍。此青汞中有丹砂也，非用曾青也。若人得此術，可保重之，若洩之，當減壽，殃子孫。《陰符》云：師者言，不同道者祕之，恐招有咎也。夫慕道之人，至誠感神，曉會其義。方知大道難求，世人罕會。蓋是愚迷不見其義，雖積覽方書，一無成者。何也？由其不遇至人明師，一一言之，乃措意罔象自爲，多有此輩。余曾於嵩山見司馬希夷修大丹，喜乃問訪之。曰："火巳五月。"余再請之，希夷又祕。奈何欲明此道，恐此子虛爲累日，久見之不成也。希夷又云："大道有三般，內用一人看。"遂於鉛汞中制伏[22]雄黃也。果非大藥之妙，只是罔象尋文自爲之爾！又見李尊師子虛於二味中入硫黃，亦言"內用一人看"。此二子並非正解，傳處悮也，余慜而哀之。二子根性不純，熟迹不及於真[23]，終無得年。且"內用一人看"，即[24]戊巳之鼎。此子不了，虛而爲之，徒經皓首，果不遇人，非余之過，皆道不合人。《五金歌》曰："不慮藥不聖，恐藥而不正；不怕藥不神，恐藥而不真。"若智者曉會此義，是正真通靈真人也。何愁龍虎大丹不成？可謂日月在手，造化由心，真實不虛之說耳。《龍虎真文》云：虎者真鉛也，龍者真汞也。反鉛爲黃牙，反水銀爲真汞。真鉛不枯，真汞不飛，即此非世間水銀也，已出一切塵俗耳。《馬自然歌訣》云："汞生水銀死，鉛因靈牙是。出世爲還丹，迷人不能委。汞與水銀別，迷人用之拙。若了此真源，可以凡俗隔。"後之學者，固不遇真師傳矣。

訣曰：用鉛八兩，爲陽、爲乾、爲虎；又水銀八兩，爲陰、爲坤、爲龍，此二物能變化。爲[25]鉛亦陰也，本黑，水一也[26]一陰也，又一交陽也。水銀木三也，朱砂爲火，火數二，火中陰也。故藥自有陰陽，遞相制伏，爲於至藥。此二靈物是天地陰陽之正象，豈有凡間八石四黃爲丹乎？智者詳之。此太古一切真仙人云[27]真境真母也。故言乾坤剛柔，配合龍虎，八兩屬乾，八兩屬坤。一兩有四分，一分有六銖，一分應一卦，一兩應四卦，八兩有三十二分。乾八[28]，以應三十二卦；坤有八，亦應三十二卦。合六十四卦，道之本也。二八共一斤，以應六十四卦。銖有三百八十四，象一年三百六十日。古仙觀《易象》，合乾坤，應於節候，一年火畢，合周天[29]數，豈更有四黃八石，何以合之乾象乎？口訣云：黃牙一、水銀二、木三、火二、水一、金四、土五，法象天地在此中矣。孤陰亦不可，孤陽亦不可。訣云：白金爲君，本黑金精也，西方之位，太陽之精。《金碧經》云："鍊銀於鉛，神物自生。""灰池炎鑠，鉛沈銀浮，潔白見寶，可造黃金牙[30]。"又隱言名黃輕，又曰黃牙，又名秋石。秋是[31]西方之位，石是兌長之名，其性陰，陰中陽也，是長生之至藥。牙是萬物之初也，故號牙，緣因白被火變色黃，故名黃牙。淮南王號秋石，王陽得之名黃牙，太古真人名還丹。至訣言：二物至靈，而堪爲大丹。真人曰：金於鉛中九鍊，受水火炁足[32]，水銀於太陽中受炁足，此二物各於陰陽中受炁畢，故聖人採之爲大藥，相和入土器中，上下水火，昇降功畢，千變萬化。物遇相類相從，此龍吟雲起，虎嘯風生，道之交感，非類不可。若以他石藥參雜，意希化寶，舉浩劫而無成。此二物太古真人之法，千金不可傳也，金丹之證矣。

金丹論第三

夫丹砂太陰之精，本受太陽之正炁，因火變白，居青帝之首，爲汞之名，是木生于火，自含德而至靈。鉛本黑精，化爲西方庚辛正位，是以金生水，水生木，二物自相匹敵，若非至靈至聖，何以成丹乎？大凡愚人或言，豈有餌金丹而長生久視？余常慜而傷之。自古真人聖人皆鍊藥致長生，蓋百千萬數，人皆知之，豈有不信乎？皆指秦皇漢武。然大丹之靈，不救自刑[33]之禍。昔劉玄穆事魏先生，看火一年，忘情有疑，遂不遇而早夭。徐景休憨心積德，不怠昏旭，師授以藥，長生而仙，今在太白山，亦一千餘歲。此二子疑以不疑，咫尺萬里，得與不得，雲泥有殊。今喻而言之，足可信矣！且陽春既發，令節已行，萬物承春之炁，花落子孕，感炁而實，堪人食之，此炁非目擊自然乎？且五穀而可濟人之命，豈目擊而不見之乎？況至藥靈丹服之，而可〔34〕變骨爲真人矣。自是世人迷忘所計，不信不修，不遇不爲，乃虛度百生，沈累多劫，足傷乎！貪榮顯，求色慾，以名利所係，形枯質朽，三官奪命，被陰司誅罰，又何以得長生乎？又狡計多非，損己敗正，奪人物而成自家業，又何遇至人傳受乎？修心靜念，攝心歸道，則可遇矣〔35〕。若謗毀先德，侵擾無辜，又何以聞之也！夫五穀尚能滋神養炁，是敗腐之物，猶延人益生，豈況神丹而無玄德之功，換凡肌、脫病質、駐顏益命乎〔36〕？與子論之，目擊可知耳！不欲廣陳委細，事涉繁詞。其餘妙旨清虛，盡著金簡。徐君魏先生淳于公，此三人各通至術，並神仙之流。近謝玄沖蘇耽二子，亦羽化金丹之客，人皆知之，何言及矣！況名山廓市，往往有物外之人，混俗之間，自忘姓字〔37〕，非志道同好，何以知之？請審非言，勿輕泄侮，令子得罪，將謗金丹與聖人，令子沈千劫之困矣！子不聞《參同契》云："金與〔38〕砂爲主，稟和於水銀。"即二物自靈矣。又聞：不用藥，用五行，即具金木水火土也。又不聞：白馬牙，好丹砂，卯〔39〕酉二八和兩家。又淮南王鍊秋石，黃帝美金華。又：鉛不是凡鉛，真鉛真丹砂，二物相足敵，伏鍊成一家，巡火近九轉，自然成黃牙。又：火化白藥變花紅，流汞秋石自相同，流珠入體虎吞食，不知何處認金公？又：自古燒丹者，難窮鉛汞情，若人知此理，修制自通靈。又：孤陽不獨化，單陰獨不成〔40〕，本來同二物，自有變身明。又：龍虎相逢遇，何時不自顧？白液共相吞，相吞作夫婦。隨化成黃牙，逐時依后土，若得紫河車，便是神仙顧。又：修丹若得訣，神用便由人，生煞在我手，參詳定爲真。修丹不得術，終歲損心神，莫鍊枯鉛汞，拋功似土塵。又：天地日月中，丹藥號金公，金公爾是鉛，本向鉛裏蒙。分明向君說，迷者又忽忽。點汞安鉛裏，金花約略同。此花不是藥，徒〔41〕自枉拋功。此者神仙術，何曾不大通？熟念《參同契》，仍依古類同[42]。但得真鉛理，修持必見終。又：鉛汞合天地，修作大還丹，丹成牙自見，非此實爲難。太古真人説，如今得見懂，方知神不誑，須道將即安[43]。中有五彩靈，變化伏其般，十月脱胎出，令人見可觀。爲報榮華子，百年凋與殘，如何空棄世，兀兀道將闌。熟説君猶謗，詞虛理更漫，嗟見南山塵，積年爲丘山。芒芒苦海中，生死成波瀾，自古帝王居，至今何足看？又：白液爐中化，黃牙變漸成，憶初相見日，難看水銀形。陽極生陰火，火衰陽炁并，自變紫河車，服食堪長生。又：一箇月，白液初凝恰如雪；兩箇月，如酥漸漸相凝結[44]；三箇月，半含蘂綻垂珠劣；四箇月，二物抱持如點血；五箇月，飛騰戀母聲嗚咽；六箇月，行到子宮陰炁絶，顏色似鵝兒，請君分明別[45]；七箇月，垂陰受炁手足厥；八箇月，欲成藏府含[46]凝血，九箇月，點點成珠長毛髮；十箇月，母子分明欲相別，此時母困子體全，似見顏容上[47]如雪。鉛脱胞後，鉛上肉白如雪。更向爐中温養之，名爲食乳肌膚悦，出兒毒炁當依訣。藥成，入赤色六十日出毒服食。此藥如兒在母胎，精神爽玄[48]分肌骨。勸君學者須精微，莫枉悠悠抛日月。此中妙[49]，不能説，有次第，莫虧越，但能修得黃牙成，變轉之功不休歇。食長生，換白髮；有白銀，救孤拙，仁者得之修不闕。與道契，宿緣深，傳之得人正在心。非道者，罪將沈，得亦爲災禍害侵。關造化，不容易，取次不得輕傳付。君不聞，古人有祕詞[50]，妄有傳之殃七祖。君須信，不在疑，賢者通明必得之。今日囑君千萬意，歷歷結盟當記之。陽初《復》，十一月用下火也。陰起《姤》[51]十一月用至四月陽極，至五月一陰生，轉火候也。爐寄中央戊己土。鼎上下，互相湊，寶守固之勿令走。消息不失看節候，有龍有虎相奔驟。嬰兒寂寂顏初幼，由母養之母肌瘦，子成母困長相救。陽極《乾》，陰極《坤》，《乾》《坤》四象《易》之門，六十四卦修中尊，龍虎相啣自相吞。立生定位此中存，水火爲媒掬我魂。陰陽養我明晨[52]昏，八[53]節運移寒與温。看看漸變黃牙根，日月相催母感恩。因之結實立真門，千秋萬歲生子孫。審藏祕慎勿須論，此道玄微未可言。時人笑道濁昏渾，寧可深居市與村。莫將妙藥示凡人，見之謗之言語諠。君切記，祕而藏之貯金匱，長生之術付道人，自有天官錄名字。

大還丹宗旨第四

夫言還丹者，即神仙服食[54]也。自古之天人留此術，降下人間，傳付於後[55]。自黃帝得之，白日鼎湖昇仙。若古往神仙，不一一具言也。夫論還丹，皆至藥而爲之，即丹砂之玄珠，金汞[56]之靈異。有上仙自然之還丹[57]，生太陽背陰向陽之山。丹砂皆生南方，不生北方之[58]地。自然還丹，自[59]流汞抱金公而孕也。有丹砂處皆有鉛及銀，四千三百二十年丹成，左雄右雌，上有丹砂，下有曾青，抱持日月陰陽炁，四千三百二十年，故乃炁足，而[60]成上仙天人還丹。下界神仙，修鍊鉛汞一年成。取十一月一陽生下火，至來年十一月成丹。象上界仙人天人聖人取食者還丹，此自然還丹，是仙人天人聖人取食之，今修者象而成之，大千之數，服之亦長生羽化，與天同功。問曰："何以一年象天生還丹之數？"答曰："上界一日一夜，爲人間五年。且人間一年十二月三百六十日，一月三十日，又一日十二時，一月三百六十時，合一年四千三百二十時，象天生自然還丹。"此亦上界真仙流傳人間，有依法度，日月精炁，四時運移得成，服之皆延年上昇。上士修真契理，羽化上昇；中士服之地仙；下士延年，長生不死。服食之間[61]，別有法矣！

赤松子玄記第五[62]

赤松子曰：丹砂之精，有白有朱，含火得白是虎號，朱是火丹，丹中生汞，三者同一體也。白虎金象西方之艮，含五彩之瑞，包八石之異。鉛是白虎，與汞爲匹敵也。二物爲之君臣，爲天地，爲[63]夫婦，爲子母，神而[64]妙之，與三黃同，不與八石類，迥然造化，而修制之爲丹也。余昔遇道人傳授，修之合符，已至羽化，敢歌訣之。歌曰："神仙[65]妙難測，鉛汞人不識。鉛汞天地精，陰陽天地力。功歸於戊己，能生一切食，萬物用土功，土是母之極。母養一切子，子亦因母殖。三物自通靈，三炁玄元直。功在城[66]垣固，務[67]在堅柔識。必在於人成，由人所心憶。心靈藥自靈，心迷藥難測。至道至心虛，玄中妙難悉。智者得宗源，他年致雲翼。"

梁朝四公訣

梁有四公[68]，界外神仙，周廻八極，至於四周，千界之上，上至于天，下入九幽。四人云聖人有歌曰："鉛汞合神功，交歸太玄旨。全在五行中，盡入三才智。神仙留至門，服食令人異。若得真鉛門，神仙自然矣。"

【校記】

〔1〕《道藏》本收錄此經作"丹論訣旨心鑑"。

〔2〕"玄"，上書作"元"。

〔3〕"旨叙訣"，上書作"序訣章"。

〔4〕"多""千"二字原無，據上書增。

〔5〕"鋼"，上書作"銅"。

〔6〕"固"字，上書無。

〔7〕"服餌"二字原無，據上書增。

〔8〕"情索"，上書作"情色"。

〔9〕"防葵甘草湯"，上書作"防己葵菜甘草湯"。

〔10〕"包"原作"色"，據上書改。

〔11〕"卦"原作"封"，據上書改。

〔12〕"之"原作"玄"，據上書改。

〔13〕"成之"原作"咸"，據上書增改。

〔14〕"信水銀力不如鉛也"，上書作"水銀力不如真鉛也"。

〔15〕"養志"後，上書有"修真"二字。

〔16〕"分"字原無，據上書增。

〔17〕"義之"，上書作"之義"。

〔18〕"合"後，上書有"君臣"二字。

〔19〕"味"，上書作"乃"。

〔20〕"此道"原作"道此"，據上書改。

〔21〕"家臣"原作"家神"，據上書改。

〔22〕"制伏"，上書作"用"。

〔23〕"熟迹不及於真"，上書作"熟迹不反，徒自孤我"。

〔24〕"看即"原作"即看"，據上書改。

〔25〕"爲"原作"無"，據上書改。

〔26〕"一也"二字，上書無。

〔27〕"真仙人云"，上書作"真人仙人"。

〔28〕"乾八"二字原無，據上書增。

〔29〕"周天"原作"用天"，據上書改。

〔30〕"黃金牙"，《古文龍虎經註疏》作"黃嬰"。

〔31〕"秋是"二字原無，據《丹論訣旨心鑑》增。

〔32〕"足"原作"呈"，據上書改。下同。

〔33〕"刑"原作"形"，據上書改。

〔34〕"可"原作"不"，據上書改。

〔35〕"則可遇矣"原作"可遇"，據上書增。

〔36〕"乎"字原無，據上書增。

〔37〕"混俗之間，自忘姓字"，上書"之"作"世"，"忘"作"韜"。

〔38〕"與"，《周易參同契》作"以"。

〔39〕"卯"字原無，據《丹論訣旨心鑑》增。

〔40〕"單陰獨不成"，上書作"孤陰不獨成"。

〔41〕"徒"原作"圖"，據上書改。

〔42〕"同"，上書作"融"。

〔43〕"須道將即安"，上書作"須信道將安"。

〔44〕"如酥漸漸相凝結"，上書作"似乳爲酥漸漸結"。

〔45〕"顔色似鵝兒，請君分明別"，上書作"色似鵝兒分明別"。
〔46〕"含"，上書作"金"。
〔47〕"上"，上書作"尚"。
〔48〕"玄"，上書作"朗"。
〔49〕"妙"原作"玄妙"，據上書刪。
〔50〕"古人有祕詞"，上書作"古人語"。
〔51〕"姤"原作"始"，據上書改。
〔52〕"晨"原作"神"，據上書改。
〔53〕"八"原作"入"，據上書改。
〔54〕"神仙服食"，上書作"可服食而仙"。
〔55〕"於後"，上書作"黄帝"。
〔56〕"金汞"，上書作"金鉛汞虎"。
〔57〕"有上仙自然之還丹"，原無"上""之"二字，據上書增。
〔58〕"之"字原無，據上書增。
〔59〕"自"，上書作"是"。
〔60〕以上十二字，原作"四千三百二十、四萬三千二百年"，據上書改。
〔61〕"間"，上書作"門"。
〔62〕此標題上書作"玄記章第五"。
〔63〕"爲"字原無，據上書增。
〔64〕"而"原作"也"，據上書改。
〔65〕"神仙"，上書作"神術"。
〔66〕"城"原作"成"，據上書改。
〔67〕"務"原作"稀"，據上書改。
〔68〕"公"原作"公子"，按《太平廣記》卷八一有《梁四公》條，載四人名行，據刪。

雲笈七籤卷之六十七

金丹部

金丹序

抱朴子曰：予考覽養生[1]之書，鳩集久視之方，曾所[2]披涉篇卷，以千計矣！莫不皆以還丹金液爲大要者焉。然則此二事，蓋仙道之極也。服此而不仙，則古無仙矣！往者喪亂，奔播四出[3]。予周旋徐豫荆襄江廣數州之間，閱見移流[4]道士數百人矣。或有素聞其名，在雲日之表者，率皆相似[5]。其所知見，深淺有無，不足以相傾也。人各有道書數十卷，亦未能悉解之也，但寫蓄之耳。時有知行炁斷穀及服諸草木藥法，所有方書，大略皆同，理亦無異[6]。或有得《道機經》者[7]，以爲至祕，乃云是尹喜所撰。予告之曰："此是魏世軍督王圖所撰耳！非古人也。圖了不知大藥，止欲以行氣入室求仙，作此《道機》，謂道畢於此，此復是誤人之甚也。"予問諸道士以神丹金液之事，及《三皇文》召天神地祇之法，了無一人知之。其誇誕自譽及欺人，云己久壽，及言曾與仙人共遊者，將太半矣！口之與書，微有妙説[8]。或謂[9]頗聞金丹，而今無復有得之者[10]，惟上古已度仙人，乃當曉之。或有得丹方外説，不得其真經。或得雜碎丹方，便謂丹法盡於此也。昔左元放於天柱山中精思，而神人授之金丹仙經。會漢末荒亂，不遑合作，而避地來渡江東，志欲投名山以修斯道。予從祖仙公又從元放受[11]之。凡受《太清丹經》三卷及《九鼎丹經》一卷、《金液丹經》一卷[12]。予師鄭君者，則予從祖仙公之弟子也，又於從祖受之，而家貧無資買藥。予親事之，洒掃積久，乃於馬跡山中立壇，盟而受之，并具諸口訣，訣之不書。江東先無此書，書出於左元放，元放以授余從祖，從祖以授鄭君，鄭君以授予，故他道士了無知者也。然予受之已二十餘年矣，資無擔石，詎能爲之？但長歎耳！有積金盈櫃，聚錢如山者，復不知有如[13]此不死之法。就令聞之，亦萬無一信如何！夫猷玉粣則知漿茹[14]之薄味，覿崑崙則覺丘垤之至卑。既覽金丹之道，則使人不復視小小方書。然大藥難卒得辨，當須且將御小者以自支持耳。然服他藥萬斛，爲能有小益，而終不能使人遂長生也。故老子之訣言云："子不得還丹金液，徒自苦耳。"夫五穀猶能活人，人得之則生，絕之則死，又況於上品之神藥，其益人豈不萬倍於五穀耶？夫金丹之爲物，燒之愈久，變化愈妙。黃金入火，百鍊不消，埋之終天[15]不朽。服此二藥，鍊人身體，故能令人不老不死。此蓋假求於外物以自堅固，有如脂[16]之養火而不滅，銅青塗腳，入水不腐，此是借銅之勁以扞其肉也。金丹入身中，沾洽[17]榮衛，非但銅青之外傅矣。世間多不信至道者，悠悠皆是[18]。然萬一時偶[19]好事者，而復不值此法，不值明師，無由聞天下之有斯事[20]也。予今略鈔金丹之都較，以示後之同志好之者，後之同志好之者精修之[21]，精修之不可守淺近之方，而爲[22]之足以度世也。遂不遇之者，直當息意於無窮之冀耳。想見其說，必自知出潢潦而浮滄海，背螢燭而向日月，聞雷電而覺布鼓之陋，見巨鯨而知寸介之細也。如其嘍嘍無所先入，欲以弊藥必規昇騰者，何異策蹇驢而欲追迅風，棹藍舟而欲濟大川乎？又諸小餌丹方甚多，然作之有深淺，致力勢不同，雖有優劣，轉不相及，猶一酘之酒，不可以方九醞之醇耳。然小丹之下[23]者也，猶自遠勝其草木之上者。凡草物燒之即腐，而丹砂燒之成水銀，積變又還成丹砂，其去凡藥亦遠矣！故能令人長生。神仙獨見此理，其去俗人一何緬邈之無限乎！世人少所識，多所怪，或不知水銀出於丹砂，告之終不肯信，云丹砂本赤物，從何得成此白物。又云丹砂是石耳，今燒諸石皆成灰，而丹砂何得獨爾？此近易之事猶不可喻，其聞仙道大而笑之，不亦宜乎！上古真人愍將來之可教者，爲作方法，委曲欲使其脫死亡之禍，可謂至言矣！然而俗人終不肯信，謂爲虛文。若是虛文者，安得九轉九變，日數所成，皆如方耶？真人所以知此者，誠不可以膚[24]近思求也。予少好方術，負步諸門，不憚艱險[25]。每有異聞，則以爲喜。雖見毀笑，不以爲慼。安知來者而[26]不如今！是以著此以示識者。豈苟尚奇恠，而崇飾空言，欲令書行於世，信結流俗哉？盛陽不能榮枯朽，上智不能移下愚，書爲曉者傳，書[27]爲識者貴。農夫得彤弓以驅鳥，南夷得袞衣以負薪，夫不知貴[28]，焉可強哉？世人飽食終日，未必能勤儒墨之業，治進德之務，但共遨遊逍遥，以盡年月。其所營也，非榮則利。或飛蒼走黄於中原，或留連杯觴以羹沸，或荒沈絲竹，或耽淪綺紈，或控弦以疲筋骨，或博弈以棄功夫。聞至道之言而如醉，覩論道之事而晝睡。有身不惜，動之死地，不肯求問養生之法，自欲割削之，煎熬之，燋悴之，漉汔之。而有道者自寶祕其所知，無求於人，亦安肯強行語之乎？世人之常言，咸以長生若可得者，古之聖人富貴以當得之[29]，而鮮得者，是無此道也。而不知古之富貴者，亦如今之富貴者耳。俱不信不求之，而皆以目前之所見者爲急，亦安能得之耶？假令不得[30]決意信命之可延，仙之可得，亦何惜於試之！小効[31]，但使得三二百歲，不猶愈於凡人之少夭乎？天下之事萬端，而道術尤難明於他事者也。何可以中才之心，而斷世間必無長生之道哉？若正以世人皆不信之便爲[32]無，則世人智者又何太多乎？今若有識道意而猶修求之者，詎必便是至愚，而皆不及世人耶？又或慮於求長生，儻其不得，恐人笑之，以爲暗惑。若心所斷[33]，萬有一失，而天下果自有此不死之道者，不亦當復[34]爲得之者所笑乎？日月有所不能周照，人心亦安足孤信哉！

黄帝九鼎神丹序[35]

按[36]《黄帝九鼎神丹經》曰，黄帝服之，遂以昇仙。又云，雖呼吸導引，及服草木之藥，可得延年，不免於死也。服神丹令人壽無極[37]

已，與天地相畢，乘雲駕龍，上下太清。黃帝以傳玄子，戒之曰："此道至重，必以授賢，苟非其人，雖積金如山，勿以此道告之也。"受之者以金人金魚投於東流水中以爲約，歃血爲盟。無神仙之骨，亦不可得見此道也。合丹當於名山之中，無人之地，結伴不得過三人，先齋百日，沐浴五香，致加清潔，勿近污穢，又不得與俗人往來，又不令不信道者知之，謗毀神藥，藥即不成。成者舉家皆仙，不但一身耳。世人不合神丹，反信草木之藥[38]。草木之藥，埋之即爛，燒之即焦，[39]不能自生，況人乎[40]？

九丹者，長生之要，非凡人所當見聞也。兆之蠢蠢，惟知貪富貴而已，豈有[41]非行尸者乎？合時又當祭，醮[42]自有圖法一卷。

九轉丹名

第一丹名丹華，當先作玄黃[43]，用雄黃、雌黃、礬汞[44]、戎鹽、鹵鹽、礜石、牡蠣、赤石脂、滑石、胡粉各數十斤，以爲六一泥，固濟火之，三十六日成之，服七日仙。又以玄黃膏[45]丸此丹，置猛火上，須臾成黃金。又以二百四十銖合水銀百斤火之，亦成黃金。金成者，藥成也；金不成者，藥不成也。更封藥而火之，日數如前，無不成也。

第二丹名神符，服之百日仙也。行度水火，以此丹塗足下，可步行水上。服之[46]，三尸九蟲皆消壞，其身中百病皆愈。

第三丹名神丹，服一刀圭，百日仙也。以與六畜吞之，亦不死。又能辟五兵。服二百日，仙人玉女，山川鬼神，皆來侍，見如形。

第四丹名還丹，服一刀圭，百日仙也。朱鳥鳳凰，翔覆其上，玉女至傍。以一刀圭合水銀一斤火之，立成黃金。以此丹塗錢物用之，即日皆還。以此丹書凡人目上，百鬼走避。

第五丹名餌丹，服之三十日仙也。鬼神來侍，玉女至前。

第六丹名鍊丹，服之十日仙也。又以汞合火[47]，即成黃金。

第七丹名柔丹，服一刀圭，百日仙也。以缺盆汁和之服，九十日仙也[48]，九十老翁，亦能有子。與金公合火之，即成黃金。

第八丹名伏丹，服之百日仙也。以此丹如棗[49]核許帶行，百鬼避之。以丹書門户上，萬邪衆精不敢前，又辟盜賊虎狼。

第九丹名寒丹，服一刀圭，即[50]日仙也。玉女來侍，飛行輕舉，不用羽翼。

凡此九丹，但[51]得一丹便仙，不在悉作之，作之在人所好者耳。凡餌九丹，欲昇天則昇，欲且止人間亦任意，皆能出入無間，不可得而害矣。

太清神丹法

抱朴子曰：太清神丹，其法出於元君，元君即老子之師也。《太清觀天經》有九[52]篇，云其上三[53]篇不可教授，其下三篇世無足傳，當沈之三泉之下[54]，三篇者，正是[55]丹經上中下凡三卷也。元君者，大神人也，能調和陰陽，役使風雨[56]，驂駕九龍十二白虎，天下衆仙皆隸焉。猶自言本亦學道服丹之所致也，非自然也，況凡夫乎！其經曰：上士得道，昇爲天官；中士得道，棲集崑崙；下士得道，長生世間；愚民不信，謂爲虛言。從朝至暮，但作求死之事，了不求生，而天豈能強生之乎？凡人惟知美食好衣聲色富貴而能[57]恣心盡欲，盡命奄歿[58]之徒，慎無以神丹告之，令其笑道慢真益罪也[59]。傳《丹經》，不得其人，即不告[60]。若有篤信者，可將合成藥以分之，莫輕以其傳之也。知此道者，何[61]王侯爲？神丹既成，不但長生，又可[62]以作黃金。金成，取百斤先設大祭。祭自有別法一卷，不與九鼎祭同也。祭當別稱名銜[63]，各檢署具用金斤數[64]。禮天二十斤，日月五斤，北斗八斤，太一八斤，井五斤，竈五斤，河伯十二斤，社五斤，門户閭鬼清君[65]各五斤，凡八十八斤。餘一十二斤，以好韋囊盛之，良日於都市中市盛之處[66]，嘿聲放棄之[67]，徑去無復顧。凡用百斤外，乃得自恣用之耳。不先以金禮神，必致殃咎。又曰：長生之道，不在祭祀事鬼神也，不[68]在導引與屈伸也，昇仙之要在神丹。知之不易，爲之難也。子能作之，可長存也。近代漢末新野陰君，合此太清丹得仙。其人本儒生，多才思，善著詩及丹經讚并序，述初學道隨師本[69]末。列已知識之得仙者四十餘人，甚分明也[70]。作此太清小法[71]難於合九鼎，然[72]是白日昇天之上法也。當合之日，先作[73]華池[74]赤鹽艮雪玄白飛符三五神水，乃可起火耳。

九轉丹遲速効驗

一轉之丹，服之三年仙。
二轉之丹，服之二年仙。
三轉之丹，服之一年仙。
四轉之丹，服之半年仙。
五轉之丹，服之百日仙。
六轉之丹，服之四十[75]日仙。
七轉之丹，服之三十[76]日仙。
八轉之丹，服之十日仙。
九轉之丹，服之三日仙[77]。

若取九轉之丹内神鼎中，夏日之後暴之昇熱[78]，内朱兒一斤於蓋下伏伺之，候日精照之，須臾翕然俱起，煌輝神光五色，即化爲還丹。取而服之一刀圭，即白日昇天。又以丹封泥之，塗[79]於土釜中，穅火燒，先文後武，其一轉至九轉，遲速各有日數多少，以此[80]知之耳。其轉數少，其藥力未足，故服之用日多，乃得仙遲也。其轉數多，則藥力成[81]，故服之用日少，而得仙速也。

九光丹法

九光丹與九轉丹[82]法，大都相似耳。作之法，當以諸藥合火之，以轉五石。五石者，丹砂、雄黃、白礬、曾青、磁石也。一石輒五轉，而各成五色，五石[83]爲二十五色，色各有一兩，而異器盛之。欲起死人，未滿三日者，取青丹一刀圭[84]，發其口内之，死人立生也。欲致行廚，取黑丹和水，以塗左手，其所求如口所道皆至，可召天下萬物也。欲隱形及先知[85]未然方來之事，及住年不老，服黃丹一刀圭，即便長生，坐見萬里之外，吉凶所知，皆[86]如在目前也。人生宿命，盛衰壽夭，貴賤貧富，皆知之也。其法俱在《太清經》卷中。

五靈丹法

《五靈丹》一卷[87]，凡有五法也。用丹砂、雄黃、雌黃、硫黃[88]、曾青、礬石、磁石、戎鹽、太一餘糧，亦用六一泥及神室祭醮之，合之[89]三十六日成。又用《五帝符》，以五色書之，亦令人不死，但不及太清及九鼎丹耳。

岷山丹法

《岷山丹法》，道士張蓋蹋精思於岷山石室中，得此方也。其法鼓[90]黃銅以作方諸，以承取月水[91]，以水銀覆之，致日精火其中，長服之不死。又取此丹置雄黃銅燧中，覆以汞，暴之二十日，發而治之，以井花水服如小豆大，百日，盲者能視，百病即愈，髮白還黑，齒墮更生。

五[92]成丹法

《五成丹》亦有九首，似九鼎而不及也。其要取雄黃燒取其中銅，鑄以爲器，覆之三歲淳苦酒上，比百日，此器皆生赤乳，長數分，或有五色琅玕，取治而服之，亦令人長生。又可以和菟[93]，掘取剋其血[94]，以和此丹，服之即變化在意也。又以朱草和一刀圭服之，能乘虛而行之[95]。朱草葉如菰，生不羣，長不雜，枝幹皆赤[96]，莖如珊瑚，多生名山嵓石之下。刻之汁如血，以玉及八石金銀投其中，立便可丸如泥，久則成水。以金投之，化爲金漿；以玉投之，即爲玉醴。服之皆長生。

金液法 威喜巨勝法附

抱朴子曰：金液，太一所服而仙者也，不減九丹矣。合之用古秤黃金一斤，並用玄明龍膏、太一旬首[97]中石、冰石、紫遊女、玄水液、金化石、丹砂，封之即成水。其經云，金液入口，則身皆金色。老子受之於元君，元君曰：此道至重，百年[98]一出，藏之石室。合之，齋戒百日，不得與俗人往來，於名山之側，東流之水上，別立精室，百日成，服一兩便仙。若未欲去世，且作地仙者[99]，但齋戒百日。若欲昇天，皆先斷穀一年，乃服之。若半兩，則長生不死矣。萬害百毒，不能傷之，可畜妻子，居官秩，在意所欲，無所禁也。若後[100]昇天者，乃齋戒，服一兩，便飛仙矣。

《威喜巨勝法》[101]：取金液及水銀、左味合煮之，三十日出，以黃玉甌盛，以六一泥封，置猛火炊之，卒時皆化爲丹，服如小豆大便仙。以此丹一刀圭粉水銀一斤，即成銀[102]。又取此丹一斤置火上扇之，化爲赤金而流，名曰丹金[103]。以塗刀劍，辟兵萬里。以此丹金爲盤椀飲食[104]，俱令人長生。以承日月，下得神汋[105]，如方諸之得水也，飲之者不死也。以金汋和黃土，内六一泥甌中，猛火炊之，盡成黃金。復以火灼之，皆化爲丹，服之如小豆大，可以入名山大川爲地仙。受《金液經》[106]，投金人八兩於東流水中，歃血爲誓，乃告口訣[107]。不知本法，盜其方而合之，終不成也。凡人有至信者，可以藥與之，不可輕傳其書，必兩受其殃，天神鑒人甚近，不可不知耳[108]。

抱朴子曰：九丹誠爲仙藥之上法[109]，然合作之，所用雜藥甚多。若[110]四方清通，市之可具；若九域分隔，則其物不可得也。又當起火，晝夜數十日，伺候火力，不可令失其適，勤苦至[111]難，故不及合金液之易也。合金液惟金爲難得耳。古秤一斤於今秤二斤，率不過直三十許萬，其使用雜藥差易具。又不起火，但以置華池中，日數足便成耳。都合不用四十萬，而得一劑，可足令八人仙[112]也。

【校記】

〔１〕"養生"，《抱朴子内篇·金丹篇》（下稱《金丹篇》）及《抱朴子神仙金汋經》（下稱《金汋經》）均作"養性"。

〔２〕"所"原作"授"，據上二書及《金木萬靈論》改。

〔３〕"往者喪亂，奔播四出"，《金丹篇》及《金汋經》作"往者上國（《金汋經》作"國土"）喪亂，莫不奔播四出"。

〔４〕"移流"，《金丹篇》作"流移俗"，《金汋經》作"流移"，《金木萬靈論》作"流俗"。

〔５〕"似"後，上三書有"如一"二字。

〔６〕"大略皆同，理亦無異"，上三書均作"略爲同文"。

〔７〕"或有得道機經者"，《金丹篇》及《金汋經》均作"無一人不有道機經"。

〔８〕"口之與書，微有妙説"，《金丹篇》《金汋經》及《金木萬靈論》分別作"足以與盡微者甚尠矣""足學盡微者甚尠""得盡微者殊尠"。

〔９〕"謂"，《金丹篇》及《金汋經》均作"有"。

〔１０〕"而今無復有得之者"，上二書皆作"而不謂今世復有得之者，皆言"。

〔１１〕"受"原作"授"，據上二書改。

〔１２〕"金液丹經一卷"六字原無，據上二書增。

〔１３〕"如"字，上二書無。

〔１４〕"歃玉粕則知漿茆"，上二書"歃"作"飲"，"茆"作"荇"。

〔１５〕"終天"，上二書作"畢天"。

〔１６〕"脂"原作"精"，據上二書改。

〔１７〕"洽"原作"治"，據上二書改。

〔１８〕"悠悠皆是"，上二書作"則悠悠者皆是耳"。

〔１９〕"偶"後，上二書有"有"。

〔２０〕"事"，上二書作"妙事"。

〔２１〕"精修之"，上二書作"勤求之"，無下之"精修之"三字。

〔22〕"爲"，上二書作"謂"。

〔23〕"下"原作"一"，據上二書改。

〔24〕"膚"，《金丹篇》作"庸"，《金汋經》作"庸夫"，《金木萬靈論》作"庸夫淺"。

〔25〕"負步諸門，不憚艱險"，《金丹篇》作"負步請問，不憚險遠"，《金汋經》"負步"作"負涉"，《金木萬靈論》"負步"作"苦心"，其下六字均與《金丹篇》同。

〔26〕"而"，《金丹篇》作"之"。

〔27〕"書"，上書及《金汋經》作"事"。

〔28〕"貴"，上二書及《金木萬靈論》均作"者"。

〔29〕"古之聖人富貴以當得之"，《金丹篇》作"古人之富貴者，己當得之"，《金汋經》作"古之聖人以之富貴者，當得之"。

〔30〕"得"，上二書作"能"。

〔31〕"小効"，上二書作"試之小効"。

〔32〕"爲"，《金丹篇》作"謂爲"，《金汋經》作"謂"。

〔33〕"若心所斷"原作"若所忌斷"，據《金丹篇》改。《金汋經》作"若己心所斷"。

〔34〕"不亦當復"原作"亦當不復"，據上二書改。

〔35〕上二書皆無此標題。以下之標題皆同。

〔36〕"按"字前，上二書分別有"抱朴子曰余"。

〔37〕"極"，上二書作"窮"。

〔38〕"草木之藥"四字原無，據上二書增。

〔39〕"埋之即爛，燒之即焦"，上二書作"埋之即腐，煮之即爛，燒之即焦"。

〔40〕"況人乎"，上二書作"何能生人乎"。

〔41〕"有"字，上二書無。

〔42〕"醮"，上二書作"祭"。

〔43〕"黃"原作"武"，據上二書改。

〔44〕"雄黃、雌黃、礬汞"，《金丹篇》作"雄黃水、礬石水"，《金汋經》作"雄黃水、礬石汞"。

〔45〕"玄黃膏"，上二書作"玄膏"。

〔46〕"之"後，上二書有"三刀圭"三字。

〔47〕"火"，上二書作"火之"。

〔48〕"汁和之服，九十日仙也"，上二書"和之服"作"和服之"，而無"九十日仙也"五字。"汁"原作"汗"，據《金丹篇》改。

〔49〕"棗"字原無，據上二書增。

〔50〕"即"，上二書作"百"。

〔51〕"但"後原有"此"字，據上二書刪。

〔52〕"九"原作"十"，據上二書改。"太清觀天經"，《金汋經》作"太清上經"。

〔53〕"三"原作"七"，據上二書改。

〔54〕"下"後，上二書有"下"字，連下。

〔55〕"正是"原互乙，據上二書改。

〔56〕"役使風雨"，上二書作"役使鬼神風雨"。

〔57〕"能"，上二書作"已"爲句。

〔58〕"盡命奄歿"，上二書作"奄忽終歿"。

〔59〕"笑道慢真益罪也"，上二書作"笑道謗真"。

〔60〕"即不告"，上二書作"身必不吉"。

〔61〕"何"原作"或"，據上二書改。

〔62〕"可"字原無，據上二書增。

〔63〕"稱名銜"，上二書作"稱金"。

〔64〕"具用金斤數"，上二書作"之"。

〔65〕"閻鬼清君"，《金丹篇》作"閻鬼神清君"，《金汋經》作"閻鬼靖君"。

〔66〕"處"，上二書作"時"。

〔67〕"之"後，上二書有"多人處"（《金汋經》"處"作"之處"）。

〔68〕"不"字原無，據上二書增。
〔69〕"師本"原作"本師"，據上二書改。
〔70〕"也"原作"他"，據上二書改。
〔71〕"太清小法"，上二書作"太清丹小爲"。
〔72〕"然"原作"經"，據上二書改。
〔73〕"作"原作"生"，據上二書改。
〔74〕"池"後，《金汋經》有"溺水金公黃華"六字。
〔75〕"四十"，上書作"三十"。
〔76〕"三十"，上書作"二十"。
〔77〕"三日"，上書作"一日"。"仙"，上書及《金丹篇》作"得仙"，以上八"仙"字同。
〔78〕"夏日"，上二書作"夏至"，"昇熱"作"鼎熱"。
〔79〕"又以丹封泥之塗"，上二書作"又九轉之丹者，封塗內之"（《金丹篇》無"內"字）。
〔80〕"此"字原無，據上二書增。
〔81〕"成"，上二書作"盛"。
〔82〕"丹"，上二書作"異"。
〔83〕"石"原作"色"，據上二書改。
〔84〕"圭"後，上二書有"和水以浴死人，又以取一刀圭"十二字。
〔85〕"知"原作"然"，據上二書改。
〔86〕"吉凶所知，皆"，上二書作"吉凶皆可知"（《金汋經》無"可"字）。
〔87〕"五靈丹一卷"，上二書作"其次有五靈丹經一卷"。
〔88〕"硫黃"，上二書作"石硫黃"。
〔89〕"合之"後，《金汋經》有"火"字。
〔90〕"鼓"，《金丹篇》及《金汋經》均作"鼓冶"。
〔91〕"月水"，《金丹篇》作"月中水"。
〔92〕"五"，上書及《金汋經》均作"立"。下同。

〔93〕"又可以和菟",《金丹篇》作"又可以和菟絲,菟絲是初生之根,其形似菟",《金汋經》作"又説和菟絲初生之根,其形似菟"。

〔94〕"血",《金汋經》作"汁"。

〔95〕"又以朱草和,一刀圭服之,能乘虚而行之",《金丹篇》及《金汋經》均作"又和以朱草,一服之,能乘虚而行云"。

〔96〕"朱草葉如菰,生不羣,長不雜,枝幹皆赤",上二書作"朱草狀似小棗栽,長三四尺,枝葉皆赤"("小棗栽"《金汋經》作"小桑棗栽也")。

〔97〕"首"原作"守",據上二書改。

〔98〕"年",上二書作"世"。

〔99〕"地仙者",上二書作"地水仙之士者"(《金汋經》則無"水"字)。

〔100〕"後",《金汋經》作"後欲",《金丹篇》作"復欲"。

〔101〕"威喜巨勝法",上二書作"以金液爲威喜巨勝之法"(《金汋經》"以"作"又")。

〔102〕"即成銀"三字原無,據上二書增。

〔103〕"金"字原無,據上二書增。

〔104〕"食"後,上二書有"其中"二字。

〔105〕"下得神汋",《金汋經》作"當得神液",《金丹篇》作"得液"。

〔106〕"受金液經",《金汋經》作"金液經云"。

〔107〕"乃告口訣"原作"乃告之。口訣曰",且"口訣曰"另起一行,據《金汋經》及《金丹篇》改。

〔108〕"不可不知耳",上二書作"而人不知耳"(《金丹篇》無"而"字)。

〔109〕"誠爲仙藥之上法"原作"成爲仙藥之上",據上二書改。

〔110〕"若"原作"苦",據上二書改。

〔111〕"至"原作"致",據上二書改。

〔112〕"令八人仙"原作"八仙人",據《金汋經》增改,《金丹篇》則無"令"字。

雲笈七籤卷之六十八

金丹部

太上八景四蘂紫漿五珠絳生神丹方一首一名三華飛綱丹并叙[1]

太上真人所以廣眄[2]衆天，豁落紫空，晏觀七覺，朝遊[3]萬方，寔由四液之飛津，五珠之丹皇矣。遂乘三華[4]以八眄，御飛綱以保真，分神易景，逍遥上清者也。兆觀琅玕之華，則絳[5]生之丹立焉。既獲九真之高章，而九陰之戶啓矣。長年在於玄覽，得道存乎精微。所宜[6]注神真氣，棲心冥幾。澄五神於紫房，鏡混合於太微。月華合於《結璘》，日暉洞於《鬱儀》。靈變朗於九晨，把[7]凝液以虛飛。玉經唱於朗景，煥龍華於扶希。眇眇奔乎冥漢，天地歘以推移。立變易[8]於圓塗，電散疾於震雷。居洪淵而不溺，踐兵刃而不危。將塞也，則萬戶捷閉，欲通也，則積滯俱蕩。沈飛無方，隨意所宜。大哉靈化之丹，與帝一九陰齊其光暉。服盡一劑，後三光而不衰。藥名口訣：

第一絳陵朱兒七兩，口訣是丹砂，巴越者是也[9]。

第二丹山日魂四斤，口訣是雄黃，取明者[10]。

第三玄臺月華三斤，口訣是雌黃也[11]。

第四青要玉女五斤，口訣是空青也。

第五靈華沈腴三斤，口訣是薰陸香。

第六北帝玄珠一斤，口訣是消石。

第七紫陵文侯五兩，口訣是紫石英，精好者[12]。

第八東桑童子七兩，口訣是青木香。

第九白素飛龍八兩，口訣是白石英。

第十明玉神珠七兩，口訣是真瑰[13]，拾芥者。

第十一五精金羊五兩，口訣是陽起石。

第十二兩華飛英五兩，口訣是雲母，光明者[14]。

第十三流丹白膏九兩，口訣是粉霜[15]。

第十四亭炅獨生六兩，口訣是雞舌香，味辛者。

第十五碧陵文侯五兩，口訣是石黛。

第十六倒行神骨五兩，口訣是戎鹽。

第十七白虎脫齒四兩，口訣是金牙石。

第十八九靈黃童三兩，口訣是石硫黃。

第十九陸虛遺生五兩，口訣是龍骨，舐之著舌者佳。

第二十威文中王六兩，口訣是虎頭腦，陰骨搗用[16]。

第二十一沈明合景四兩，口訣是蚌中珠子，已穿者亦可用，但令新者。

第二十二章陽羽玄四兩，口訣是白附子。

第二十三綠伏石母五兩，口訣是磁石，取懸針者可用。

第二十四中山盈脂七兩，口訣是太一餘糧，取中央黃也[17]。

右二十四味合二十四神之炁，和九晨九陰之精[18]凝液，結日月之明景也。以次別擣，從丹砂始，令各四千杵。藥皆用精上鮮明者，擣藥人當得溫慎無多口舌者。當令[19]先齋戒三十日，訖乃[20]擣藥，別處盛室，潔其衣服，日數沐浴[21]。合藥可三四人同心齊意，隱静而處。禁忌之法，亦如齋禁例[22]。擣藥都畢，以藥安著釜中。安藥次第之法，先內丹砂，次內雄黃，次內雌黃，次內空青，末後乃內太一餘粮，太一餘粮在衆藥之上也[23]。二十四種都畢，皆當循次令竟釜中，以小柳箆子按令相薄。又以水銀五斤灌諸藥之上，都畢，又徐徐安上土釜，以黃丹泥泥其平際，以牡蠣泥泥其外際一寸，陰乾十日取熰，拆[24]又上泥之。畢，又通以牡蠣泥泥其外面，上下四邊厚六分。又應先作六一泥，以泥[25]土釜內外。

作泥法：東海左顧牡蠣、戎鹽、黃丹、滑石、赤石脂、蚓螻黃土，凡六物，皆令分等搗治，下細絹篩，和以百日苦酒極酸釅者，和畢更搗二[26]萬杵，六一之泥成。以泥兩土釜內外，漸漸薄泥，日曝令乾燦，使經時，稍上泥，都畢，令釜內外各厚一[27]寸半，如此泥釜了。作六一泥隱量[28]取足用。凡作泥之法，皆以苦酒和泥。無戎鹽者，河東大鹽可用。又以東海細鹽二斤[29]內一斛苦酒中，攪之去滓，以和六一泥，計此為準。

作竈法：當在無人處先[30]作竈屋，長四丈，南向，屋東頭為戶，屋南向為紗窗，屋中央作竈。竈令四方，四面開口，以大鐵鐺[31]，鐺施四腳，以著竈之中央。上下相遠高下之法，以意裁量安隱[32]之。所盛藥土釜好安著鐺[33]上，以好糠火於下燒之，令去釜一尺許，調適視火，勿令暴猛，足十八日訖。更令火去[34]釜下一寸，復五日，日足；更令火齊底二十七日，日足；更令半下釜之腹三十日，日足；更令火末下釜之上二寸二十四日，日足，都畢藥成也。可復寒之七日，而徐發視，八景四藥之華皆懸著上釜，以三歲白雄雞羽掃之，盛以金銀密器，其華當作景雲之色，五十八種之氣，流霞玄映，紫光鬱曜，不可名字，名曰八景四藥五珠絳生神丹。以二月八月朔平旦，向太歲王方再拜，以東流水服一兩，即頭有九晨之光，面[35]有玉華，飛映寶曜，洞觀天下。閉氣則立致三素之雲興，唾地則化為日月之光，左嘯則神仙啓首，右嘯則八景合真。於是騰空上造，以詣紫虛，出入玉清，寢宴神房。若藥華未盡起者，可更合泥固濟，如前法使密，更燒釜腹，頓六十日，萬無不成。復寒之七日，開發如初。

右以已鍊麻腴一斛，取四藥紫[36]華三兩，合投之，以炭火於銅器下微煎之，三日藥成，名曰四藥紫漿。日服一合，壽同天地，分形為萬，乘虛而行，所欲隨意。又以四藥紫腴[37]塗掌及手爪甲，以鏡細視之，則見萬里之外物，欲觀之事，則隨心所視而現之，亦照見方來之事[38]，倣像生死盛衰之至[39]運也。此丹或名八景丹，或名四藥紫華，或名太微紫玉腴，或名五珠華丹，或名絳生晨華，或名三華上丹，或名太上飛綱，或名九晨上丹，凡八名也。

鍊麻腴法

鍊麻腴之法，用清水五斛，麻腴一斛[40]，葱、薤白各二斤，合水、腴、葱、薤[41]四物合煎，取一斛止。作紫蘂腴當以[42]寂静處發火，以木蓋蓋銅器上，勿令腴煙散出。鍊腴亦可單服，以致延年。凡糠火火八景神丹日數既足，勿發，復更火之，如初日時進火之日法，如先都畢。寒之七日乃發，藥煙變成明月珠五枚，仰綴著上蓋，皆裹以絳幩。服其絳幩[43]送以清水，則絳雲見覆，飛登上清。佩此五珠，則以映天下，與日月景同[44]。名此丹五珠絳生。以行上清者，用一倍火之。五珠既成，勿發，復更火之，日如前。火畢，又寒之二十二日乃開[45]，明月五珠又變成三華飛剛之龍。發釜之後，便恍惚長大，神光采華[46]，吐氣興雲，所謂隱龍者也。既乘之而行，以造九晨之宫。故高上經曰：子乘隱龍，與天無窮。夫火之倍者，計先火一日，後火則應二日，又後火則應四日，又後火則應八日，又後火則應十六日，每事效此爲數。

取作虎腦[47]之法，用馬銜芎藭一斤細搗爲屑，以虎腦六兩和此屑爲餅而陰乾，既乾更搗，而秤取六兩，餘者投之於東流水中。陰乾虎腦，三年内亦可用也，不必新乾而必佳也。乾時以絹囊盛之，勿以[48]塵附。用薰陸香而膠[49]者，先多塵濁，當以湯水洗鍊去垢，取令光明而無滓者可用。

取錫十斤於鐵鑊熬之半日，投四藥紫華一銖合攪，須臾成萎蕤紫金[50]，屈伸在人而用之，謂初成之時耳。投二銖成紫蘂玉，投三銖成玄梨緑景玉。

取八景丹淬搗三萬杵，日服一丸如小豆大，身生玉光，壽同九晨，體香聞三十里。燒一丸如小豆大，辟百疾惡氣諸鬼不祥，而香芳十日不絶。取一丸如黍米含之而唾，則變化隨意任心，藏形蔽影，從横天下，欲止即吞此丸乃息。已死未三日，服一丸如大豆立活，當發口扣齒送以水，又以一丸鎮心[51]，則魂魄自還，而四體温軟也。

取鉛[52]十斤於鐵器中煎熬，投此二丸如鷄子黃合攪，須臾成金[53]。投三丸即成紫金。帶一丸以行[54]，則山海之神來朝。以一丸塗門戶，則一家無病辟鬼精。日服一丸，百日則色如處子，三年而面反嬰童也。以一丸如小豆大投水中，龍魚浮出而水沸。以一丸如大豆大投火中，而光停一日許。

《上清高聖中[55]黃老君洞真金玄九陰九陽[56]真玉經》《太上鬱儀結璘章》《八景神丹文》皆刻於東華仙臺[57]，不宣於世上，自非宿有仙名者，不聞見也。傳授之法，皆對齋思神，審可付與，立盟爲誓，約無宣泄。其受[58]《帝君九陰訣》，盟用青絲一結，以爲盟誓。其受《太上鬱儀文》，盟用絳紋二十四尺，此日暉之誓也。其受《太上結璘章》，盟用碧紋二十四尺，此月華之誓也。其受《八景丹經》，盟用[59]金鐶三雙，此無常童子圓變之誓也。今用四盟，引九晨以爲約，指日月以爲信，必無宣泄，心齊天地也。若不崇信誓，身爲下鬼，七世父母受拷水火，捵蒙山之石，投積夜之河。案經師之授盟物也，當施散於寒窮，救貧病之急厄，拯山川之餓夫，營神靈之公用矣。若私割以自贍，貪婪以爲利者，則經師之七祖長受拷於地獄，身入風火，其痛也哉！又弟子經師私[60]心相愛，所以親[61]根本也。道德既厚，則人鬼無間；根本既親，則魂魄自寧。若崇始慢終，不常其德者，何年命之能長？何神仙之可要乎？得其領會者，始可與言尋道之本末矣！

九還金丹二章[62]

第一章六篇[63]

上證品含元章叙[64]

夫還丹本九陽[65]之精，降受二十四真，真水真火，內外包含，含化五神。五神運氣，積而爲砂，積砂成丹，稟積氣極，乃號紫華紅英大還之丹。大還丹皆因師師相承，傳之口訣，靈文藏於洞府，金簡祕在仙都。仙人恐絕道源，演述隱文祕言[66]，留傳於世。遂使後來明俊，博採尋幽，曠日劬勞，終無所悟，漸漬[67]沈溺，倏忽形腐神消，尸魄化爲魔魅，深可悲哉！然大道所運，稟之專精。變通之功，必歸於鍊汞。鍊汞要妙，備於二章。二章之中，分爲九品：上三品則抽砂出汞，鍊汞投金，修金合藥，合於七篇。中三品陳五石之金，四黃伏制，陽金變通。下三品和合大丹，鑪鼎火候，成丹證真之訣，俱列於九品二章之中也。

抽砂出汞品第一[68]

《大洞鍊[69]真寶經》皆隱祕真鉛真汞。真汞者，則上品光明砂抽出汞，轉更合內水火之氣[70]，然名爲真。而光明砂一斤，其中含汞十四兩。

《抽出汞訣》：先取筯竹爲筒，節密處全留三節，上節[71]開孔如彈丸許，中節開小孔子如筯頭許，而容汞溜下處，先鋪厚臘紙兩重致中節之上，次取丹砂細研，入於筒中，以麻緊縛其筒，蒸之一日。然後以黃泥包裹之，可厚三寸[72]，埋入土中，令筒與地面平。筒四面緊築，莫令漏泄其氣。便積薪燒其上一復時，令火透其筒。上節汞即流出於下節之中，毫分不折。忽火小，汞出未盡，尚重而猶黑紫，依此更燒之，令其汞合大數足。如紅馬牙[73]紫靈砂抽汞，一同此訣。餘別訣飛抽者，損折積多，而筒抽訣最妙，然具列於章上品也。

鍊汞添金出砂品第二

凡同類丹砂雖抽出汞，未可便[74]添於合[75]金化砂，砂終不出，七篇猶未周備。且投金化砂，祕於《鍊汞訣[76]》。其汞則重受內水火氣，遇本金相投，合化而便生砂。

《鍊汞訣》[77]：取汞一斤、石硫黃三兩，先搗研爲粉，致於甆鉢中，下著微火，續續下汞，急手研之，令爲青砂。後便將入於甆瓶中，其[78]瓶子可受一升。以黃土泥緊泥其瓶外，厚可二分，以蓋合之，緊密固濟，致之鑪中。用炭火一斤於瓶子四面[79]養之三日，瓶子四面長須有一斤炭。三日後，更以文武火燒之，可用炭十斤，分爲兩分，每一分上炭五斤燒其瓶子，忽有青焰透出，即以稀泥急塗之，莫令焰出，炭盡為度。寒三日開之，其汞則化成紫砂，分毫無失。其紫砂用黑鉛一斤，於鼎中鎔成汁[80]，次取紫砂研細，投入鉛中，歇去火，急手炒令和為砂，便就鼎中細研塩覆蓋，可厚二分，緊按令實固濟，武火飛之半日，靈汞即出，毫分無失，然依七篇反數投化，合金生砂。如第二反其《化寶砂篇》中用汞，則兩度用石硫黃燒令成砂，兩度入黑鉛却抽歸汞，添金化砂。第三反英砂用汞，則三度燒令抽入；第四反出妙砂中用汞，汞則四度抽燒；第五反化靈砂用汞，還五度抽鍊；第六反出神砂用汞，汞亦須六度燒抽；如第七反化出玄真絳霞砂用汞，汞一依前七著石硫黃燒成紫砂，七度用黑鉛抽歸靈汞。每度燒皆用石硫黃三兩，却抽歸汞則用黑鉛一斤，轉轉燒抽，火候一依前訣[81]。其汞燒抽變鍊，則含其內水火之精氣，亦合七篇之大數，自然水火金三光稟氣相合，會精而化靈證真也。

修金合藥品第三

且陽元之魂，遇陰氣所感，伏成形魄[82]，謂之兑金。兑金則成，見陰質更而含陽精[83]，漸令去其滯氣。靈汞投化，轉轉增光，反濁歸清，然後正陽之體。其修金用藥，窮真合無[84]，令其靈通於七篇也。

石鹽本稟坤坎之精、陰極之氣結成，其[85]質方而稜如片石，光白似顆鹽之類，味微淡於顆鹽，功則能伏制陽精，銷化火石之毒，力與石硫黃敵體，變鍊功性，能發明金精，去麤滯飛昇，七篇之中，假之為使。

馬牙消亦是陰極之精，形若凝石[86]，生於蜀川，其功亦能制伏陽精，消化火石之氣。獨用伏制，則力稍微，合於石鹽，陰毒則甚矣。

北庭砂所稟陰石之氣，性含陽毒之精，功能消敗五石之金，各遣證於本性。能成能敗，力頗並於硫黃，去穢益陽，其功甚著。本質亦作顆生而淺紅色，光明通透為上。七篇中用之為使，使引其陽金之精，破敗陰魄。若合於大明[87]砂、赤鹽、硫黃用之，其變鍊功則高於造化。

麒麟碣出於西胡，稟之於熒惑之氣，生於陽石之陰，結而成質，色[88]如紫鉀，形若爛石，其功亦能添益陽精，消陰滯氣，拘添其煉[89]，亦有大功。真者於火中燒之，赤汁湧流，火不易本色者，是其色真也[90]。

石膽[91]出於嵩嶽蒲州，稟之靈石異氣，形如琵琶，本性流通，精感八石，液化五金，陽[92]遇之清[93]歸中宮。若欲識真，塗之銅鐵，以火燒之，色似紅金。伏制變煉，頗最有功。又以銅器盛水，投少許入其水中，水色青碧，數日不異者，是真也。

持明[94]砂者，雖稟陽精，從陽[95]所養，體如琥珀，質似桃膠。其性和，而能銷瀝陽金，革陰滯質。若合硫黃、赤鹽變煉其陽精，轉轉增光。七篇之中，用御正陽之炁，復歸真元，其功甚矣！

夫赤鹽戎鹽是也。所出，西戎之上味，稟自然水土之氣，結而成質。其方水[96]土氣本而[97]黃赤，其鹽赤隨氣[98]而生，號言赤鹽。味微淡於石鹽，力則能煉伏陽精，增明吐輝。若合硫黃用，功能反魂成魄，煉魄增光，制伏四黃，定質還歸戊己。欲辯其元[99]，於火中燒汁流紅赤，凝定轉益其色，則本元是[100]。

石硫黃本出波斯南明之境，稟純陽火石之精氣[101]，結而成質。質性通流，含其猛毒，藥品之中，號為將軍，功能破邪歸正，反濁還清，挺立陽精，消陰化魄[102]，元真運轉，偏假其功，鈆金遇之，精消魄敗。色微稍青光者力大，凝黃色者力次，赤黃色者力小。合和大丹，伏煉消化，須其力大者用之。審[103]察元氣，辨其高下，然合七篇化金生砂，砂漸澄清[104]明威，乃證於九丹也。

中三品陳五石之金品第四

夫五石之金，各皆稟五神之陰精，合於山澤異氣，結而為魄。

鐵所稟南方丁陰之精，結而成形。鐵性[105]堅，服之傷肺。

銅所稟東方乙陰之精炁，結而成魄。銅性利[106]，服之傷腎。

銀所稟西方辛陰之精神炁[107]，而為之質。銀性戾，服之傷肝。

鉛錫俱稟北方壬癸之氣，錫受壬精，鉛稟癸氣，陰終於癸，故鉛所稟於陰極之精也。鉛錫性濡滯而多陰毒，服之傷心胃。

金所稟於中宮陰己之魄，性本至[108]剛，服之傷腸損肌。

右五金之性[109]，例多陰毒，久服之即傷肌敗骨，促壽損命。凡世之士，本求長生，不明五金之性，擅意將其鉶石之金，轉轉修煉。且其鉶石之金，皆受五神陰濁之氣，結而成質。質體沈重，雖遇四黃能變易其體，陰毒之性終不輕飛，縱令鍊化爲丹，服之亦乃傷於五藏，乃其本性也[110]。至理殊乖，欲服求仙，與道彌遠。

四黃制伏品第五

四黃者，雄雌砒硫，其質皆屬於中宮戊土之位，性各含陽火之毒，能敗五藏之金[111]。若別制伏，去其火毒，則能成易變轉五金之質。若能制伏，拒火色而不易本元，有汁[112]流通，即其功能變銅銀而化成黃金之質。若伏火色變白，如輕粉泮液流利者，化五金盡成白銀。而四黃功力，各禀本氣變化其五金。雄黃功能變鐵，雌黃功能變錫，砒黃功能變銅，硫黃功能變銀化汞。且四黃功能反鐵爲銅，反銅爲銀，反銀爲金，轉轉變化。其硫黃功力最高，能添陽益精，反濁歸清，此乃是七十二石之將也。其四黃遇於赤鹽、大朋砂、石膽，則伏質歸本，不易其色。若遇石鹽、馬牙消、石膽，亦伏於火，則變質反而爲白色如輕粉。是以《大洞寶經》、鄭君《修真內傳》論其七十二石制伏訣，皆須含元胞胎，以黃土等分和鉛粉及石腦作鼎伏之。緣土與四黃類，鉛又能消火之毒，石腦伏石毒。其《修真傳》中諸石變通之訣，文理稍煩，不能具載，且略陳四黃五金伏制之弘規，乃列之於品第耳。

陽金變通品第六

陽金者所禀陽之精，五神吐符會氣託形爲丹砂。丹砂而外包八石，內含金精。金精先禀氣於甲，受形爲丙，出胎見壬，結魄成庚，增光歸戊，陰陽昇降，各歸其類。且如鉶石五金俱受五神陰[113]之氣，炁結亦分爲五類之形，形質頑狠，至性沉滯。汞則禀五神陽之靈精，會符合爲一體，故能輕飛玄化，感遇[114]萬靈。汞本託胎於丹砂，位居南方，易胎乃爲壬水。水則見形於北方，降魄成庚。庚則西方白金，鍊形來甲。是[115]東方青金，增精於戊。戊[116]則中宮黃金也。化質歸離，功成於九。是[117]以陽金遷變，動用化機，運質易胎，合其五方之體。然後受[118]天地，革陰陽，超於三元，脱質歸真，號之還丹。

第二章三篇

下三品丹砂叙[119]

夫合大丹，先須積陽之精，七[120]反紫金，運動變鍊[121]，遷化五神，消形去質，輕化通流，假之真水，然要[122]火功，推演志[123]精，九九數終。真水内火，黑鉛石硫黄是也。鉛屬北方壬癸水，硫黄性稟南方丙丁火。真鉛者含其元氣，從鈆石燒出，未經栝[124]抽鍊之者，為其真鉛也。

合和品第七

取其真鉛一斤，七[125]反玄真絳霞砂中紫金十五兩，二物各別於其鍋内消[126]為汁，乃均合一處，去火急手炒令為細沙，入硫黄五兩，三物於鉢中熟研之一日，然後遷於鼎中，運火燒之六轉，每轉添陽。鑪鼎火候，列在於《火候品》中。然大丹先受于天，運之於人，養育運鍊，累積正陽，内含[127]水火，外含三光，五神混蒸，忽[128]乃輕揚。化赫成丹，還歸南方。清澄優遊，坐紫微堂。此亦猶内外水[129]火運轉感化而成大還丹也。

鑪鼎火候品第八

夫大丹鑪鼎，亦須合其天地人三才五神而造之。其鼎須是七反中金二十四兩[130]，應二十四氣。内將十六兩鑄為圓鼎，可受九合，八兩為蓋。十六兩為鼎者，合一斤之數，受九合則應三元陽極之體，蓋八兩則應八節。鼎并蓋則為二十四兩，合其大數。然後將其合了，紫金砂入於鼎中，緊密固濟，莫令泄陽氣，則致於鑪中。

《造鑄訣》[131]：於甲辰旬中取戊申日，於西南申地取淨土，先壘土為壇。壇高八寸，廣二尺四寸，壇上為鑪。鑪高二尺四寸，為三台象[132]通氣。上台高九寸為天關，九竅象九星；中台高一尺為人關，十二門象十二辰門，門皆須具扇；下台高五寸為地關，八達象八風，其鑪[133]内須徑一尺二寸。然致鼎於鑪中，可懸二寸，下為土[134]臺子承之。其臺子亦高二寸，大小令與鼎相當，然後運火燒之。

《火候訣》：夫用火之訣，亦象乎陰陽二十四氣七十二候。五日爲一候，三候爲一氣，二氣爲一月。七十二候則應二十四氣，爲十二月。十二月爲一周年，陰陽運足矣而丹成。夫起火之時，取十一月甲子日夜半甲子時動火，從子門起火五日，用炭三兩，須常有熟炭三兩在其鑪中，不得增少。次開丑門發火五日，用炭四兩。次開寅門下火五日，用炭五兩。次開卯門著火五日，用炭六兩。次開辰門著火五日，用炭七兩。次開巳門著火五日，用炭八兩。此六門是陽門，火須豎安炭，如陽氣後〔135〕發動。次至午門著火五日，用炭九兩。次開未門著火五日，用炭八兩。次開申門著火五日，用炭七兩。次開酉門著火五日，用炭六兩。次開戌門著火五日，用炭五兩。次開亥門著火五日，用炭四兩。此六門火須橫安炭，亦象于陰陽氣候。從子門起火至亥門，周旋十二時門，終計用炭七十二兩在鑪，應七十二候之數，則成四氣〔136〕十二候六十日。兩月爲一轉，則開看之，更添石硫黃二兩，和紫金砂於鉢中，以玉槌研之半日，却入鼎中封閉固濟，依前每門五日運火燒之。

《運火訣》〔137〕：還從甲子日子時於子門起火，用炭五兩，丑門用炭〔138〕六兩，寅門用炭七兩，卯門用炭八兩，辰門用炭九兩，巳門用炭十兩，至午門却退炭歸九兩，未門用炭八兩，申門用炭七兩，酉門用炭六兩，戌門用炭五兩，亥門用炭四兩。此第二轉運火，每門五日爲一候，周旋十二門成十二候，六十日足，計有八十四兩炭在〔139〕鑪中，增第一轉炭十二兩，應十二節之數。則候鑪中火歇開看之，色如褐土，金星璨然而在〔140〕。又添石硫黃二兩，和砂重研，却入鼎固濟之。又依前運火，周〔141〕遭十二門，每門五日爲一候。還從子門起火五日，用炭七兩，其炭長須應七兩熟炭在鑪中，不得增少。又丑門火五日，用炭八兩。次寅門火五日，用炭九兩。次卯門火五日，用炭十兩。次辰門火五日，用炭十一兩。次巳門火五日，用炭十二兩。次至午門火五日，却退炭歸十一兩。次未門火五日，退〔142〕炭至十兩。次申門火五日，退炭至九兩。次酉門火五日，退至八兩。次戌門火五日，退炭至七兩。次終于亥門火五日，退炭至六兩。其十二門皆須依本數著炭，周廻十二門匝，合有一百八兩炭在鑪中，增於第二轉炭二十四兩，應二十四氣之數。終十二門六十日足，候鼎寒開看，色微欲紫。又添石硫黄二兩，出金砂和研令相合，則〔143〕却入鼎中固濟之，亦依前門門五日火候，亦從甲子日夜半甲子時子門起火五日，用炭九兩。則開丑門著火五日，用炭十兩。次開寅門著火五日，用炭十一兩。次開卯門著火五日，用炭十二兩。次開辰門著火五日，用炭十三兩。次開巳門著火五日，用炭十四兩。次至午門，却退炭至十三兩。次至未門火五日，退炭至十二兩。次申門火五日，退炭至十一兩。次酉門火五日，退炭至十兩。次戌門火五日，退炭至九兩。次終亥門火五日，退炭至八兩。此轉十二門周回，計鑪中有炭一百三十二兩，又增第三轉炭二十四兩，亦應氣候。足，寒之，開看其合，砂色漸轉金紫光色，若星璀璨流輝。又添石硫黄二兩，出金砂於鉢中和硫黄熟研，却入於鼎中固濟令緊密，視之上下無罅漏泄，然後依前門門運火。亦取甲子日子時起火，從子門先入炭十一兩亦五日。次丑門入火五日，用炭十二兩。次開寅門入火五日，用炭十三兩。次開卯門著火五日，用炭十四兩。次開辰門入火五日，用炭十五兩。次開巳門入火五日，用炭十六兩。次至午門退運火五日，用炭却至十五兩。次至未門入火五日，用炭十四兩。次至申門入火五日，用炭十三兩。次至酉門入火五日，用炭十二兩。次至戌門入火五日，用炭十一兩。次至亥門入火五日，用炭十兩。從子門終於亥門，巡十二門周，計用炭一百五十六兩炭在鑪中，旋繞其鼎，積運燒之六十日，數增於第四轉炭二十四兩。其鑪内鼎四外紫氣廻繞，看之如霧。候寒開鼎，見金砂色轉化爲紫光之丹，丹内紅星點點，似欲輕湧。更添石硫黄二兩，和於鉢中熟研半日，則却入鼎中封固濟，然後依氣候運武火一轉，還〔144〕從甲子日甲子時子門起火五日，用炭十七兩。次丑門火五日，用炭十八兩。次寅門火五日，用炭十九兩。次卯門火五日，用炭二十兩。次辰門火五日，用炭二十一兩。次巳門火五日，用炭二十二兩。次午門火五日，退炭至二十一兩。次未門火五日，用炭二十兩。次申門火五日，用炭十九兩。

次酉門火五日，用炭十八兩。次戌門火五日，用炭十七兩。次終亥門火五日，用炭十六兩。計從子門運武火終於亥門，合有炭二百二十八兩在鑪中，增於第五轉炭七十二兩，應七十二候。足，其鑪鼎中紫氣連天，日月失輝，山河震烖，乃是丹成之候也。歇鑪出鼎，於香壇之上寒之，然後開看，其丹赫然輕飛，脫離於質，如芙蓉花九層，連於鼎蓋之上，十五兩[145]分毫無失。其鼎內有滯灰二十四兩，如紫金色。其紫金[146]一丸麻子大，亦制伏汞一斤及五石五金盡化爲至寶。然則遷其鼎於三洞，各鎮其功，功合歸真，迥然蟬蛻，此乃還丹之力，其寶[147]偉哉！

成丹歸真品第九

夫仙者有品格，真則一同。如七反之丹砂功力甚著，服之亦得高仙，尚未證其真仙也[148]。緣尚[149]有質礙之體，未能輕化離於五濁[150]，猶爲真水世火所能[151]銷鑄。且九還之丹成，飄飄輕化，迥脫去質，圓光洞煥，氣耀衝天，遇物而化，無有㝵也。千鼓萬韛，終不銷化，而精光轉益。得服之者，當則羽化雲飛，便爲高上之真人也。故積精而致仙，積仙以成真者[152]，則超於至陽，與天地長久，騰凌雲霧[153]，宰制萬靈，役使羣仙，巍巍高上，昇于紫闕，乃號曰真人矣！然乾坤不偷[154]，陽精豈減[155]？世類淪化，惟真長存也。

【校記】

〔1〕以上標題，《上清太上帝君九真中經》卷下作"太上八景四蘂紫漿五珠絳生神丹方經序一名三華飛綱丹經張道陵譔并註"。"絳"原作"降"，據改。

〔2〕"昞"，《上清太上帝君九真中經·太上八景四蘂紫漿五珠絳生神丹方經》（下稱《絳生神丹方經》）作"盼"。

〔3〕"朝遊"，上書作"遊翔"。

〔4〕"華"原作"英"，據上書改。

〔5〕"絳"原作"降"，據上書改。下同。

〔6〕"所宜"，上書作"精微所宜，澹質妙綏"。

〔7〕"把"，上書作"挹"。

〔8〕"易",上書作"分"。

〔9〕"巴越者是也",上書作"巴越之精明上者"。

〔10〕"取明者",上書作"取精鮮色好洞明上者"。

〔11〕"也",上書作"不用青色"。

〔12〕"紫石英精好者",上書無"紫"字,"精"字原無,據上書及《四部叢刊》本補。

〔13〕"真瑰",《絳生神丹方經》作"琥珀","琥珀",《漢書・西域傳》《後漢書・西南夷傳》作"虎魄","瑰"疑當作"魄"。

〔14〕"光明者",《絳生神丹方經》作"取光明白好者,此物有種五,各異名"。

〔15〕"粉霜",上書作"胡粉"。

〔16〕"口訣是虎頭腦,陰骨擣用",上書作"口訣是虎杖花,陰乾而擣用。陰乾當以細絹囊盛,勿以塵附。一本云虎頭腦"。按"陰骨"疑當作"陰乾"。

〔17〕"取中央黃也",上書作"取中央黃好細理者"。

〔18〕"精"字,上書無。

〔19〕"令"字原無,據上書增。

〔20〕"乃"字原無,據上書增。

〔21〕"日數"原無,據上書增。又"浴"後,上書有"每從清香"四字。

〔22〕"亦如齋禁例","亦"上書作"一","例"上書作"別"連下句。

〔23〕"末後乃内太一餘粮,太一餘粮在眾藥之上也",上書作"次内薰陸,後乃内太一餘粮,在眾藥之上也"。

〔24〕"燆拆",上書作"燥坼"。

〔25〕"以泥"二字原無,據上書增。

〔26〕"二",上書作"三"。

〔27〕"一",上書作"二"。

〔28〕"隱量",上書作"穩量"。

〔29〕"斤",上書作"斗"。

〔30〕"作竈法:當在無人處先"九字原無,據上書增。

〔31〕"鎤"，疑當作"鐺"。下同。

〔32〕"安隱"疑作"安穩"。

〔33〕"鎤"原作"鎤鎤"，據《絳生神丹方經》删。

〔34〕"去"後，上書有"釜下五寸，復九日，日足；更令火去釜下三寸，復更七日，日足；更令火去"凡二十七字。

〔35〕"面"原作"而"，據上書改。

〔36〕"紫"字原無，據上書增。

〔37〕"腴"原作"映"，據上書改。

〔38〕"事"字原無，據上書增。

〔39〕"至"，上書作"玄"。

〔40〕"斛"後，上書有"空亭、吴莎"四字。

〔41〕"葱、薤"，上書作"空亭、吴莎"。

〔42〕"以"，上書作"於"。

〔43〕"服其絳幘"四字原無，據上書增。

〔44〕"景同"，上書作"同景"。

〔45〕"二十二日乃開"，上書作"二十一日乃開之"。

〔46〕"神光采華"，上書作"文采光華"。

〔47〕"虎腦"，上書作"虎杖花"，下同。

〔48〕"以"，上書作"令"。

〔49〕"膠"，上書作"漆"。

〔50〕"紫金"原作"金紫金"，據上書删。

〔51〕"鎮心"，上書作"塗心"。

〔52〕"鉛"，上書作"鉛錫"。

〔53〕"金"，上書作"黄金"。

〔54〕"以行"二字原無，據上書增。

〔55〕"中"，上書作"中央"。

〔56〕"陽"字，上書無。

〔57〕"仙臺"，上書作"仙靈臺"。

〔58〕"受"原作"授"，據上書改。

〔59〕"用"字原無，據上書增。

〔60〕"私"，上書作"和"。

〔61〕"親"原作"見"，據上書改。

〔62〕"九還金丹二章"，應置於下卷"七返靈砂論"之後。

〔63〕"九還金丹二章第一章六篇"，《道藏》本收錄作"大洞鍊真寶經九還金丹妙訣衡嶽真人陳少微字子明撰"。

〔64〕"上證品含元章叙"，《大洞鍊真寶經九還金丹妙訣》（下稱《金丹妙訣》）作"證品含元章"，且置之於"抽砂出汞品第一"之處。

〔65〕"九陽"，上書作"陽九"。

〔66〕"仙人恐絶道源，演述隱文祕言"原作"先人恐道絶源，演出隱文謎言"，據上書改。

〔67〕"潰"原作"潰"，據上書改。

〔68〕"抽砂出汞品第一"，上書作"證品含元章"，而置此品名於下"抽出汞訣"之前。

〔69〕"鍊"原作"鎮"，據上書改。

〔70〕"氣"原作"法"，據上書改。

〔71〕"上節"二字原無，據《金丹妙訣·抽砂出汞品第一》增。

〔72〕"寸"，上書作"分"。

〔73〕"牙"後，上書第一有"白馬牙"三字。

〔74〕"便"原作"則"，據《金丹妙訣·鍊汞添金出砂品第二》改。

〔75〕"於合"，上書作"合於"。

〔76〕"訣"字，上書無。

〔77〕"鍊汞訣"，上書作"鍊汞訣曰"。

〔78〕"瓶中，其"三字原無，據上書增。

〔79〕"面"原作"回"，據《四部叢刊》本改。

〔80〕"其紫砂用黑鉛一斤，於鼎中鎔成汁"，《金丹妙訣·鍊汞添金出砂品第二》作"即取黑鉛一斤，將其黑鉛先於鼎中鎔成汁"。

〔81〕"一依前訣"原作"依前一訣",據上書改。
〔82〕"伏成形魄",《金丹妙訣·修金合藥品第三》作"伏形成魄"。
〔83〕"兌金則成,見陰質更而含陽精",上書作"兌金則見陰質而更含藥金"。
〔84〕"無",上書作"元"。
〔85〕"成其"原作"其成",據上書改。
〔86〕"凝石",上書作"凝水石"。
〔87〕"大明",上書作"大鵬"。
〔88〕"色"原作"也",據上書改。
〔89〕"拘添其煉",上書作"增添其彩"。
〔90〕"色真也",上書作"元也"。
〔91〕"膽"後原有"所"字,據上書刪。
〔92〕"陽",上書作"陽精"。
〔93〕"清",上書作"得"。
〔94〕"持明",上書作"大鵬"。
〔95〕"陽",上書作"陰"。
〔96〕"水",上書作"王"。
〔97〕"而"字,《四部叢刊》本無。
〔98〕"赤隨氣",《金丹妙訣·修金合藥品第三》作"亦隨王氣"。
〔99〕"欲辯其元",上書作"欲辯其真元"。
〔100〕"則本元是",上書作"則是本元也"。
〔101〕"石之精氣"原作"之精精氣",據上書改。
〔102〕"魄"原作"魂",據上書改。
〔103〕"審"字原無,據上書增。
〔104〕"澄清",上書作"演精"。
〔105〕"性"原作"形",據《金丹妙訣·陳五石之金品第四》改。
〔106〕"利"原作"庚",據上書改。
〔107〕"精神炁",上書作"神結精"。

〔108〕"至"原作"而"，據上書改。

〔109〕"五金之性"原作"金之五性"，據上書改。

〔110〕"乃其本性也"，上書作"知其本性，則"。

〔111〕"金"，《金丹妙訣·四黃制伏品第五》作"氣"。

〔112〕"汁"原作"汗"，據上書改。

〔113〕"五神陰"，《金丹妙訣·陽金變通品第六》作"五陰神"。

〔114〕"遇"，上書作"御"。

〔115〕"是"原作"之"，據上書改。

〔116〕"戊"原作"戍"，據上書改。

〔117〕"是"字原無，據上書增。

〔118〕"受"，上書作"授"。

〔119〕"第二章三篇《下三品丹砂叙》"，《金丹妙訣》作"《成丹歸真章》"。

〔120〕"七"字原無，據《金丹妙訣·成丹歸真章》增。

〔121〕"錬"字原無，據上書增。

〔122〕"要"字原無，據上書增。

〔123〕"志"，上書作"至"。

〔124〕"栝"，上書作"炁"，"炁"宜作"怀"。

〔125〕"七"字原無，據《金丹妙訣·合和品第七》增。

〔126〕"其鍋內消"，上書作"甘鍋內鎔銷"。

〔127〕"含"原作"舍"，據上書改，下同。

〔128〕"忽"原作"或"，據上書改。

〔129〕"水"字原無，據上書增。

〔130〕"兩"字原無，據《金丹妙訣·鑪鼎火候品第八》增。

〔131〕"造鑄訣"，上書作"造鑪訣曰"。

〔132〕"象"，上書作"上下"。

〔133〕"鑪"字原無，據上書增。

〔134〕"土"原作"上"，據上書改。

〔135〕"後"字，上書無。

〔136〕"氣"原作"象"，據上書改。

〔137〕"運火訣"，上書作"次"，不另行。

〔138〕"炭"字原無，據上書增，下二"炭"字同。

〔139〕"在"字原無，據上書增。

〔140〕"在"字，上書無。

〔141〕"周"原作"同"，據上書改。

〔142〕"退"原作"用"，據上書改。

〔143〕"則"字，上書無。

〔144〕"還"後原有"丹"字，據上書删。

〔145〕"十五兩"原作"下五日"，據上書改。

〔146〕"紫金"，上書作"紫灰"。

〔147〕"寶"，上書作"寶"。

〔148〕"真仙也"，《金丹妙訣·成丹歸真品第九》作"真者何也"。

〔149〕"尚"原作"上"，據上書改。

〔150〕"濁"原作"神"，據上書改。

〔151〕"世火所能"原作"世人所以"，據上書改。

〔152〕"積仙以成真者"，上書作"積僊以成真，真者"。

〔153〕"騰凌雲霧"，上書作"凌雲氣出没"。

〔154〕"偷"，上書作"渝"。

〔155〕"減"，上書作"滅"。

雲笈七籤卷之六十九

金丹部

七返靈砂論 并序　衡嶽陳少微字子明撰[1]

予自天元之初，從衡嶽遊於黃龍，止于賓館，忽于巖穴之中遇至真之人，授余[2]《靈砂要訣》。告曰："吾自得[3]許仙君之後，仙君受[4]訣於吳天師，天師受於同郡丁真人，今本即真人所出也。"假如丹砂之本訣玄理深奧，固難卒尋。好道之流，志慕神仙之者[5]，若不究其真元，沈淪於塵俗。自上古仙經，文皆祕密，隱蔽不言，不顯露[6]于世。予常愍然，今述爲《靈砂七返篇[7]》及《金丹志訣[8]》二章，并爲序論矣[9]。

論曰[10]：丹砂者，太陽之至精，金火之正體也，通於八石，應二十四氣。丹者是金感於火，名之爲丹。汞者是水去於金，而名汞。丹者受陽精而候足，汞則離本質而體不全，故丹砂是金火之精結成，含玄元澄正之真氣也。此是還丹之基本，大藥之根源。德合則萬象生焉！體離則杳冥難測。經曰：陽精赫赫，得之可以還魂返魄。故餌陽精者所以長生，服陰魄者死而爲鬼。丹砂是陽之正氣，赤帝之君，據於南方火之正位。只如丹砂之體數種，受氣不同，惟三種堪爲至藥。上者光明砂，中者白馬牙砂，下者紫靈砂，餘有溪、土[11]、雜類之砂，不中入至藥服餌所用。光明砂一兩服之，力敵白馬牙砂四兩；白馬牙砂一兩服之，力敵紫靈砂八兩，如溪砂、土砂之力，不可比量也。或曰：一等是丹砂，俱受太陽之精氣，因何有溪、土、雜類之砂力有小大者？答曰：光明砂者，受太陽清通澄朗正真之精氣，降結而紅光耀耀，名曰光明砂。白馬牙砂者，受太陰平和明徹[12]柔順之精氣，降結而白光璨璨如雲母色者，名曰白馬牙砂。紫靈砂者，中[13]受山澤之靈氣結而成砂，而色紅紫，名曰紫靈砂。如溪、土、雜類之砂，俱受濁滯不真之氣結而成砂，即混沌無精光也，故不中入至藥所用。且如光明砂一斤伏鍊得十四兩，伏火鼓得至寶七兩；白馬牙砂一斤伏鍊得十二兩，伏火鼓得至寶六兩；紫靈砂一斤伏鍊得十兩，伏火鼓得至寶六兩；溪砂、土砂、雜色之砂一斤伏鍊可得六七兩，伏火鼓得至寶一二兩。明知溪、土之砂受氣不清，滯[14]濁參雜。高上賢明之士先揀其砂，次調火候，在意消息，而成七返七還[15]。且金石之中，至靈至聖至神[16]至明，無過於丹砂者也。懷袖致之一兩，尚自辟邪魔，況乎伏鍊入於五藏者哉！且如七返七還，異名同體。而返者是丹砂化爲金，還者是金歸於丹。經曰："返我鄉，歸我常，服之白日朝玉皇。"或曰：七返者，是丹砂屬火，變鍊成金，假[17]名爲七返者乎！論曰：火之成數是七，七度變轉，以應陽九[18]之極體也。且七度變轉者，是丹砂鍊治得伏火後[19]，鼓成白銀即是一返。將白銀[20]化出砂，令伏火鼓成黃花銀，即是第二返。將黃花銀化出砂，伏火鼓成青金砂，即是第三返。將青金變化出砂，伏火鼓成黃金，即是第四返。將黃金化出紅砂，伏火鼓成紅金，即是第五返。將紅金還遣化出砂，伏火鼓成赤金，即是第六返。將赤金變化爲砂，伏火鼓成紫金，至紫金即是第七返靈砂之金，而含積陽精真元之氣足矣。而將紫金變化爲砂，運火燒之一周，迥然通徹洞耀，即成紫金還丹，得服之者，形神合，當[21]輕舉。且世人多誤取石硫黃，呼爲太陽之精，和汞而燒七返。且硫黃受孤陽偏石之氣，汞又離於元和，二物俱偏，如何得成正真之寶？切見世人伏鍊衆多，終無成者，蓋緣迷迷相傳，至於後世，予甚哀之。只如第一返伏火丹砂，服餌一兩，即去除萬病；服之二兩，即髭髮玄青；服之三兩，即顏色悦[22]紅；服之四兩，即延年益壽。第二返砂服之一兩，即體和神清，返老歸童；第三返砂服之一兩，虛夷忘情，心合至精；第四返砂服之一兩，即精神[23]明徹，通於内外[24]；第五返砂服之一兩，即身光滿室，水不能溺，火不能燒[25]；第六返砂服之一兩，即造化不能移，鬼神不能知；第七返砂服之一兩，即超然於九天之上，逍遥乎宇宙之間；更服[26]九丹，即赴金闕，列位真人。故知丹砂之力，昭然而可觀乎！自上古高仙，或昭其旨，祕其蹤，皆以隱言深密。好道之流，志慕輕舉者，莫究其根源[27]。自予得其奧旨，常欲周濟爲功，大道垂恩，咸願同歸玄境。遂作《靈砂》七篇，《金丹》二章，并述火候次第、藥物品數[28]高下，列之於後章[29]，以授賢明。至誠君子，得而寶之，即福壽無疆。輕泄之人，殃其九祖。亦不可誣言而蔽道，慎莫寫示於凡情，用測賢愚[30]，可熟鑒而授之矣！

第一返丹砂篇

本經曰：丹砂者，是萬靈之主，造化之根，神明之本。而居清玄，總御萬靈[31]。動之則離體，定之則乾成。能變化者，故號曰青龍[32]；若翺翔而爲名，謂之朱鳥。上品者生辰錦石穴之中，而有數色；中品者生於交桂，亦有數類；下品者生於衡邵。數種品類，皆緣清濁體異，真邪不同，降氣分精，感通金石。受正氣者，服之而通玄契真，爲上仙矣；受偏氣者，服之亦得長生留世。且上品光明砂者，出於辰錦山石之中，白牙石牀之上，十二枚爲一座生，色如未開紅蓮華，光明曜日，亦有九枚、七枚、五枚、三枚、一枚爲牀座者。十二枚、九枚者最靈，七枚、五枚生者其次。每一座當中有一大珠，可重十餘兩，爲主君；四面小者亦重八九兩，亦有六七兩已下者，爲臣，周繞朝揖中心大者於座四面；又有雜砂一二斗，廻抱其玉座朱牀於其座外，雜砂中揀得芙蓉頭成，夜安紅絹中光明通徹者，亦入上品。又有如馬牙成[33]白浮光明者，是上品白馬牙砂。有如雲母片白光者，是中品白馬牙砂。圓長似笋，生而紅紫色者，即上品紫靈砂。若是白片[34]稜角生青光者是下品紫靈砂。如交桂所出，但是座生及打石中得者，形如芙蓉頭[35]而光明者，亦入上品。如顆粒成三四枚重一斤、通明者爲中品，片段成明徹者爲下品。如衡邵所出，總是紫砂，打破石中得紅光者，亦是下品之砂。如溪砂有顆粒成而通明者，伏鍊餌之，亦得長生留世，未得爲上仙矣。如土砂生於土穴之中，溪砂養於溪水之内，而土石相雜，故不中入上藥服食使用。如座生者是最上品之砂，若得其座中心主君砂一枚，伏鍊入於五藏，則功勳便著，名上丹臺，正氣長存，超然絶累。更服至七返九還，自然魄鍊尸滅，神怡體清，陰氣都消，則合[36]而輕舉，永爲上真之飛仙也。故知陽之真精降氣，而圓光周滿，無有偏邪。但是伏鍊之砂，作芙蓉頭成而圓光通明者，即是上品神仙服餌之藥。

經言：丹砂者，自然之還丹也。世俗莫測其元。只如玉座之砂，世人總知之。如金座、天座，是太上紫龍玄華之丹，非世俗凡夫之所見知也。其玉座則俗流志士，積功修鍊，服之致仙。其金座則宿有仙骨，清虛練神，隱之巖穴，則其神仙採與食之，便當羽化昇騰高清矣[37]。其天座則天上[38]天仙真官而所收採服餌，非下仙之藥也。其玉座砂受得六千年陽靈之清精，則化爲金座。金座則座黃，當[39]中有五枚層層生，四面四十五小珠珠[40]周繞。金座受一萬六千年則化爲天座，天座則座碧，當中有九枚層層而生，四面七十二枚周抱，在於飄飄太虛之中，常有太一之神護持。上元之日，真官下採，其山忽開，光明照曜[41]，一山如火。其天座砂真官收之，其世人不可得而取採也。故丹砂之元深祕，賢明之士[42]志慕輕舉者，切須辯其藥品高下，然可[43]調其火候，合其陰陽伏制，自然而契於高真矣。

陰陽制伏及火候飛伏法

經言：陽精火也，陰精水也，陰陽伏制，水火相持，故知冰炭不同處，勝負終有歸。且丹砂是陽精，而須陰制。陰制者，水[44]石鹽、馬牙消、玄英、化石是也。如玉座光明砂一斤，制之用[45]石鹽六兩[46]黃英化石各二兩。座外生光明砂一斤，可用[47]石鹽及馬牙消各四兩，黃英、化石各一兩。白馬牙砂一斤，用石鹽、馬牙消各二兩，黃英、化石各三分。紫靈砂一斤[48]，石鹽、馬牙消各二兩，黃英、化石各三[49]分。如溪、土雜類之砂力小，每一斤可用石鹽[50]及馬牙消各二兩制之。

其所用石鹽和黃英、化石，細研爲粉，入鍋以文火養一日，即鼓成汁，後和馬牙消重燒令赤。先用砂鹽[51]鼓成汁[52]，後方入前藥用之。其光明砂大者，須打碎如江荳大小，然後入於土釜中。先下石鹽，次下馬牙消和水，文武火[53]晝夜煑三十日，不得火絕。日滿淘澄取砂，入於鼎中，用陰陽火候飛伏，其鼎可受一升。且鼎者有五：一曰金鼎，二曰銀鼎，三曰銅鼎，四曰鐵鼎，五曰土鼎。土鼎者，瓷器是也[54]。入砂於鼎中，用陰陽火候飛伏之。

《飛伏法訣》曰：五日爲一候，三候爲一氣，用八氣二十四候一百二十日周[55]，而砂伏火畢。每一候飛伏去五日，內四日用《坎》卦，一日用《離》卦。《坎》卦者水煑四日，《離》卦者陽火飛之一日。初起陽火用炭七兩，竪安鼎下，須熟炭七兩，不得增減。每一轉後，却增炭一兩飛之。增炭至五轉後，忽有黑氣和汞霜飛出。則收霜和鼓了石鹽半錢，重於鉢中以玉槌輕手研之，令汞入盡，即依前却安鼎中，用《坎》《離》火候飛伏。至十二轉後，每轉加炭二兩，使入鼓了石鹽半[56]分，作粉鋪安面上，合有汞霜可二兩來飛出，其霜虛光，鼎中藥色漸欲黃紫。收其霜及汞，和石鹽一錢，重於鉢中熟研了，入鼎依前火候飛伏。伏至十八轉，加炭三兩，其藥色欲赤。至二十轉後，每轉增炭四兩，只有半兩已下汞霜飛出，其霜堅硬如青金片，黃白光明。亦和石鹽於鉢中研之，入鼎飛伏。伏至二十四轉，其砂候足，伏火畢矣，而色紅赤，光明可觀。其砂伏了，更須用鹽花包之，重以黃土泥裹緊固濟，入陽鑪武火白燒之。三十日後，出砂安淡竹筒中封之，入寒泉中深埋三十日，然後淘研，輕飛者分抽服餌，沈重者即鼓成金汁。且上品光明砂伏火了，其色紅赤，淘澄下可有金星砂六兩，光明燦爛。中品馬牙砂伏火了，色紅鮮，淘澄下有金星砂四兩。下品紫靈砂伏火了，色稍紫赤，淘澄下亦有金星砂三兩。如溪、土、雜色之砂伏火了，色或赤[57]，亦無光彩，下無金星砂[58]。上古高仙，皆鍊服其真丹砂而道成也。其上品光明砂者，即是真砂也。賢明之者，須在意採索其真精，然可合還丹耳。且伏火丹砂出寒泉了，可便鎔鼓，令見真寶。

《鎔鼓訣》[59]：每一兩伏火丹砂可用鹽花半兩，置鹽花於鍋底，次入伏砂於鍋中，候鍋及砂與火同赤，然後鼓之千下，即金汁流注，名曰白銀，而面上黃花漠漠，潤澤光芒可愛，是天地之中至真之寶也。如將服餌分抽，取一兩作三百六十丸，丸[60]用棗肉和之爲丸，每日服一兩丸[61]。欲服此丹砂[62]，先須潔齋七日，然以晨朝東向，虔心叩請，告三清紫微真君、太一真人、先師仙官、水火之靈，願服此靈砂丹於五內，永保形神合於至真。咒畢，禮拜七拜，然後服之。凡服丹砂後，不得喫臭穢陳積之物，及諸生血家[63]屬之肉，生死之穢，尤不可觀。故經云：陽精好潔，陰尸好穢。常須虛和其志，澡雪其形，以助陽靈之真氣也。自然神怡體清，而神仙可俟也。

第二返寶砂篇

本經曰：鍊真[64]合於祕[65]妙，鍊妙合於至靈，鍊靈合於至神，至神者合於至道，道合則昇騰玉清，而爲高仙矣。且鍊砂而得寶者，是至真之藥；化寶而生砂者，即成立[66]感之靈丹也。

《化寶成丹[67]訣》曰：將其丹砂中白銀四兩打作鍋子，安一通油甕瓶子中，其瓶中可受一升，其寶鍋子可瓶子底大小。先將此銀鍋子著北庭砂一兩、石鹽一兩、麒麟竭一分，三物和研，以苦酒調如膏，塗於鍋子四面，令乾[68]，以黃土爲泥包裹之，可厚一寸二分，便於糠火中燒三七日，然後白炭武火燒三日，去泥取寶。鍋子安瓶子中，入真汞四兩，其汞[69]須是本色丹砂中抽得者，名曰[70]同類，感其氣而轉轉生砂[71]。故上仙真經祕而不泄者，爲此子母之法，恐凡愚之心見知也。然入真汞於瓶子中後，即著水五合，常須添瓶子中至五合，莫令增少，文火養二七日，似魚目沸爲則，日滿更添汞四兩，依前[72]文火養一七日後，令乾，固濟其口，便以武火迫之三日，而紅黃沙湧出於寶鍋子之上。將其砂又依前添汞，常令有汞八兩在瓶子中，不得增減，亦依前用文武火候養，迫令生砂，出即收之。每四兩寶計收砂一斤，其寶即枯乾焦脆，而精盡化爲砂，瓶子中每[73]只餘二兩青黑灰耳。將其砂依前篇入藥煮三十日後，淘取砂[74]入鼎中，還以陰[75]陽火候飛伏，五日爲一候[76]，一百日足，其砂伏火矣。火候加炭兩多少，一依前篇飛伏五日。爲[77]其砂伏了，不用著鹽，包裹燒之，便可鎔鼓。鼓訣[78]亦依前篇，以[79]鹽爲使，引令金汁流注[80]。此寶砂一斤修鍊而得十五兩伏火，鼓得黄花銀十三兩，色黄光浮，容體潤澤，而内外黄[81]，名曰黄花銀也。如將此砂服餌，須[82]入寒泉出火毒。

《寒泉法》：入土深埋三十日，出後淘研，用棗肉和[83]爲丸，每兩亦作三百六十丸，每日清晨東向虔心服一丸。服此寶砂丹後，自然慮静神清，濁氣不入，而志不擾，則漸證於神仙之階也。

第三返英砂篇

本經曰：陽元積習，而英氣自會於真精，真精感化，而神丹可得耳。故曰鍊真致華，真華通應，而化爲金英之玄砂也，化寶砂中白金而生。

《英砂訣》曰：將其寶砂中黄花銀四兩打作鍋子，還依前篇作用，可瓶子底大小爲之。用蒲州石膽一兩、石鹽一兩、硇砂一兩，共三物，和苦酒研調如膏，塗其鍋子四面，令藥盡爲候。候乾，以黄泥爲毬包裹，於糠火中燒二七日，後用白炭武火燒之一七日，去泥出鍋子，依前安入通油瓶子中，入真汞四兩，清水五合，文火養之二七日，後更添汞四兩，又文火養一七日，候乾緊固濟，武火迫之一日，其砂湧出於寶鍋之上，而紅黄映徹，光耀不可言。而乃收砂添汞，計取砂可得一斤，則數足。便將其砂入於鼎中，依前篇用火候飛伏，亦五日爲一轉，内三日用《坎》卦，即水煮之三日；二日[84]用《離》卦，即陽火飛之二日[85]。初起陽火可用炭七兩[86]，每一轉後即增炭二兩，至七轉後，有汞霜飛出，可二兩來，其色黄赫，紫光爍爍[87]，飛在鼎蓋之下。收其霜於鉢中，用蒲州石膽一錢，重和苦酒及砂，以玉槌輕手熟研之，相入後，却入鼎中飛伏。伏經十八候九十日足，其英砂伏火畢，分毫無少，便可鎔鑄。亦依前篇用鹽花引鼓之，即寶汁流下，而清英光潤，名曰青金。青金者，是陽精漸著，從兌見震，然坤歸離，此是陽精變轉巡歷之終始也。如將此英砂服食，每兩先用餘甘子半兩、生甘草二兩煎取汁，於白銀器中煮二七日後，澄取砂，入安淡青竹[88]筒中，入土深埋，三十日後出，以棗肉和爲丸，每兩亦分爲三百六十丸，每日清晨東向，叩告三清上聖仙官，然可服此英丹後[89]，自然嗜慾無嬰，葷血不入，端居淨室，而神和體輕，與真人爲儔矣。

第四返妙砂篇[90]

本經曰：乾體陽曜，離精漸明，艮雪輕鮮，陰魄消化，乃是青金精液，感汞而生砂，英氣相因，集而爲妙，名曰妙化砂。

《妙化砂訣》曰：將青金四兩還打爲鍋子，用赤鹽半兩、石硫黃半兩、大鵬砂半兩、北庭砂一兩、蒲州石膽一兩凡五物，和苦酒研爲泥，塗其青金鍋子，四面以炭火炙，漸漸逼令藥泥盡乾爲候[91]，一依前篇，用黃泥爲毯包裹之，以糠火中燒二七日後，即白炭武火燒之一七日畢，去泥出鍋子，依前篇安瓶子，中入真汞四兩，清水五合，不得增減。養之二七日後，更添汞四兩。又火養經七日後，令乾固濟之，以武火迫之一日，而妙砂湧出，可有四兩，即收之。更添汞四兩，亦依前文火養之，令生砂，出即收取。計收砂一斤，即數足矣。其砂入鼎中，依前篇用火候飛伏，亦五日爲一轉，内二日用《坎》卦是水煮，三日用《離》卦則陽火飛之。飛伏火候，一依《英砂篇》中用火加增炭數多少，經十六候八十日，而妙砂伏火畢，則金星光璨，映徹紅耀不[92]可言，爲至英至妙之丹砂也。如將鎔鑄，亦須用鹽花爲使，引令金汁流出，便成黃金。其金凝黃皎潔，精彩光耀，既至坤形，離精漸見。故經曰：從陰而返歸陽，自濁而返歸清。此則是陽炁變鍊，合於真妙，而自然位至神仙也。若將服餌，每一兩先須餘甘子半兩、生甘草一兩、紫石英一兩煎取汁，於寶器中煮二七日後，亦入淡青竹[93]筒中，入寒泉埋之，三旬後出，以棗肉和爲丸，每兩分爲三百六十丸，每日晨朝向東服一丸，自服此妙砂後，漸漸精思通徹，濁滯之氣消革，則形神虛白，洞合於至真，自然超其玉京而會金闕也。若志士得其含元鍊真之訣，如神仙之事豈遠哉！

第五返靈砂篇

本經曰：陽德播功而垂光，運動其元精，元精流化爲英砂[94]，轉而入妙，妙氣變鍊，而生萬靈。故知玄妙玄聖，轉轉而增光，感激真精，自然靈化。且靈砂者，是前妙砂中黃金，轉感汞而生砂[95]，則紅光煥赫，璨爛金星，而絳色清靈，乃號爲靈砂者也。

《化靈砂訣》曰：取砂[96]中黃金八兩打作圓鼎，可受四合，又將二兩金爲鼎蓋。其鼎内先著石硫黃一兩[97]，赤鹽一兩，北庭、大朋[98]各半兩，共四物和苦酒研如泥，塗於鼎内及蓋内，令[99]調勻，藥盡候乾，即以黃土爲泥包裹之，可厚一寸，文火四面養之三七日[100]，以[101]不通手爲候。三七日後，漸以武火迫燒一七日，晝夜不令絶火。七日滿，寒之去泥，重以甘土泥其鼎外可二分，即懸安鑪中。其鼎下周廻令通安火，便入真汞四兩於金鼎中，著水二合，以蓋合之，文[102]火養經七日，其鼎下常有熟炭火五兩，不得增減。其鼎中續續添水，長須二合，不得令乾，在意消息，莫遣失候。七日後更添汞四兩，又依前文火養之，七日後令乾，緊固濟其口，即武火迫之一日，便生紅光靈砂，可收得五兩紅砂。即須更[103]入真汞五兩於鼎中，鼎中常令有汞[104]八兩，不得多少。亦文火養之，七日後令乾，即固濟之，便武火迫之一日而生砂，砂出則收之。更添真汞於鼎中，又文火武火養迫令生砂，砂出收之。此一鼎中，計收砂得三十兩便止，則數足矣。其金出砂後，精竭而枯脆，無光澤之色，秤只可重四兩以來耳。其精華與汞相感結，盡化爲靈砂也。故經言真汞者，皆是本也，丹砂中抽得汞添用之。若伏鍊光明砂[105]爲藥頭者，即取[106]光明砂中汞轉轉添用。如用白馬牙砂爲藥頭者，即轉轉[107]取白馬牙砂中汞添用變轉。如將紫靈砂[108]爲藥頭者，即收紫靈砂中汞添合。如溪、土砂中所出汞者，名爲雜類，氣色終不相感。且光明砂一斤，抽汞可得十四兩，而光白流利，此上品光明砂只含石氣二兩。白馬牙砂一斤，抽汞得十二兩，而含石氣四兩。紫靈砂一斤，抽汞得十兩，而含石氣六兩。上色通明砂[109]一斤，抽出汞只可得七兩[110]，而含石氣九兩[111]。石氣者，火石之空氣也。如汞出後，可有石胎一兩青白灰耳。亦於前《寶砂篇》中略述真汞之訣而未周細，鄭重言之，所是抽汞用事[112]，具列於《金丹前章》之上品也。其黃金鼎中抽收得靈砂三十兩數足訖，不用陰煑，便依前篇用陰陽火候飛伏。還五日爲一候，内一日用《坎》卦，是水煑一日；四日用《離》卦，即陽火飛之四日。初起陽火用炭九兩，每轉後增炭二兩，至五轉後每轉增炭三兩，便有五彩金輝霜三兩飛出。收其霜和砂於鉢中，著蒲州石膽半分、黃硇一分，和苦酒熟研之半日，依前安鼎中，用《坎》《離》二卦火候飛伏之。經十四候七十日足，其霜砂伏火畢。砂既伏火，金彩光輝，色如石榴花，精彩璨璨，光曜日月，一切毒龍蛇神鬼見之潛伏，目不敢舉，可得言至靈哉！其砂靈而難鼓鑄，若欲鎔之，先於潔淨之處，取淨土爲鍋鑪，絶諸穢雜，用塩花和靈砂等入鍋，鼓之二千鞴，始得消鎔，即金汁流注，凝而鮮煥，名曰紅金。紅金者，是陰魄之氣變鍊而盡，正陽之精挺立而垂光，此是陽靈之真金也。如將服食，一依前篇，用餘甘子、生甘草、紫石英煎取汁，於寶器中煑二七日，火候藥數多少亦依前篇。煑了入安竹筒中，固濟其口，入土深埋三十日，出之[113]，以棗肉和爲丸，每兩丸作三百六十丸，丸如麻子大。每日清晨潔心東向，啓告三清上帝君、真仙官衆[114]，然後叩拜而服之，即得心神明達，徹視表裏，身生紅光，而洞合[115]於至真也。

第六返神砂篇

經曰：妙極則靈通，靈通則致神，神合則道全，道全則玄真降，便昇玉清而爲高仙矣。且神砂者，是九靈構精，寶風凝集，玄華標結，而化爲神砂，則煥燦玄黃，光輝照灼，而名爲神砂者也。

《化神砂訣》曰：取前靈砂中紅金九兩鑄爲寶鼎，可受五合，又將三兩作寶蓋蓋之。其鼎内亦先著石硫黃一兩、大朋砂一兩、赤鹽一兩、北庭砂一兩共四物，和苦酒熟研如泥，塗其鼎內及蓋周廻，令勻盡爲候。候乾，以蓋合之，著黃土泥包裹，可厚二分爲則，一依前文火養之二七日後，即武火迫燒之七日，令與火同色赤。候冷，去其[116]黃泥，重以甘土爲泥，泥其鼎外，可厚三分，即置其鼎於鑪中，入眞汞六兩安[117]鼎中，用水三合，徐徐添之，不得令乾，文火養七日後，更入汞三兩，文火養之三日，候冷，又固濟，封閉令緊密，即武火廹經二宿，即盡化爲紅光神砂。收砂，又添汞八兩，依前文火養七日後，便武火廹二日，亦化爲砂。收之又添汞七兩，亦以文火養之，武火廹之，令生砂，砂出即收。又添汞五兩，亦文火養之，武火廹之，令出砂收之。又添汞三兩，亦依前法文武火候養廹之。計前後收得神砂可三十二兩，足即止。將其砂入石硫黃四兩、蒲州石膽二兩，和於鉢中熟研半日，便入安寶金鼎中，陽火飛伏。其陽火者，純《離》卦之候伏之，還五日一候。初起火用炭九兩，每一轉後加炭二兩，每轉轉出砂於鉢中熟研之，却入鼎飛伏。至六轉後，每轉加炭三兩，如有絳金霜飛出，其霜紅赫照曜，光彩射目。收其霜於鉢中和砂，用蒲州石膽一分和苦酒熟研之半日，却入安鼎中，用火候飛伏。伏經十二轉、六十日足，其神砂伏火畢矣。其色赫奕含輝，紫光洞徹，不可言爾。若將鎔鑄，其訣[118]一依前《靈砂篇》法度，和鹽花鼓之，即寶汁流注，凝成赤金，精光如火，故號曰離己之金者也。其神[119]丹砂便可以服餌，每兩亦分爲三百六十丸，以棗肉和之爲丸，服餌訣一依前篇。且服此靈寶神丹後，自然神靈骨輕，身有光明，足蹈眞境，而爲上仙也。

第七返玄眞絳霞砂篇

本經曰：靈寶稟運，則感應而神棲，歸眞積精，自然玄霜絳雪騰躍流通，流通則爲高眞之靈仙也。且玄眞絳霞砂者，是神砂中赤金寶鼎養汞而生砂，其砂則紫霞紅英，五彩輝灼，乃號爲玄眞絳霞之砂。

《化寶生砂訣》曰：取前篇神砂中寶金一斤，鑄作圓鼎，可受七合，又將寶金五兩爲鼎蓋。其鼎內先須用石硫黃四兩、赤塩二兩、北庭砂二兩、大鵬砂一兩共四物，以苦酒和研如泥，塗其鼎內，以藥盡爲候。候乾則蓋合之，黃土爲泥包裹，可厚一寸，依前《神砂篇》文火養之二七日後，即武火燒七日，寒之去其黃泥，重以甘土爲泥，泥其鼎外周廻，可厚二分半，即安鑪中。入眞汞十二兩於鼎中，著水三合，不得遣乾，徐徐添水，則以蓋合其鼎，文火養之七日，其鼎上常令通手爲候。七日養候乾[120]，緊固濟其口，即漸漸武火迫之三日，開鼎看之，其汞即盡化爲絳霞玄砂也。其砂不得收之，便更添汞九兩，亦依前文武火候養迫之，日數滿開看，又盡化爲砂。又添汞六兩於鼎中固濟，文武火候迫促之，日數足又開看，亦化爲砂矣。更添汞五兩，還以七日文火養之，後即武火迫之一日而成。其砂紅紫五彩，霞光晃耀。在其鼎中可三十二兩，分毫無失。又出其砂於鉢中，用石硫黃七兩，以玉槌細研之一日，却入於此神砂赤金寶鼎中，固濟其口，令緊，用純陽火候伏之，七日爲一轉，即開之出砂，和苦酒一合熟研，而却入鼎飛伏，七日爲一候。初起火用炭十三兩，每轉加炭一兩，至三轉每轉加炭二兩，便有五色輕鮮絳霞霜二兩飛出於鼎蓋之上，連連如麥顆，即收之和砂於鉢中，用蒲州石膽半兩、苦酒二合熟研，却入於鼎中飛伏。經七轉，轉轉須開看，即入石膽苦酒和研，方可入鼎中伏之。伏經七轉四十九日足，其砂伏火畢矣。便以武火燒之一日，可用炭二十斤，分爲四座迫燒之，然後寒[121]之一日，開鼎看，其玄眞絳霞之砂[122]，文彩輝赫雜錯，霞光洞曜於日月，可言至靈哉[123]！極陽玄元之砂丹也。如鎔鑄玄眞砂，一依前《神砂》《靈砂訣》[124]，用塩花和鼓，引令寶汁流注，而凝紫光耀，名曰絳霞之紫金也。若將服餌，即以棗肉和爲丸，每兩亦分作三百六十丸，每日清晨東向服一丸。服此丹砂後，倐忽則合形而輕舉，駕飛龍遊於十天八極之外，豈不優游哉！此玄眞丹砂一丸，點汞及鉛錫銅鐵一斤，立化成紫磨黃金，光澤不可言耳。余自神道設敎，啓於玄慈，愍在俗之賢明，而述爲七篇二章。此篇本從《大洞寶經》中《仙君九品幽章隱文鍊眞妙訣》所出，禁文甚重，非賢莫傳，豈[125]頑愚悖戾、行尸穢質之徒見聞耳？深可忌之哉！恐泄上古仙聖之眞妙也。

【校記】

〔1〕"七返靈砂論并序　衡嶽陳少微字子明撰"，《道藏》本收錄作"大洞鍊真寶經修伏靈砂妙訣（下稱《靈砂妙訣》）序"。

〔2〕"余"原作"於"，據《靈砂妙訣序》改。

〔3〕"得"後，上書有"於"字。

〔4〕"受"原作"授"，據上書改，下同。

〔5〕"者"，上書作"侶"。

〔6〕"不言，不顯露"，上書作"藏言，不流傳"。

〔7〕"篇"，上書作"七篇"。

〔8〕"志訣"，上書作"至訣"。

〔9〕"矣"，上書作"以示後人同志之士者也"。

〔10〕"論曰"，《靈砂妙訣》作"靈砂七返論曰"。

〔11〕"土"原作"砂"，據上書改。

〔12〕"太陰平和明徹"，上書作"太陽平和"。

〔13〕"中"，上書作"半"。

〔14〕"滯"，上書作"澄"。

〔15〕"七還"，上書作"九還"，下同。

〔16〕"至神"二字原無，據上書增。

〔17〕"假"，上書作"便"。

〔18〕"陽九"，上書作"陽元"。

〔19〕"後"原作"也"，據上書改。

〔20〕"即是一返。將白銀"七字原無，據上書增。

〔21〕"合，當"，上書作"俱合，當日"。

〔22〕"色悦"，上書互乙。

〔23〕"精神"，上書作"身體"。

〔24〕"內外"，上書作"表裏"。

〔25〕"身光滿室，水不能溺，火不能燒"，上書作"入水不能溺，入火不能焦"。

〔26〕"服"後，上書有"至紅英"三字。
〔27〕"自上古高仙"至"莫究其根源"凡三十二字，上書闕。
〔28〕"品數"，上書作"品次篇數"。
〔29〕"章"後，上書有"別品"二字。
〔30〕"寫示於凡情，用測賢愚"原作"寫志用則賢愚"，據上書增改。
〔31〕"而居清玄，總御萬靈"，上書作"而居九清，玄播總御"。
〔32〕"青龍"，上書作"赤龍"。
〔33〕"成"，上書作"外"。
〔34〕"是白片"，上書作"如石片"。
〔35〕"頭"後，上書有"成"字。
〔36〕"合"，上書作"含形"，"含"疑當作"合"。
〔37〕"當羽化昇騰高清矣"，上書作"當日羽化昇騰"。
〔38〕"天上"，上書作"太上"。
〔39〕"金座則座黃，當"原作"黃堂"，據上書增改。
〔40〕"珠珠"，上書不重。
〔41〕"曜"字原無，據上書增。
〔42〕"深祕，賢明之士"，上書作"邈若高山，上賢明士"。
〔43〕"可"，上書作"後"。
〔44〕"水"後，上書有"也，當用曾青、空青"七字。
〔45〕"用"後，上書有"曾青四兩"四字。
〔46〕"兩"後，上書有"馬牙硝六兩"五字。
〔47〕"用"後，上書有"曾青五兩"四字。
〔48〕"斤"後，上書有"可用空青四兩"六字。
〔49〕"三"，上書作"二"。
〔50〕"石鹽"，上書作"曾青四兩、沙鹽"。
〔51〕"先用砂鹽"，上書作"然可以用沙鹽"。
〔52〕"鼓成汁"，上書作"先湏三鼓成汁"。
〔53〕"先下石鹽，次下馬牙消和水，文武火"，上書作"下曾、空、石塩、

馬牙硝和水,武火"。

〔54〕"土鼎者,瓷器是也。"七字,上書無。

〔55〕"周"字,上書無。

〔56〕"半",上書作"一"。

〔57〕"色或赤",上書作"而色雖紫赤"。

〔58〕"下無金星砂",上書作"不可見金星砂一粒耳"。

〔59〕"訣",上書作"訣曰"。

〔60〕"丸"字,上書無。

〔61〕"每日服一兩丸",上書作"每日服一丸,一年服一兩"。

〔62〕"丹砂",上書作"丹砂丸"。

〔63〕"家",上書作"冢"。

〔64〕"煉真"之後,上書有"者"字。其下之"煉妙""煉靈"皆同。

〔65〕"祕",上書作"至"。按下文宜作"至"。

〔66〕"立",上書作"玄"。

〔67〕"成丹",上書作"生砂"。

〔68〕"令乾",上書作"令藥盡,候乾"。

〔69〕"四兩,其汞"四字原無,據上書增。

〔70〕"名曰"二字原無,據上書增。

〔71〕"感其氣而轉轉生砂",上書作"感真氣而轉生丹砂"。

〔72〕"文火"至"依前"二十一字原無,據上書增。

〔73〕"每",上書作"母"。

〔74〕"砂"字原無,據上書增。

〔75〕"陰"字原無,據上書增。

〔76〕"候"後,上書有"用二十候"四字。

〔77〕"五日。爲"三字,上書無。

〔78〕"鼓訣"原作"訣得",據上書改。

〔79〕"以"字原無,據上書增。

〔80〕"注",上書作"出"。

〔81〕"色黄光浮，容體潤澤，而内外黄"，上書作"色漸黄光，浮彩潤澤，而内白外黄"。

〔82〕"須"字原無，據上書增。

〔83〕"和"字原無，據上書增。

〔84〕"二日"二字原無，據上書增。

〔85〕"二日"原作"三日"，據上書改。

〔86〕"七兩"，上書作"十兩"。

〔87〕"爍爍"，上書作"簇簇"。

〔88〕"青竹"原作"竹青"，據上書改。

〔89〕"然可服此英丹後"，上書作"然後可服餌，服至此英砂丹"。

〔90〕"第四返妙砂篇"，上書作"第四返丹妙化砂"，以下各"返"字下，亦有"丹"無"篇"。

〔91〕"漸漸逼令藥泥盡乾爲候"，上書作"漸漸塗令藥盡爲候，候乾"。

〔92〕"不"字，上書無。

〔93〕"青竹"原作"竹青"，據上書改。

〔94〕"砂"字後，上書有"英砂"二字。

〔95〕"感汞而生砂"，上書作"感化汞而生其砂"。

〔96〕"砂"，上書作"妙砂"。

〔97〕"一兩"，上書作"半兩"，下"一兩"同。

〔98〕"大朋"，上書作"蒲州石膽"。

〔99〕"令"原作"外"，據上書改。

〔100〕"三七日"，上書作"二七日"。下同。

〔101〕"以"原作"似"，據上書改。

〔102〕"文"字原無，據上書增。

〔103〕"更"原作"曳"，據上書改。

〔104〕"汞"原作"炭"，據上書改。

〔105〕"砂"字原無，據上書增。

〔106〕"取"字原無，據上書增。

〔107〕"者，即轉轉"四字原無，據上書增。

〔108〕"紫靈砂"原作"紫砂"，據上書改。下同。

〔109〕"砂"字原無，據上書增。

〔110〕"七兩"，上書作"八兩半"。

〔111〕"九兩"，上書作"七兩半"。

〔112〕"汞用事"，上書作"砂出汞"。

〔113〕"入土深埋三十日，出之"，上書作"入寒泉并於土中深埋二十日，然後出"。

〔114〕"上帝君、真仙官衆"，上書作"上帝真官"。

〔115〕"洞合"原作"調合"，據上書改。

〔116〕"候冷，去其"原作"後令去"，據上書增改。

〔117〕"安"原作"入"，據上書改。

〔118〕"若將鎔鑄，其訣"原作"若得鎔鑄訣"，據上書增改。

〔119〕"也。其神"原作"神也。其"，據上書改。

〔120〕"候乾"，上書作"後遣乾"。

〔121〕"寒"原作"開"，據上書改。

〔122〕"砂"後，上書有"伏火了，而"四字。

〔123〕"至靈哉"，上書作"至靈者哉"。

〔124〕"玄真砂，一依前神砂、靈砂訣"原作"玄真訣"，據上書增。

〔125〕"豈"，上書作"豈教"。

雲笈七籤卷之七十

内丹訣法[1]

還丹内象金鑰匙并序 一名黑鉛水虎論一名紅鉛火龍訣
昌利化飛鶴山真一子撰

夫金液還丹并諸經訣者，無出《古文龍虎上經》，魏伯陽《周易參同契》，爲還丹經訣之最妙也。莫不以鉛火爲宗，龍虎爲祖。諸家經訣中，有明鉛而不明火者，有説虎而不説龍者，雖則互有指陳，實則殊途歸於一理，盡一源也。丹訣中有《太白真人歌》四句，少即少矣，妙即妙焉，實爲直指龍虎之幽微，全露汞鉛之宗旨。歌曰："五行顛倒術，龍從火裏出；五行不順行，虎從水中生。"此要言二十字，可謂泄天地互用之機，分陰陽反覆之道。水虎，真汞之本；火龍，真鉛之門。還丹根基，於斯盡矣！實爲真秘之言，不易之誥也。余因撰諸《黑鉛水虎論》《紅鉛火龍訣》，蓋演真人之微邃，開秘訣之循途也，名之曰《還丹内象金鑰匙·火龍水虎論》，庶誘將來，用袪未悟者也。

黑鉛水虎論

夫黑鉛水虎者，是天地妙化之根，無質而有氣也。乃玄妙真一之精，爲天地之母，陰陽之根，日月之宗，水火之本，五行之祖，三才之元。萬物賴之以生成，千靈禀之以舒惨。至于高天厚地，洞府仙山，玄象靈官，神仙聖衆，風雨晦朔，春夏秋冬，未有一物不因鉛氣産出，而成變化也。故經云："天得一以清，地得一以寧，神得一以靈，谷得一以盈，萬物得一以生。"又云："無名天地之始，有名萬物之母。"即是真一之精，聖人異號爲真鉛，則天地之根、萬物之母是也，豈可以嘉州諸鉛、硫黃、硇砂、青鹽、白雪、雄黃、雌黃、消石、銅、鐵、金、銀、水垢、水精、凡砂、凡汞、桑霜、楮汁、松子、柏脂、穢污之物、白石、消石[2]、夜霜、朝露、雪水、冰漿、其諸礬土雜類之屬，草木衆名之類？已上皆誤用，不可備載也。或問曰："其真鉛如何？乞爲指的，將示未明。"答曰："黑鉛者非是常物，是玄天神水，生於天地之先，作衆物之母，此真一之精元是天地之根。能於此精氣中，產生天地五行萬物，豈將天地之後所生之雜物呼爲真鉛？即誤之甚矣！緣此精上爲星辰，下爲真鉛之精，常與太陽和合，長養萬物。所隨太陽，極遠不過二十六度。故我先真聖師採此陰精，設其法象，誘會太陽之氣，結爲神丹，故經云"太陽流珠"。其性猛烈，急而難當，若不以方便法象留連，取其至精，安肯等閑住於雜物之上？非我北方正氣，純粹之精，鑄成鼎器，運養周生，難見龍虎相吞，夫婦合體而成神物哉！

紅鉛火龍訣

夫紅鉛火龍者，是天地妙用發生之氣，萬物因之以生，有氣而無質。故將一年三百六十日，蹙於一月三百六十時。又於一月三十日三百六十時内，朝夕各係一卦。又移此六十卦三百六十爻，陷於五日六十時内，復象一月也。兩日半三十時，便爲三十日，又象一月，朝暮各占一卦，又係六十卦，計三百六十爻，復象一年三百六十日也。又於兩日半三十時内，却分十五時，應半月一十五日用事。復將此半月從一至十五日，又陷於十二辰中自子後至巳前六辰之内，係三十卦，計一百八十爻，便象冬至後到夏至前，應半年一百八十日也。自十六日至三十日，又陷於六[3]辰之内午後至亥前六辰之中，係三十卦，計一百八十爻，便象夏至後到冬至前，應半年一百八十日也。春秋二分在時内，二分二至於一日十二辰中，都合三百六十，象一年之氣。始

《復》☷☷☷至《乾》☰，自《遘》☰☰☴終《坤》☷☷，循十二辰候，分《震》《巽》甲門，子丑午未，陰符陽火，圓合天符三百三十六度[4]，是晦朔陰陽、刑德交會、天地變化、萬物生成之數也。皆依刻漏運行，奪取氣候入神鼎中，使真鉛天地之母，受此運用而產神精。《易》曰：《乾》之策，三百六十[5]日足，陰陽起伏運用，一年周星，萬物之大數也。凡一年計三百六十日，計四千三百二十時，每日朝暮兩卦，計六十卦，每卦六爻，合計三百六十爻。又奪得一年三百六十日，計數奪得四千三百二十年正氣在神室中。凡五日爲一周，合六十時，應一月六十卦，用事六十時，係卦三百六十爻，便應三百六十日一年也。又奪得一月內四千三百二十年正氣於兩日半。假如有一月三百六十時，便象一年三百六十日，於三百六十時內用六十卦，將六十卦氣候又陷於五日六十時內，用六十卦時爲一周，又象一年。復於五日內分兩日半，計三百六十爻，復象一年也。又分三十卦一百八十爻，移在半月十五日，朝暮各一卦，計三十卦。又將此十五日，配在半日六辰之內，共分得三十卦一百八十爻，便象半年一百八十日。每一辰內，於二十四氣中分得二氣，七十二候中分得六候。此氣候逐子後午前六辰陽火，入神室之中，各有寒暄氣候符證，互立變化之功，此六辰是冬至已後夏至已前半年一百八十日，運火合天符動靜盈縮、造化萬物之數也。聖人蹙於[6]一百八十日節候，陷於半日六辰之中，計奪得二千一百六十年正氣，入於神室中，養萬靈也。如兼午後六辰，圓合一日夜火數，即奪得四千三百二十年正氣在一日夜之內也。還丹之道，要妙在《震》《巽》起陰陽之中，《復》《遘》分進退之符，十二卦周行，一年氣足，《坎》《離》運用，龍虎生成，數滿周星，神精水火，進氣而出，即非常藥也。午後亥前六辰陰符，分得氣候節符，與已前六辰數時刻並同，亦象夏至後冬至已前一百八十日也。所有《震》《巽》陰陽進退之符，刑德相背，圓缺相交，出入抽添，起伏否泰，即少有不同也。此是合天符進退、周星造化、萬象生成、潛運之數也。故先真到此，皆傳在口訣，至誠輕泄，勿使非人知之，令竊弄神機妙用也。諸經訣云，月有《火記》，明六百篇卦爻，行於世也，今不備錄。六百篇《火記》，蓋魏真論周星數，寔篇篇相類，冀達士細思，道如返掌也。今所云一日一夜內，運陰陽符火入鼎中，如《震》《復》至《乾》六卦爲陽火也，自《巽》《遯》至《坤》六卦爲陰符候也，一日一夜內，合奪得四千三百二十年正氣在神室中，生產神精也。全依內百刻也。凡一時奪得三百六十年正氣，一日夜奪得四千三百二十年正氣，一月奪得一十二萬九千六百年正氣，一年奪得一百五十五萬五千二百年正氣也。故經云，人服金液還丹一粒如稻米許，三氣限滿，必獲上昇。三年藥成，已於身內受得四百六十六萬五千六百年正氣年壽也。如常服食，壽[7]限無量，出天地三界之外，純陽真精之身，有生而無死，天地陽九，否泰動靜，常數服金丹之人，逃出陰陽之外，九陽之表，故壽年無數也。賢達思之，此外[8]乃無上至真之妙道也，遇者得無保祕之，纖于心口，以待賢能者哉！

　　凡一月三百六十時，一年十二月合四千三百二十時，象四千三百二十年。內卯酉二卦，息符一年，內合數共除出六十日，兩計七百二十時，象七百二十年。汞內胎符火數，實十箇月，計三千六百年，合天符、合三百六十度，符合《參同契》六百篇《火記》也。其餘出息七百二十年，是金沐浴其精之限，微哉此法！是大丹紅鉛黑鉛龍虎交媾，生成乾精坤粹真砂，純妙之上道，運火之祕訣，養赤龍之魂方也。先真聖人心之隱文，希夷之妙道也，非防閑淺近之事矣。故經云，既得真鉛，又湏得真正[9]，爲此事也。經云，得在受氣抽添。凡運節符火數，一一皆依約刻漏，晝夜一百刻，分四時、五行、二十四氣、七十二候，不可分毫差矣。若使四季不調，五緯失度，即真砂真汞不產，龍虎不交。故經云，"纖芥不正，悔吝爲賊"是也。賢達君子，反覆思之，無意輕動，令不合天道，則令[10]天地妙用之氣，憑何節候而成變化，生于萬象哉？《陰符經》云："天有五賊，見之者昌。""知之修煉，謂之聖人"也。時有習常道者，止余東隣，聞余斯言，忽叩扃[11]而至，大咍而謂余曰："吾聞昔先聖有言曰：死生有命，脩短在天。又西域書云：天地及日月，時至皆歸盡。至于劫石有消，无存纖芥。天地之內，萬物從起，豈有不拘常數而長存哉？數盡皆歸於空，空者，無也。又聞言人之生，如箭射空，力盡還墜。今子獨云餌金液還丹之人，壽年無數。復云我命在我不在於天者，子言得非習偏見、有好惡、立虛准乎？"余答曰："吁呼！此蓋鄙俚偏執之談也，豈達古賢通聖論哉！且鄙俚偏執之人，焉能鑿混元徵造化之端，擘鴻濛結陰陽之表歟？豈將睫目之附近，度量廖廓之幽端乎？且乾坤之氣，而生成萬物，諸途而出，始因元判，受析陰陽，有萬法焉，有萬形焉，得泉石焉。且陽數奇九之數也，相須陰陽之氣，相禪乾坤之內，故互用之數，未有無用之物類也。且九地之下無陽精，而純陰濁氣也；九天之上無陰精，而純陽清氣也。有修積陰之氣者，盡棄魂神，於无中煉妙有，任定而性寂靜，故死而爲陰爽之鬼也。有修[12]純陽之精者，謂存神氣，而於有中煉妙[13]，全身形而入無形，故生無死，爲天上神仙也。且鬼神者受積陰之氣，陰鬼之道[14]貴無形，故棄陽而煉陰之氣，氣積即息，息即歸陰，陰即歸死，有得死者，故名寂滅。寂者、凝靜也，滅者、空無也。鬼道貴無形，蓋任空寂，於真無中煉妙有，爲下土陰中清虛善爽之鬼神，非尋常之有也，鬼神陰靜之中，以斯爲妙。道有陰中[15]妙門，煉陰[16]之妙法。煉陰之法故有大小，以有大小之門。天上之神仙者，受純陽之精，神仙之道貴有形，故棄陰而煉陽。陽氣積而動，動即返陽，陽即歸生，生即得仙不死者，故名曰上昇。上者，輕也、飛也；仙者，昇也、舉也。仙道貴有形，蓋運氣於真有中煉妙無，爲上天九陽中清真妙靈之神仙，即非常之無也，神仙於陽動之中，以斯爲妙。道有陽中之妙門，消陰之妙法。煉陽法有大小門，非一也。積陰之精附地；積陽之形奮天，天地自然之道，非有爲也。故《易》云：'方以類聚，物以羣分。''本乎天者親上，本乎地者親下，則[17]各從其類也。'故修丹[18]術士，鍊純陽，出陽精，取而服之，變爲純陽之身，是以就天，乃從其類也，故名之曰上昇。九天天上無陰，乃純陽陽濤之境，出乾坤陰陽之表，故壽限無數也。真汞、無也，故不同乾坤之內有數之物。且上天不有爲藥，空寂之形，不可服丹。故陰教無純陽之神仙，與下士定寂之鬼，明有優劣，非等倫也。純陽之真無死數，積陰之神無生數，此真陰真陽俱出天地之表，故無常數也。且天地之間，陰陽鍊真形二門，於斯無別理也。"又問曰："陰陽二門鍊真形之法，得非西域瞿曇氏之法邪？中華李老君法邪？"答曰："余始只以明天地之間鍊凡爲聖，陰陽二門出世之道，元不說李老君瞿曇氏之法邪！若以二真造兹之法，即二真何多於天地乎！此二真皆能盗天地，賊陰陽變化之情，煉陰陽純精之道，俱無成數之身，故後世立此二真爲陰陽煉真之教。且二真俱曰修道，故道之一字，是陰陽二門衆妙之法強名也，玄玄善號也，故總之曰道。老君瞿曇各得道中之一門爾，故皆出陰陽之外，俱得無生死之數也。"又問曰："今修道之人存神養氣，復煉金液陽丹服食，以至爲純陽之真。修陰寂之人可得服丹乎？"答曰："修陽之人蓋存陽魂，留暖氣，故餌丹以助之成純陽之身。修陰寂之人棄陽魂而就陰魄，陰寂之形虛而冷，不可以受陽丹也。若服陽丹即陰形，豈可爲純陰妙化乎？即陰寂不凝煉妙，空不生妙有，妙有不生空也。"又問曰："陰陽鉛汞別有丹藥乎？"答曰："陰寂之法，易陰之形，空中有空，有中不有，爲樂空寂之形，不可服丹，故陰教無丹藥也。此義昭然，賢達可見。但性理凝寂，絕相離言，即真爲空，妙有而已。修陰之人得此言之爲心印，過此以往，無別義也。"又問曰："竊聞高僧中有出没自在，死生任情，接跡見聞，不可勝數，以載於經論，動逾數百，今指一二，粗立事端。且僧佛圖澄生死自在，著於明史，述《金液訣》，形于丹經，又僧曇鸞師作《氣術論》行於世，皆同道家。忽暫亡而起，忽躡空而行，陰教之中，豈曰無之？吾仁之言，陽法有上昇，陰教歸空寂，即此二僧，皆留形住世，隱顯自由，得非空寂乎？"吾曰："嘻！有何難明哉！其二子皆内修陽法，外修僧形法，豈分外貌乎？僧、玄皆人也，同天地間一物耳。若外爲僧，内修陽法，何異於外貌黄冠乎？且陰陽之道，任情變化，豈有偏黨乎？惟《達摩師氣訣》，正是外内不出入，凝定空寂中，煉妙有之法，便是空寂法中陰真。"又問曰："今云煉陽即出九天之上，煉陰即入九地之表，將欲並教天下，得否？"答曰："不可也。治世之道，無出於文也。斯陰陽二門，且出世之道，不可治世，不可普教於人也。"問者曰："吾偏習治世鶯譽之書，不達延生出世之道，罔知二主之旨，難通三教之情。今既聞命，寔是飽於玄風，醉其真義也。吾向來井蛙醯鷄哉！"乃唯唯而退。余所略書陰陽二門鍊真之至道，意者爲上智之人，明達而自知，無勞論也；愚昧無知勉，論不及也；中智之人，心或進退，往往執言不廻，多云"生死有命，富貴在天"。復云"天地及日月，時至皆歸盡"。斯言舉世鮮有不言者，遂便顒顒待死，迕真失正，迷於所苦，自甘取也。即輕薄無知泛濫之徒，豈可見天地之心乎？天地之用生成乎？豈知陰陽互情乎？陰陽相盜出没乎？余因達還丹有長生無數之辭，故少立通論，以示同人。非淫欲虛誕，沽誚於賢達者哉！於斯復有向美索乎？同心之子，幸鑒于斯。

歌曰：

大道生吾真，陰陽運吾質。寄生天地間，生死互經歷。死生終有門，二路各分一。一門陰靜中，於中有虛寂。修成陰中神，此是西胡術。別有陽中道，道祕在仙籍。勁指天地根，此根號真一。真一天地先，天地因而闢。令人採取精，煉爲庚辛石。邀取木中龍，合之令契密。忽然爲夫妻，漸生男女出。十月男女生，却化爲金液。金液作神丹，餌之天地畢。書情告同人，何妨留意覓！日月疾如風，三萬六千日。

還金術[19]三篇并序　陶植[20]撰

植嘗讀《金碧潛通經》，至魏先生云："三五與一，天地至精。"研思十霜，妙旨斯在。謂一者水數，爲五行之始，色稟北方，包含五彩，修[21]之合道，理契自然。故能生天生地，爲牝爲牡，然後還日精於月窟，結粹華於沖氣，靈運潛應，與真合同，即非人間術士所能窺測。竊見今時學者，咸謂水銀可以爲金丹，硃砂[22]可以爲河車。殊不知汞生於鉛，砂[23]產於金，既不辨真，遂假他物。譬如綴花以爲子，斷體以安孕，傷殘既遇，精氣莫全[24]。舉世作迷途之人，漏氣非混成之子，茫茫志士，同歸有待。或謂古人妄設，終无此道，愚甚不取也。故徵經義，爲《術》上中下，以質之同志爾！

術[25]上篇

古之人所以假《易象》而爲經者，謂至道與天地配。如太上始分一氣爲二儀，二儀判然後有三才，俾乾坤運而品彙貞，坎離用而金水幷，此道之樞也。男冠女筓，牝牡相得，氣交體合，應變無方，此道之用也。日月運矣，寒暑節矣，滋液潤澤，施化流通，此道之驗也。陰伸陽屈，陽用陰潛，一往一來，推情[26]合性，道之返也。此乃明乎剖一氣以法天象地，自有爲[27]合於無爲者矣，豈假他物而成之乎！今謹按《黃白內經》神農云："知白守黑，求死不得。白者金精，非世間金；黑者水銀，非世間銀。"又《龍虎經》云："故[28]鉛外黑，內懷金華。"金華者，爲青龍、爲黃、爲乾，居木位，其數三。又曰："被褐懷玉，外爲狂夫。"夫玉者，爲白虎、爲丹砂、爲汞、爲坤，居土位，其數五。故曰："三五既[29]和諧，八石正綱紀[30]。"三五則土木之位，合而言之其數八。又曰："金爲水母，母隱子胎。水者金子，子藏母胞。"此言金水自相含孕，韞櫝於母中，須造化而生也。又曰："長子繼父體，因母立兆基。"此言砂產於金，汞流爲子，以金養子，繼體而榮，道合自然，事根至妙，不可不思也。《潛通訣》曰："玄白生金公，巍巍建始初。"此明丹砂生於鉛。《金碧歌》曰："赤髓[31]流爲汞，汞者弄明璫。"此明汞非外入[32]也。自是乾坤交媾，受氣而生，欲生不生，煥乎其有文章。故經云："聖人不虛[33]生，上觀顯天符。"天符，信也。天氣降，地氣應，是陰陽交接而流珠下也。流珠者，亦謂之流汞矣。經曰："丹砂流汞父[34]，戊己黃金母。"此數者，明鉛汞[35]合三才，應五行，而非人間凡物也。又《參同契》曰："植禾當以粟，覆雞用其子。"此明情分[36]於性，性紐乎情，情性相依，還返自然，是爲變化，由鉛與水銀非類不相爲用也。且情性既分真，終始自相因，爲乾坤矣[37]，牝牡也，金水也，木土也，情性也，龍虎也，雖同出異名，須以類合，如有差謬，不相涉入矣。故曰："類同者相從，事乖不成寶。"

又水以土尅，木以土榮，相殺相生，更爲父母。且水銀不在五行正位，朱砂非龍虎配合，故曰："雜類不同種，安能合體居。"故《古歌》云："莫壞我鉛，令我命全。莫破我車，令[38]我還家。"又曰："鉛斷河車空，所作必無功。鉛破河車絕，所作無處出。"又《五篇》曰："鉛中有金，金中有寶[39]，見寶別寶，修心煉形，賢人得道。"又曰："寧修鉛中金，不修金中寶。"此數者，聖人明喻以示後學，猶慮不曉，故鄭重而言之，亦知龍虎二事，本乎一物者也。得其理者，喻諸返掌；迷其迢者，譬彼上天。但以世人未悟，遂使後學捨返掌之易，從上天之難，用意逾切，去真逾遠，紛紜難[40]議，真假相亂。或曰用鉛耶！或曰用水銀耶！若以水銀爲之，乾坤其可立乎？剛柔其可分乎？必[41]以雜鉛而爲之，則金水何由而得生？還返何由而得行？又焉能變化由其真歟？且古來歌訣，唯讚鉛之功效，不說水銀之精妙，必以二事共成，何[42]得不兼而美之乎？必以水銀爲言[43]，但假鉛氣而成河車[44]，何得遺本而逐末乎？作者之意，既其如彼，後學之見，又且如此，是欲[45]耕石種稻，緣木求魚，期於有獲，難矣！又況文字所傳者，非精妙之至；閑訣所受者，非至人之遇。夫知與不知，猶千里之與指掌爾！自非真人，曷辨真理？今特與衆人爲論者，謂言者不知，知者不言，又焉知道隱乎言與不言之間哉！

術中篇

凡言水銀可以爲金丹者，妄人也；言朱砂可以駐年者，不知道也。不知道惑妄人之言，去真遠矣！夫汞者，姹女之別名；砂者，鉛中之至寶，丹經所謂砂汞者，此其真訣也。且鉛中有砂汞，猶人之有情性。情性於人，非外物也；砂汞[46]於鉛，非外類也。三一之道，修情合性[47]，然後可以返魂還元。若引外物爲情，則[48]性不可合，以[49]水銀代汞，則鉛不可親。性不可合，三宮其可固乎？鉛不可親，八石其能妙乎[50]？故《參同契》云[51]："名者以定情，字者緣性言，金來歸本性，乃得稱還丹。"又曰："性主處內，立置鄞鄂；情主營外，垣築城郭。"是以砂汞者，鉛之情性；元氣者，人之根本。金主營外，故謂之情；汞主治内，故謂之性。以金制汞，推情合性之義也；含精養神，修性合真之道也。又曰："龍呼於虎，虎吸其精，兩相飲食，俱相貪榮。"謂東方甲乙木，青龍也；西方庚辛金，白虎也。龍爲情，虎爲性，情性相依，還返之義也。古歌曰："束身斂魂充虎飢，虎來噉食生髓脂。"則呼吸之理可明矣。又曰："太陽流珠，常欲去人。卒得金華，轉而相因。化爲白液，凝而正堅。金華先唱，有頃之間，解散爲水，馬齒闌干。陽乃往和，情性自然。"是知立乾坤，運水火，應天符，合三才，然後得爲之丹砂矣。妙言至徑，大道至簡，譬如造化之於萬物，非能大巧，使其青黃赤白一一之相類乎！是稟性合真，自然之理也。若以"丹砂木精，得金乃并"。又曰："白馬牙，好丹砂。"又曰："潔白見寶，可造黃金[52]。"此者皆非人間朱砂水銀爲之。有頃之間，當爲白煙矣！又焉得"解散爲水，馬齒闌干"乎？明者省之，可以一言而衒[53]真僞耳！術士得之，則正性不惑。正性不惑，則爲道日親，而根本自正。豈假外名遣妻[54]，絕粒丘壑，然後希遇哉！故再叙情性，原其砂汞，重解先聖指象立喻之意，誨貽於後賢也。

術下篇

經曰："白者金精，黑者水基，水者道樞，其數名[55]一。"又曰："知白守黑，神明自來。"是知太玄之精，爲道根本，當其樞紐天地，鍛煉陰陽，理契自然，功侔造化。故定兩弦之數，以二八合上下，得乾坤之體也。稽六十四卦，極天地之數用[56]，卦有六爻[57]，爻披摘而三百八十四神存乎其中矣。乾之策二百一十有六，坤之策一百四十有四，引而伸之，觸類而長之，總一萬一千[58]五百二十，所以應萬物之數，備剛柔之體。又天數二十有五，地數三十，凡天地之數五十有五，所以成變化而還返也。若積陽爲天，聚陰爲地，天否地閉，神明見焉。雖元化一施，妙用無極。且世以金木水火土合之寒暑衰榮，若春夏秋冬日夜相易。陽之用也，以金生水，水生木，木生火，火生土，土生金；陰之用也[59]，以土尅水，水尅火，火尅金，金尅木。以其相生相殺，迭盛迭衰，合天地四時而成實萬物。夫日爲陽精，月爲陰魄。金生於月，即坎男也；珠泫於日，即離女也。然金爲月精，以據陽位；汞合離氣，以應陰爻。以天地之靈，孕日月之精，否極泰來，陰盡陽生。故金入猛火，色不奪光。自開闢以來，日月不虧明，是金木營於內，水火應於外。乾健不息，所以致用也。日彩不鑠，所以益振也。唯天地日月，能長且久，與萬物終始。爲龍虎配合，爲道魁柄，與天地準。合陰陽數度，俾元化潛應，如連珠和璧，以應軫於無窮。前聖修之，陶甄萬靈，故能生天地，首萬物，獨立長世，而形神不化。亮夫妙用弘深，希代莫測，得之者若天地在乎手，造化由乎身，自凡躋聖，名列金簿，與黃帝老子爲先後[60]，所以顧茲門而無別徑也。凡我同志，庶幾於此者，要在細求真訣，務以師授，不可以諛聞淺説，多言或[61]中之義，所希企及矣。噫！今之人不達神明之意，未通天地之理，按文責實，以意推披[62]，殊不知古人與其不可傳[63]去矣。徒議枝葉，不得根本，迷迷相指，詎可復追？植林野鰍儒，豈曰先覺？常給侍長者，側聆斯義，以爲砂汞無乾坤不可得也，龍虎捨金公无自入也。故[64]陳梗槩，以備錯悮焉。歌曰："仙人拍手雪成團，黃花欲入紫河難，子母一時流作水，變化還同九轉丹。"

【校記】

〔1〕本卷内丹應與下卷金丹互乙。

〔2〕"消石"重出。

〔3〕"六"，依前例疑作"十二"。

〔4〕"三百三十六度"，疑當作"三百六十度"，因下有"合天符、合三百六十度"。

〔5〕"乾之策，三百六十"，《易·繫辭》上作"乾之策二百一十有六，坤之策百四十有四，凡三百有六十"。

〔6〕"於"字，《四部叢刊》本無。

〔7〕"壽"前原有"以"字，據《四部叢刊》本刪。

〔8〕"外"字疑衍。

〔9〕"正"疑當作"火"，《四部叢刊》本作"汞"。

〔10〕"令"字，上本無。

〔11〕"扃"，疑當作"肩"。

〔12〕"修"字原無，據《四部叢刊》本增。

〔13〕"妙"，疑當作"妙無"。

〔14〕"道"後原有"鬼"字，據《四部叢刊》本刪。

〔15〕"中"後，上本有"之"字。

〔16〕"陰"後原有"中"字，據上本刪。

〔17〕"則"字原無，據《易經·乾卦》增。

〔18〕"丹"後原有"者"字，據《四部叢刊》本刪。

〔19〕還金術"，《道藏》本收錄作"還金述"，下同。

〔20〕"植"，上本作"埴"。

〔21〕"修"原作"終"，據《還金述序》改。

〔22〕"硃砂"，上書作"砂汞"。

〔23〕"砂"原作"鉛"，據上書改。

〔24〕"傷殘既遍，精氣莫全"，上書作"既傷爾精，氣莫能全"。

〔25〕"術"字，《還金述》無。

〔26〕"情"原作"移"，據《還金述》上篇改。

〔27〕"爲"字原無，據上書增。

〔28〕"故"原作"若"，據上書及《周易參同契》改。

〔29〕"既"原作"即"，據上二書改。

〔30〕"正綱紀"原作"調正綱紀"，據上二書刪。

〔31〕"髓"原作"水"，據《還金述》上篇及本書卷七三《金丹金碧潛通訣》改。

〔32〕"外入"，《還金述》上篇作"別物"。

〔33〕"虛"原作"空"，據《周易參同契》改。

〔34〕"丹砂流汞父"原作"砂流朱汞父",據《還金述》上篇及《古文龍虎經註疏》卷中、本書卷七三《金丹金碧潛通訣》改。

〔35〕"明鉛汞",《還金述》上篇作"足明砂汞"。

〔36〕"情分"二字原無,據上書增。

〔37〕"因,爲乾坤矣",上書作"依矣,又爲乾坤也"。

〔38〕"令"原作"廢",據上書改。

〔39〕"寶"原作"還",據上書改。

〔40〕"難",上書作"雜"。

〔41〕"必"字原無,據上書增。

〔42〕"何"原作"不",據上書改。

〔43〕"言",上書作"主"。

〔44〕"河車"二字,上書無。

〔45〕"此,是欲"三字原無,據上書增。

〔46〕"汞"後原有"生"字,據《還金述》中篇刪。

〔47〕"修情合性"原作"修性合情",據上書改。且上書此下有"然後可以歸根復朴矣。金液之術,以金養汞"十七字。

〔48〕"則"原作"爲",據上書改。

〔49〕"以"字原無,據上書增。

〔50〕"乎"後,北圖善本《道藏·還金述》有"夫言八石是三五更名"九字。

〔51〕"云"後"名者以定情"至"白馬牙,好丹砂,又曰"凡三百零一字原無,據《還金述》中篇補。

〔52〕"潔白見寶,可造黃金"原作"結白見寶造黃金",據上書改。

〔53〕"而術",上書作"而得術士"。

〔54〕"遣妻",上書作"遺俗"。

〔55〕"名"字原無,據《還金述》下篇及《周易參同契》增。

〔56〕"數用",《還金述》下篇無"數"字。"稽",上書作"稽考"。

〔57〕"卦有六爻"原作"卦又云爻",據上書改。

〔58〕"一千"原作"二千",據上書及《易經·繫辭》上改。

〔59〕"也"後"以土剋水"至"希代莫測,得之者"二百二十七字原無,據北圖善本《道藏·還金述》下篇補。

〔60〕"後"後,《還金述》下篇有"達,亦"二字。

〔61〕"或",上書作"失"。

〔62〕"披",上書作"校"。

〔63〕"傳",上書作"學者"。

〔64〕"故"原作"或",據上書改。

雲笈七籤卷之七十一

金　丹

太清丹經要訣并序

余歷觀遠古方書，僉云身生羽翼、飛行輕舉者，莫不皆因服丹。每詠言斯事，未嘗不切慕於心。但恨神道[1]懸邈，雲跡疎絶，徒望青天，莫知昇舉。始驗還丹伏火之術，玉醴金液之方，淡乎難窺，杳焉靡測，自非陰德，何能感之？是以五靈三使之藥，九光七曜之丹，如此之方，其道差近。比來[2]握翫，久而彌篤。雖艱遠而必造，縱小道而亦求。不憚始終之勞，詎辭朝夕之倦？研窮不已，冀有異聞。良以天道無私，視聽因之而啓。不違其願，不奪其志，報施功效，其何速歟！豈自衒其所能，趨利世間之意？意在救疾濟危也！所以撰二三丹訣，親經試鍊，毫末之間，一無差失，並具言述，按而行之，悉皆成就。然人之志，所重者性命，其危春露，其脆秋霜，俯仰之間，相顧如失。榮華貧賤，誠爲不住之容；憂悲娛樂，並是難留之事。以此而言，深可歎矣！余比讀諸方，故亦不少，觀其梗槩，例多隱祕。味之者翻增其惑，説之者返益其迷，遂使修鍊之流，不見成功之處，豈其古人妄説耶？抑由學道之輩，自不能考其旨趣也。余所陳方意，於文記間，如視掌中，一試披尋，莫不洞照。相知之士，通鑒名人，有所不同心之取證，故列爲三篇耳。處士孫思邈撰。

諸丹目録三品

初陳神仙大丹異名三十四種：

太一玉粉丹、太一召魂丹、返魂丹、更生丹、全生歸命丹、四神丹、太一神精丹、神變丹、神液丹、假使通神丹、五靈丹、昇霞丹、靈化丹、三使丹、捧香丹、太一丹、使者丹、奔雲丹、控鶴丹、八石丹、麗日丹、素月丹、度厄丹、持節丹、絳色紫遊丹、雄黃赤丹、赤雪流珠丹、紅景丹、赤曜丹、重輝丹、紅紫相間丹、艮雪丹、月流光丹、水銀素霜丹。

右所陳諸小丹法等，雖時所稱用，然其丹異名，未必各知之[3]，所以今並列之。

次陳神仙出世大丹異名十三種：

黃帝九鼎丹、九轉丹、大還丹、小還丹、九成丹、素子仙童丹、九變丹、太仙霞丹、太和龍貽丹、張大夫靈飛丹、昇仙丹、神龍丹、馬仙人白日昇天丹。

右諸大丹等，非世人所能知之。今復標題其名，記斯篇目，而終始不可速值也。是以其間營構方法，並不陳附此。其[4]有好事者，但知其大略也。

次陳非世所用諸丹等名有二十種：

八景丹、金華丹、玉味消災丹、神光散馥丹、凝霜積雪丹、奔星住月丹、墮月驚心丹、金液玉華丹、茅君白雪丹、白雪赤雪丹、紅絳垂璧丹、七星辟惡丹、七曜靈真丹、流石鮮翠丹、金輝[5]吐曜丹、太清五色丹、北帝玄珠丹、感靈降真丹、羣鬼昇雲丹、太白精丹。

右按其方，服之神仙。既藥物難具，營作非易，所以但列其名，不復陳其法式。若好事者，宜以廣知其名也。

造六一泥法

凡飛金轉石，唯以六一爲要。自遠代諸賢，銷鍊之流，莫不咸蔽其事。大都相傳法者，皆用礜石、赤石脂、左顧牡蠣、礬石、滑石、戎鹽、滷鹹等，或妄用蚯蚓糞者，以此等藥並亦具鍊作之方。其方法又各各不同，作之例皆不能精了。古來名方要術，無不備經試鍊，就此之中，未有不盡其理，不見一事近髣髴者，余常爲之發憤興歎，不能已矣！自謂古人隱祕斯術，且誑將來學者。又按古方，並同礬石用黃土泥，燒之經夕，即自然成其細粉。余遂依法燒之，經兩三日，竟不覺有異。謹因閑暇，更依古方燒鍊，可經十日已來，以指微捻，乃成爛粉，光潤可愛，亦細膩希奇。更取新礬石燒之二十餘日，到加乾石，全不一種。始知一切方法，不可率爾輕試之，不依古法，即云無驗，如此者觸目皆是。又礬有種類不同，所出之處各異。并州與嵩嶽出者爲良，自外者不堪入用。

鍊礬石法：凡鍊礬石器，以黃土作之，其狀似竹管，可長五六寸，闊三四寸。以礬二三分其口已上，瓦作蓋蓋之。礬石內筒訖，別以細沙并黃土等分爲泥，泥筒周遍，可厚一二分許，緩火炙之令乾。又更泥，泥又更炙，炙令乾熱，然後入鑪燒之。但使將息伺候得所，必萬無一失。

造燒礬石鑪法：其鑪壘高二尺，明闊一尺，其下四面各開一小門子，擬牽風擊火也。又時時去積灰。一頭別一箇鐵釜，大小與藥筒相稱，高可三四寸許。即以鐵釜置鑪中，筒於釜上，以炭燒之七日明，使晝夜火氣，不絕恰好，更不勞多。日滿取之，研極細。別以赤石脂麤擣篩，相和爲泥，作餅子可厚半寸，闊四寸，曝之令乾。右於礬石鑪中燒之一日，更細擣篩，極細研之，別入生赤石脂細擣篩訖，與成鍊者等分相和。和訖，又以礬石及赤石脂二分和之爲泥，稀稠得所，攪之令極熟，用之泥釜固濟。一泥以後，即一手取藥，更不得重看，其藥氣永不畏，先余用之多遍，唯覺善莫能加焉！

礬石宜取燉煌者，輕手擣之，以馬尾蘿[6]下篩之訖，置鐵鐺中，以猛火熬令汁盡，又擣篩令細。每計赤石脂與礬石二分相和訖，計所和之粉，五兩內可加戎鹽一兩，滷鹹二兩，合和亦無妨，不著亦得。凡作六一泥者，只爲固濟，欲使牢固。今只二種藥爲泥，又加一二種亦損者，何煩多種？其六一之名，乃是古人隱祕之語，其六上加一，便是爲七，以七種藥爲泥，故云六一也。世人不識，不知何以名之六一也。滑石所出處，其石本出東華州，今人不究其根本，乃用崑崙所出者爲六一泥，所謂圖北向南，於理殊非所允。又其石性有數種，硬者細細擣之，篩研令熟，用之益佳。

左顧牡蠣法：左顧牡蠣者，意本取其細膩。比試向經二三度，亦經火鍊而用者，亦經不鍊而用者，皆無意。即知此一味乃是無用之物，若更有別法用之爲佳者，非余所知也。

戎鹽法：戎鹽本方亦不的言出處，既不知所出，即知出戎鹽之地，亦不知用何者爲良？見人皆云識之，實不能知孰是南人所出？以南土無有此鹽，故關中所出者爲是。余復陳此愚見，亦不知是人識者，宜詳而用之。雖貴之有能，然用勢亦相似，好事君子知之焉。

滷鹹法：此物本出同州東北隅，去城可七八里，生陂澤中，其狀似河中細顆鹽，其味苦而不鹹，本方亦不言出處。人用平澤中地有鹹炁之處，因辯其土白嫩之色者爲是。今推其所由，於理又全乖錯，用之無驗，特爲於此。同州所出者，若入六一泥用，極理粘好。今但礬石、赤石脂、礜石等，並依所陳之法細用之，則不復須此藥矣，諸好事者於此更勿猶豫也。本方亦云用蚯蚓糞爲泥，亦曾用之，乃與常土不異，於理殊非所宜。

凡六一泥所言諸藥等，其有所用之徒，並不能精識其委曲。雖時有識者，又不閑將用之法，求鑪火之妙，理亦難爲具悉。今著條件六一泥者，味雖不多，用之極善。直云固際，神膠足得爲上，何必要須六一也。凡按古方合鍊，多不見成者。古人但恐文繁，所以不能具載其事，以此作者遂無一法能就。非深知其本末者，則孰能照其出處乎！

造上下釜法

右下釜鑄鐵作之，深三寸，明闊八寸，底厚六分，四面各厚四分，其屑闊半寸，厚三分，平穩作之，勿令高下之也。右上釜作之高一尺，明闊八寸，厚三分許，唯飛雄黃，上高五寸以外，不平下釜，並圓作。凡欲有心試鍊者，其上下釜並依樣作之，大都形勢更不過此法，其間上下釜但能將息用者，永無破壞之日。余自好道術已來，向二十載餘，種種歷試，備曾經涉，其中校殊，無所不爲之者，並無成法，資財罄竭，不免至於困弊。今用此上下釜，始離其艱辛，其上下釜即須用，以六一泥塗之。其泥和稀稠得所，櫻刷遍塗之，日曝令乾。乾後，依前塗曝。乾之可三四遍，計厚三分許，必無壞時。其上釜以泥一二遍亦好，不塗亦得。今以六一泥塗上下釜者乃久，亦何必須土塗釜也！糖和乃是舊法，用既無驗，雖舊何爲？若有所不知，亦不簡於今昔。古人賢則賢矣，然不廢於此事，多不能知其理也。

造竈法

右其門高六寸，闊五寸，以鐵爲之。其堨勿令向上，宜下開之，可高三寸半許，闊二寸半。若向上開者，火則微翳，向下開之爲佳也。

用六一泥固際上下釜法

右留前所調和泥，用小鐵匙均厚三分以來塗訖，又緣合下釜上輕手按之，勿令過度。即以六一泥周廻遍泥其際，乾即以文火細細使積漸就乾，若有拆裂處，復以鐵匙取泥，泥之周悉。直至藥成以來，更不勞再視，此法易而且要也。

太一玉粉丹法

朱砂一斤，雄黃一斤，玉粉十兩。

右玉粉極硬難擣，但以生鐵臼擣之，以輕疎絹羅之，再度即得。入用磁石粉十兩，其性極硬，亦依《玉粉法》治之，以水沉取細者用之，篩用[7]亦得。

紫石英五兩，白石英五兩，銀粉五兩，空青十兩，流艮雪一斤，用銀雪。

右以打作薄，以河東鹽合擣，研令細絹篩下，不盡者依前更著鹽研篩，以盡爲度。即以藥末等和以釅醋，微濕拌之，曝乾可十遍餘。上先以白鹽爲藉，次布藥末等，訖又以鹽覆之。即以上下釜相合，以六一泥固濟，以文武火九日九夜，寒之一日一夜，開看，煥徹如寒霜素雪之狀，又似鐘乳垂穗之形，五色備具，無可比象。又更還取藥三遍，以醋拌如前，以白鹽末覆藉，一依前法布之，更無別異。如此可四五轉訖，一依鍊《金英丹法》鍊之訖，然後將服。其勢力不若金英丹，二種藥並能延人壽命愈疾。除此一小有陳丹消毒之者，並幽深難解，自非妙閑訣法，豈造次而可悟也？今所陳列，一無隱祕，冀有雅好之士，請於此無惑焉！

太一三使丹法

水銀霜一斤，朱砂十兩，石亭脂十兩，雄黃十兩。

右朱砂等三味別擣訖，和布置不異前法，還以銀霜布諸藥上，帛覆之，合上下釜固濟飛之。凡用豬負革脂者，是老母豬近脊梁邊脂也。

造紫遊丹法

朱砂　雄黃　曾青　石亭脂各五兩。

右別擣研，水銀十兩，別研；石膽三兩，別擣篩；白石英別熬令沸盡，取三兩；此別味恐是錯，多是白礬[8]，石英不沸也。陽起石三兩，別擣；石膽六兩，別擣篩，取東嶽者用之；礬石五兩，直爾篩，生用之；朴消六兩，別研篩；磁石三兩，別擣篩；又朴消三兩，和諸藥，餘三兩，用覆諸藥上，自外者並依前法治理，如前醋拌，令依法十遍餘止，其布置飛鍊日數重轉一依前，無異同也。凡承前已來飛鍊諸藥等精訖，皆須重轉三兩度，然[9]可堪用。比見丹無驗，唯覺毒害者，爲轉數不多，所以無驗矣。但飛鍊未曾重轉者，如此雜石未得丹者，氣盛在藥中，不毒何待？然聖人設法，意在救厄難。且世中庸愚，情在名利。先不閑藥理，復不究方書。或見淺方，或聞傳說，因即孟浪頑心，自謂更無比類。復有無知之輩，視聽未弘，疾疹既纏，豈與力惜未之於彼！又偃仰風神，旨[10]在得物爲未欲，愧於容色，余亦不欲論之於此。然性命之事非輕，但雜石稍堪服食，實爲非久，請有道君子審而詳之，忽有失理於毫微，幸改之從正耳。

造小還丹法

水銀一斤，石硫黃四兩，飛鍊如朱色，依大丹法出毒了，研如粉。光明砂三兩，別擣研。犀角末四兩，別擣研。麝香二兩，別研。

右五味攪和令調，以棗肉和爲丸，如大麻子許，每食後一丸，去心忪、熱風鬼氣、邪疰蠱毒、天行瘟瘧，鎮心益五藏、利關節，除脹滿、心痛、中惡，益顏色，明耳目。熱毒風服五百丸，瘟瘧服一百丸，天行飲下十丸，蠱毒准上，心忪二十丸，每食後只可二三丸，不可多服，壘至如前，功能不可具載。略而言之，餘依《本草》。

又　　法

石亭脂四兩，水銀一斤，鉛黃華三兩，金一兩，成薄者。

右水銀、金、鉛黃等加功細研，取大鐵瓶瑩磨之，末硫黃三兩，先布瓶下爲籍，次下前三味，訖又布。餘一兩[11]硫黃末爲覆，次下蓋。都畢，以六一泥固濟，火先文後武，七日七夜止。又寒半日開之，其中盡化爲丹，煥然暉赫，光曜眼目。准此丹一兩，用牛黃、麝香各半錢[12]，重於洪州土鉢中，以玉鎚研之極細，用棗穰丸如梧桐[13]子。每日食後，棗裹之食三丸，治風顛癇失心、鬼魅魍魎等，久服凝骨髓，益血脉，潤肌膚，出顏色，安魂魄，通神仙也。

造艮雪丹法

汞一斤，以鍊成十三兩錫破，以次計之，即時合者八兩汞、六兩半錫，其中雜藥，謹錄如左：吳白礬六兩，於鐺中鎔以火，熬沸盡使乾訖，即擣篩爲末。用此鍊白礬，今時鍊六兩秤得五兩，黃礬四兩爲末。於鐺中熬使乾，更擣篩爲末。太陰玄精二兩，擣篩爲末。朴消二兩，擣碎熬使水氣盡爲末。伏龍肝四兩爲末，取一兩和鹽及諸藥。增鹽六兩，擣篩爲末，於鐺中熬取乾。初鍊錫三遍訖，更鎔，投好醋中殺錫毒，更於鐺中鎔訖，以水銀投錫中，以鐵杖攪使相和置薄，掘地作淺坑子，以一張紙藉下，取寫勿流於地上，紙上留者，水銀和錫[14]是也。仍以好醋噴之使濕，即急蓋其上，次熬鹽使乾訖，取黃礬、白礬、伏龍肝二兩總和擣勿留，於臼中擣之爲末，以麤篩度之，入少許醋，拌勿使濕。取二兩伏龍肝藉釜下，鐵匙按之使平實；次以鹽燥末二匙，按使平實；次朴消，還以匙撥使平實。即内藥，但平撥，不須實以匙，多少抳[15]使平整。即以盆子覆上，固濟使密，著火三日兩夜，開藥收取。如恐不盡，所有惡者并鐺中藥滓，總和於一小盆中，取少醋噴之，使纔潤，細研之訖，以一匙内底蓋鹽，依初飛法固濟訖，著火兩日一夜，即開看，所有水銀並皆盡矣！取藥即休。此藥主鎮心安藏，除邪瘴惡氣，疰忤、風癲風癇等疾。飛藥三兩轉已後，可研令極細，以棗穰和爲丸，丸如麻子大，每日服四丸。若不覺有異者，漸加至六七丸。每旦服之，不過三二丸。其藥性微冷，若先患冷疾，不宜服之。治傳尸癆、瘴癘、時氣，一切熱病，入口立愈，神效。若用入面脂，治奸䵟。太陰玄精出河東解縣界鹽池中，水採之，其色理如玉質無異，其形似龜甲，以殊黑重者不堪，黃明者上也。

造赤雪流朱丹法

右雄黃一斤擣，輕紗篩訖，以苦酒拌和之令浥浥，日乾，乾更拌，如此十遍止。與白鹽末拌和，以鹽覆藉，固濟，一日一夜後，以微火炙六一泥，令極乾。漸加火，勿須猛，更一日一夜。即加猛火，令其下釜旦暮常須與火同色，不得蹔時令火微弱，如此燒三日三夜止。寒之一復時，開取上釜藥精，更微研之。下釜餘滓亦擣，以藥精相和，飯拌令浥浥。依前布置，文武火一如前法燒之。藥成，煥然暉赫，並作垂珠色絲之狀，又似結網張羅之勢，光彩鮮明，耀人目睛，見之者不覺心神驚駭，惟宜安心。若有卒暴之病，及垂死欲氣絕，及已絕者，以藥細研之，可三四麻子大，直爾鷄子黃許酒灌之，令藥入口，即扶起頭，少時即差。其口噤不受藥者，可斡上齒而灌之，令藥入口，以手按之下腹[16]，及搖動之，使其藥氣流散，須臾即甦。治其鬼邪之病，小小瘧疾，入口即愈。此藥神驗，不可具說，但恨造次無人解鍊用之。

鍊太陽粉法

石亭脂十斤，鹽花五升，伏龍肝二斤，左味三斗。

右石亭脂破如豆大，用鹽花和左味煮之七日七夜，其脂以布袋盛之，懸勿令著，鐵脊毒性盡，出研，和前伏龍肝令均入內釜中。先布鹽花，安亭脂盡，上還將白鹽爲蓋了，固濟之，三日三夜文武火，依前法鍛訖，寒之半日開。謹案《本草》云：石亭脂味酸，溫，有毒，主治婦人陰蝕疽痔惡血，堅筋骨，治頭禿、心腹積聚邪氣、冷癖在脅、嘔逆上氣、脚冷疼弱無力，及鼻衂惡瘡，兼下部漏瘡，止血、殺疥蟲，治脚氣。男子陰痿、陽道衰弱，婦人體冷血氣、腹內雷鳴，但是患冷、諸藥不能療者，服之不過三五日愈。服之法，令研粉令極細，以飯和爲丸，丸如梧桐子大，每日空腹服五六丸，酒送之，若兼餘草藥爲丸，服之益佳也。

造金丹法

黃金八兩，錯碎爲末。水銀八兩，以前金末水銀攪一宿，化爲泥。雄黃一斤，雌黃一斤。

右以前雄雌二味細研如粉，乃和之，皆於六一土釜中密固濟，炭火九日九夜煅之，寒二日，刮取飛精。先別作筒，用淳左味、鈆釵丹作泥塗筒裏，令極乾。又以左味、飛精如軟泥内筒中，堅之，以銅蓋覆上，六一固濟。作鐵鈎懸筒，令底去地二三寸，馬通火煴之，常令筒底微煴六七十日。寒之發取，藥赤如丹即成也。更研治，以棗穰和，丸如小豆大，旦以井花水向日服一丸，七日玉女來侍，二百日行廚至，三百日壽與天地齊。此方似金液而小異，若馬通難得，用糠火亦得也。

造鉛丹法治一切熱及鬼炁、癲癎病及瘧疾。

鉛四斤，鍊熟使。水銀一斤，鹽研令凈。

右取黍穀二斗蒸之，令破蒸熟，以醋漿水投穀中，密蓋五六日，令爲醋。次用車轍中土，篩安棶中，攪和似煎餅麫。取鉛銷之，投泥中拌半。即於好鐺中更洋鉛令銷，煖汞投一斤鉛中，待瀉凝，以繩子繫之，懸於鐺中二七日，其精自下醋中。收淘洗令淨，和朴消、消石各一兩，如飛丹法三遍飛之，每轉三日。收取精，以飯和爲丸，丸如麻子大。每有諸熱病者，皆治之。

鍊紫精丹法

水銀一斤，石亭脂半斤。

已上二味入瓶固濟，用黃土紙筋爲泥，泥瓶子身三遍，可厚一大寸已上。用瓷盞合瓶子口，以六一泥固濟之，可厚半寸。用火三日三夜，一日一夜半文，一日一夜半武。日滿，出藥打碎，取新青竹筒盛，和醋於筒中，又於火釜中重湯煑之三日夜，常令魚目沸。日滿，以冷水淘去醋味，曝乾一日，還内筒中，以清水和朴消如前煑一復時。出藥淨淘曝乾，擣爲末極細，用棗穰和少麝香丸之。欲丸時，和少酥及用塗手，不然即著手。丸如梧桐子大，每日食上服之五丸，去諸風疾，明目補心。二斤已上變白，功力既多，卒難陳述。忌與《流珠方》同，亦用麝香一錢秤之。《流珠方》在後。

造流珠丹法

硫黃一斤，鐺中以小麻油煑之，取黑爲度，即用灰汁煑之去油訖，即研鹽於鐺中伏之，用六一泥固濟鐺口，以文火經一日兩夜，又用武火漸加，以鐺赤爲度。去火待寒出藥，清水淘去鹽味，取酒七升，蜜半升，亦云一升蜜，一如《紫精丹法》煑之三日三夜。出藥，清水淘去酒味，曝乾擣篩，以棗穰丸之，更擣五六千杵，至萬尤佳，丸如梧桐子大。空心服每日三十丸，覺熱即減至十五丸，長年服者每日只可五丸。所有冷風等病，無不愈者。忌蒜米醋。

七返丹砂法

汞一大斤，安瓷瓶子中，瓷椀合之，用六一泥固濟訖，以文火漸燒，數至六七日，即武火一日成。如此七轉，堪服。其火每轉須減損之，如不減，恐藥不住也。

造玉泉眼藥方

右取水精二兩，末之，乳半合和，瓷瓶中盛之，蜜[17]固濟，勿洩氣。埋地下百日，出之，置一竈孔燻之一日。開之，青白如玉。取鉛錫成鍊者二斤鎔之，以此藥丸如梧桐子大，投中攪之，爲真白矣。若眼不見物及赤，但不損睛，取一丸如黍米大點目眥，尤良。

太山張和煑石法

章柳根六斤，杏仁五升，酸棗仁五升，槐子一升，別擣。

右三味先擣，槐子以水攪之，去滓取汁，和前藥，內不津器中，埋舍北陰地，入土一尺，以土覆之，百日發取，名曰太一神水。取河中青白石如桃李大者五升，取北流水九升，煑之一沸，以神水二合攪之，又煑一沸。候石熟，任意食。食之五日後萬病愈，一年壽命延永，久服白日昇天矣！取神水二升，漬生鐵二斤，十日化爲白銀矣！

添離用兑法 凡四法

離一兩，兑半兩[18]。

石以堝洋[19]之，先下離，次下兑，取柳木攪令均，次下黄礬一分，准前攪之令均，瀉出成鋌[20]。取黄土和左味作堝，乾之，即取黄礬、硇砂、胡同律各一兩，赤土一升和左味爲泥裹之内中，三四固之令密，火之十餘遍，以氎拭令黑氣盡爲度。如難盡，取赤鹽和左味爲泥裹之，亂髮纏之，入火燒之，其赤鹽作聲，如是更爲數遍，以黑盡爲限。然取硇砂作漿，牛糞火燒之佳也。

又　　法

離一兩，兑七錢，熟銅一錢。

右合洋成鋌[21]，待冷，又入火燒之，令極熱。投馬通中冷，將鎚鎚之，入火燒之，又鎚，令離鋌薄如紙。剪破如指大，取黄礬一升末之，同律三分、硇砂二分擣爲末，取黄土爲泥作堝子、堝子蓋之[22]訖，布離葉於中，以前藥重重裹之，密固堝口，於牛糞火中燒之一日一夜，常令堝赤，以好爲度矣。

又　　法

離、兑對作，波斯鹽緑、赤土、胡同律、硇砂等分，以左味爲泥裹之，厚三分，猛火火之，如此五十遍已上。即以金牙一兩末之，以漿水三升煑之，從旦至暮時，以布裹離，横木懸之，勿使着器，任用之。

又　　法

硇砂一兩，紫鉚一兩，石膽一分，胡同律一兩。

右以猪脂和爲泥櫬堝底，洋[23]離出之，如朱而光。洋了爲薄鋌，以赤土十兩末之，風化灰三兩、硇砂三兩、赤鹽五兩、赤石脂五兩、石鹽三兩，右已上藥必須精治之，以左味和爲泥，可離鋌大小布紙上，厚一二分，裏三鋌寸，洋火之，以赤煙盡爲度。開之，以左味洗之，准前裏火之，以漿洗之三十遍，即表裏赤光，爲梵天寶也。

伏汞要法

夫汞遇火則飛，不能使住。凡所爲者，蓋亦多矣。若非物制伏，不可爲之。今以藥伏之，萬不失一。

烏頭，赤石脂，石鹽，白鹽，胡椒，雄黃，蓽撥，黃礬石，黃硇砂，黑鹽，

右擣爲末，以左味和爲泥，團作鍋形，以汞置中，巾裹之，以橫木穿之，八釜煑以左味三日夜，出之，入霜鉢中，還以左味和烏頭、硇砂、雲母等分研之，七日三易藥洗之，以油鹽、硇砂少許入釜中煑之一日夜，任用也。

素真用錫去暈法

右以取白不限多少，打令薄厚似紙，方二寸，十斤已上始可爲之，多則熱氣相蒸，少則不堪。取一瓷器，可物多少令滿，從下布之一重蒜韮，如此重重相次，令滿器口，大小蓋之，漆固令密，埋地中。經百日，出即成，不得欠一日。其馬通屋下安置，日滿出之。鎔一斤和上鍮一兩，若頓加鍮，堅加白。其蒜取赤皮者佳，左味取三年者然可用，著少鹽一如食法。

素真用兑添白銅法

白銅一斤，錫一兩。

右令洋之瀉酒中，出之打破，取伏汞一兩、胡同律二兩、油脂一

升，熹令脂盡，胡粉色赤，即伏火。即以前兌體鎔之投水中，取白黑二礬、胡同律、硇砂、白鹽各二兩合洋之，瀉安鋌池中成矣。若脆不任用，即火之令赤，投牛脂中，十遍即柔矣[24]。

赤銅去暈法

右取熟銅打作葉，長三寸，闊三寸，取牛皮膠熹之如粥，以銅葉內中，以鹽封之，內鑪中火之，令煙盡極赤。出冷之，於砧上打之，黑皮自落，如此十遍已上止。即以醋漿水熹令極沸，燒葉赤，內漿中，出之，以刷刷之，於堝中洋之，瀉灰汁中散為珠子，其色黃白，至十遍止，不須更瀉成兌。凡十兩可得三兩成，入梅漿洗之，令白也。

波斯用苦楝子添鍮法

烏梅一石，苦楝子一石，硇砂一斤，波斯鍮二斤，雀糞一升，賀州鑞一斤，兌五兩。

右取苦楝子二升，熟酒研之，新醋二升，雀糞半升研之，鹽一合相和令調。取桑木作槽，長八寸，闊三寸，深七寸。置前藥於槽中，鎔波斯鍮一斤，下少硇砂，熟攪之。候清，瀉槽中藥汁裹，冷出之，用氈揩洗令淨，炙令乾，明時用之，攪藥忌鐵物也。如此十遍洋瀉藥槽中佳也。白兌十兩、波斯鍮四兩、鍊錫一兩，須先鎔兌，次下波斯鍮，次下錫，下硇砂，攪之，瀉為鋌甚妙。如脆，入牛脂中熹柔之，色不明，以梅漿洗之。

素真用鍮要法

成鍊波斯鍮二兩，兌二兩，硇砂三豆許，大鹽三指撮。

右置堝中相和，鎔之成。鎔少時又火之令赤，瀉著鹽水中，如此四五遍止。即以梅漿洗之六七遍，以白為度。入梅漿先燒令赤，然後投漿中，其漿亦瓷器中火之令熱。

素真用雄黃要法此法內雌黃，似合入近後《伏二黃法》內。

雄黃一兩，雌黃一兩。

右置豬脂中，煑之三百沸，即取熱銅十兩、兌三兩令洋，攪之，取黑礬末投中佳也。

素真用鐵法

右取生鐵擣碎篩細研十兩，打錫爲薄如杯形裹上，末用擶木爲灰，熟研之令光。然後入錫杯了，重入甘堝中，入風鑪內火之，候鐵欲動不動即取，勿令絕碎。紙裹著鑪中鐵上，其鐵即沸，看錫凝定，即安兌添之，沸其兌以[25]鐵上。如不相入，即更下勿郎藤，其兌、鐵即和。即以鐵錍研兌下，掠却不淨，看兌不動，即下鑪中熱灰覆上。良久，還將錍抉餘熱氣，以竹筋點水沃兌上，三兩遍止，任意用之。勿郎藤其莖大如指，其子亦堪食，稍飴少許，生在山中，或生平地，纏草而生，莖上有刺，刺相對生，葉如邊鴈齒，大如指，葉葉相對。取時勿驚動，仍取其根，必須陰乾，勿令日乾，七月八月，子熟赤色。其鐵取犂頭鐵，白色佳，餘並不堪用。

伏雄雌二黃用錫法據法合有雌黃，今元本內闕

雄黃十兩，末之。錫三兩。

鐺中合鎔，出之入皮袋中，揉使碎，入甘堝中火之。其甘堝中安藥了，以蓋合之密固，入風鑪吹之，令堝同火色。寒之開，其色似金，堪入伏火，用之佳也。二物准數別行。

造硇砂漿池法

硇砂五兩，烏梅半升，碎。左味一升。

右以土釜中煎之五分減二，堪用。

造梅漿法

梅二升，去仁碎之。

右以水一升、鹽半升，土釜煑之，燒令赤洗之。

鍊丹合殺鬼丸法

硃砂、雄黃、雌黃、黎蘆、鬼比目、桃仁、烏頭、附子、半夏、石硫黃、巴豆、犀角、鬼臼、麝香、白赤朮、鬼箭、蜈蚣、野葛、牛黃。

右各二分，擣篩爲末，以茵草汁合爲丸，丸如鷄子大。燒一丸，百鬼皆卒。抱朴子用此藥飛三奇丹也。

鍊礬石伏汞法

并州礬石十斤。

擣爲末，以瓜州礬和左味拌之三十遍，入釜飛之，每二十一日一開，更加生礬石三分之一，還拌生者飛之，生者性利相接即止。三十日已上者，螻蟻之狀，光明可愛，百日彌佳。右取帛裹之，內筒中蒸三日夜，末之，一兩粉制汞一斤。若令赤，左味煑之令乾，色紫赤，止釜中不上。准法燒之，以赤瑾上團〔26〕之，入風鑪火之，百日風化爲灰。准礬石三斤用脂一斤，鐵器中炒之，以脂盡爲度。汞十斤、礬石、鐵器猛火火之，攪令煙入即成。然後土團前汞，密封內釜中，火之九日夜止，任用之。能先以脂熟熬，後入堝中火之一百日彌勝。取鐺中熬之，加礬石末，一度如錫，再度如石。

造白玉法

右取大蛤蒲擣爲末，細研之，取一斤內竹筒中，復內消石，密固之，內左味中二十日。成水後，取白石英半斤擣作末，投筒中即凝。出之，好炭火火之令赤，即成白玉，亦服餌之也。

造真珠法二首

右取光明蟬殼削去上皮，以醋中煑之令熟，出細條之，丸作珠，大小任意。取鯉破腹開，內珠置中，還隨令合，蒸之令極熟出。珠未蒸前鑽孔，以猪毛穿中。又取雲母，以白羊乳煑之數沸，出令溫，以珠著中，漬之經宿，然後洗令淨，成矣！

又　法

以鰾膠和蟬屑作珠，隨意大小，鑽孔，近草火後炙令乾。以兩塼支一甖，置珠瓦上，復以一瓦蓋上，泥塼四邊作竈形，以草火燒之令赤。出之，取蟬屑盛筒中四箇口，內於瓷器以左味浸之十日，即色變珠成。

造石碌法

銅青一斤，石黛半斤，雌黃五兩，栢汁一斤。

右和合，日乾入盡，用之精妙也。

造石黛法

蘇方木半斤，細碎之。

右以水二斗煑取八升，又石灰二分著中，攪[27]之令稠，煑令汁盡。出訖，藍汁浸之，五日成用。

【校記】

〔1〕"道"，《全唐文·太清丹經要訣序》作"通"。

〔2〕"比來"原作"此來"，據上書改。

〔3〕"各知之"，《四部叢刊》本作"能知"。

〔4〕"此。其"二字，上本無。

〔5〕"輝"，上本作"耀"。

〔6〕"蘿"，疑當作"羅"。

〔7〕"用",《四部叢刊》本作"之"。

〔8〕"白礬"原作"曰礬",據上本改。

〔9〕"然",上本作"方"。

〔10〕"旨",上本作"真"。

〔11〕"一兩"原作"一日",據上本改。

〔12〕"半錢",上本作"半兩"。

〔13〕"桐"字原無,據上本增。

〔14〕"錫"原作"銀",據上本改。

〔15〕"抿"原作"泯",據上本改。

〔16〕"腹"原作"復",據上本改。

〔17〕"蜜",疑當作"密"。

〔18〕"兩"後,《四部叢刊》本注云"以赤鹽煉作白銅爲兑"。

〔19〕"洋",上本作"烊"。

〔20〕"鋌",上本作"錠"。

〔21〕"洋成鋌",上本作"烊成錠"。

〔22〕"之"字疑衍,或作"子"。

〔23〕"洋",《四部叢刊》本作"烊",下同。

〔24〕上本此後有注云"胡粉即胡同律"。

〔25〕"以"字,上本無。

〔26〕"赤瑾上團",疑當作"赤瑾土團"。按後即有"土團",殆形近而譌也。

〔27〕"攪"原作"覺",據《四部叢刊》本改。